Jutta Hebel, Günter Schucher

**Zwischen Arbeitsplan und Arbeitsmarkt.
Strukturen des Arbeitssystems in der VR China**

MITTEILUNGEN
DES INSTITUTS FÜR ASIENKUNDE
HAMBURG

-------------------------------------- Nummer 204 --------------------------------------

**Jutta Hebel
Günter Schucher**

**Zwischen Arbeitsplan
und Arbeitsmarkt**

Strukturen des Arbeitssystems
in der VR China

Hamburg 1992

Gefördert durch die Volkswagen-Stiftung
Redaktion der Mitteilungsreihe des Instituts für Asienkunde:
Dr. Brunhild Staiger

ISBN 3-88910-099-6
Copyright Institut für Asienkunde
Hamburg 1992

VERBUND STIFTUNG
DEUTSCHES ÜBERSEE-INSTITUT

Das Institut für Asienkunde bildet mit anderen, überwiegend regional ausgerichteten Forschungsinstituten den Verbund der Stiftung Deutsches Übersee-Institut.

Dem Institut für Asienkunde ist die Aufgabe gestellt, die gegenwartsbezogene Asienforschung zu fördern. Es ist dabei bemüht, in seinen Publikationen verschiedene Meinungen zu Wort kommen zu lassen, die jedoch grundsätzlich die Auffassung des jeweiligen Autors und nicht unbedingt des Instituts für Asienkunde darstellen.

Inhaltsverzeichnis

Liste der Tabellen, Schaubilder, Übersichten und Materialien   IX

Abkürzungsverzeichnis   XIII

Vorwort   XV

I	**Einführung**	1
1	Probleme des chinesischen Arbeitssystems	1
2	Zur Übertragbarkeit des Segmentationsansatzes auf die Zentralverwaltungswirtschaft der VR China	3
	2.1 Anpassung und Verteilung als gesellschaftliche Grundprobleme	3
	2.2 Grundelemente der Strukturierung des chinesischen Arbeitssystems	7
3	Zum methodischen Vorgehen	12
	3.1 Besonderheiten empirischer Forschung in China	12
	3.1.1 Konzeptionelle Schwierigkeiten	13
	3.1.2 Methodische Schwierigkeiten	15
	3.2 Zur Methode, Durchführung und Auswertung	16
	3.2.1 Auswahl der Region, der Sektoren und der Untersuchungseinheiten	16
	3.2.2 Durchführung der Untersuchung	18
	3.2.3 Erhebungsmethode und Auswertung der Ergebnisse	21
4	Zum Aufbau der Arbeit	22
II	**Grunddaten zur Beschäftigung**	27
1	Zur statistischen Erfassung von Arbeitskräfte- und Arbeitsplatzstruktur	27
2	Zum Erwerbskonzept und Schwierigkeiten der Begrifflichkeit	29
3	Daten zur Bevölkerungsentwicklung	34
4	Daten zur Erwerbstätigkeit	37
	4.1 Erwerbsbeteiligung	37
	4.2 Regionale und sektorale Struktur der Erwerbstätigkeit	39

4.3	Erwerbstätigkeit nach betrieblichen Eigentumsformen	41
4.4	Erwerbstätige nach Betriebsgrößen	44
4.5	Arbeitszeit und Bildungsbeteiligung	45
5	Daten zum Bildungsstand und zur Qualifikationsstruktur der Arbeitskräfte	47
5.1	Allgemeiner Bildungsstand der Arbeitskräfte	47
5.2	Berufliche Qualifikation der Arbeitskräfte	50
6	Anpassungsdefizite	56

III Strukturen des chinesischen Arbeitssystems 62

1	Zur Entstehung des chinesischen Arbeitssystems	62
1.1	Hinweise zu den historischen Bedingungen nach 1949	62
1.2	Zur Etablierung der Grundelemente des Arbeitssystems in den 50er Jahren	66
1.3	Zum Widerstreit entwicklungspolitischer Konzeptionen und seiner Bedeutung für das Arbeitssystem	71
2	Staatliche Strukturierung des Arbeitssystems	78
2.1	Staatliche Arbeitsplanung	78
2.1.1	Institutionell-organisatorischer Rahmen der staatlichen Arbeitsplanung	78
2.1.2	Praxis der Arbeitsplanung	87
2.2	Staatliche Arbeitskräfteallokation	94
2.2.1	Kategorisierung der Betriebe	95
2.2.2	Kategorisierung der Arbeitskräfte	99
2.3	Staatliche Arbeitskräftereallokation	105
3	Betriebliche Strukturierung des Arbeitssystems	112
3.1	Betriebe als Arbeits- und Produktionsorganisationen	112
3.1.1	Zur Stellung der Betriebe im Arbeitssystem	113
3.1.2	Zur betrieblichen Organisationsstruktur	115
3.2	Betriebe als Träger kollektiver Daseinsvorsorge	121
3.2.1	Betriebliche Lohnverteilung	122
3.2.2	Betriebliche Sozialleistungen	130
3.2.3	Mitgliedschaft als Modus der Betriebszugehörigkeit	139
3.3	Betriebliche Arbeitskräfteallokation und -reallokation	142
3.3.1	Betriebliche Allokation im Rahmen externer und interner Zwänge	142
3.3.2	Betriebliche Reallokation	150
3.3.3	Betriebliche Internalisierung der Beschäftigungsproblematik	155

VII

4	Segmentation im Arbeitssystem als Lösung der Anpassungs- und Verteilungsproblematik in der VR China	157
4.1	Segmentbildung durch doppelte Strukturierung	157
4.2	Segmente des chinesischen Arbeitssystems	166

IV Reformen des chinesischen Arbeitssystems 173

1 Reformziel: Marktregulierung als ergänzendes Steuerungsinstrument 173
2 Entstaatlichung der Arbeitskräfteallokation und -reallokation 177
   2.1 Einschränkung der direktiven staatlichen Arbeitskräftelenkung 177
      2.1.1 Das Arbeitsvertragssystem und seine Vorläufer 177
      2.1.2 Direkte und indirekte staatliche Einflußnahme auf den betrieblichen Arbeitskräfteeinsatz 182
   2.2 Entstehung halbstaatlicher Institutionen der Arbeitskräftelenkung 186
3 Ausweitung betrieblicher Gestaltungsmöglichkeiten im Arbeitssystem 190
   3.1 Neue Möglichkeiten zur Schaffung von Arbeitsplätzen: Kleine Kollektivbetriebe und Arbeitsdienstleistungsgesellschaften 190
   3.2 Neue Möglichkeiten einer betrieblichen Arbeitskräfteallokation 194
   3.3 Neue Möglichkeiten zur Umsetzung und Entlassung von Arbeitskräften 200
      3.3.1 Neugruppierung der Festarbeiter: Optimierte Arbeitsgruppen 201
      3.3.2 Beendigung von Arbeitsverhältnissen 207
4 Dezentralisierte Planung und Marktelemente 214

V Arbeitssystem zwischen Plan und Markt 218

1 Neustrukturierung des chinesischen Arbeitssystems 218
2 Segmentstruktur des chinesischen Arbeitssystems am Ende der 80er Jahre 222

Anmerkungen 227
  zu Teil I 227
  zu Teil II 231
  zu Teil III 240
  zu Teil IV 267
  zu Teil V 280

Summary 282

Anhang: 287
1. Tabellen 287
2. Materialien 297
3. Übersicht über die Interviews in Institutionen und Betrieben 303

Literaturverzeichnis 307

Register 329

Liste der Tabellen, Schaubilder, Übersichten und Materialien

Tabellen:

Tabelle 1:	Bevölkerung und Anteil der städtischen Bevölkerung, 1952, 1978-1990 (in Mio./%)	35
Tabelle 2:	Bevölkerung, Erwerbsfähige und Erwerbstätige, 1952, 1978-1990 (in Mio.)	37
Tabelle 3:	Zur Entwicklung der Schülerzahlen, 1977-1988 (in 1000)	47
Tabelle 4:	Qualifikationsniveau der Arbeiter und Angestellten in der Industrie, 1985 (%)	50
Tabelle 5:	Einstufung von Arbeitern und Angestellten nach Fachgraden, 1984 (%)	54
Tabelle 6:	Erwerbstätige nach der "Stellung im Beruf", 1985 (%)	55
Tabelle 7:	Arbeitslosigkeit, 1978-1989 (in Mio./%)	58
Tabelle 8:	Durchschnittslöhne in staatlichen und städtischen kollektiven Einheiten, 1957-1987 (in Yuan/pro Jahr)	124
Tabelle 9:	Durchschnittslöhne in staatlichen Einheiten nach Unterstellungsverhältnis, 1985 (in Yuan/pro Jahr)	124
Tabelle 10:	Durchschnittslöhne in staatlichen Einheiten nach Wirtschaftssektoren und ausgewählten Branchen, 1985 (in Yuan/ pro Jahr)	125
Tabelle 11:	Anteil von Prämien und Zuschlägen an der gesamten Lohnsumme in staatlichen und städtischen kollektiven Einheiten, ausgewählte Jahre: 1980, 1985, 1986 (%)	125
Tabelle 12:	Jährlicher Kostenaufwand für die Beschäftigten im Staatssektor, 1952-1987 (in Mrd. Yuan)	138
Tabelle 13:	Steigerungsraten von Löhnen, Prämien und Sozialausgaben in staatlichen und städtischen kollektiven Betrieben, 1980-1985 (%)	200

Schaubilder:

Schaubild 1:	Erwerbsbevölkerung in der Arbeits- und Bevölkerungsstatistik	32
Schaubild 2:	Erwerbstätige nach Wirtschaftssektoren, 1978 und 1987	39

Schaubild 3:	Städtische Erwerbstätige nach Eigentumsformen, 1978 und 1987	42
Schaubild 4:	Erwerbstätige nach Eigentumsformen und Sektoren, 1987	43
Schaubild 5:	Verteilung der Arbeiter und Angestellten nach Betriebsgrößenklassen, 1985	45
Schaubild 6:	Bildungsabschlüsse der Arbeiter und Angestellten in staatlichen und städtischen kollektiven Betrieben (ab Kreisebene), 1984	49
Schaubild 7:	Bildungswege in der VR China	52
Schaubild 8:	Instanzen der Arbeitsplanung	80
Schaubild 9:	Organisationsstruktur des chinesischen Betriebs	118
Schaubild 10:	Lohnsätze und Lohnstufen von Beschäftigten in Staatsbetrieben und staatlichen Behörden, 1956-1985	129
Schaubild 11:	Segmente im Arbeitssystem der VR China vor der Reform	169
Schaubild 12:	Segmente im Arbeitssystem der VR China nach der Reform	225

Übersichten:

Übersicht 1:	Synopse einiger für das Arbeitssystem relevanter Schwerpunkte der sowjetischen/liuistischen und der maoistischen Entwicklungskonzeption	73
Übersicht 2:	Staatliche Arbeits- und Lohnpläne	83
Übersicht 3:	Betriebliche Arbeitspläne	85
Übersicht 4:	Betriebliche Eigentumsform und Arbeitskräfteallokation	98
Übersicht 5:	Arbeitskräftekategorien nach Planbezug	104
Übersicht 6:	Arbeitskräftekategorien und Grad der zwischenbetrieblichen Mobilität	111
Übersicht 7:	Betriebliche Sozialleistungen	130
Übersicht 8:	Ausgewählte Sozialleistungen nach Kategorien von Betrieben und Beschäftigten	133
Übersicht 9:	Die drei Produktionslinien (Beispiel: staatlicher Maschinenbaubetrieb/MB und Maschinenbauindustrie/MI)	150
Übersicht 10:	Zur Differenzierung zwischen fester und unsteter Beschäftigung	162
Übersicht 11:	Trennlinien im Arbeitssystem	164

XI

Übersicht 12:	Fünf strukturierende Grundelemente: Differenzierung (D) und Abschließung (A)	166
Übersicht 13:	Unterschiede zwischen dem internen und externen Segment des chinesischen Arbeitssystems	171
Übersicht 14:	Neue Beschäftigtenkategorien	222

Anhang
Tabellen:

Tabelle A1:	VR China: Bevölkerungswachstum, Natürliche Zuwachsraten, Geburtenraten, Sterberaten, 1950-1990	287
Tabelle A2:	VR China: Alters- und Geschlechtsstruktur der Bevölkerung, ausgewählte Jahre: 1953, 1964, 1982, 1985 (%)	288
Tabelle A3:	VR China: Bevölkerung im arbeitsfähigen Alter, ausgewählte Jahre: 1953,1964,1982,1985 (in Mio./%)	288
Tabelle A4:	VR China: Erwerbstätige und Arbeiter/Angestellte, 1952, 1978-1987 (in Mio.)	289
Tabelle A5:	VR China: Erwerbstätige nach Wirtschaftssektoren, 1952, 1978-1987 (in Mio.)	289
Tabelle A6:	VR China: Erwerbstätige nach Wirtschaftszweigen und Eigentumsformen, 1987 (in Mio.)	290
Tabelle A7:	VR China: Arbeiter und Angestellte in der Industrie nach Eigentumsformen und Beschäftigtenkategorien, 1952,1978-1987 (in Mio.)	291
Tabelle A8:	VR China: Erwerbstätige in der Industrie, Leicht- und Schwerindustrie, 1952, 1978-1985 (in Mio./%)	291
Tabelle A9:	VR China: Arbeiter und Angestellte in der Industrie, der Leicht- und Schwerindustrie (staatlicher Sektor), 1952, 1978-1985 (in Mio./%)	292
Tabelle A10:	VR China: Arbeiter und Angestellte in der Industrie, Leicht- und Schwerindustrie (städtischer kollektiver Sektor) 1978-1985 (in Mio./%)	292
Tabelle A11:	VR China: Industrie nach ausgewählten Branchen (unabhängig bilanzierende Betriebe), 1987	292
Tabelle A12:	VR China: Arbeiter und Angestellte in zentral- und regionalverwalteten Betrieben, Institutionen und Behörden, 1985	293
Tabelle A13:	VR China: Arbeiter und Angestellte in zentral- und regionalverwalteten staatlichen Betrieben, 1978-1985 (in Mio./%)	293

Tabelle A14:	VR China: Industriebetriebe nach der Betriebsgröße, 1980-1986	294
Tabelle A15:	VR China: Unabhängig bilanzierende Industriebetriebe, Betriebe der Textil- und Maschinenbaubranche, nach der Zahl der Arbeiter und Angestellten, 1987	294
Tabelle A16:	VR China: Staatsbetriebe und städtische Kollektivbetriebe: Betriebe, Arbeiter und Angestellte, Einkommen, 1987	295
Tabelle A17:	VR China: Festarbeiter und AVS-Arbeiter im staatlichen Sektor, 1978-1989 (in Mio.)	296
Tabelle A18:	VR China: Fest und unstet Beschäftigte im staatlichen Sektor, 1978-1989 (in Mio.)	296

Materialien:

A.	Arbeitsverträge	297
B.	Stellenausschreibung	299
C.	Arbeitslosenausweis	300
D.	Ankündigung einer "Arbeitskräfte-Mobilitätsversammlung"	300
E.	Betriebswechsel-Formulare	301

Abkürzungsverzeichnis

AB	Arbeitsbüro
ACGB	Allgemeiner Chinesischer Gewerkschaftsbund
ADG	Arbeitsdienstleistungsgesellschaft
ADM	Arbeitsdienstleistungsmarkt
AlvB	Vorläufige Bestimmungen für die Arbeitslosenversicherung von Beschäftigten in Staatsunternehmen
AnstB	Vorläufige Bestimmungen für die Anstellung von Arbeitern in Staatsunternehmen
AVR	Arbeitsversicherungsrichtlinien
AVS	Arbeitsvertragssystem
AvsB	Vorläufige Bestimmungen zur Durchführung des AVS in Staatsunternehmen
FHS	Fachhochschule
FJP	Fünfjahresplan
FMS	Fachmittelschule
GS	Grundschule
HS	Hochschule
KMT	Kuomintang (Guomindang)
KP(Ch)	Kommunistische Partei (Chinas)
KüB	Vorläufige Bestimmungen für die Kündigung von Beschäftigten in Staatsunternehmen
NVK	Nationaler Volkskongreß
OAG	Optimierte Arbeitsgruppe
OMS	Obere Mittelschule
SR	Staatsrat
tFAS	technische Facharbeiterschule
UMS	Untere Mittelschule
ZK	Zentralkomitee
ZVW	Zentralverwaltungswirtschaft

Abkürzungen zur Kennzeichnung der Interviews erfolgen durch eine laufende Nummer und eine Buchstabenfolge für die Institution (siehe dazu die Liste im Anhang).

Vorwort

Dieses Buch ist aus einer intensiven deutsch-chinesischen Zusammenarbeit heraus entstanden, in der alle Beteiligten viel voneinander lernen konnten. Über die gemeinsame Arbeit haben sich uns unsere Kulturen und Denkmuster zunehmend wechselseitig erschlossen.

Der Dank der beiden Autoren geht zunächst an die drei chinesischen Wissenschaftler Frau Chen Xiuping und die Herren Chen Aizheng und Liu Yuedong, die mit viel Engagement, Kenntnis und großer Sorgfalt ihren jeweiligen Beitrag geleistet haben. Ihnen verdanken wir, daß unsere Untersuchung in China ohne Reibungsverluste erfolgreich durchgeführt werden konnte. Sie stellten zudem ein wichtiges Bindeglied zu unserem Kooperationspartner in China, der Universität Nanjing, dar, die uns ebenfalls jede ihr mögliche Unterstützung gewährt hat.

Unser Dank gebührt auch unseren deutschen studentischen Mitarbeitern Frau Gabriele Keymling und Frau Bärbel Lumm sowie Herrn Jörg Sartor. Alle drei haben uns über die gesamte Projektdauer hinweg in vielfältiger Weise unterstützt und wichtige Beiträge zum Gelingen der Arbeit geleistet.

Schließlich haben wir der Volkswagen-Stiftung zu danken, die das Projekt im Rahmen ihres China-Programms finanziell gefördert hat und die uns durch ihre sinologischen Referenten Herrn Dr. Siegfried Englert und Herrn Dr. Michael Lackner mit Hinweisen und Empfehlungen ermuntert hat.

Göttingen, März 1991   Jutta Hebel, Günter Schucher

I   Einführung

1   Probleme des chinesischen Arbeitssystems

Kurz vor den Ereignissen des Juni 1989 berichteten die chinesischen Medien, daß 50 Millionen Chinesen - oder einer von 20 Chinesen - auf der Suche nach Arbeit unterwegs seien, daß 30 000 Menschen den Bahnhof von Guangzhou als ihr Zuhause ansähen[1] und daß 20 Millionen Arbeiter in staatlichen Betrieben - 20 % dieser Arbeitskräfte - nicht benötigt würden und die Regierung Löhne, Pensionen und Sozialleistungen für sie zahlen müsse.[2] Diese Situation hat den Arbeitsminister Luo Gan veranlaßt, den Slogan zu prägen, daß häufig fünf Leute die Arbeit von dreien tun (*wuge ren gan sange ren de huo*).

In zahlreichen Pressemeldungen wurden damit zwei der gravierendsten Beschäftigungsprobleme öffentlich gemacht, die bis zur Reformphase nicht thematisiert worden waren und die durch die Reformpolitik an zusätzlicher Brisanz gewonnen hatten: das Vorhandensein einer erheblichen offenen und verdeckten Arbeitslosigkeit. Diese Probleme, die es offiziell gar nicht geben durfte, weil im Rahmen der Zentralverwaltungswirtschaft die Arbeitsplanung und -verwaltung alle Beschäftigungsprobleme lösen sollte, hatten sich zu massiven Systemproblemen der Planwirtschaft entwickelt.

Als solche haben sie auch chinesische Wissenschaftler und Politiker diagnostiziert. Bereits im Zuge der mit dem Reformplenum von 1978 begonnenen Wirtschaftsreform wurden die administrative Arbeitskräfteallokation, die lebenslange Arbeitsplatzsicherung und die umfassende Versorgung der Arbeitskräfte sowie das Lohnsystem thematisiert und als hinderlich für die Wirtschaftsreform beurteilt. Das Arbeitssystem wurde z.T. sogar als der "erstarrteste Teil des erstarrten Wirtschaftssystems"[3] angesehen. Arbeitslosigkeit, die gleichzeitige Existenz von Arbeitskräfteüberschuß und -mangel, Immobilität, Demotivation, niedrige Arbeitsproduktivität, egalitäre Entlohnung - um nur einiges zu nennen - deuteten auf erhebliche Mängel im Mechanismus der Anpassung von Arbeitskräften und Arbeitsplätzen und der Verteilung des Erwirtschafteten auf die Erwerbstätigen hin.

Entsprechend wurden Reformen eingeleitet, die zu einer "Belebung" des Beschäftigungssystems führen sollten. Aus der Einsicht, die Reform des planwirtschaftlichen Systems verlange in stärkerem Maße Marktelemente, um effizienter zu werden, und dies gelte auch für das Beschäftigungssystem, wurden zahlreiche Schritte in Richtung marktwirtschaftlicher Verkehrsformen eingeleitet. Arbeitsverträge, eine Stärkung des Konkurrenzverhaltens sowie Leistungs- und Mobilitätsanreize sollten in diesem Sinne wirken. Als extreme Position wurde in der Reformdiskussion der Standpunkt vertreten, daß angesichts der Starrheit des Beschäftigungssystems das bisherige auf administrativer Grundlage funktionierende System der Allokation und Reallokation in einen Arbeitsmarkt überzugehen habe. Von dieser Transformation und damit einer Veränderung des Steuerungsprinzips erhoffte man sich die nötige Zunahme an Flexibilität im Umgang mit den Arbeitskräften sowie die Steigerung der Arbeitsmotivation und der Leistungsbereitschaft auf seiten der Beschäftigten. In dieser Meinung konnten sich die chinesischen Ökonomen und Wirtschaftsplaner durch westliche Berater nur bestätigt sehen.[4] In ihrer Problemdiagnose konzentrierten sich chinesische und westliche Wissenschaftler auf die Steuerung des Wirtschaftsprozesses und die Lenkung der Beschäftigung durch den zentralen Plan. Unterschiedlich prononciert wurde daher - ergänzend oder alternativ - ein anderer Steuerungsmechanismus, der Markt, als langfristig erfolgversprechender empfohlen.

Die Umbrüche und Verwerfungen beim wirtschaftlichen Übergang vom Plan- zum Marktsystem in den Ländern Osteuropas und die durch die Reformprozesse in China sichtbar werdenden Anpassungsprobleme lassen jedoch Zweifel darüber aufkommen, ob mit der Alternative Plan vs. Markt das Problem nicht allzu stark vereinfacht wird. Auch kann der Abbruch der Reformpolitik nach den Ereignissen vom Juni 1989 nicht ausschließlich aus dem Spannungsfeld zwischen wirtschaftlicher Reformbereitschaft und Stabilitätsdenken der politischen Machtelite interpretiert werden. Diese Beziehung soll zwar nicht zu gering bewertet werden, aber sie darf auch nicht die Analyse vorhandener Strukturen ausschließen, die als Handlungsbedingungen durchaus eigenes Gewicht haben.

Die Probleme des Beschäftigungssystems sind hierfür ein einschlägiges Beispiel. Bei der Analyse von Arbeitsmärkten hat sich die Notwendigkeit gezeigt, jenseits des Steuerungsmechanismus "Lohn" nach den strukturellen Handlungsbedingungen der Arbeitsmarktakteure zu fragen. Hier zeigte sich, daß u.a. Tarifverträge, Gesetze, Verordnungen und Bräuche, Berufstraditionen und Qualifikationen den Handlungskontext entscheidend bestimmen. Aus dieser Sichtweise heraus konnte deutlich gemacht werden, daß Arbeitsmärkte (wie andere Märkte auch) ihre je spezifischen (nationalen) Funktionsbedingungen haben und eine besondere Struktur aufweisen. Für die industriell entwickelten Marktwirtschaften zeigte sich eine Spaltung der Arbeitsmärkte in Teilmärkte, die eine innere Struktur aufweisen und mehr oder weniger gegeneinander abgeschirmt sind. Sie unterscheiden sich untereinander durch je spezifische, vielfach ungleiche Einkommens- und Beschäftigungschancen.[5] Der gespaltene oder segmentierte Arbeitsmarkt ist also der reale Arbeitsmarkt, dessen Funktionsbedingungen vom Marktmodell abweichen oder abweichen können.

Verschiedene Arbeiten, die sich mit Teilproblemen des chinesischen Beschäftigungssystems befassen, lassen vermuten, daß auch in diesem System zentraler Arbeitskräfteplanung und -lenkung jenseits des Steuerungsmechanismus "Plan" vielfältige andere Handlungsbedingungen vorhanden sind. Auch in einer Planwirtschaft ist zu erwarten, daß u.a. Gesetze und Verordnungen, soziale Normen und Bräuche, Muster der Ausbildung und Qualifikation strukturprägend wirken. Damit eröffnet sich für die Analyse der Beschäftigungsprobleme in Zentralverwaltungswirtschaften eine Fragerichtung, die die Perspektive segmentationstheoretisch orientierter Arbeitsmarktanalysen aufnimmt und nicht nur nach dem Planmodell, sondern auch nach den realen Strukturen und Funktionsbedingungen fragt.

Diese Sichtweise führt uns dazu, für das System zentraler Arbeitskräftelenkung einen Begriff zu wählen, der dieses auf einer Abstraktionsebene kennzeichnet, die der begrifflichen Ebene von "Arbeitsmarkt" in der Marktwirtschaft entspricht. Wir bezeichnen dieses System in Anlehnung an eine in China gebräuchliche Begrifflichkeit als "Arbeitssystem" (*laodong zhidu*). Mit dem Begriff "Arbeitssystem"[6] wird im Chinesischen die Gesamtheit der Institutionen und Normen bezeichnet, die die Teilhabe aller Arbeitskräfte an der gesellschaftlichen Arbeit regeln.[7] Dies entspricht dem Verständnis vom "Arbeitsmarkt" als ökonomischem Markt, auf dem Anbieter und Nachfrager nach Arbeitskraft zusammentreffen, bzw. als System institutioneller Regeln, das die Allokation und Reallokation von Arbeitskräften zu Arbeitsplätzen steuert.[8] Die Struktur des chinesischen Arbeitssystems und ihr eventueller Wandel unter dem Eindruck des angestrebten Übergangs vom Plan zum Markt wollen wir in dieser Arbeit analysieren.

2 Zur Übertragbarkeit des Segmentationsansatzes auf die Zentralverwaltungswirtschaft der VR China

2.1 Anpassung und Verteilung als gesellschaftliche Grundprobleme

Analysen des Arbeitsmarktes befassen sich vornehmlich mit Prozessen, die dem Ausgleich von Angebot und Nachfrage nach Arbeitskraft dienen und die die Verteilung des Arbeitseinkommens bzw. der Arbeitsmarktrisiken bewirken. Bei beiden Prozessen handelt es sich um grundlegende Funktionen des Arbeitsmarktes.[9]

Zum einen geht es um die erforderliche wechselseitige Anpassung von Arbeitskräftepotential und Arbeitsplatzstruktur. Da sowohl das Arbeitskräftepotential als auch die Arbeitsplatzstruktur permanent in Veränderung sind, ist diese Abstimmung ein auf Dauer gestellter Prozeß mit einer außerbetrieblichen und einer innerbetrieblichen Dimension. Anpassung schließt die Gestaltung der Nachfrage und des Angebots ebenso ein wie die Allokation und Reallokation von Arbeitskräften.

Zum anderen geht es um die Verteilung des im Arbeits- und Produktionsprozeß gesellschaftlich erwirtschafteten Ertrags in Form von Lohn und anderen geldwerten Leistungen, aber auch in Form von sozialen Sicherheiten und zu vergebenden Lebenschancen, von Status, Prestige und Einflußmöglichkeiten. Da sich auch die Lebensverhältnisse der wirtschaftlich nicht aktiven Bevölkerung direkt oder indirekt aus dem Arbeitsmarktgeschehen ableiten, stellt der Arbeitsmarkt die zentrale Zuweisungsinstanz sozialer Lebenschancen dar.

Seit Ende der 60er Jahre werden der klassischen Ökonomie verpflichtete Theorien, die den Arbeitsmarktakteuren ökonomisch rationales Verhalten unterstellen[10] und Ungleichgewichte nur als vorübergehende, exogen bedingte Störungen interpretieren, durch theoretische Ansätze in Frage gestellt, denen zufolge Arbeitsmarktprozesse durch soziale Faktoren bestimmt seien. Anlaß zu dieser Neuorientierung gaben massive Funktionsstörungen des Arbeitsmarkts - dauerhafte Ungleichgewichte von Angebot und Nachfrage besonders in Form von Dauerarbeitslosigkeit sowie stabile Ungleichheit sozialer Lebenschancen - und ungenügende Antworten der Neoklassiker. In deren Theorien werden Anpassung und Verteilung als im wesentlichen ökonomische Vorgänge aufgefaßt, die sich, sofern nur alle Wirtschaftssubjekte dem Rationalitätsprinzip folgen, immer in Richtung eines Gleichgewichts bewegen werden. Die entscheidende Rolle bei der Herstellung dieses Gleichgewichts auf dem Arbeitsmarkt spielen die Löhne. Vermittelt über den Lohn, fallen Anpassung und Verteilung stets zusammen.[11]

Gegenüber dieser Position eines Lohnwettbewerbsmodells[12] wird geltend gemacht, daß "der Arbeitsmarkt in erster Linie ein sich ständig wandelndes Geflecht von Institutionen und Regelungen verschiedenster Art [sei - d. Verf.], für dessen Erklärung ökonomische Faktoren im engeren Sinne nur eine untergeordnete Rolle spielen."[13] Angebot und Nachfrage, Preisbildung und Allokation seien weitgehend durch Faktoren wie Gewohnheiten, Gesetze und verfestigte Strukturen bestimmt.[14]

Die Vertreter der verschiedenen Varianten der Segmentationstheorie haben der Annahme, daß der Markt Anpassung und Verteilung in einem löse, widersprochen. Als entscheidenden Grund für das Auseinanderfallen beider Prozesse führen sie an, "daß der Lohn als Steuerungsregulativ nur (noch) begrenzt wirksam ist" und sich "das Gros der Anpassungsvorgänge ... durch Mengenanpassung oder durch qualitative Veränderungen [vollzieht - d. Verf.], denen keine entsprechenden Preis- (Lohn-) Bewegungen vorausgegangen sind oder nachfolgen."[15] Aus neoklassischer Sicht, so kritisieren sie, dürften sich bei simultaner Anpassung und Verteilung weder dauerhafte Strukturierungstendenzen einstellen, noch seien aufgrund der Rationalitätsannahme die gravierenden Unterschiede in der Struktur und in den das Arbeitsmarktgeschehen steuernden Mechanismen erklärbar, die zwischen verschiedenen Gesellschaften bestünden.

Bei allen Unterschieden widersprechen die Vertreter des Segmentationsansatzes gemeinsam der universalen Ausgleichsfunktion des Lohnes und betonen den Strukturaspekt voneinander getrennter Teilarbeitsmärkte bzw. Segmente mit jeweils unterschiedlichen Anpassungsprozessen.

Segmentation im Arbeitsmarkt resultiert aus der Kombination einer dauerhaften, durch massenhaft gleiches Verhalten und mittels institutionalisierter, häufig rechtlich kodifizierter Rahmenbedingungen stabilisierten Differenzierung der Arbeitsplätze mit ungleichen Zugangsmöglichkeiten von Arbeitskräften und Arbeitskräftegruppen zu eben diesen Arbeitsgelegenheiten.[16]

Zwischen den Teilarbeitsmärkten besteht eine unterschiedliche Qualität der Arbeitsplätze und existieren Mobilitätsbarrieren, die den Arbeitskräften einen Wechsel aus einem Segment in das andere erschweren oder ihn gar verhindern.

Das Gefälle der Arbeitsplätze nach Entlohnung, Stabilität, Qualifizierungs- und Aufstiegschancen usf. bildet das Potential an Segmentierung im Arbeitsmarkt; tatsächliche Segmentation wird indes erst durch die Abschließung von Segmenten erzeugt.[17]

Davon ausgehend, hat sich eine breite Diskussion darum entwickelt, welche Faktoren für den Arbeitsmarktprozeß maßgeblich und wie die Segmente zu schneiden seien.[18]

Für die Genese der Arbeitsmarktsegmentierung werden heterogene Begründungen angeführt, die sich bisher nicht in eine allgemeine Theorie integrieren lassen: Analysiert werden Spaltungen des Gütermarktes und damit korrespondierende Prozesse auf dem Arbeitsmarkt, Arbeitsplatzeigentümlichkeiten und Besonderheiten des Arbeitsvertrages, betriebsspezifische Qualifikationsprobleme und Handlungspotentiale der beiden Arbeitsmarktseiten einschließlich ihrer Organisationen. Der Prozeß der Segmentierung manifestiert sich jedoch übereinstimmend stets in zwei Erscheinungen: in der Abschirmung einzelner Arbeitsmarktsegmente voneinander und in Zutrittsbeschränkungen zu den jeweiligen Teilarbeitsmärkten. Allen Richtungen des Segmentationsansatzes ist gemeinsam, daß sie zentrale ökonomische Verhaltensannahmen der Neoklassiker durch soziologische Erklärungsmuster ersetzen und bei gesellschaftlich-ökonomischen Verhältnissen und Strukturen ansetzen, "die den jeweiligen Arbeitskraftanbietern immer schon vorgeordnet sind und die deren Fähigkeiten, Verhaltensweisen und Handlungsmöglichkeiten in spezifischer Weise prägen."[19]

Die Antworten auf die Fragen nach der Entstehung, der Art und dem Grad der Schließung des Arbeitsmarktes, variieren stark und wirken sich auf die Konzepte aus, wie die Teilarbeitsmärkte im einzelnen geschnitten sein sollen und wie viele es davon geben soll. Zentrale Konzepte sind der "duale Arbeitsmarkt" und die Unterscheidung interner und externer Arbeitsmärkte.[20] Die vorliegenden Ansätze und Konzepte sind, der Grundannahme einer primär zentralen Verursachung der Segmentation folgend, auch danach unterschieden, welche konkrete Industriegesellschaft analysiert wird.

Die Theorie des "dualen Arbeitsmarktes" geht von der Zweiteilung in einen primären und in einen sekundären Teilmarkt aus und sieht diese Spaltung in ursächlichem Zusammenhang mit einer dualistischen Wirtschaftsstruktur. Ausgehend von der Annahme der Spaltung des Gütermarktes in ein Segment von Großunternehmen mit stabiler und ein Segment von kleinen Unternehmen mit instabiler Nachfrage, werden die Arbeitsplätze in gute und schlechte differenziert. Kritiker machen demgegenüber geltend, daß bereits die Grundannahme problematisch sei. Plausibler sei vielmehr, daß auch im Kernbereich der Wirtschaft ein bestimmtes Maß an Instabilität bestehe.[21] Darüber hinaus seien "bisher weder die Probleme der Differenzierung der Ökonomie noch die einer Korrespondenz von Wirtschaftssektoren und Teilarbeitsmärkten theoretisch und empirisch überzeugend gelöst" worden.[22]

Das Konzept der internen Arbeitsmärkte, das auf die institutionalisierten Bestimmungsfaktoren der Bewegung von Arbeitskräften zwischen Arbeitsplätzen innerhalb organisatorischer Einheiten abhebt,[23] dient der Erweiterung der Theorie dualer Arbeitsmärkte. Der primäre Sektor wird in betriebliche und berufsfachliche interne Märkte unterteilt, während dem sekundären Sektor auch - dem internen Markt komplementäre - sekundäre Arbeitsplätze im Randbereich der Großunternehmen zugerechnet und beide gemeinsam als externer Markt typisiert werden. Die zunächst für die USA entwickelte Vorstellung einer Zwei- bzw. Dreiteilung des Arbeitsmarktes wurde entsprechend der deutschen Besonderheiten (schwach ausgeprägte Dualität und Existenz einer Kategorie qualifizierter Facharbeiter) auf die deutschen Verhältnisse übertragen. Lutz und Sengenberger unterscheiden einen unstrukturierten Jedermannsarbeitsmarkt von einem berufsfachlichen und diesen wiederum von einem betriebsinternen Teilarbeitsmarkt.[24] Diese Märkte unterscheiden sich nach dem Grad und der Art der einseitigen oder wechselseitigen Bindung zwischen Arbeitgeber bzw. Betrieb und Arbeitnehmer.[25]

2.2 Grundelemente der Strukturierung des chinesischen Arbeitssystems

Ausschlaggebend für die Annahme einer Übertragbarkeit des Segmentationsansatzes auf die Analyse des Arbeitssystems der VR China ist die Gleichartigkeit der zu lösenden Grundprobleme und die Parallelität im Mißverhältnis zwischen Anspruch und Realität der Steuerung.

Die Grundprobleme der Anpassung, d.h. der Verknüpfung von Arbeitskräften mit den Positionen in der jeweils gegebenen Arbeitsplatzstruktur, und der Verteilung der gesellschaftlichen Wertschöpfung stellen sich gleichermaßen in planverwalteten Wirtschaftsgesellschaften. Die Lösung soll allerdings nicht über den Markt, sondern bewußt mittels Planung erfolgen. In der VR China wurde 1949 mit der planmäßigen Erfassung des Wirtschaftsgeschehens begonnen, um die bestmögliche Befriedigung des gesellschaftlichen Bedarfs zu gewährleisten.[26] Der Wille zur planmäßigen Gestaltung der Arbeits-, Leistungs- und Lebensbedingungen ist mit dem Anspruch verbunden, Wirtschaftsprozesse nicht auf eine Vielzahl willkürlicher bzw. am Einzelinteresse orientierter Entscheidungen zu gründen, die erst im nachhinein über den Markt koordiniert werden, sondern sie durch Planung zu lenken. Planung soll wissenschaftlichen Charakter tragen, der sich durch systematische und vorausschauende Erfassung der relevanten Daten auszeichnet und auf je spezifischen Methoden beruht.

Nur die Planwirtschaft sei in der Lage, so der Anspruch, durch die Festlegung korrekter volkswirtschaftlicher Proportionen hohe Wachstumsraten zu erzielen und zugleich jedem einen gerechten Anteil an der Gesamtproduktion zukommen zu lassen. Durch die sorgfältige Abstimmung von Aufkommen und Bedarf sei es durch Planung möglich, einen umfassenden dynamischen Gleichgewichtszustand in der Wirtschaft und z.B. ein partielles Gleichgewicht (in Form einer ausgeglichenen Arbeitskräftebilanz) im Arbeitssystem herbeizuführen.

Wie bei den Neoklassikern der Markt, so steht bei den Verfechtern der Planwirtschaft der Plan im Mittelpunkt einer "Theorie des allgemeinen Gleichgewichts".[27] Und so wie dort über den Lohn, so sollen hier über den Plan Anpassung und Verteilung simultan erfolgen.[28]

Anpassung im planwirtschaftlichen Modell heißt Ermittlung, Bilanzierung und Planung der Ressourcen und des Bedarfs an Arbeitskräften sowie die Zuweisung von Arbeitskräften zu Regionen, Sektoren, Branchen, Unternehmen und Arbeitsplätzen.[29] Allokations und Reallokationsprozesse sind gleichermaßen eingeschlossen. Darüber hinaus bedeutet Anpassung (unter Einschluß bildungspolitischer und sozialpolitischer Maßnahmen) die planvolle Entwicklung des Arbeitskräftepotentials in quantitativer und des Arbeitsvermögens in qualitativer Hinsicht.

Der Verteilung kommt eine wichtige Bedeutung zu, da die Planwirtschaft die "Befriedigung der Bedürfnisse des Volkes" zum unmittelbaren Ziel der Produktion erklärt hat. Über die Arbeitseinkommen soll aber nicht nur das Lebensniveau reguliert werden, sondern ihre "richtige" Planung soll mitentscheidend sein für die Motivation der Beschäftigten, für soziale Gerechtigkeit und die Interessenkongruenz aller gesellschaftlichen Akteure und damit letztlich auch für eine gleichgewichtige Reproduktion. Mit dem Prinzip einer "Verteilung nach Leistung" (*anlao fenpei*) wird die Verbindung zwischen finanzieller und personeller Planung postuliert, die auf der Zahl der geplanten Arbeitskräfte, ihrer Qualifikationsstruktur, der Leistungsentwicklung und arbeitsrechtlichen Regelungen sowie sozialpolitischen Maßnahmen beruhen soll.[30]

Dem Selbstverständnis planverwalteter Wirtschaftsgesellschaften zufolge sollen Anpassung und Verteilung zwar vorrangig ökonomische Probleme sein, die jedoch nicht primär unter ökonomischer Zielsetzung anzugehen und nur teilweise mit ökonomischen Mitteln zu steuern sind. In allen Zentralverwaltungswirtschaften werden übereinstimmend Vollbeschäftigung in der Volkswirtschaft bzw. die Garantie eines Arbeitsplatzes für die arbeitsfähige Bevölkerung und das Prinzip "jeder nach seinen Fähigkeiten, jedem nach seiner Leistung" zur Begründung der Überlegenheit des Sozialismus nach innen und außen herangezogen.

In der Realität ist allerdings eine Vielzahl von Problemen entstanden, die im Planungsmodell nicht vorgesehen sind und damit auch nicht erklärt werden können, wie z.B. eine systemisch bedingte, kontinuierlich exzessive Arbeitskräftenachfrage seitens der Betriebe[31] und strukturelle Arbeitslosigkeit[32], Fehlallokation, Vergeudung von Qualifikation, "Gleichmacherei" in der Entlohnung und

"Lohnzwang"[33] sowie Aufblähung der unbaren geldwerten Leistungen und Subventionen durch Staat und Betriebe.

Diese Beispiele stehen für eine unzureichende Steuerungskapazität des Planmechanismus, Anpassung und Verteilung im Sinne des skizzierten Modellverständnisses einer Planwirtschaft zu lenken. Es zeigt sich vielmehr, daß die administrativen Methoden einerseits ökonomische Mechanismen außer Kraft setzen, aber auf der anderen Seite nicht verhindern können, daß andere Faktoren, teilweise sogar Marktbeziehungen, in unkontrollierter Weise durch die Hintertür Eingang finden und ebenfalls zu Steuerungskräften werden.[34]

Der Plan kann seine Steuerungsfunktion nur begrenzt erfüllen. Selbst in dem vergleichsweise rigiden und zentralistischen Plansystem der VR China kommt anderen - ökonomischen, sozialen, traditionalen und vor allem politischen - Faktoren erhebliches Gewicht zu. Zu verweisen wäre hier auf (a) die wirtschaftliche Entscheidungssituation, (b) die institutionelle Seite der Planformulierung und -durchsetzung und (c) auf gewisse, vor allem informelle Planmechanismen.[35]

(a) Ihre "führende Rolle" räumt der Kommunistischen Partei auf allen Ebenen von der Zentrale bis in betriebliche Abteilungen Eingriffs- und Kontrollrechte ein. Auf jeder Ebene gibt es einen der Verwaltungsstruktur entsprechenden Parteiapparat, der Grundsatzentscheidungen antizipierend vorgibt.

(b) Da die Zentrale ohne Informationen von unten nicht auskommt, sind ihre Entscheidungen durch die Betriebe beeinflußbar, wenn deren Vorschläge auch stets im Zuge der Abstimmung korrigiert werden. Die damit gegebene Inkonsistenz der Planung wird ergänzt durch Konflikte zwischen branchenmäßigen und funktionalen Gesichtspunkten[36] und durch Spielräume bei der Planumsetzung, die sich aus unzureichend aufgeschlüsselten oder aus widersprüchlichen Kennziffern ergeben.

(c) Durch den indirekten Einfluß unterer Instanzen auf die Planformulierung und die Handlungsspielräume bei der Desaggregation der Planziele entstehen "informelle Mechanismen und Beziehungen im Prozeß der Planaufstellung", und die Planformulierung wird zu einem "bargaining"-Prozeß unter Beteiligung aller Entscheidungsebenen und aller Akteure im Arbeitssystem.[37]

Die Parallelität hinsichtlich der Steuerungsmechanismen zwischen Arbeitsmarkt und chinesischem Arbeitssystem erschöpft sich allerdings nicht in dem Genannten. So erfolgen auch im Arbeitssystem Anpassung und Verteilung nicht simultan, sondern unabhängig voneinander. Abgesehen von der institutionellen Trennung beider Planungsbereiche, kommt infolge der administrativen Erstarrung des zentralistischen Plansystems weder dem Lohn allokative Funktion zu, noch gehen von Anpassungsprozessen Verteilungsimpulse aus.

Auch hat sich gezeigt, daß in plangeleiteten Ökonomien sehr wohl Unsicherheit und folglich auch Tendenzen zur Reduktion dieser Unsicherheit vorhanden sind.[38] Knappe Ressourcen, unsichere Materiallieferungen, unbrauchbare Vor- oder Endprodukte, Planzykluseffekte u.ä. sind Beispiele für die Unwägbarkeiten des plangesteuerten Wirtschaftsprozesses, mit denen sich die Betriebe konfrontiert sehen und die mit den staatlich vorgegebenen Plandaten kollidieren.

Auf der Mikroebene der Betriebe entwickelt sich angesichts zentralplanerischer Rigidität und systemischer Unsicherheit eine eigene Rationalität, um unter den genannten Bedingungen ein für die Betriebe optimales Kosten-Nutzen-Verhältnis, auch im Umgang mit dem Faktor Arbeit, herzustellen. Die Voraussetzung dafür bildet die "politische" Gestaltbarkeit des Planungsprozesses, die durch das Primat der Politik, die Inkonsistenz der Planung und die Möglichkeit zum "bargaining" per se gegeben ist. Wenn Sengenberger die partielle Offenheit der Produktions- und Arbeitsmarktprozesse und deren darauf beruhende Gestaltbarkeit durch die Arbeitsmarktparteien als "Grundelemente der Strukturierung" charakterisiert,[39] dann spricht auch dies für eine mögliche Übertragbarkeit des Segmentationsansatzes. Denn auch in der chinesischen Planwirtschaft versuchen die einzelnen Akteure - in erster Linie die Betriebe -, sich Spielräume der Eigengestaltung zu sichern und die Zonen der Unbestimmtheit einzudämmen.

Die besondere Rolle, die dabei der Partei zukommt, unterstreicht nur die Bedeutung des Faktors Politik für die Lösung der Arbeitssystemprobleme. Es ist davon auszugehen, daß politischem Stabilitätsdenken als strategischer Option z.T. eine größere Bedeutung zukommt als wirtschaftlichen Optimierungsgesichtspunkten, auch wenn die "Arbeitsmarktakteure" durchaus auf der Grundlage einer für sie optimalen Gestaltung des Kosten-Nutzen-Verhältnisses handeln.[40] Daß drei Seiten an der Lösung der Grundprobleme des Arbeitssystems beteiligt sind, ermöglicht darüber hinaus Interessenkoalitionen und Verteilungskonflikte, die sich von denen in Marktwirtschaften wesentlich unterscheiden.

Über die Grundproblematik hinaus, für die eine prinzipielle Gleichartigkeit in Arbeitsmarkt und Arbeitssystem festgestellt wurde, bieten einzelne Begründungen für Segmentierung Ansatzpunkte für die Analyse des chinesischen Arbeitssystems, vor allem die angenommene Korrespondenz zwischen wirtschaftlicher Dualität und Struktur des Arbeitssystems. Auf diese Begründungen wird in Teil 3 zurückzukommen sein.

Zuvor sei allerdings noch einmal auf das Plansystem verwiesen. Wenn die Steuerungsfunktion des Plans auch begrenzt ist, so stellt seine Wahl doch eine bewußte Abkehr von der Regulierung über den Markt dar. Nicht nur die wirtschaftliche Entwicklung, sondern die gesamte gesellschaftliche Reproduktion soll sich im Idealfall "geplant" vollziehen.[41] Es ist demnach davon auszugehen, daß es kaum ein wirtschaftliches oder gesellschaftliches Handeln gibt, das nicht in direkter oder indirekter Beziehung zum Plan steht. Das gilt auch für das Arbeitssystem. Die Arbeitsplanung soll nicht nur die Arbeitskräfte bewußt verteilen, sondern auch eine "wichtige Maßnahme" für die Verwirklichung eines volkswirtschaftlichen Gleichgewichts darstellen und Garant für ein effizientes Arbeitskräftemanagement, wirtschaftlichen Fortschritt und die Steigerung des Lebensniveaus sein.[42]

Diese umfassende Aufgabenstellung macht die Planung nicht nur zu einem entscheidenden Faktor für die Lösung der Grundprobleme des Arbeitssystems, sie gibt auch Anhaltspunkte für die Identifizierung weiterer Faktoren, die für das Arbeitssystem maßgeblich sind. Wie jede Wirtschaftsplanung so hat auch die chinesische entwicklungspolitische Prioritäten zu setzen; für den städtischen Wirtschaftsraum bedeutet dies vor allem die Entscheidung für bestimmte Wirtschaftssektoren sowie, dem sozialistischen Selbstverständnis nach damit unmittelbar verknüpft, für bestimmte Eigentumsformen. Entwicklungspolitik dient nicht nur der Erfüllung eines sozialistischen Ideals, sondern ist auch Machtpolitik. Der Aspekt der Machtsicherung, der über das Primat der Politik die gesamte Planung durchdringt, beeinflußt auch die Gestaltung der wirtschaftlichen Leitungsstrukturen.

Entwicklung, so das Credo der kommunistischen Idee, soll nicht auf dem Rücken der "Arbeiterklasse" verwirklicht werden; sie muß also mit bestimmten Sicherheiten und Garantien - auch in beschäftigungspolitischer Hinsicht - verbunden sein. Die stetige Steigerung des Lebensniveaus und die Befriedigung der materiellen und kulturellen Bedürfnisse der Menschen ist die entscheidende Legitimation für die Einführung des Plansystems, "Ziel und Ausgangspunkt" zugleich.[43] Eine wichtige Funktion kommt dabei in den Fragen der Entwicklung und der Sicherheit den Betrieben zu. Das Plansystem ordnet ihnen nicht nur eine bestimmte, abhängige, Stellung zu, sondern überträgt ihnen auch andere, politische, soziale und administrative Aufgaben, die mit ihrer ökonomischen Funktion z.T. nur lose oder gar nicht verbunden sind.

Für das städtische Arbeitssystem können damit fünf maßgebliche Faktoren genannt werden: Es sind dies neben der zentralen Planung und der administrativen Erfassung und Verteilung von Arbeitskräften auf Betriebe die staatlich gesetzte Entwicklungspriorität in der Güterproduktion und, damit eng verbunden, die ideologisch bestimmte unterschiedliche Wertigkeit betrieblichen Eigentums, die Zuweisung der Arbeitskräfte in entsprechend der Arbeitsteilung festgelegten Kategorien von Leitern und Geleiteten (Kader und Arbeiter) sowie schließlich die weitgehende Immobilität der Arbeitskräfte durch das Institut lebenslanger Betriebszugehörigkeit, verbunden mit einer umfassenden Daseinsvorsorge, die sich im Betriebstyp der Einheit (*danwei*) konkretisiert. Ihre konkrete Ausgestaltung haben diese Faktoren im Zusammenspiel zwischen Staat (Arbeitsadministration), Betrieben und Arbeitskräften unter konkret historischen Bedingungen erhalten, auf die noch einzugehen sein wird. Sie bilden die Knotenpunkte des Regelgeflechts, das zur Lösung der Grundprobleme von Anpassung und Verteilung entstanden ist, und zugleich den institutionellen Rahmen, in dem die Akteure des Arbeitssystems handeln. Von daher werden sie im weiteren "strukturierende Grundelemente des Arbeitssystems" genannt, wobei Strukturierung eine relativ dauerhafte, gegen kurzfristig wirksame Kräfte resistente und regelhafte Gestaltung (Sengenberger) der Prozesse des Arbeitssystems meint.

Wie diese Grundelemente zur Strukturierung beitragen und wie letztlich die Struktur des Arbeitssystems aussieht, darauf wird im folgenden näher einzugehen sein.

3 Zum methodischen Vorgehen

3.1 Besonderheiten empirischer Forschung in China

Sozialwissenschaftliche Forschung unterliegt in der VR China besonderen Bedingungen, die den methodischen Spielraum empirischer Arbeiten stark einengen. Eine politisch unabhängige Sozialwissenschaft war und ist nicht zugelassen, und empirische Arbeiten (von Ausländern) mußten sich bis zum Beginn der 80er Jahre vorwiegend auf Befragungen von Emigranten in Hongkong stützen.[44] Die statistischen Grundlagen für das Land beruhten bis 1982 hauptsächlich auf westlichen Hochrechnungen, die sich auf alte und unsichere Grundlagen stützten. Aussagen zur demographischen Entwicklung oder zur Wirtschaftsentwicklung beinhalteten folglich eine erhebliche Fehlerquote.

Seit der 1978 begonnenen Öffnungspolitik haben sich - wenigstens bis zu den Ereignissen vom Juni 1989 - die Forschungsmöglichkeiten in China ständig verbessert, wuchs die Kooperationsbereitschaft der Administration, der Institutionen, der Wissenschaftler und Einzelpersonen und erweiterten sich die wissenschaftlichen und statistischen Materialgrundlagen. In der Mitte der 80er Jahre wurden dann direkte empirische Untersuchungen in der VR China möglich. Diese Veränderung bedeutete jedoch keine den westlichen Bedingungen auch nur annähernd vergleichbare Freiheit in der Erarbeitung von Forschungsdesigns und in der Durchführung empirischer Studien.

Noch immer bestehen zahlreiche Restriktionen, die es nicht ermöglichen, an derartige Arbeiten strenge methodische Kriterien anzulegen. Theoretische und methodische Schwierigkeiten, die aus einer andersartigen Lebenspraxis, aus unterschiedlichen Wissenschaftstraditionen resultieren oder die ihre Ursachen in politischen und praktischen Durchführungsproblemen haben, verhindern vergleichbare Arbeitsbedingungen. Schließlich kann ein Land mit kontinentalen Ausmaßen und einem Fünftel der Weltbevölkerung nur punktuell erfaßt werden, und die Unvergleichbarkeit der Lebensverhältnisse in verschiedenen Landesteilen zwingt immer wieder dazu, getroffene Aussagen zu relativieren. Diese grundsätzlichen Schwierigkeiten betreffen auch unsere empirisch angelegte Studie in der Konzeption und Durchführung.

3.1.1 Konzeptionelle Schwierigkeiten

Konzeptionelle Schwierigkeiten in einer interkulturellen Untersuchung lassen sich auf mehreren Ebenen benennen. So ist u.a. eine Ebene die der unterschiedlichen Wahrnehmung von Alltagsphänomenen in verschiedenen Gesellschaften, eine andere die der je spezifischen Funktion von Wissenschaft für die Gesellschaft. Die Sichtweisen von Phänomenen der Alltagswelt weichen in verschiedenen Kulturen teilweise beträchtlich voneinander ab. Entsprechend unterscheiden sich auch die Kategorisierungen, die Menschen vornehmen, um sich gedanklich und sprachlich die Komplexität ihrer Welt verfügbar zu machen. Kulturelle Traditionen bestimmen die Art und Weise, wie und welche Kategorisierungen vorgenommen werden. Geht man davon aus, daß Wissenschaft in einer dem Alltagsdenken vergleichbaren Weise kategorisieren muß, um die komplexe Umwelt zu erschließen, dann stellt sich die Erschließung kulturspezifischer Sinnstrukturen als eines der konzeptionellen Hauptprobleme dar.

Konzeptionelle Schwierigkeiten ergeben sich daher ganz zwangsläufig bei der Übersetzung der westlichen in die chinesische Sichtweise von Alltagsphänomenen und umgekehrt. Die von uns angesprochenen Sachverhalte werden in anderer Weise systematisiert und kategorisiert. In vielen Fällen bedeutet das eine sprachliche Nichtübersetzbarkeit von Begriffen. Derartige konzeptionelle Unterschiede zeigen sich an zentralen Begriffen wie z.B. Arbeitsmarkt (unterschiedliche Abstraktionsstufen betreffend) oder Beruf (unterschiedliche Konnotationen, die Berufung oder Qualifikation, betreffend).[45]

Ein weiterer Punkt, der konzeptionelle Schwierigkeiten verursacht, ist die Funktion von (Sozial-)Wissenschaft, insbesondere ihre fehlende Eigenständigkeit, theoretische und methodische Grundlagen weiterzuentwickeln und praktisch relevante Ergebnisse vorlegen zu können. In China werden, wie in anderen sozialistischen Ländern, die Sozialwissenschaften an die kurze Leine gelegt. Zum einen mangelt es an einer klaren Trennung zwischen Sozialwissenschaft und marxistischer politischer Ökonomie und damit an sozialwissenschaftlicher Theorienbildung, zum anderen werden wissenschaftliche Ergebnisse nicht in Unabhängigkeit erstellt, sondern eng mit der aktuellen Politik verknüpft. Vorgelegte Ergebnisse haben daher stets der "Beratung" der Politik zu dienen, was nichts anderes heißt, als daß sie die bereits getroffenen politischen Entscheidungen zu rechtfertigen haben. "Empfehlungen", die den Ausweis der praktischen Verwendbarkeit von Forschungsergebnissen deutlich machen sollen, stellen in erster Linie die Konformität des Forschers mit der herrschenden politischen Linie unter Beweis.

Die gegenüber dem Westen andersartige Funktion der Sozialwissenschaft in China erfordert verschiedene komplizierte Abstimmungsprozesse bei der Durchführung von Forschungsarbeiten. Die direkte Indienstnahme der Sozialwissenschaft bedeutet, daß Themen politisch opportun oder inopportun sein können, Theorien rezipiert oder tabuisiert werden.

Die Frage nach den Strukturen des Arbeitsmarktes bzw. des Arbeitssystems, insbesondere die nach seiner Segmentierung, ist kein Thema in China, und Arbeitsmarkttheorien werden nur von wenigen Spezialisten zur Kenntnis genommen. Dagegen war die Frage nach den Reformen des Arbeitssystems zum Zeitpunkt unserer Untersuchung allseits in der Diskussion. Die von den politischen Entscheidungsträgern geforderte Reform des Arbeitssystems spiegelte sich in nahezu täglich neuen Berichten und Beiträgen in der Tagespresse zu den unterschiedlichsten Aspekten des Themas. Auch in der wissenschaftlichen Diskussion fanden die aktuellen Probleme des Arbeitssystems eine große Resonanz, und die Frage eines möglichen langfristigen Übergangs des seit den 50er Jahren entwickelten administrativ gelenkten Arbeitssystems zu einem Arbeitsmarkt beschäftigte einige Wissenschaftler. Schließlich bestand seitens der Betriebsmanager ein großer Bedarf an Vorschlägen für die Lösung der praktischen Probleme bei der Umsetzung der geforderten Reformmaßnahmen. Unser Untersuchungsinteresse erforderte daher eine Übersetzung der Arbeitsmarktthematik in eine Sichtweise, die in China unter dem Vorzeichen der Reform verstanden und angenommen wurde.

3.1.2 Methodische Schwierigkeiten

Zu den konzeptionellen kommen eine Reihe methodischer Schwierigkeiten hinzu, die aus Materialproblemen und praktischen Durchführungsproblemen entstehen.

Chinesisches wissenschaftliches Material unterliegt wenigstens drei möglichen Einschränkungen: Es ist nicht vorrätig bzw. nicht frei (eventuell für Ausländer nicht frei) käuflich (*neibu*) oder es entbehrt einer brauchbaren Quellengrundlage, wenn es nicht sogar gänzlich der politischen Affirmation dient. Die wissenschaftliche Materiallage in China erschwert die Erarbeitung eines einigermaßen konsistenten Bildes über die Untersuchungssituation. Wenn beispielsweise statistische Daten über einen Wirtschaftssektor in bestimmten Regionen und in Gesamtchina fehlen, so wird es schwierig, Untersuchungseinheiten zu bestimmen, die in etwa ein repräsentatives Bild liefern könnten. Selbst wenn Zahlenmaterial vorliegt, dann basiert dieses in vielen Fällen auf unklaren, unbekannten oder wechselnden Definitionen, die zu einer Inkompatibilität amtlicher Daten führen.

Für die Durchführung von empirischen Untersuchungen in China bedarf es eines organisatorischen Kooperationspartners vor Ort. Von diesem Kooperationspartner hängt entscheidend ab, ob und in welcher Weise die Wege für eine Untersuchung geebnet werden können.[46] Die über den Kooperationspartner gegebene Verortung des ausländischen Wissenschaftlers entscheidet über Kontaktaufnahmen und Befragungsmöglichkeiten in den Untersuchungseinheiten. Nach wie vor verlaufen Wünsche für Gespräche mit Fachkollegen beliebiger wissenschaftlicher Institutionen und für Befragungen über die Administration, die nur auf Grund von Empfehlungsbriefen zu handeln bereit ist. Kontaktaufnahmen sind einerseits nur auf bürokratischem Wege, andererseits wiederum nur durch persönliche Kontakte möglich.[47]

Gesprächswünsche werden in der Regel nur erfüllt, wenn vorher klar mitgeteilt wird, welches Thema behandelt und welche Fragen gestellt werden sollen. Hierzu ist es erforderlich, eine Übersicht über die Themenbereiche und den Fragenkatalog vorab einzureichen. Ist die Einwilligung erst einmal erteilt, so hat sich in unserem Fall gezeigt, daß die Gesprächsbereitschaft nicht auf die eingereichten Fragen begrenzt sein muß.

Ist die Bestimmung der Untersuchungseinheit, z.B. die Festlegung einer Auswahl von Betrieben nach der Größe, bereits aus den angedeuteten Gründen schwierig, so besteht praktisch kaum Einfluß darauf, gewünschte Untersuchungseinheiten auch tatsächlich besuchen zu können. Die Untersuchungswünsche durchlaufen den Filter der Administration, die bestimmte Betriebe für geeignet, andere für nicht geeignet hält, und zusätzlich der Betriebsleitung, die einem Gespräch zustimmen oder es ablehnen kann. Stets handelt es sich um eine hierarchisch vermittelte, gebilligte und kontrollierte Auswahl der Untersuchungseinheiten.

Ein vergleichbares Bild bietet sich auf der konkreten Ebene der Durchführung der Befragung. Auch für die Ansprechpartner z.B. auf der betrieblichen Ebene gilt, daß sie nur mit dem Einverständnis ihrer Leitung an solchen Gesprächen teilnehmen können. Im Regelfall finden die Gespräche auch nicht mit einer einzigen Person, sondern mit mehreren Gesprächspartnern statt. Teilweise nimmt auch die Leitung an den Gesprächen teil und kontrolliert sie damit direkt.

Die Durchführungschancen für eine Untersuchung in China hängen neben all den bereits genannten Bedingungen sehr stark vom allgemeinen politischen Klima ab. Zwar ist es gegenwärtig nicht mehr üblich, daß Gesprächspartner auf konkrete Fragen mit vorbereiteten Vorträgen über die Situation vor und nach der Befreiung reagieren, aber nach wie vor spielt es eine Rolle, ob und wie ein Thema aktuell politisch behandelt wird. Die Reformen im Arbeitssystem waren zum Zeitpunkt unserer Untersuchung äußerst aktuell. Alle waren daher bereit, über das Thema zu sprechen, wobei - im Sinne der herrschenden politischen Leitvorstellung - die Reform begrüßt wurde.

Die praktische Durchführung von Untersuchungen läßt dem Wissenschaftler noch immer einen sehr begrenzten Spielraum. Sein Einfluß auf den konkreten Verlauf der Untersuchung wird auf den verschiedenen Ebenen eingeschränkt. Relativierungen von Aussagen durch ein breites Spektrum von Befragten und durch die Berücksichtigung der gegebenen Brisanz eines Themas, aufweisbar anhand der politischen Leitlinie und Pressepublikationen, können wenigstens ansatzweise Fehlinterpretationen verhindern helfen.

3.2 Zur Methode, Durchführung und Auswertung

3.2.1 Auswahl der Region, der Sektoren und der Untersuchungseinheiten

Unsere Untersuchung wurde von Anfang an als Regionalstudie geplant und angelegt. Aus den genannten Gründen erschien uns eine regional begrenzte Untersuchung sinnvoller, weil sie erlaubt, den Untersuchungsgegenstand aus verschiedenen Perspektiven zu beleuchten und Gesprächspartner in einer größeren Zahl relevanter Organisationen und Einheiten zum Thema zu befragen. Es galt daher eine "typische" Region in China auszuwählen, dort einen Kooperationspartner zu finden und die erforderlichen Kontakte herzustellen. Voraussetzung für unsere Arbeit war die organisatorische Zusammenarbeit mit der Universität Nanjing, einer Schwerpunkthochschule.

Durch diese Kooperation war unser Projekt verortet, hatten wir unsere zuständige Einheit in China. Der entscheidende Beitrag dieser Institution bestand in Empfehlungen, die es uns ermöglichten, erfolgreiche Kontakte zu verschiedenen wissenschaftlichen Institutionen und zu Einzelpersonen aufzunehmen, wissenschaftliches Material zu erwerben und Bibliotheken nutzen zu können, sowie in der Grundlegung der administrativen Kontakte, die ihrerseits die Voraussetzung für unsere Untersuchung in den ausgewählten Wirtschaftssektoren, den Schulen, der Arbeitsverwaltung usw. bildeten. Erst nach Einwilligung der lokalen Verwaltungsspitzen konnten die jeweils unterstellten Betriebe, Institutionen und Organisationen gezielt angesprochen werden.

Die Region Nanjing erschien uns aus mehreren Gründen besonders geeignet für unsere Untersuchung. Nanjing nimmt weder einen Spitzenplatz in der chinesischen Wirtschaft ein, noch eine untere Position. Diese Region kann als eher durchschnittlich und damit typisch betrachtet werden, was angesichts des Fehlens von genauen Maßstäben für Repräsentativität den Aussagewert der Ergebnisse stärkt.

Nanjing[48] nimmt mit 4,7 Mio. Einwohnern, davon 2,3 Mio. im Stadtgebiet, den elften Rang unter den chinesischen Millionenstädten ein, entsprechend der Bevölkerungsdichte den achten. Sie ist Hauptstadt und zugleich wirtschaftliches Zentrum einer Provinz, die nach der Anzahl der Industriebetriebe in China an zweiter Stelle der Provinzen und nach der Zahl der städtischen Arbeitskräfte an vierter Stelle steht und die hinsichtlich der Indikatoren Bruttoproduktionswert, Nationaleinkommen, Anlagevermögen, Einzelhandelsumsatz u.a. im Entwicklungstempo leicht über dem nationalen Durchschnitt liegt. Gemessen an industriellen BPW steht die Stadt Nanjing mit ihrer industriellen Leistungsfähigkeit auf Platz acht einer Rangliste von 20 Städten. Auf Gesamtchina bezogen, weist sie mit einem Anteil von rund 1 % bei allen Indikatoren ein ausgeglichenes Bild auf. Obwohl in einer Region gelegen, die in bezug auf die "kleinen Städte" als Reformschwerpunkt hervorgetreten ist, ist Nanjing selbst in dieser Hinsicht nicht exponiert.

Die regionale Beschränkung sollte den Besuch einer Vielzahl von Institutionen ermöglichen, so daß die von uns behandelten Fragestellungen aus der Sicht verschiedener Betroffener angeschnitten werden konnten (Betriebe, Schulen,

Arbeitsverwaltung der Stadt und der Provinz, Gewerkschaft, Frauenverband, Arbeitsmarkt, Straßenbüro usw.). Ferner erschien es uns sinnvoll, eine sektorale Begrenzung für die Auswahl der Untersuchungseinheiten vorzugeben. Unsere Entscheidung fiel auf die Sektoren des Maschinenbaus und der Textilindustrie. Diese Entscheidung für eine Eingrenzung erwies sich für unsere Thematik als günstig; beide Sektoren sind nicht nur ganz allgemein von strategischer Bedeutung für den wirtschaftlichen Modernisierungsprozeß in China (ebenso wie in anderen Entwicklungsländern), sondern weisen im Hinblick auf die Beschäftigungsprobleme markante Unterschiede auf: Arbeitskräftemangel bzw. zu niedrige Löhne in der Textilindustrie und Arbeitskräfteüberschuß bzw. zu hohe Löhne in der Maschinenbauindustrie. Beide Wirtschaftssektoren liefern daher jeweils ein typisches Teilbild, und beide sind in Nanjing stark vertreten: Gemessen an der Anzahl der Beschäftigten,[49] stellt der Textilsektor gut 8 % aller Arbeiter und Angestellten in der Industrie und der Maschinenbau knapp 20 %. Die beiden Sektoren können auch als repräsentativ für die Bereiche Leicht- und Schwerindustrie gelten, die in Nanjing nach den industriellen BPW im Verhältnis von 36 : 64 zueinander stehen.

Die regionale und sektorale Begrenzung hat es ermöglicht, verschiedene Standpunkte zu unseren Fragenkomplexen zu erfahren. Die Auswahl der Untersuchungseinheiten und die Wünsche für Gespräche orientierten sich an der unmittelbaren Betroffenheit der Personen und Institutionen von der Arbeitsreform. In einem System administrativer Arbeitskräftelenkung ist neben den Arbeitskräften und den Betrieben die Arbeitsverwaltung involviert. Die Betriebe sind selbst durch Rahmenbedingungen ihrer Sektorverwaltung bestimmt.

Die Vorgabe der beiden Sektoren konnte durchgängig berücksichtigt werden, unsere Gesprächswünsche wurden im großen und ganzen erfüllt. Von unserer Seite bestand jedoch kein Einfluß auf die konkrete Auswahl der Betriebe und Gesprächspartner. Kleinere Betriebe sind in unserer Untersuchung unterrepräsentiert. Während die Betriebsgröße nicht in allen Fällen berücksichtigt wurde, wurde die Eigentumsform der Betriebe (Staatsbetrieb oder Kollektivbetrieb) beachtet. Direkte Kontakte zur Sektorverwaltung kamen trotz großer Bemühung nicht zustande.

3.2.2 Durchführung der Untersuchung

Für die Durchführung des Projekts stand ein Zeitraum von zwei Jahren zur Verfügung. Innerhalb dieses Zeitraums fanden zwei Forschungsaufenthalte in Beijing und Nanjing statt, der erste im September und Oktober 1988, der zweite von Februar bis April 1989. Da beide Forschungsaufenthalte zeitlich eng beieinander liegen mußten, war es nicht unser Bestreben, durch zwei Aufenthalte einen Entwicklungsprozeß erfassen zu wollen. Die Untersuchung im Herbst 1988 diente vielmehr der Erkundung des Feldes, der Abklärung des Untersuchungsgegenstandes sowie der Erprobung der gewählten Untersuchungsmethoden.[50] Die Untersuchung im Frühjahr 1989 basierte auf einer ersten Auswertung der Erfahrungen und der Aufarbeitung des in China erworbenen wissenschaftlichen Materials, und sie diente einer vertieften Behandlung von bereits in der ersten Untersuchung angesprochenen Problemkreisen und der Behandlung vorher vernachlässigter Aspekte.

Durch die Auswahl unserer Untersuchungseinheiten und Gesprächspartner haben wir uns um die Erfassung der Makro- und Mikrodimension des Prozesses zentraler Arbeitskräftelenkung bemüht. Es ging uns darum, sowohl die seit den 50er Jahren überkommenen Strukturen des chinesischen Arbeitssystems als auch die in Ansätzen beginnende, von oben bestimmte Umgestaltung des Arbeitssystems zu erfassen.

Die politischen Positionen zur Reform sind zunächst aus offiziellen Verlautbarungen zu entnehmen. Die hierzu abgegebenen Erklärungen in Parteidokumenten, Konferenzbeschlüssen u.ä. werden durch umfangreiches Pressematerial weiter erläutert und sind entsprechend leicht zugänglich. Uns interessierte, über die offiziellen Verlautbarungen hinaus, die Position der oberen Arbeitsadministration zu den geplanten Veränderungen. Wir haben daher Gespräche im Arbeitsministerium (in den Abteilungen für Gesamtplanung sowie für Personal, Arbeit und Lohn) geführt.[51]

Veränderungen in den Strukturen der Arbeitskräfteallokation und in der Gestaltung von Arbeitsverhältnissen treffen unmittelbar die Arbeitskräfte. Die Vorstellungen über die Auswirkung der geplanten Veränderungen und u.a. eine mögliche neue Rolle der Interessenvertretung der Arbeitskräfte durch die Gewerkschaften wurden im Allchinesischen Gewerkschaftsbund in Beijing behandelt.

Um die von der politischen Spitze propagierten Leitvorstellungen gab es eine, wenn auch nur verhaltene wissenschaftliche Diskussion. Sehr vorsichtig wurden positive und negative Effekte der Reform artikuliert und teilweise publiziert. Gespräche mit zahlreichen Wissenschaftlern sollten uns hier ein genaueres Bild liefern. Wir führten Gespräche in der Akademie für Sozialwissenschaften (Beijing), der Beijing-Universität, der Renmin-Universität (Beijing), dem Institut für Arbeitswissenschaft (Beijing), der Pädagogischen Hochschule/Forschungsgruppe Arbeitssystem (Nanjing) und dem Erziehungswissenschaftlichen Forschungsinstitut (Nanjing).

Die Mikroebene der Allokation und Reallokation von Arbeitskräften haben wir ausschließlich in Nanjing in den beiden genannten Sektoren untersucht. Neben Gesprächen in elf Betrieben des Maschinenbaus und der Textilindustrie haben wir Gespräche in folgenden Institutionen geführt: in den Arbeitsbüros der Provinz Jiangsu und der Stadt Nanjing, im Personalbüro der Stadt Nanjing, im Gewerkschaftsbund der Provinz Jiangsu, im Frauenbund der Stadt Nanjing, im Schiedskomitee für Arbeitskonflikte, im Arbeitsmarkt des Bezirks Gulou/Nanjing, im Straßenkomitee Danfeng im Bezirk Xuanwu/Nanjing, im Statistikbüro der Provinz Jiangsu und schließlich in Berufsschulen, der Berufsmittelschule Nr. 15 des Maschinenbaubüros und der Berufsschule der Textilgesellschaft.

Gesprächspartner waren in den Betrieben überwiegend die Leiter der Abteilungen für Arbeit und Lohn, in den Institutionen zumeist Personen, die für unterschiedliche Aufgaben zuständig waren. In fast allen Fällen waren von chinesischer Seite mehrere Gesprächspartner beteiligt, die sich alle am Gespräch beteiligten. Die Gespräche dauerten durchschnittlich drei Stunden.[52] Die wichtigste Methode unserer Untersuchung waren Expertengespräche auf der Grundlage eines Leitfadens.

Für unsere Gesprächssituation waren zusätzlich gezielte Einzelfragen und Nachfragen vorbereitet, die je nach Bedarf abrufbar waren. Die geringe Möglichkeit, auf die Auswahl des konkreten Betriebs und der zu befragenden Personen Einfluß zu nehmen, erforderte eine große Flexibilität, Schwerpunkte der Befragung jeweils nach den vorher nicht bekannten Kompetenzen und Zuständigkeiten der Befragten zu verändern.

Für die Befragungen in den Betrieben hatten wir zusätzlich einen Fragebogen erarbeitet, der uns einige allgemeine Informationen über den Betrieb liefern sollte und der vor allem die Aufgabe haben sollte, die spätere Gesprächssituation von Zahlenangaben zu entlasten. Zahlen werden gerne gegeben, aber sie haben häufig nur einen begrenzten Wert, da die zugrundeliegenden Kriterien unklar sind.

Die Methode relativ offener Expertengespräche schien uns für die Untersuchungssituation und den Gegenstand angemessen. Zu den wichtigsten Punkten des Leitfadens gehörten u.a. die folgenden:

* die Rolle der staatlichen Arbeitskräfteplanung und -zuteilung,
* das Zusammenspiel von Arbeitsadministration und Betriebsleitung vor und nach der Reform,

* Fragen der Arbeitskräfteallokation und der innerbetrieblichen und zwischenbetrieblichen Mobilität von Arbeitskräften,
* das Arbeitsvertragssystem, einschließlich der Gestaltung von Arbeitsverträgen,
* das Problem der Parallelität von Festarbeits- und Arbeitsvertragssystem,
* die Versuche zur Belebung der Festarbeit durch die Einführung der Optimierten Arbeitsgruppen in den Betrieben,
* die Funktion der neuen Institutionen wie Arbeitsdienstleistungsgesellschaften und Arbeitsdienstleistungsmärkte,
* Fragen der Lohngestaltung,
* Fragen der beruflichen Ausbildung und Qualifikation,
* Fragen des sozialen Sicherungssystems im Zusammenhang mit der Reform des Arbeitssystems,
* die Rolle der Gewerkschaften im Zusammenhang mit der Reform des Arbeitssystems,
* das Verhältnis von Arbeits- und Personalsystem.

3.2.3 Erhebungsmethode und Auswertung der Ergebnisse

Den Kernpunkt unserer empirischen Arbeit bildeten die Expertengespräche, die während der beiden Forschungsaufenthalte in verschiedenen Institutionen durchgeführt wurden.[53] Wir haben uns aus mehreren Gründen für die Methode des an einem Leitfaden orientierten Expertengesprächs entschieden. Hauptgrund für diese Wahl ist, daß sich unsere Untersuchung mit einem bislang wenig thematisierten Phänomen befaßt und daher im ersten Zugang stark deskriptiv sein muß. Über die Herausarbeitung der Muster des Denkens und Handelns im betrieblichen Kontext sollte Wissen über die Funktionsweise des Arbeitssystems in der VR China erarbeitet werden. Die bereits angesprochene unterschiedliche Kategorisierung von sozialer Wirklichkeit spielt hier eine große Rolle, da die Wahrnehmung und Interpretation von Situationen und Rollen durch die handelnden Menschen die soziale Realität entscheidend bestimmen. Aus westlicher Sicht vorgegebene Probleme können ganz entscheidend an denen der Betroffenen vorbeiführen, so daß die wechselseitigen Relevanzen nicht entsprechend vermittelt werden können. Wesentlich schien es daher für die Explikation des Feldes, daß den Befragten genügend Raum gegeben wurde, die für sie wichtigen Probleme selbst zu thematisieren.

Das von uns erhobene Material eignet sich nicht für eine quantifizierende Auswertung. Das Material ist dagegen eher geeignet, die für die Betroffenen wichtigen Probleme herauszustellen und die ihrer Äußerung zugrundeliegenden Normen und Werte sichtbar zu machen. Auf diese Weise bietet es die Möglichkeit, ein Stück der Rationalität zu erschließen, die das Handeln der Arbeitsverwaltung, der Betriebsleitungen und der Arbeitskräfte bestimmt.

Unsere Leitfragen, deren Fokus auf eine Analyse der Strukturen des chinesischen Arbeitssystems gerichtet ist, haben sich aus einer westlichen Perspektive und aus arbeitsmarkttheoretischen Überlegungen entwickelt. Entsprechend folgen der Aufbau der Arbeit und die Präsentation des Materials einer Argumentationslinie, die das Ziel verfolgt, zunächst die strukturierenden Mechanismen auf der staatlichen und betrieblichen Ebene herauszuarbeiten und sodann zu fragen, ob und inwieweit Segmentation auch in einer Zentralverwaltungswirtschaft die Lösung des Anpassungs- und Verteilungsproblem darstellt. Für die Abfassung unserer Arbeit stützen wir uns auf umfangreiches zusätzliches Material, Abhandlungen und statistisches Material. Die Ergebnisse unserer Erhebungen haben dabei eine doppelte Bedeutung: Sie bilden einen wichtigen Schlüssel, um aus chinesischer Sicht relevante Fragen aufzuwerfen, und sie dienen einer Veranschaulichung eher abstrakter Aussagen zur Arbeitskräftelenkung. Die Auswertung unseres Erhebungsmaterials bestimmt zwar nicht direkt und allein den Aufbau und die Ausführungen der Arbeit, aber der Beitrag dieser Ergebnisse ist trotz allem von entscheidender Bedeutung. Nur die Fülle der Äußerungen über die Gestaltung der Arbeitsbeziehungen, über die Handlungsmotive und -begründungen der Personen ist geeignet, wenigstens ansatzweise Sinnstrukturen zu entschlüsseln.

4 Zum Aufbau der Arbeit

Aufgabe des folgenden Teils II ist die Vermittlung von Grunddaten zur Beschäftigung, um so einen quantitativen Eindruck von der Beschäftigungsproblematik einerseits und der Fehl- und Unter-Ausnutzung der Arbeitskräfte andererseits zu geben. Angesichts der Spezifika des chinesischen Statistikwesens ist es dabei unerläßlich, Ausführungen zur Erhebung, Auswertung und Zuverlässigkeit von Daten zur Beschäftigungssituation sowie Erläuterungen zur Bildung und Definition von Kategorien voranzustellen. Demographische Grunddaten, Daten zur Erwerbstätigkeit aus unterschiedlichen Perspektiven und zur Qualifikationsstruktur der Erwerbsbevölkerung sind Hauptpunkte der Darstellung. Die Beschreibung der im Rahmen der chinesischen Arbeitskräfteplanung erzielten Anpassungsergebnisse wird ergänzt um eine erste Bilanz wesentlicher Anpassungsdefizite. Die Daten im Text beziehen sich vor allem auf die Jahre 1978 bis 1987; ein Tabellenteil im Anhang enthält ergänzende Angaben.

Zum Aufbau der Arbeit

In Teil III werden die Strukturen und die Funktionsweise des chinesischen Arbeitssystems behandelt. Den zeitlichen Bezugspunkt dieser Analyse stellt die Situation vor Beginn der Reformen 1978 dar. Das Arbeitssystem wird unter drei unterschiedlichen Gesichtspunkten vorgestellt: einem historischen, einem prozessualen und einem ergebnisorientierten Aspekt.

Im ersten Kapitel soll zunächst kurz auf die Ursprünge des chinesischen Arbeitssystems und seine Entstehung in den 50er Jahren eingegangen werden. Spätere, durch entwicklungspolitische Kurswechsel bedingte Modifikationen werden nur in einem groben Überblick behandelt. Auch aus dieser historischen Perspektive läßt sich die Bedeutung der fünf Grundelemente, die im Kapitel 2.3 dieses Teils vorgestellt wurden, für die Lösung der Anpassungs- und Verteilungsproblematik durch das Arbeitssystem zeigen. Die konkrete Variante des chinesischen Arbeitssystems ist das Ergebnis einer relativ rigiden, zentralistischen und bürokratisch gehandhabten Arbeitskräfteplanung und -lenkung. Abgesehen davon, daß auch diese Form der Planung Lücken aufweist und den Akteuren Spielräume läßt, sind diesem Arbeitssystem noch weitere Elemente konstitutiv: die Dualität betrieblicher Eigentumsformen, der besondere betriebliche Organisationstyp der *danwei*, das Institut der Festarbeit und das Kader-/Arbeitersystem. Bereits in den 50er Jahren haben sich unter dem Einfluß dieser Elemente Grundstrukturen des chinesischen Arbeitssystems entwickelt, die zumindest bis zum Beginn der jüngsten Reformphase Bestand hatten.

Die beiden folgenden Kapitel 2 und 3 haben den Prozeß der Strukturierung des Arbeitssystems zum Gegenstand. Die Beschreibung orientiert sich dabei am zweistufigen Charakter der Arbeitskräfteallokation und Lohnverteilung und differenziert zwischen den Ebenen der staatlichen und der betrieblichen Strukturierung.

In Kapitel 2 wird es vor allem darum gehen, den fast ausschließlich befehlsadministrativen Charakter des Planungsprozesses zu verdeutlichen, dessen bürokratische Handhabung die Betriebe zu "Arbeitskräfte-Nehmern" degradiert und zwischenbetriebliche Reallokation zu einer nahezu unbedeutenden Größe werden läßt. Die staatliche Arbeitsplanung erstreckt sich, wenn auch mit unterschiedlicher Intensität, auf Staats- und Kollektivbetriebe. Das Monopol über die Allokation und Reallokation städtischer Arbeit liegt bei den staatlichen Arbeitsverwaltungsstellen, die mit Hilfe einer "einheitlichen Erfassung und Zuteilung" praktisch alle Arbeitskräftegruppen erfaßt. Die Form der Planung und Lenkung ist zentralistisch und direktiv und schließt eine Reallokation großen Ausmaßes administrativ aus. Ein Betriebswechsel ist, soll er nicht zum Verlust aller erworbenen Statusrechte führen, nur über staatliche Verwaltungsorgane möglich. Eine

Regulierung über einen - wie auch immer gestalteten - "Markt" ist im Gegensatz zu anderen sozialistischen Ländern nicht möglich. Die staatlicherseits vorgenommene Erstzuteilung bindet im allgemeinen nicht nur Betriebe und Arbeitskräfte dauerhaft aneinander, sie bedeutet vielmehr auch eine individuell kaum korrigierbare Zuweisung bestimmter Lebenschancen. Nur scheinbar im Widerspruch zu dieser Rigidität stehen die partielle Offenheit und die Unsicherheit der Planung, die zu einer dem gesamten Plansystem immanenten Tendenz der Zellularisierung beitragen, die sowohl die Differenzierung in einzelne, in vertikalen Abhängigkeitsverhältnissen verharrende Planungseinheiten als auch deren gegenseitige, horizontale Abschottung bedeutet.

Die staatliche Strukturierung führt zu einer Kategorisierung von Betrieben und Arbeitskräften, die sich nicht nur auf die Arbeitskräfteallokation, sondern auf die gesamte Ressourcenallokation an die Betriebe auswirkt und sich angesichts der nahezu alternativlosen betriebsgebundenen Versorgung reflexiv verstärkt. Während die Eigentumsform und die Ebene administrativer Unterstellung die wesentlichen Kriterien betrieblicher Kategorien bilden, sind für die Arbeitskräfte der Bezug zur Planzuteilung, der Ort der Haushaltsregistrierung, das Arbeitsverhältnis und die Kader-Arbeiter-Dichotomie von ausschlaggebender Bedeutung. Verstärkt wird die Kategorisierung durch die administrativ beschränkten Reallokationsmöglichkeiten, die staatliche Allokation zu einer individuell kaum korrigierbaren permanenten Zuweisung von Privilegierung bzw. Deprivilegierung werden lassen.

Kapitel 3 beschreibt die betriebliche Ebene der Strukturierung des Arbeitssystems. Betriebliches Handeln unterliegt dabei vor allem zwei Bedingungen: der ambivalenten Stellung der Betriebe im Wirtschaftssystem und den Besonderheiten des chinesischen Betriebstyps der *danwei* in Verbindung mit dem Institut der Festarbeit. Während die betriebliche Autonomie, auch in Fragen betriebsinterner Arbeitskräfteallokation und -reallokation, einerseits durch staatliche Vorgaben und bürokratische Eingriffe in beträchtlichem Maße eingeschränkt ist, können die Betriebe andererseits verschiedene gesellschaftliche und wirtschaftliche Freiräume nutzen, um betriebsegoistische Ziele zu verfolgen. Als *danwei* sind die Betriebe gleichermaßen Produktions- und Versorgungseinheit. Sie haben jenseits der administrativen Allokation interne Anpassungsleistungen zu erfüllen, um ihren produktiven Aufgaben als Betrieb nachkommen zu können. Darüber hinaus bilden sie die entscheidende Stelle, über die die Arbeitskräfte abgesehen von ihrem Einkommen nahezu ihre gesamte Daseinsvorsorge realisieren. Wichtige Strukturprinzipien dieser Organisation, wie die Trennung von Arbeitern und Kadern, die Unterscheidung verschiedener Verwaltungsebenen und die Aufgliederung verschiedener Produktionslinien, sollen unter dem Aspekt ihrer Bedeutung für die Differenzierung der Arbeitsplätze behandelt werden. Dabei soll nach der Bedeutung dieser Differenzierung für die innerbetrieblichen Positionszuweisungen und Reallokationsprozesse gefragt werden. Bei der Versorgung der Arbeitskräfte durch die Betriebe spielt die positionale Einkommensdifferenzierung eine untergeordnete Rolle. Der Lebensstandard von Arbeitskräften verschiedener Betriebe variiert mit dem Status der Betriebe, d.h. vor allem mit deren Stellung im System des sozialistischen Eigentums. Staats- und Kollektivbetriebe unterscheiden sich wesentlich in den Leistungen für ihre Beschäftigten. Auch in der innerbetrieblichen Positionsdifferenzierung spielen Einkommensunterschiede keine wichtige Rolle. Mobilität wird daher nicht durch den Lohn, sondern administrativ gesteuert. Für Lohnverbesserungen ist nicht persönliche Weiterqualifizierung und Veränderung ausschlaggebend, sondern persönliche Stabilität und die Dauer der Betriebszugehörigkeit. Entscheidend für das Arbeitssystem ist das Institut der Festarbeit, das sich auf der *danwei*-Ebene in der lebenslangen und umfassenden Mitgliedschaft von Arbeitskräften in ihrem Betrieb ausdrückt. Die *danwei*-Mitgliedschaft trennt Arbeitskräfte in Mitglieder und Teilhaber an der relativen Privilegierung der jeweiligen *danwei* und in nicht anspruchsberechtigte Arbeitskräfte.

Im 4. und abschließenden Kapitel dieses Teils wird die Beschreibung der Struktur des Arbeitssystems im Vordergrund stehen. Dabei lassen sich gewisse Parallelen zwischen der chinesischen Variante einer Lösung der Anpassungs- und Verteilungsproblematik und der Segmentation von Arbeitsmärkten feststellen. Einerseits wird die duale Spaltung entlang des betrieblichen Eigentums von weiteren Differenzierungen überlagert, andererseits wirken verschiedene abschottende Mechanismen verfestigend, so daß von der Existenz von Teil-Arbeitssystemen gesprochen werden kann. Wird es in Kapitel 4 zunächst darum gehen, im Rückgriff auf die beschriebenen Strukturierungsprozesse die fünf Grundelemente auf ihre differenzierende und verfestigende Wirkung hin zu untersuchen, so sollen abschließend die von uns identifizierten Segmente benannt und voneinander abgegrenzt werden.

Teil IV greift die Reformphase seit 1978 und speziell die beabsichtigten Reformen im Arbeitssystem der VR China auf. Die offizielle Reformpolitik verfolgte bis zum Juni 1989 eine Problemlösung der im Arbeitssystem aufgetretenen Schwierigkeiten durch den Versuch, mehr Markt im Arbeitssystem zuzulassen. Die beiden strategischen Ansatzpunkte wurden im Verhältnis von Staat und Betrieben auf der einen Seite und im Verhältnis von Betrieben und Arbeitskräften auf der anderen Seite gesehen. Im einzelnen sollen die intendierte Entstaatlichung und Diversifizierung der Allokationsprozesse und die Neugestaltung der Arbeitsbeziehungen behandelt werden, deren übergeordnetes Ziel die Effektivierung der Betriebe sein sollte. Unter diesen systematischen Gesichtspunkten werden wichtige Reformetappen und Maßnahmen, wie z.B. das Arbeitsvertragssystem und die optimierten Arbeitsgruppen beschrieben.

Ausgangspunkt der Analyse dieser Reformen im Arbeitssystem ist die Fragestellung, ob sich der Staat aus den Allokations- und Reallokationsprozessen zurückgezogen hat und den Betrieben damit mehr Gestaltungsmöglichkeiten im Umgang mit den Arbeitskräften entstanden sind. Während Kapitel 4 dieses Teils die Reformergebnisse vornehmlich unter dem Gesichtspunkt der Steuerungsmechanismen im Arbeitssystem zusammenfaßt, ist der anschließende Teil erneut der Segmentstruktur gewidmet.

In Teil V werden wir die Strukturen des städtischen Arbeitssystems am Ende der 80er Jahre beschreiben, indem wir zunächst zusammenfassen, welchen Einfluß die Reformen auf die strukturierenden Grundelemente ausüben, und anschließend die in Teil III benannten Segmente auf mögliche Veränderungen hin untersuchen.

Unsere Ausführungen illustrierende Materialien sowie statistisches Material präsentieren wir im Anhang.

II Grunddaten zur Beschäftigung

1 Zur statistischen Erfassung von Arbeitskräfte- und Arbeitsplatzstruktur

In Zentralverwaltungswirtschaften soll das Problem der Anpassung eines Arbeitskräftepotentials an die vorhandene Arbeitsplatzstruktur durch Planung gelöst werden. Aufgabe der Arbeitsplanung ist, das Angebot an und die Nachfrage nach Arbeitskräften zu bilanzieren und auszugleichen. Arbeitsplanung beinhaltet dementsprechend auch Maßnahmen zur Mobilisierung, Qualifizierung, Motivierung und Lenkung des Arbeitskräftepotentials.

Zu Beginn der Reformphase nach 1978 bestand ein deutliches Überangebot an Arbeitskräften. Die Ursachen für dieses Überangebot sind sowohl auf der Angebots- als auch auf der Nachfrageseite zu suchen. Zu nennen wäre an erster Stelle die demographische Entwicklung der 60er und 70er Jahre. Aber auch Aspekte, wie beispielsweise die Arbeitszeitgestaltung oder die Erwerbsbeteiligung, sind bei der Angebotsseite zu berücksichtigen. Neben diesen Faktoren, die die Angebotsseite bestimmen, sind für die Nachfrageseite vor allem solche Faktoren maßgeblich, die die Zahl, die Qualität und die Zusammensetzung des Arbeitsplatzangebots bestimmen.

Planung setzt die genaue Erfassung nicht nur des Potentials an Erwerbspersonen, sondern auch der Arbeitsplatzstruktur voraus. Beide Aggregatdaten verlangen umfangreiche Erhebungen und komplizierte Auswertungen, um eine Arbeitsplanung zu ermöglichen, die ihrerseits die Grundlage für andere Planungsbereiche bilden kann: Der ermittelte Arbeitskräftebedarf hätte z.B. Grundlage der Bildungsplanung zu sein. Für die chinesische Arbeitsplanung sind zwei Grundprobleme maßgeblich: erstens das Problem einer in vielerlei Hinsicht unzureichenden statistischen Grundlage der Planungsprozesse, für das u.a. Definitions-, Erhebungs- und Auswertungsunklarheiten maßgeblich sind, und zweitens das Problem, daß politische Entscheidungen Planungsergebnisse durchkreuzen. Da die chinesische Arbeitsplanung - wie die Gesamtplanung - politisch-ideologischen Vorgaben folgt, stark zentralistisch organisiert ist und sich vornehmlich administrativer Mittel bedient - Aspekte, die in Teil III ausführlicher behandelt werden-, ist eine, idealiter wissenschaftlich begründete, Planbilanzierung nicht möglich. Die Planung ist, zumindest bis 1978, beschäftigungsorientiert, d.h. sie hat die Vollbeschäftigung zum Ziel und nimmt das vorhandene Arbeitskräftepotential als Ausgangskennziffer. Bedarfsmeldungen seitens der

Betriebe unterliegen - soweit sie nicht ohnehin den zentralen Vorgaben folgen-
zahlreichen systembedingten Einflüssen (Knappheitswirtschaft, Erfolgserwar-
tung, Statusstreben u.a.), die ihre Manipulation geradezu erfordern. Dennoch
gibt es Ansätze zur wissenschaftlichen Berechnung der Entwicklung von Arbeitskräften und Arbeitsplätzen, z.B. die Berechnung des betrieblichen Bedarfs an
Arbeitskräften mit Hilfe von Arbeits- und Personalnormen (*ding'e dingyuan*)
oder die Berechnung von Investitionskosten für Arbeitsplätze in der Leichtindustrie im Verhältnis zur Schwerindustrie. Allerdings gilt auch in diesen Fällen -
abgesehen von methodischen Unzulänglichkeiten-, daß häufig politische Entscheidungen die Planung bestimmen. Die ermittelten Zahlen werden mißachtet
und volkswirtschaftliche Proportionen ideologischen Zielen geopfert. Das Ergebnis ist bestenfalls eine "Soll-aus-Ist"-Planung.

Dieser Teil soll einige Grunddaten zur Beschäftigungsstruktur und ihren Deter-
minanten liefern und damit einen quantitativen Bezugsrahmen für die Untersuchung des Arbeitssystems in den folgenden Teilen schaffen. Am Beispiel des
Erwerbskonzepts sollen die definitorischen Schwierigkeiten veranschaulicht und
zugleich Elemente dieses Konzepts zusammengestellt werden. Im Anschluß an
einige demographische Grunddaten werden dann Grundstrukturen der Erwerbstätigkeit beschrieben. Ein besonderes Gewicht wird hierbei, der Themen-
stellung entsprechend, auf die städtische Industrie gelegt werden. Es folgen
einige Bemerkungen zur Qualifikationsstruktur der Arbeitskräfte. Abschließend
soll auf die Unter- und Fehlausnutzung von Arbeitskräften eingegangen werden,
deutliche Kennzeichen unzureichender Anpassungsleistungen.

Die Daten sind i.d.R. chinesischen Statistiken entnommen, die seit Anfang der
80er Jahre zunehmend erscheinen.[1] Ihre Genauigkeit ist allerdings im Hinblick
auf die zugrundeliegenden Definitionen, auf Erhebungsmethoden, rechnerische
Auf- und Weiterverarbeitung sowie die Sorgfalt der Edition schwer einzu-
schätzen.[2] Zwar ist im September 1984 die Geheimhaltung statistischer Wirtschaftsdaten weitgehend aufgehoben worden - nur noch ca. 10% sollen "Tresor-
material" (*tiegui ziliao*) sein[3] -, aber das eigentliche Problem ist auch weiterhin
weniger, ob Daten erhoben oder veröffentlicht werden, sondern von wem, wie
und zu welchem Zweck sie erhoben werden. So sind - abgesehen von Falschmel-
dungen - z.B. für die Arbeitsstatistik (*laodong tongji*) arbeitsteilig die Ministerien
für Arbeit und Personal und das Staatliche Statistikbüro zuständig. Die statistischen Abteilungen sollen die Rahmendaten (Erwerbsfähige, Anzahl der abhängig Beschäftigten, Zusammensetzung der Gesamtlohnsumme) und Daten zu
ländlichen Erwerbstätigen erheben, die Arbeits- und Personalbüros sollen sich
um die speziellen Angaben zur städtischen Erwerbstätigkeit kümmern.[4] Darüber hinaus verwalten die Fachministerien und Fachbüros die Daten ihrer jewei-

ligen Branche und auch die Betriebe führen Statistiken.[5] Die Erhebungsmethoden der einzelnen Instanzen können durchaus unterschiedlich sein. Vor allem aber die Datenaufbereitung läßt Zweifel an der Genauigkeit aufkommen.[6] Vorläufige Werte bzw. Revisionen werden nicht kenntlich gemacht, bei prozentualen Angaben fehlen klare Bezugszahlen, Abweichungen und Inkonsistenzen sind nur z.T. durch methodische Hinweise erläutert und Veränderungen der Berechnungsbasis in längeren Zeitreihen sind nicht immer ausgewiesen. Wie im folgenden Kapitel an einigen für die Darstellung zentralen Begriffen erläutert wird, werden in den einzelnen Statistiken (Bevölkerungsstatistik, Arbeitskräftestatistik, Industriestatistik) unterschiedliche und häufig unscharfe Definitionen verwandt, ohne daß die Differenzen im einzelnen ausgewiesen sind. Und letztlich erfassen bestimmte wirtschaftliche Aggregate unterschiedlich abgegrenzte Mengen - ohne daß dies aus den jeweiligen Tabellen ersichtlich wird. Häufige Abweichungen in den Angaben zu Betrieben und Beschäftigten ergeben sich z.B. daraus, ob alle Betriebe oder nur die mit unabhängiger Rechnungsführung gezählt werden und ab welcher Ebene gezählt wird: ab Gemeinde- oder ab Kreisebene. Derartige Angaben werden, soweit ermittelbar, den Tabellen beigefügt; dennoch gibt es zahlreiche Unstimmigkeiten, die den Abgleich der Daten erschweren bzw. z.T. unmöglich machen.

Die angedeuteten Unstimmigkeiten der Statistik bereiten nicht nur westlichen China-Forschern Kopfzerbrechen, sondern sie stellen auch den Wert der Statistik für die chinesische Planung in Frage.

2 Zum Erwerbskonzept und Schwierigkeiten der Begrifflichkeit

Die chinesische Arbeitsstatistik untergliedert die Bevölkerung (*renkou*)[7] außer nach den Kriterien Erwerbsfähigkeit und Erwerbstätigkeit vor allem nach dem Alter. Die gesamte Bevölkerung im Arbeitsalter (*laodong nianling nei quanbu renkou*) umfaßt alle Männer im Alter von 16-59 Jahren und alle Frauen im Alter von 16-54 Jahren (ausgenommen Militärdienstleistende) - unabhängig davon, ob sie tatsächlich zur Arbeit fähig oder beschäftigt sind. Die Bevölkerungsstatistik setzt demgegenüber die untere Grenze bei 15 Jahren an. Die für die Beschäftigungspolitik entscheidende Kategorie bilden die Erwerbsfähigen innerhalb dieser Gruppe (die arbeitsfähig sind) (*you laodong nengli de renkou*).[8]

Eine Basisgröße der Statistik und damit auch der chinesischen Arbeitsplanung ist die Gesamtzahl des Arbeitskräfteaufkommens (*laodongli ziyuan zongshu*). Sie umfaßt alle Erwerbsfähigen. "Im praktischen Leben" bzw. in der "statistischen Praxis"[9] werden dazu auch diejenigen gerechnet, die das arbeitsfähige Alter noch nicht erreicht oder bereits überschritten haben, aber dennoch an der "gesellschaftlichen Arbeit"[10] teilnehmen. Eingeschlossen sind demnach alle Erwerbspersonen sowie alle erwerbsfähigen Nichterwerbspersonen, unabhängig davon, ob sie erwerbswillig sind oder nicht.[11]

Erwerbspersonen sind nach der internationalen Arbeitsstatistik alle Personen, die eine unmittelbar oder mittelbar auf Erwerb gerichtete Tätigkeit ausüben oder suchen. Die chinesische Statistik kennt diese Kategorie nicht. Ihr dürfte der Begriff der "wirtschaftlich aktiven Bevölkerung" (*jingji huodong renkou*) entsprechen, insoweit er von Arbeitsstatistikern auf alle Erwerbstätigen und alle registrierten Arbeitsuchenden in den Städten (auf Arbeit Wartende und auf Zuteilung Wartende) angewandt wird.[12] Aufgrund fehlender Angaben kann nur versucht werden, mit Hilfe von Daten über die Anzahl der Erwerbstätigen und der Erwerbslosen die Zahl der Erwerbspersonen zu schätzen. Dabei stellen sich jedoch zwei Probleme: 1. werden "Erwerbstätige" statistisch unterschiedlich erfaßt, ohne daß die definitorischen Abweichungen eindeutig kenntlich gemacht werden, und 2. existieren Erwerbslosenzahlen nur für städtische Gebiete, was angesichts der Probleme bei der Definierung und Messung ländlicher Arbeitslosigkeit für Entwicklungsländer typisch ist.

Dem deutschen Erwerbskonzept zufolge sind Erwerbstätige Personen, die in einem Arbeitsverhältnis stehen oder selbständig ein Gewerbe oder eine Landwirtschaft betreiben bzw. einen freien Beruf ausüben. Chinesischerseits gibt es zwei annähernd adäquate Konzepte.

Die gesellschaftlich Arbeitenden (*shehui laodongzhe*) sind alle, die einer bestimmten gesellschaftlichen Arbeit nachgehen und Arbeitsentgelt (*laodong baochou*) oder Einkommen aus Wirtschaftstätigkeit (*jingying shouru*) erhalten, unabhängig davon, ob sie im staatlichen, kollektiven, individuellen Sektor oder in von Ausländern bewirtschafteten Betrieben und ob sie permanent oder zeitweilig beschäftigt sind.[13] Diese Gruppe wird daher auch als "Berufstätige" oder "Beschäftigte" (*zaiyezhe, jiuyezhe*) bezeichnet. Ihre Definition deckt sich weitgehend mit der der berufstätigen Bevölkerung (*zaiye renkou*), die die Bevölkerungsstatistik verwendet.[14] Beide klammern neben den "auf Arbeit Wartenden" auch die anderen Gruppen Nichterwerbstätiger aus: Personen, die auf die Aufnahme in eine Schule warten (*daixue renyuan*)[15], die im Haushalt tätig sind (*jiawu laodongzhe*) oder die für den Besuch einer weiterführenden Schule (Fachhochschule, Radio- und Fernsehuniversität) von der Produktion freigestellt sind. Die Zahlen weichen allerdings stark voneinander ab, die "gesellschaftlich Arbeitenden" zählen z.B. 1982 ca. 69 Mio. weniger als die berufstätige Bevölkerung.[16] Die Differenz ergibt sich laut Taylor aus den zugrundegelegten Altersgrenzen.

Während zu den "gesellschaftlich Arbeitenden" - dies würde dem Erwerbskonzept entsprechen - nur Personen im arbeitsfähigen Alter zählen, schließt die "berufstätige Bevölkerung" alle ein, die mindestens 15 Jahre alt sind, also auch Rentner, die sich etwas zur Rente dazuverdienen (*tuixiu bucha renyuan*).[17] In der Definition der "gesellschaftlich Arbeitenden" sind allerdings keine Altersgrenzen explizit angegeben, im Gegenteil bezieht ein Handbuch zur Arbeitsstatistik alle "tatsächlich an der gesellschaftlichen Arbeit Teilnehmenden" ein.[18] Der Statistiker Feng Litian nennt zwei Gründe für die unterschiedlichen Zahlenangaben: die Abweichung in der unteren Altersgrenze (15 bzw. 16 Jahre) sowie die Definition von "Beschäftigung". Während das Statistische Jahrbuch Beschäftigung auf das ganze Jahr bezieht, schließt der Zensus alle ein, die im ersten Halbjahr mindestens 16 Tage eine Anstellung hatten.[19]

Als (registrierte) Arbeitslose[20] werden von der Beschäftigungsstatistik nur die in den Städten auf Arbeit Wartenden (*chengzhen daiye renyuan*) erfaßt. Dazu zählen alle städtischen Bewohner im arbeitsfähigen Alter (ab 16 Jahre[21]), die arbeitsfähig sind, keine Beschäftigung haben, eine Arbeit suchen sowie bei den untersten Regierungsorganen registriert sind, also nicht nur Schulabgänger, sondern auch diejenigen, die schon einmal Arbeit hatten und diese verloren haben (*shiyede*).[22] Als nicht arbeitslos gelten demnach zwei Gruppen: 1. die auf Zuteilung durch den Staat wartenden Absolventen höherer Schulen (*dai guojia tongyi fenpei de*) und militärische Fachkader[23] sowie 2. im Haushalt Tätige (*jiawu laodongzhe*), Behinderte, die in speziellen Einrichtungen untergebracht werden, Schüler (*zaixiao xuesheng*) und auf die Aufnahme in weiterführende Schulen Wartende (*daishengxue*). Beide Gruppen werden in der Beschäftigungsstatistik als "andere Arbeitskräfte" (*qita laodongli*) geführt, es sind Personen im arbeitsfähigen Alter, die keine Beschäftigung suchen, weil ihnen Arbeit sicher ist, oder weil sie keine anstreben.[24]

Im Zensus umfaßt die Kategorie der "anderen" unter den "Nichterwerbstätigen" (*bu zaiye renkou*) allerdings vor allem Nichterwerbsfähige, d.h. nur die, die - mindestens 15jährig - keiner der genannten Gruppen zuzuordnen sind; diese werden gesondert aufgeführt.[25]

Schaubild 1:
Erwerbsbevölkerung in der Arbeits- und Bevölkerungsstatistik

ARBEITSSTATISTIK:

Bevölkerung (renkou)		
Bevölkerung im Arbeitsalter laodong nianling nei renkou Männer: 16-59 Jahre Frauen: 16-54 Jahre		Bevölkerung außerhalb des Arbeitsalters laodong shiling wai de renkou
	erwerbs- tätig	nicht er- werbstätig
nicht ar- beitsfähig	arbeitsfähig you laodong nengli	
	Gesamtzahl des Arbeitskräfteaufkommens (Erwerbsfähige) laodong ziyuan zongshu	
w. nicht aktive Bev.	wirtschaftlich aktive Bevölkerung (Erwerbspersonen) jingji huodong renkou	w. nicht aktive Bev.

	nicht besch. Arbeitskräfte wei jiuye laodongli (> 16 J.):		gesellschaftlich Arbeitende (Erwerbstätige) shehui laodongzhe, zaiyezhe, jiuyezhe (> 16 J.)
	andere Arbeitskräfte qita laodongli	auf-Arbeit- Wartende daiye renyuan	

BEVÖLKERUNGSSTATISTIK:

nicht berufstätige Bevölkerung bu zaiye renkou (> 15 J.):			berufstätige Bevölkerung (Erwerbstätige) zaiye renkou (> 15 J.)	n.b. Bev.: Rent ner
andere	Sch HA	auf- Zuteilg. Wart. dai fen pei de	auf- Arbeit- Wartende daiye renyuan		

Anm.:
(nicht) erwerbstätig = (fei) canjia shehui laodong
nicht arbeitsfähig = sangshi laodong nengli
w(irtschaftlich) nicht aktive Bev(ölkerung) = fei jingji huodong renkou
n.b. Bev. = nicht berufstätige Bevölkerung
Sch = Schüler (zaixiao xuesheng) und auf-die-Schulaufnahme-Wartende (daishengxue renyuan)
HA = im Haushalt tätige / Hausarbeiter (jiawu laodongzhe)
Rentner = tuixiu, lixiu, tuizhi

Die Kategorie der "auf Arbeit Wartenden" schließt in beiden Konzepten nur die Personen ein, die einen städtischen *hukou* besitzen und sich bei den zuständigen Behörden haben registrieren lassen. Das Erwerbskonzept unterscheidet zwischen "auf Arbeit wartenden Jugendlichen" (*daiye qingnian*) im Alter von 16 bis 25 Jahren, die nach Abschluß der unteren oder oberen Mittelschule keine höhere Schule besuchen und nicht im Militär dienen, sowie sonstigen arbeitsfähigen "auf Arbeit wartenden Personen" (*daiye renyuan*) im Alter von 25 bis 50 Jahren bzw. 45 Jahren, soweit es sich um Frauen handelt.

Die beschriebenen begrifflichen Unterschiede sollen durch das Schaubild 1 verdeutlicht werden.

Dem Untersuchungsgegenstand entsprechend bezieht sich die Mehrzahl der folgenden Angaben auf die Städte. Zur städtischen Bevölkerung zählt seit 1982 statistisch die "gesamte Bevölkerung" in Gebieten unter der Verwaltung von Städten (*shi*) und Landstädten (*zhen*).[26] Die offiziellen Angaben sind jedoch problematisch, da sie z.B. - ebenso wie die für die Kategorie der städtischen Arbeitskräfte - diejenigen Personen nicht einschließen, die zwar temporär oder permanent in den Städten wohnen und dort einer nichtlandwirtschaftlichen Tätigkeit nachgehen, aber einen ländlichen *hukou* haben.[27] Mit "städtischer Bevölkerung" ist also die mit städtischem *hukou* registrierte Wohnbevölkerung in den Städten gemeint.

Arbeitskräfte, die im staatlichen und städtischen kollektiven Sektor, in Betrieben, Behörden und Institutionen sowie in Joint Ventures (mit Privatpersonen oder Ausländern) im Rahmen des Plans beschäftigt sind und dort Lohn beziehen, werden statistisch zusammengefaßt und gelten als Arbeiter und Angestellte (*zhigong*).[28] In dieser Kategorie sind diejenigen nicht enthalten, die in ländlichen Betrieben arbeiten.

Die Statistik trennt nicht zwischen Arbeitern und Kadern. Kader zählen zu den Angestellten, die Kategorie der Angestellten ist aber nicht deckungsgleich mit der der Kader.

Die hier nur angedeuteten Probleme in der chinesischen Begrifflichkeit und Abgrenzung statistischer Kategorien erschweren Aussagen über die quantitativen Verhältnisse der im folgenden angesprochenen Fragen. Wir wollen dennoch versuchen, einen quantitativen Bezugsrahmen für unsere Aussagen zu geben, um wenigstens grobe Größenvorstellungen zu vermitteln.

3 Daten zur Bevölkerungsentwicklung

Die wichtigste Determinante für die Entwicklung des Arbeitskräftepotentials ist die Bevölkerungsentwicklung (siehe Anhang, Tabelle A1). Die Bevölkerung der VR China nahm von 1978 bis 1990 um 171,09 Mio. von 962,59 Mio. auf 1133,68 Mio. zu.[29] 1981 wurde die Grenze von 1 Mrd. überschritten.

Für die beschäftigungspolitische Situation nach 1978 ist die Bevölkerungsentwicklung seit Anfang der 60er Jahre entscheidend. Die Jugendlichen, die ab 1978 16jährig ins Erwerbsleben traten, wurden nach 1962 geboren. In den 11 Jahren bis 1972 vergrößerte sich die chinesische Bevölkerung um 198,82 Mio. Menschen. Die Geburtenrate weist in den Jahren 1962 bis 1965 Spitzenwerte auf (37,01 p.m. - 43,37 p.m.), die zu keiner Zeit nach Gründung der Volksrepublik erreicht wurden. Seit 1963 nahm sie allmählich ab und lag 1973 bei 27,93 p.m. Da es der VR China zugleich gelungen war, die Sterberate weit unter die Werte der 50er Jahre zu drücken, bewegte sich die natürliche Zuwachsrate in den Jahren 1962-1970 stets über 25 p.m., den Gipfel erreichte sie 1963 mit 33,33 p.m. Erst 1971 sank sie unter 25 p.m. und ging bis 1973 auf 20,89 p.m. zurück.[30]

Für die städtische Bevölkerung (siehe Tabelle 1) liegen keine so detaillierten Zahlen wie für die Gesamtbevölkerung vor. Das vorhandene Material erlaubt jedoch zwei Aussagen: 1. nahm der Anteil der städtischen Bevölkerung seit 1978 stetig zu,[31] 2. verweist der wachsende Anteil der städtischen an der Gesamtbevölkerung auf einen sich beschleunigenden Urbanisierungsprozeß. Betrug dieser Anteil 1952 nur 12,5 % und 1978 erst 17,9 %, so stieg er bis 1987 auf 46,6 %. Wichtige Gründe dafür sind neben der Einbeziehung kleinerer Ortschaften ab 1984 der Transfer überschüssiger ländlicher Arbeitskräfte in den nichtlandwirtschaftlichen Bereich und der forcierte Aufbau mittlerer und kleiner Städte. Deshalb ist Urbanisierung nicht gleichbedeutend mit dem Wachstum städtischer nichtlandwirtschaftlicher Beschäftigung. Diese nahm vielmehr in Relation zur städtischen Gesamtbevölkerung seit 1981 kontinuierlich ab. Betrug ihr Anteil 1980 noch 55 %, so erreichte er 1987 nur noch 27,4 %. Der entscheidende Einbruch erfolgte 1984.

Daten zur Bevölkerungsentwicklung 35

Tabelle 1:
Bevölkerung und Anteil der städtischen Bevölkerung,
1952, 1978-1990 (in Mio./%)

Jahr	Gesamtbe-völkerung	städtische Bevölkerung		Erwerbstätige Stadt	Anteil an d. städt. Bev.
		Absolut	Anteil an der Bevölkerung		
1952	574,82	71,63	12,46%	24,86	34,7%
1978	962,59	172,45	17,92%	95,14	55,2%
1979	975,42	184,95	18,96%	99,99	54,1%
1980	987,05	191,40	19,39%	105,25	55,0%
1981	1000,72	201,71	20,16%	110,53	54,8%
1982	1015,90	211,31	20,80%	114,28	54,1%
1983	1027,64	241,50	23,50%	117,46	48,6%
1984	1038,76	331,36	31,90%	122,29	36,9%
1985	1050,44	384,46	36,60%	128,08	33,3%
1986	1065,29	441,03	41,40%	132,92	30,1%
1987	1080,73	503,62	46,60%	137,83	27,4%
1990	1133,68	296,51	26,23%		

Quellen: ZTN 1988, S.97, 153; BR, (1990) 51, 32.

Der Urbanisierungsgrad Chinas ist nach den offiziellen Zahlen im internationalen Vergleich immer noch niedrig. In diesen Angaben ist allerdings nur der Teil der Wohnbevölkerung enthalten, der eine offizielle städtische Haushaltsregistrierung besitzt. Die Zunahme der städtischen Bevölkerung macht Tendenzen eines Strukturwandels sichtbar, der sich - sollte z.B. die Landwirtschaftsreform im jetzigen Tempo fortschreiten - noch beschleunigen dürfte. Schon jetzt rechnet man mit 150 Mio. überschüssigen Arbeitskräften auf dem Lande.[32]

Die Bevölkerungsexpansion wirkte sich auf die (städtische) Beschäftigungssituation äußerst ungünstig aus. Die VR China - ohnehin das bevölkerungsreichste Land - stand Ende der 70er Jahre vor immensen Problemen, wollte sie allen neu ins Berufsleben eintretenden Jugendlichen einen Arbeitsplatz vermitteln.

1. Die bis in die 70er Jahre hinein extrem hohen natürlichen Zuwachsraten führten zu einer fortgesetzten Verjüngung der Bevölkerung. Bis 1964 stieg der

Anteil der Kinder und Jugendlichen im Alter von 0-16 Jahren auf 42,7% der Bevölkerung an, um dann bis 1982 auf 35,86 % zurückzugehen. Mit dem Eintritt dieser Kohorte ins arbeitsfähige Alter (Männer 16-59 Jahre, Frauen 16-54 Jahre) weitete sich die Bevölkerung im arbeitsfähigen Alter enorm aus: 1982 betrug sie 54,9% und 1985 bereits 57,5% (siehe Anhang, Tabelle A3).

2. Diese Probleme wurden noch zusätzlich durch Migration verschärft, da während der Kulturrevolution aufs Land geschickte Jugendliche ihre Rückkehr in die Städte forderten.

3. Die Geschlechtsstruktur weist einen seit 1952 bestehenden höheren Anteil von Männern an der Bevölkerung auf (siehe Anhang, Tabelle A2). Dies bedeutet einen erhöhten Beschäftigungsdruck, da die Erwerbsbeteiligung der Männer größer als die der Frauen ist, die u.a. bedingt durch Mutterschaft, Haushalt und das niedrigere Rentenalter eine geringere Erwerbsbeteiligung und eine kürzere Erwerbsphase haben.

Aus den genannten Gründen war der Beginn der 80er Jahre beschäftigungspolitisch besonders schwierig, und man spricht von einer besonderen Beschäftigungsspitze *(jiuye gaofeng)*. Allein 1980 warteten 13,09 Mio. Menschen auf die Zuweisung eines Arbeitsplatzes durch den Staat.[33] Mit einem weiteren Schub wird ab 1990 gerechnet, der nicht allein aufgrund des Bevölkerungswachstums (1968-1972: 130 Mio. Geburten), sondern auch wegen des Problems der bereits überschüssigen Arbeitskräfte in Stadt und Land entstehen wird,[34] und besonders in den Städten zu gewaltigen Problemen führen wird.

Da zwischen 1964 und 1982 keine Volkszählungen stattfanden, ist nicht eindeutig zu erkennen, wann sich der Trend zur Verjüngung der Bevölkerung umkehrte. Ab 1968 nahm jedoch die Geburtenrate ab.[35] In den 80er Jahren verstärkte sich das Tempo der Alterung der Bevölkerung. Waren 1982 4,9 % der Bevölkerung älter als 65 Jahre, so rechnet man für das Jahr 2000 mit einem Anteil von 7 %.[36] Diese Entwicklung dürfte auf die Geburtenplanungsbemühungen zurückzuführen sein.

1982 betrug die Zahl der Erwerbsfähigen 566,83 Mio. Personen, wie Tab. 2 zeigt, was einem Anteil von 55,8 % der Gesamtbevölkerung entsprach. Bis zum Jahr 1987 war dieser Anteil um 89,24 Mio. Personen auf 60,7 % gestiegen. Die durchschnittliche jährliche Wachstumsrate[37] der erwerbsfähigen Bevölkerung lag mit ca. 3,1% seit Mitte der 60er Jahre weit höher als 1953-57 (1,7 %) und 1958-62 (1,0%).

4 Daten zur Erwerbstätigkeit

4.1 Erwerbsbeteiligung

Die Zahl der Erwerbstätigen (siehe Tab. 2) vergrößerte sich in den Jahren von 1978 bis 1987 nicht nur absolut, sondern auch in Prozent zur Bevölkerung. Während ihre Gesamtzahl um 126,3 Mio. von 401,5 Mio. auf 527,8 Mio. stieg, wuchs ihr Anteil an der Bevölkerung von 41,7% auf 48,8%.

Für die Bestimmung der Erwerbsbeteiligung setzt die chinesische Statistik die Zahl der gesellschaftlich Arbeitenden (Erwerbstätige) in Beziehung zum Arbeitskräfteaufkommen (Erwerbsfähige). Diese "Nutzungsrate des Arbeitskräfteaufkommens" (*laodongli ziyuan liyongli*) stieg von 79,9% 1982 kontinuierlich auf 80,5% 1987. Trotz der angespannten Beschäftigungssituation wurde die Erwerbsbeteiligung also noch ausgeweitet. Die Erwerbsquoten liegen nicht nur im internationalen Vergleich - relativ hoch, vor allem für Frauen. Im Jahr 1982 lag die Erwerbsbeteiligung für Männer bei 89,6 % und für Frauen bei 74,1%.[38]

Tabelle 2:
Bevölkerung, Erwerbsfähige und Erwerbstätige 1952, 1978-1990 (in Mio.)

Jahr	Gesamtbe-völkerung	Erwerbsfähige		Erwerbstätige		
		Absolut	Anteil an Bevölkerung	Absolut	Anteil an Bevölkerung	Anteil an Erwerbsfähigen
1952	574,82	267,10	46,47%	207,29	36,06%	77,61%
1978	962,59			401,52	41,71%	
1979	975,42			410,24	42,06%	
1980	987,05			423,61	42,92%	
1981	1000,72			437,25	43,69%	
1982	1015,90	566,83	55,80%	452,95	44,59%	79,91%
1983	1027,64	583,37	56,77%	464,36	45,19%	79,60%
1984	1038,76	601,57	57,91%	481,97	46,40%	80,12%
1985	1050,44	621,14	59,13%	498,73	47,48%	80,29%
1986	1065,29	640,66	60,14%	512,82	48,14%	80,05%
1987	1080,73	656,07	60,71%	527,83	48,84%	80,45%

Quellen: ZTN 1988, S.97, 153, 155.

Im regionalen Vergleich erweist sich die Beteiligung der Männer als weitgehend stabil, die der Frauen variiert dagegen von 49 % in Heilongjiang bis 85 % in

Guizhou und Sichuan. Taylor nennt als mögliche Gründe den Grad agrarer Tätigkeiten und das Einkommensniveau. Die Beteiligung ist höher in armen Provinzen und in Regionen mit mehr arbeitsintensiver Landwirtschaft.[39]

Der ständige massive Zuwachs jugendlicher Arbeitsuchender hat dazu geführt, daß die Mehrzahl der chinesischen Erwerbstätigen relativ jung ist. In der Industrie[40] waren Mitte 1982 56 % der Erwerbstätigen unter 35 Jahren. Der höhere Anteil der unter 35jährigen Frauen (73 % im Verhältnis zu 61 % Männern) ist auf ihr niedrigeres Rentenalter[41] und ihren früheren Berufseintritt infolge kürzerer Ausbildungszeiten zurückzuführen.

Konkretere Angaben zur Erwerbsbeteiligung jenseits der Altersgrenzen lassen sich nur für diejenigen Arbeitskräfte machen, die das Rentenalter bereits überschritten haben. Das Rentenalter haben nach den Daten der Volkszählung von 1982 4,7% der Erwerbstätigen überschritten, der größte Teil davon ist in der Landwirtschaft tätig. In der Industrie beträgt dieser Anteil 1,8% (Männer 2,1%, Frauen 1,3%). Die Rentner scheinen zum überwiegenden Teil in Kollektiv- und Kleinbetrieben tätig zu sein.[42] Groß- und Mittelbetriebe beschäftigten 1985, dem Industriezensus zufolge, 2,3% ihrer Rentner weiter, d.h. sie ließen sie entweder in der alten Stellung oder gaben ihnen andere Posten.[43] Da viele Rentner aber auch anderweitig, z.B. über Straßenkomitees oder im Einzelgewerbe, Weiterbeschäftigung finden, dürfte die Gesamtzahl beschäftigter Rentner faktisch wesentlich höher liegen. In Shanghai waren Ende 1986 320.000, das sind 23,7% aller Rentner, wiederbeschäftigt, davon 130.000 in Fabriken, ca. 10.000 als fachlich-technische Berater, 170.000 im tertiären Sektor unter Leitung der Straßenkomitees, im Sozial- und Familienfürsorgebereich und in Tätigkeiten "gesellschaftlichen Interesses" sowie bis zu 10.000 als Einzelgewerbetreibende.[44]

Angaben über Kinderarbeit sind selten zu finden. Eine Untersuchungsgruppe in Minhou, Pujiang und anderen Kreisen der Provinz Fujian ermittelte im April/Mai 1987 eine Zunahme der Kinderarbeit, vor allem in den Kreisregionen und in der Einzel- und Privatwirtschaft. In der Stadt Quanzhou waren in 53 Betrieben 2,6 % der Beschäftigten unter 16 Jahren. Die meisten der Kinderarbeiter (*tonggong*) sind ca. 14 Jahre alt und Grundschulabsolventen oder Analphabeten. Häufig handelt es sich um Verwandte und Bekannte des Arbeitgebers, häufig auch um hochmobile Kinder aus armen Regionen.[45]

4.2 Regionale und sektorale Struktur der Erwerbstätigkeit

In den Jahren zwischen 1978 und 1987 vollzog sich ein regionaler und sektoraler Wandel in der Erwerbsstruktur. Während die Zahl der städtischen Erwerbstätigen[46] (siehe Anhang, Tabelle A4) um 44,9% zunahm, stieg die Zahl der Erwerbstätigen in den ländlichen Gebieten nur um 27,3%. Das Verhältnis der städtischen zu den ländlichen Erwerbstätigen verschob sich von 1978 bis 1987 leicht zugunsten des städtischen Bereichs: 1978 betrug es 23,7% : 76,3% und 1987 dann 26,1% : 73,9%. Damit sind allerdings immer noch Dreiviertel aller Erwerbstätigen im ländlichen Kollektiv- und Individualsektor tätig.

Schaubild 2:
Erwerbstätige nach Wirtschaftssektoren, 1978 und 1987

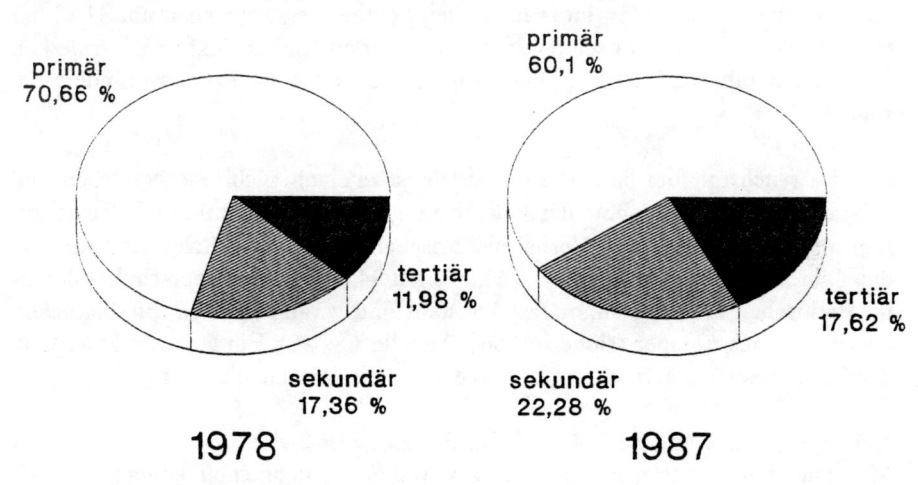

1978:
- primär 70,66 %
- sekundär 17,36 %
- tertiär 11,98 %

1987:
- primär 60,1 %
- sekundär 22,28 %
- tertiär 17,62 %

Quelle: Anhang, Tab. A5.

Deutlicher zeigt sich der Wandel in der sektoralen Struktur der Erwerbstätigkeit (siehe Anhang, Tabelle A5). In allen drei üblicherweise unterschiedenen Wirtschaftssektoren[47] ist in den Jahren 1978-87 ein absolutes Wachstum zu verzeichnen, relativ nahmen jedoch der sekundäre (+ 69%) und der tertiäre (+ 93%) Sektor stärker zu als der primäre Sektor (+ 12%). Das Verhältnis der drei Sektoren zueinander verschob sich demzufolge deutlich zuungunsten des Primärsektors, wie das Schaubild 2 zeigt.

Der primäre Sektor bleibt zwar weiterhin der größte, jedoch hat die Zahl der dort Beschäftigten 1984 erstmals in der Geschichte der Volksrepublik China absolut abgenommen. Ein detaillierteres Bild über die Verteilung der Erwerbstätigen nach einzelnen Branchen vermittelt für das Jahr 1987 die Tabelle A6 im Anhang.

Die Zahl der Erwerbstätigen in der Industrie[48] (siehe Anhang, Tab. A4, A7) stieg zwischen 1978 und 1987 um 53,4 % auf 93,4 Mio., was einer Steigerung ihres Anteils an der Gesamtzahl der Erwerbstätigen von 15,2 % auf 17,7 % entspricht.[49] Diese Entwicklung ist im wesentlichen auf ein starkes Wachstum der ländlichen Industrie sowie, im geringeren Maße, des städtischen Einzelgewerbes zurückzuführen. Ein Vergleich mit den Angaben für Arbeiter und Angestellte in der Industrie bestätigt dies; denn hier sind die Bereiche der ländlichen Industrie und des städtischen Einzelgewerbes ausgeklammert. Die Zahl der Arbeiter und Angestellten im industriellen Sektor stieg zwar auch um 37 % auf 59,7 Mio. an, jedoch nicht schneller als im nichtindustriellen Sektor: Ihr Anteil an der Gesamtzahl der Arbeiter und Angestellten blieb nahezu unverändert bei rund 45 %.

Auf das Wachstum der ländlichen Industrie ist zu einem nicht unerheblichen Teil auch die deutliche Zunahme der Erwerbstätigen in der Leichtindustrie zurückzuführen. Während sich das Verhältnis zwischen Leicht- und Schwerindustrie in den Jahren 1978-85[50] von 36,5 % : 63,5 % auf 44,8 % : 55,2 % verschob, blieb es im städtischen Kollektivsektor fast konstant und veränderte sich im staatlichen Sektor deutlich weniger (siehe Anhang, Tabelle A8, A9). Ein gewisser Rückgang der Individualwirtschaft minderte 1986 den Anteil der Leichtindustrie.[51]

Eine Aufschlüsselung nach Branchen, die z.B. die Bedeutung der Textil- und Maschinenbauindustrie im industriellen System verdeutlichen könnte, ist aufgrund von Kompatibilitätsproblemen kaum möglich. Drei dieser Probleme seien hier stichwortartig erwähnt:

1. gelten unterschiedliche Definitionen für "Branchen" in Abhängigkeit vom Klassifikationskriterium (Endprodukt bzw. administrative Zuordnung zu Industrieministerien).[52]

2. beziehen sich die Daten je nach Bilanzierungsvorschriften,[53] Eigentumsform[54] und Zugehörigkeit zu administrativen Ebenen[55] auf eine unterschiedliche Anzahl von Betrieben.

3. werden die Beschäftigten sowohl nach uneinheitlichen Kategorien (Arbeiter und Angestellte bzw. Erwerbstätige), als auch für differierende Zeiträume (Jahresende bzw. Jahresdurchschnitt) erfaßt.

Bei der Textil- und Maschinenbaubranche, den beiden Branchen unserer Untersuchung, handelt es sich um die beiden personalstärksten Branchen, gemessen an der Gesamtzahl der Erwerbstätigen in unabhängig bilanzierenden Betrieben (siehe Anhang, Tabelle A11).[56]

4.3 Erwerbstätigkeit nach betrieblichen Eigentumsformen

Die nach Eigentumsformen desaggregierten Zahlen für die Erwerbstätigen im Jahre 1987 zeigen, daß die Mehrheit aller Erwerbstätigen im nichtstaatlichen Bereich tätig ist, m.a.W. im städtisch kollektiven und individuellen sowie im ländlich kollektiven und individuellen Bereich (siehe Anhang, Tabelle A6). Konzentriert man sich dagegen auf den städtischen Bereich, so nimmt, wie im Schaubild 3 verdeutlicht, die Beschäftigung im staatlichen Sektor mit 78,3 % (1978) und 70,0 % (1987) eine deutliche Spitzenstellung ein. Nur ungefähr ein Viertel der Beschäftigten sind in Betrieben kollektiven Eigentums beschäftigt, und der Individualsektor spielt noch eine bescheidene Rolle.

Das Schaubild 3 macht zwischen 1978 und 1987 Wandlungstendenzen sichtbar, insbesondere eine anteilige Abnahme der Beschäftigten im staatlichen Sektor auf der einen Seite und eine Zunahme der Beschäftigten in den Kollektiv- und Individualbetrieben auf der anderen Seite.[57]

Seit 1979 wurden vom Staat sowohl die Ausweitung der kollektiven und individuellen Sektoren befürwortet und gefördert (der sog. Kurs der Dreierverbindung)[58] als auch der Versuch unternommen, durch die Bindung der Lohnsumme an die betriebliche Effizienz die staatlichen Betriebe zu einem ökonomischeren Einsatz des Faktors Arbeit zu zwingen. Im Ergebnis zeigt diese reformierte Beschäftigungspolitik für 1984 erstmals einen Rückgang der Beschäftigten im Staatssektor in absoluten Zahlen. Die Zahl der in kollektiven Betrieben Beschäftigten wuchs mit 70% mehr als doppelt so schnell wie die der staatlichen Erwerbstätigen (30%). Am dynamischsten entwickelten sich die Einzelgewerbetreibenden, die allerdings von einem so extrem niedrigen Niveau ausgingen, daß Prozentangaben wenig sinnvoll sind (siehe Anhang, Tab. A4).

Für die Beschäftigungsstruktur und ihre Entwicklung ist ferner interessant, in welchen Wirtschaftssektoren die Beschäftigten tätig sind, da auch vermittelt über die unterschiedliche Förderung der einzelnen Wirtschaftssektoren Beschäftigungspolitik vollzogen wird. Die Förderung des tertiären Sektors gehört zu den Instrumenten der chinesischen Beschäftigungspolitik.

Schaubild 3:
Städtische Erwerbstätige nach Eigentumsformen, 1978 und 1987

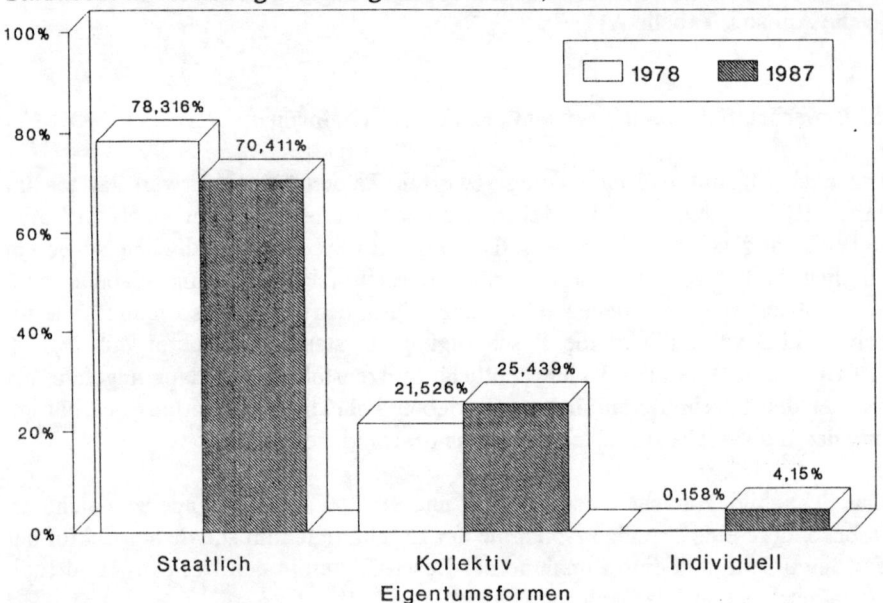

Eigentumsformen	1978	1987
Staatlich	78,316%	70,411%
Kollektiv	21,526%	25,439%
Individuell	0,158%	4,15%

Quelle: Anhang, Tab. A4.

Schaubild 4 zeigt die prozentuale Verteilung der wirtschaftlichen Aktivität der Beschäftigten in den Staatsbetrieben, städtischen und ländlichen Kollektivbetrieben sowie in den städtischen Privatbetrieben. Derart aufgeschlüsselt nach unterschiedlichen betrieblichen Eigentumsformen werden, gemessen an der Anzahl der Beschäftigten, die jeweiligen wirtschaftlichen Aktivitäten deutlich: Aktivitäten im primären Sektor spielen bei Staatsbetrieben eine geringe Rolle, allerdings sogar noch mehr als bei den städtischen Kollektivbetrieben, deren Hauptbetätigungsfeld im sekundären Wirtschaftssektor liegt. Die sich neu entwickelnden städtischen Privatbetriebe sind ausschließlich im Sekundär- und Tertiärbereich aktiv und beschäftigen ihre Arbeitskräfte entsprechend.

Schaubild 4:
Erwerbstätige nach Eigentumsformen und Sektoren, 1987

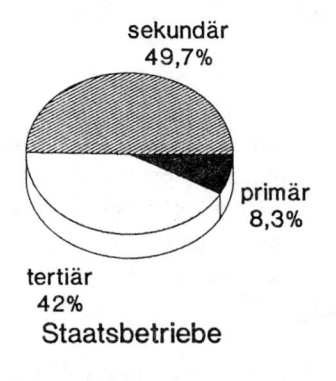

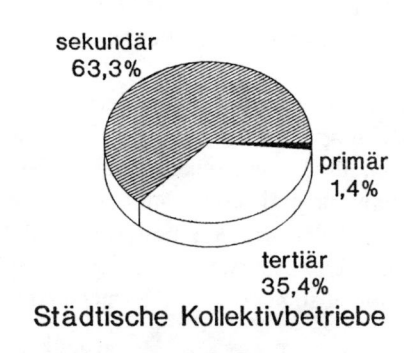

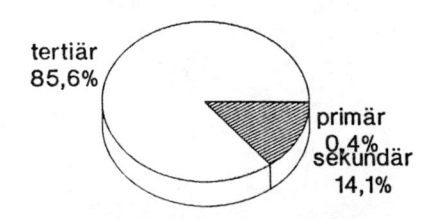

sekundär 49,7%
primär 8,3%
tertiär 42%
Staatsbetriebe

sekundär 63,3%
primär 1,4%
tertiär 35,4%
Städtische Kollektivbetriebe

tertiär 85,6%
primär 0,4%
sekundär 14,1%
Städtische Individualwirtschaft

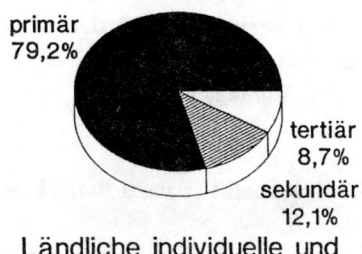

primär 79,2%
tertiär 8,7%
sekundär 12,1%
Ländliche individuelle und Kollektivbetriebe

Quelle: ZJN 1988. XI-34; eigene Berechnung (gerundet).

Da sich der Fokus dieser Arbeit auf das städtische Beschäftigungssystem und dabei besonders auf die Industrie richtet, soll die Entwicklung der Beschäftigung nochmals unter diesem Blickwinkel betrachtet werden. Die im staatlichen und städtisch-kollektiven Sektor Beschäftigten gelten als Arbeiter und Angestellte. Ihre Zahl stieg in der Gesamtwirtschaft von 1978 bis 1987 von 94,99 Mio. um 39,1% auf 132,14 Mio. und in der Industrie von 43,54 Mio. um 37,1 % auf 59,71 Mio. (siehe Anhang, Tab. A7). Legt man diese Zahlen zugrunde, so spielt für die Industrie der Staatssektor mit 68,4 % Beschäftigungsanteil die eindeutig wichtigste Rolle. Betrachtet man die Entwicklung der letzten Jahre, so hat der Staatssektor gegenüber 1978 relativ an Bedeutung verloren, während der Kollektivsektor seinen Anteil von 27,9 % im Jahre 1978 auf 30,6 % 1987 steigern konnte. Für die Textil- und Maschinenbaubranche liegen nur sehr unvollständige Daten vor.

Eine Aussage ist nur zum Verhältnis von Staats- zu Kollektivsektor in der Textilindustrie im Jahr 1987 möglich: 77,4 % : 22,6 %. Ein Vergleich mit der Anzahl der Betriebe (42% : 58 %) weist darauf hin, daß die staatlichen Betriebe im Durchschnitt weit größer sind als die Kollektivbetriebe.[59]

Ein weiterer für unsere Betrachtung wesentlicher Gesichtspunkt ist das Unterstellungsverhältnis der Betriebe im Rahmen der Planverwaltung. Eine grobe Einteilung unterscheidet staatliche Arbeitsstätten, die der Zentrale (d.h. den Industrieministerien), und solche, die den Regionen untergeordnet sind. Der Anteil der Arbeiter und Angestellten in zentralverwalteten Einheiten lag 1985 bei 21,9% gegenüber regional verwalteten Einheiten mit 78,0 % und damit doppelt so hoch wie 1978 (siehe Anhang, Tab. A12, A13).

Für staatliche Industriebetriebe gilt ein fast vergleichbares Verhältnis zwischen Zentrale und Regionen (22,5 : 77,5). In kollektiven Industriebetrieben sind 15% der Arbeiter und Angestellten auf Kreisebene und 50% auf Straßenviertel- und Gemeindeebene beschäftigt. Über die verbleibenden 35% gibt es keine Angaben, sie sind möglicherweise in Betrieben oberhalb der Kreis-/Stadtbezirksebene tätig (siehe Anhang, Tab. A12).

4.4 Erwerbstätige nach Betriebsgrößen

Die chinesische Statistik teilt die Betriebe in Groß-, Mittel- und Kleinbetriebe nach der jährlichen Produktionskapazität oder der Höhe des Anlagevermögens ein.[60] Die zur Verfügung stehenden Daten sind allerdings lückenhaft und inkongruent (siehe Anhang, Tab. A14).

Angaben über die Zahl der Erwerbstätigen für die Jahre 1980 und 1985 weisen auf eine Abnahme des Anteils der Arbeiter und Angestellten in Groß- und Mittelbetrieben hin (von 37,9% auf 33,4%).[61] Die Anteile aller drei Typen am Gesamtpotential im Jahre 1985 zeigt das Schaubild 5.

Während also über 1/3 der Arbeiter und Angestellten auf nur 1,7% der Industriebetriebe konzentriert ist, sind die übrigen 2/3 auf die große Zahl von Kleinbetrieben verteilt. Ein genaueres Bild vermittelt eine Aufstellung, die für 1987 die unabhängig bilanzierenden Industriebetriebe nach der Anzahl der Beschäftigten gliedert (siehe Anhang, Tabelle A15).

Schaubild 5:
Verteilung der Arbeiter und Angestellten nach Betriebsgrößenklassen, 1985

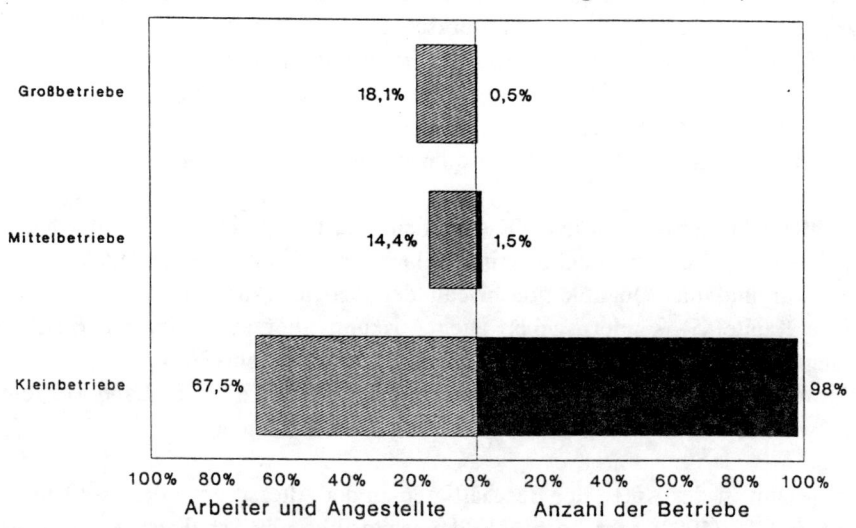

Betriebsgröße	Arbeiter und Angestellte	Anzahl der Betriebe
Großbetriebe	18,1%	0,5%
Mittelbetriebe	14,4%	1,5%
Kleinbetriebe	67,5%	98%

Anm.: Angaben zu den Arbeitern und Angestellten für den Jahresdurchschnitt.
Quelle: ZGJTZ 1987: 16, 18 (unabhängig bilanzierende Betriebe).

4.5 Arbeitszeit und Bildungsbeteiligung

Nicht nur die demographischen Bedingungen beeinflussen von der Angebotsseite her das Arbeitsvolumen. Auch institutionelle Aspekte spielen eine wichtige Rolle, vor allem die Lebens-, Jahres-, Wochen- und Tagesarbeitszeit sowie die Bildungsbeteiligung.

Auch bei steigender Erwerbsquote muß das Arbeitsvolumen nicht zunehmen, wenn zugleich die Arbeitszeit reduziert wird. In der VR China gibt es allerdings von Seiten der Arbeitszeitregelung nahezu keine Entlastung des Beschäftigungsdrucks, mit Ausnahme des frühen Rentenalters.

Die untere Altersgrenze für eine Anstellung wurde bereits nach 1949 auf 16 Jahre festgelegt.[62] In den Ruhestand können Männer in staatlichen Einheiten und Massenorganisationen mit 60 Jahren, Frauen mit 50 Jahren treten.[63] Bei schweren und gesundheitsgefährdenden Arbeitsbedingungen bzw. bei Arbeitsunfähigkeit kann das Rentenalter allerdings gesenkt werden, bei Männern auf 55-50, bei Frauen auf 45 Jahre.[64]

Gearbeitet wird an 6 Tagen in der Woche jeweils 8 Stunden. Da allen Arbeitskräften entsprechend dem 6. Gewerkschaftskongreß seit dem 1.9.1949 nur 52 freie Sonntage und darüber hinaus 7 Urlaubstage (Neujahr 1, Frühlingsfest 3, Tag der Arbeit 1, Nationalfeiertag 2 Tage) zustehen[65], gibt es 306 Standardarbeitstage mit 2.448 Arbeitsstunden pro Jahr (BRD ca. 1.600 Stunden). China ist eines der Länder ohne bezahlten Jahresurlaub (*daixin xiujia*).[66]

Die Schulbesuchsquoten der VR China sind im internationalen Vergleich, auch auf dem Lande, sehr hoch. Sie sind nicht nur für die zukünftige Qualifikationsstruktur und das Qualifikationsniveau der Arbeitskräfte von Bedeutung (vgl. dazu Kapitel 5), sondern geben auch Auskunft über mögliche, den Beschäftigungsdruck mindernde Effekte seitens des Bildungssystems.[67]
Für die Städte und ihr Umland ist dabei im Gegensatz zum Land von einer Verwirklichung zumindest der Grundschulpflicht auszugehen.

Insgesamt ist der Anteil der Beschäftigten an der Altersgruppe der 15-19jährigen mit 74,1 % (1982) sehr hoch, d.h. der weiterführende Schulbesuch spielt noch keine entscheidende Rolle zur Entlastung der Beschäftigung.[68] Angaben zur Entwicklung der Schülerzahlen bieten ein widersprüchliches Bild:[69] Einem Rückgang der Zahlen im allgemeinbildenden Schulwesen steht ein z.T. erheblicher Ausbau des berufsvorbereitenden und berufsausbildenden Sektors, aber auch des Hochschulwesens gegenüber.

Die Übertrittsquoten von der Grund- zur Mittelschule und von der Unteren zur Oberen Mittelschule sind sogar seit 1978 drastisch gesunken[70], vor allem im ländlichen Bereich.[71]
Auch der Anteil der Schüler aller Schultypen an der Bevölkerung hat abgenommen: von 22,3 % (1978) auf 17,1 % (1987).[72]

Da die Eintrittsquote für die Grundschule seit 1973 relativ stabil bei 93-97,2% liegt,[73] dürfte eine mögliche Erklärung eher im sinkenden Anteil der Schulpflichtigen (der Anteil der 6-22jährigen an der Bevölkerung nahm von 1982 = 38,8 % auf 1987 = 35,9 % ab[74]) und in den steigenden Abbruchquoten zu suchen sein. Einem Artikel der Volkszeitung zufolge sei die Zahl der Abbrecher weit höher als die bisher geschätzten 10 %. Ein Drittel würde bereits die Grundschule vorzeitig verlassen, ein weiteres Drittel die Mittelschul-Unterstufe.[75]

Tabelle 3:
Zur Entwicklung der Schülerzahlen, 1977-1988 (in 1000)

	1977	1980	1985	1988	Veränderung 1988:1977 (1977=100%)
Grundschulen	146.176	146.270	133.702	125.358	85,8%
Allgemeinbildende MS	67.799	55.081	47.059	47.615	70,2%
UMS	49.799	45.383	39.648	41.744 b)	83,8% d)
OMS	18.000	9.697	7.411	7.737 b)	43,0% d)
FMS	689	1.243	1.571	2.052	297,8%
Berufl. MS	134	870 a)			
Landw. u. berufl. MS	235 c)	454	2.296	2.794	1188,9% e)
tFAS	243	700	742	1.368	563,0%
Hochschulen	625	1.166	1.790	2.066	330,6%

(a) Ziel des 6. Fünfjahresplans; (b) 1987; (c) 1979; (d) 1987:1977; (e) 1988:1979
Quellen: Henze 1990: 197 f. (Quellenangaben ebd.); ZSTZ 1987: 127; RMRB 16.9.1989; Risler 1989: 418, 420.

Diese Angaben lassen Zweifel an einigen offiziellen Erfolgsmeldungen über Bildungsanstrengungen aufkommen, obwohl der Ausbau der Berufsausbildung nicht zu übersehen ist. Allerdings stehen den quantitativen Erfolgen weiterhin erhebliche qualitative Defizite gegenüber: eine ungenügende Zahl qualifizierter Lehrkräfte, mangelhafte materiell-technische Ausstattung von Schulen und begrenzte Finanzmittel für Lehrmaterial.

5 Daten zum Bildungsstand und zur Qualifikationsstruktur der Arbeitskräfte

5.1 Allgemeiner Bildungsstand der Arbeitskräfte

Die Funktionen von Bildung und Ausbildung sind vielfältig. Eine der zentralen Funktionen, die das Bildungswesen zu erfüllen hat, ist, zukünftige Arbeitskräfte mit denjenigen Fähigkeiten, Fertigkeiten und Kenntnissen auszustatten, die sie in die Lage versetzen, nach Berufseintritt und für die Dauer ihres Erwerbslebens einen produktiven Beitrag zu leisten. Niveau und Art der Qualifikationen von Arbeitskräften sind daher für die wirtschaftliche Entwicklung eines Landes entscheidend.

Der durchschnittliche Bildungsgrad der Arbeitskräfte wird gängigerweise an der Verteilung der Bildungsabschlüsse im allgemeinbildenden Schulwesen gemessen, zumal dies die eindeutigsten Daten zu sein scheinen. Daß damit aber nur sehr grobe Anhaltspunkte gegeben werden können, wird allein schon durch den Hinweis deutlich, daß für formal gleiche Abschlüsse faktisch unterschiedliche Leistungen erbracht werden müssen.[76]

Ein wichtiger Indikator für ein Entwicklungsland ist der Grad der Alphabetisierung der Bevölkerung.[77] Anhand von Daten der Volkszählung von 1982 läßt sich das folgende Bild von der allgemeinen Bildung der Bevölkerung skizzieren:[78]

Knapp 72% der Bevölkerung über 6 Jahre besitzen eine nur geringe Bildung, d.h. sie zählen zu den Analphabeten und Halbanalphabeten (31,9%) oder sie stehen auf dem Niveau der Grundschule (39,9%). Dagegen weisen 20 % der Bevölkerung über 6 Jahre das Niveau der unteren, 7,5% das der oberen Mittelschule und nur 0,7% das einer höheren Schule vor.[79]

Auch bei Ausschluß der 6-11jährigen Bevölkerung beträgt der Anteil der Analphabeten und Halbanalphabeten 1982 noch 31,87 %. 69,2 % von ihnen sind Frauen. Über 90 % der Analphabeten sind Bauern. Der 1 %-Mikrozensus von 1987 zeigt für den gesamten Bevölkerungsbereich eine Reduzierung der Analphabetenrate auf 26,77 %.[80] Erste Veröffentlichungen der Volkszählungsergebnisse von 1990[81] sprechen von einer weiteren Abnahme.[82] Kurz zuvor auf einer Konferenz zur Beseitigung des Analphabetismus (August 1990 in Beijing) vorgelegte Zahlen für 1987 lassen allerdings Zweifel an den verkündeten Erfolgen aufkommen, zumal hier vor einer jährlichen Zunahme um 2 Mio. Analphabeten gewarnt wurde.[83]

Insgesamt ist von 1982 bis 1990 auf allen Bildungsstufen ein Anstieg der Schüler- und Absolventenzahlen zu verzeichnen, wobei vor allem die hohe Zuwachsrate der Hochschulbildung um 131,22 % auffällt. Dieser Bereich wurde relativ stärker ausgebaut als die Grund- und Mittelschulen, wie die Zuwachsraten von 5,17% (Grundschule), 30,47 % (UMS) und 18,59 % (OMS) zeigen.

Für die Erwerbstätigen im nichtlandwirtschaftlichen (und auch im industriellen) Bereich stellt sich die Bildungssituation wesentlich besser dar, wenn auch noch 33,3 % (Industrie: 38,1 %) keinen oder nur einen Grundschulabschluß haben. Jedoch haben hier 24,8% (Industrie: 20,4 %) die OMS und 3,2% (Industrie: 1,5 %) eine höhere Schule besucht. Die größte Gruppe stellen mit 38,7% (Industrie: 39,9 %) die Absolventen der UMS.[84]

Detailliertere Aussagen zum allgemeinen Bildungsstand der städtischen Erwerbstätigen können nicht getroffen werden. Das Schaubild 6 zeigt die Verteilung der Bildungsabschlüsse der Arbeiter und Angestellten in Staats- und Kollektivbetrieben (1984). Für das Jahr 1984 läßt sich ein insgesamt etwas höheres Bildungsniveau in Staatsbetrieben gegenüber Kollektivbetrieben feststellen.[85] In Kollektivbetrieben fehlen Arbeitskräfte mit einem höheren Bildungsabschluß (FHS, HS) fast vollständig (0,4 %). In Staatsbetrieben verfügen 54,8 %, in Kollektivbetrieben 62,4 % der Arbeiter und Angestellten über das Niveau der Grundschule bzw. der unteren Mittelschule.

Die Angaben der Tabelle 4 zum Qualifikationsniveau der Arbeiter und Angestellten in der Industrie für 1985 zeigen ein vergleichbares Bild mit insgesamt 4 % Analphabeten und 69,4 % Arbeitskräften auf Grundschul- und UM-Schulniveau. Auch hier werden entsprechende Unterschiede zwischen staatlichen und kollektiven Betrieben und eine gegenüber dem Durchschnitt günstigere Situation für die Großbetriebe deutlich. Das betriebliche Eigentum und die Größe der Betriebe wirken als Auslesefilter der Personalrekrutierung, Staatsbetriebe und Großbetriebe verfügen über Arbeitskräfte mit relativ höheren Schulabschlüssen.

Schaubild 6:
Bildungsabschlüsse der Arbeiter und Angestellten in staatlichen und städtischen kollektiven Betrieben (ab Kreisebene), 1984

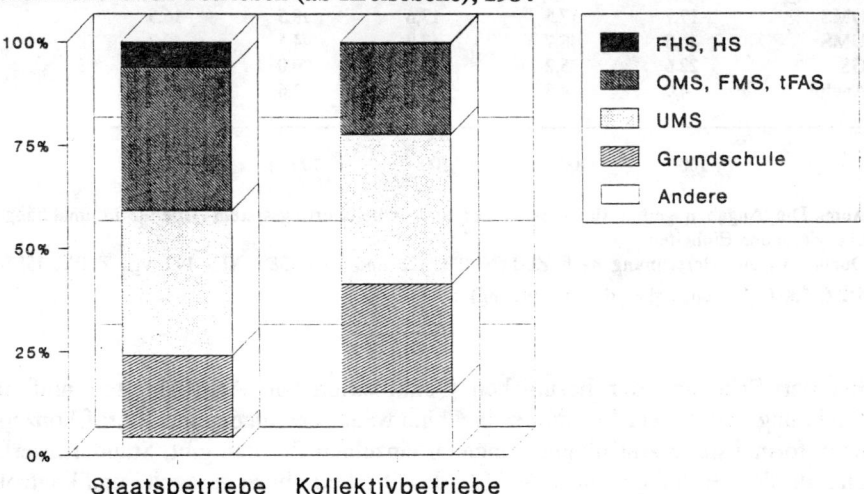

Anm: ab Kreisebene.
Quelle: ZLGTZ 1987: 89.

5.2 Berufliche Qualifikation der Arbeitskräfte

Neben dem Niveau der allgemeinen Schulbildung sind die besonderen beruflichen Qualifikationen der Arbeitskräfte für das Produktionsniveau, die Innovationsfähigkeit und die Dynamik der Wirtschaft entscheidend. Genauere Aussagen zum berufsbezogenen Qualifikationsniveau sind jedoch noch weit schwieriger zu treffen, als dies für den allgemeinen Bildungsstand gilt, der an Schulabschlüssen im allgemeinbildenden Schul- und Hochschulwesen gemessen werden kann. Die Schwierigkeiten einer Messung der beruflichen Qualifikationen ist nicht nur ein Problem fehlender Statistiken, sondern auch eines, das seine besondere Begründung in der Konzeption der zentralen Begriffe "Beruf" und "Qualifikation" hat.

Tabelle 4:
Qualifikationsniveau der Arbeiter und Angestellten in der Industrie, 1985 (%)

Bildungsniveau	insges.	davon: Arbeiter	Großbetriebe	davon: staatl. B.	koll. B.
FHS, HS	2,9	0,2	6,6	4,7	0,6
FMS	3,5	0,9	6,8	5,6	0,8
tFAS	2,5	2,6	5,6	4,1	0,4
OMS	17,7	17,5	17,6	18,5	16,5
UMS	46,8	48,7	43,9	44,5	49,7
GS	22,6	25,2	17,5	20,0	26,2
Analph.	4,0	4,8	2,2	2,6	6,0
	100	100	100	100	100

Anm.: Die Angaben gelten für Festarbeiter und Arbeitsvertragssystem-Arbeiter in unabhängig bilanzierenden Einheiten.
Quelle: Eigene Berechnung nach ZGJTN 1988: 28 und ZJN 1988: XI - 149; vgl. ZGPZ 1985a: 512 f., 530 f. (Ungenauigkeit durch Rundung).

Bei der Erfassung der beruflichen Qualifikation von Arbeitskräften muß in Rechnung gestellt werden, daß es in China weder ein allgemeines Berufskonzept noch formalisierte Ausbildungsgänge zu einzelnen Berufen gibt. Standardisierte und auf der Grundlage eines Berufsbildes überbetrieblich geregelte und kontrollierte Ausbildungsgänge fehlen, so daß die vermittelten Qualifikationen branchenspezifisch nicht anerkannt und einsetzbar sind. Gerade im Verhältnis zum deutschen Verständnis von Beruf, dem eine vokativ orientierte Begriffsbestimmung anhaftet und das jenseits der Berufe einen residualen Begriff von Arbeit (Job) annimmt, und der besonderen Rolle fachlicher Qualifikation für den Berufszugang[86] ist das Verhältnis von Ausbildung und Beruf in China deutlich unterschieden.

In China wird zwar auch von Lehrlingsausbildung und Facharbeitern gesprochen, doch nicht auf der Grundlage standardisierter Ausbildungsinhalte und Berufsbilder. Die berufliche Bildung für den Bereich der Arbeitertätigkeiten ist dort stark auf den konkreten Arbeitsplatz und Betrieb bezogen und wurde zumindest bis zum Beginn der Reformen vor allem am Arbeitsplatz erworben.[87]

Für den Bereich der Kadertätigkeiten oder akademischen Tätigkeiten[88] bestehen häufig eine Unverbundenheit von Ausbildung und Beruf: Eine bestimmte Fachausbildung, selbst im akademischen Bereich, bedeutet nicht zwingend einen qualifikationsspezifischen beruflichen Einsatz der Arbeitskräfte.[89] Einer Untersuchung in der Provinz Fujian entsprechend fühlen sich über 50 % der Fachkräfte (*zhuanye jishu renyuan*), zu 96 % FMS- und Hochschulabsolventen, unterhalb ihrer Qualifikation eingesetzt, und 32 % der Fachkräfte in Leitungspositionen sind der Ansicht, die Aufgabe würde ihnen überhaupt nicht entsprechen.[90]

Eine zweite Art von Schwierigkeiten bei der Bestimmung des beruflichen Qualifikationsstandes der Arbeitskräfte in China ist im Qualifikationsbegriff begründet. Der Begriff "Qualifikation" ist nicht eindimensional zu verstehen als Fertigkeiten und Kenntnisse, die eine Arbeitskraft befähigen, ein Produkt zu erzeugen oder eine Dienstleistung zu erbringen. Auch in China werden funktionale und extrafunktionale Qualifikationsanteile unterschieden, die zur Erfüllung bestimmter Aufgaben unter den in China gegebenen betrieblichen Bedingungen erforderlich sind. Die extrafunktionalen Qualifikationen sind jedoch teilweise anders gewichtet.

Berufliche Bildung in China läßt sich zunächst nach den Institutionen unterscheiden, in denen Ausbildungsgänge stattfinden. Neben der schulischen Ausbildung in Fachmittelschulen, Facharbeiterschulen sowie Beruflichen und Landwirtschaftlichen Mittelschulen findet die Lehrlingsausbildung direkt in den Betrieben statt. Eine Übersicht über die beruflichen Bildungsgänge in der VR China gibt das nachfolgende Schaubild.

Das Berufsschulwesen gliedert sich in vier Schultypen auf Sekundarschulebene, für die der Abschluß der unteren Mittelschule Voraussetzung ist. Neben diesen vier Schultypen gibt es eine Lehrlingsausbildung im Betrieb (*xuetu peixun*). Fer-

Schaubild 7:
Bildungswege in der VR China

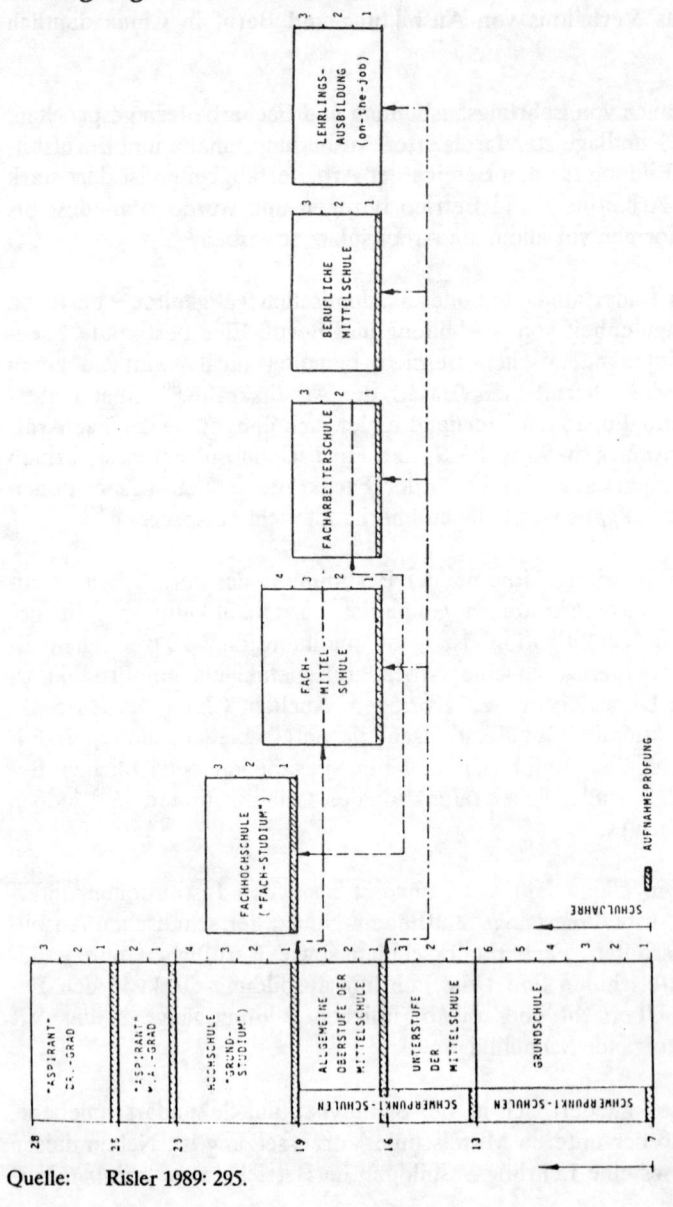

Quelle: Risler 1989: 295.

ner sind die verschiedenen Formen der Erwachsenenbildung[91] von Bedeutung, die über unterschiedliche Institutionen laufen und teilweise Fort- und Weiterbildung zum Ziel haben bzw. dem Nachholen versäumter Bildungsabschlüsse dienen.

Die Unterscheidung von schulischen und betrieblichen Ausbildungsgängen gibt keinen Hinweis auf das Maß der Standardisierung in den Ausbildungsinhalten und über die Praxisnähe oder Theorieorientierung der jeweiligen Berufsausbildung. Schulen werden teilweise direkt von Unternehmen oder von Branchenorganisationen eingerichtet, so daß sich der konkrete Bedarf hinsichtlich der Anzahl von Arbeitskräften und der konkreten Qualifikation aus den Besonderheiten eines oder einiger weniger Betriebe ergibt.

Zum Qualifikationsstand der Arbeitskräfte nach ihrer beruflichen Bildung lassen sich nur ungefähre und indirekt zu erschließende Angaben machen. Die Lohneinstufung, die Fachgrade und die Positionseinstufung können Anhaltspunkte für die berufliche Qualifikation der Arbeitskräfte liefern.

1. Arbeiter werden nach ihrem Qualifikationsstand (und ihrer Lohnstufe) als niedrig qualifizierte (Lohnstufen 1-3), mittelqualifizierte (4-6) und hochqualifizierte (7-8) unterschieden. Lehrlinge bilden eine Extrakategorie und erreichen nach Abschluß ihrer Ausbildung die Stufe 1. Techniker und Ingenieure sind im allgemeinen Absolventen der FMS bzw. der FHS und Hochschule und zählen daher zu den Kadern.

Nur eine geringe Anzahl der Arbeitskräfte ist hochqualifiziert, ca. 94 % sind niedrig- bzw. mittelqualifiziert.[92] Nach Angaben der nationalen Berufsbildungskonferenz von 1986 waren 1985 von 40 Mio. Arbeitern in staatlichen Betrieben nur 29 % qualifizierte Arbeiter der Lohnstufe 4-6. In einigen entwickelten Ländern beträgt die Zahl der Facharbeiter dagegen 70 %.[93] Das durchschnittliche Niveau der Lohnzuweisungen lag 1978 bei Stufe 3,1.[94] Das Qualifikationsniveau in staatlichen Einheiten liegt dabei leicht über dem in kollektiven.

2. Angaben zur Einstufung von Arbeitern und Angestellten im staatlichen Sektor und im städtischen Kollektivsektor (ab Kreisebene) in Fachgrade bestätigen das Bild für das Jahr 1984:[95]

In staatlichen Einheiten ist die knappe Hälfte der Arbeiter und Angestellten (45,2 %) dem niedrigsten Fachgrad zugerechnet gegenüber 53,1 % in kollektiven Einheiten.

3. Der Anteil des fachlichen und technischen Personals (*zhuanye jishu renyuan*) ist insgesamt nicht sehr groß. Im Verhältnis zur Bevölkerung liegt er 1987 (Grund- und Mittelschullehrer nicht mitgerechnet) bei 0,93 %,[96] von den Erwerbstätigen in der Industrie gehörten 1985 2,8 % zum ingenieur-technischen Personal.[97]

Tabelle 5:
Einstufung von Arbeitern und Angestellten nach Fachgraden, 1984 (%)

Fachgrad	Staatliche Einheiten	Kollektive Einheiten
1	3,9	6,6
2	17,7	17,5
3	23,6	29,0
Niedriger Fachgrad	45,2	53,1
4	22,1	17,6
5	13,8	11,3
6	8,1	6,0
Mittlerer Fachgrad	44,0	34,9
7	4,0	3,5
8	1,4	1,2
Hoher Fachgrad	5,4	4,7
Andere	0,5	0,4
Lehrling	4,9	6,9
	100	100

Quelle: ZLGTZ 1987: 89.

Die Vernachlässigung der beruflichen Ausbildung, so beklagte 1986 ein Kommentar in der RMRB, zeige sich auch im Verhältnis von Ingenieuren zu Technikern. Es betrage in China 3:1, während in entwickelten Ländern auf einen Ingenieur 3 - 5 Techniker und 10 - 15 Facharbeiter kämen.[98]

Eine Gliederung der Erwerbstätigen nach der "Stellung im Beruf" läßt sowohl ein Qualifikationsgefälle von staatlichen zu kollektiven Betrieben als auch von der Schwer-zur Leichtindustrie erkennen. Deutlich wird auch die höhere Qualifikation in zentral unterstellten Betrieben.[99]

Tabelle 6:
Erwerbstätige nach der "Stellung im Beruf", 1985 (%)

	Arbeiter	Lehrlinge	Ing.techn. Personal	Verwaltungspersonal
Ind. insges.	72,6	2,91	2,8	10,5
Staatssektor	67,8	2,4	4,0	10,8
davon zentral	61,5	2,1	5,9	10,0
Kollektivsektor	79,4	3,6	0,9	10,1
Schwerindustrie	69,9	2,5	3,6	10,7
Leichtindustrie	76,4	3,5	1,5	10,2

Quelle: ZGPZ 1985a: 546 f.; eigene Berechnung.

Das Kriterium "Stellung im Beruf" kann nur einen ersten und groben Hinweis auf das berufliche Qualifikationsniveau geben. Schlüsselt man die einzelnen Kategorien Arbeiter, ingenieur-technisches und Verwaltungspersonal nach Bildungsabschlüssen weiter auf, so zeigt sich, daß Ende 1985 von den Arbeitern 78,8 % über ein niedriges Bildungsniveau verfügten und nur 21,0 % die OMS besucht bzw. eine formale berufliche Bildung (FMS, tFA) erfahren haben. Bemerkenswerter ist allerdings die Aufschlüsselung der Bildungsabschlüsse der anderen Kategorien: Lediglich über ein Bildungsniveau der UMS und darunter verfügten 60 % des Verwaltungspersonals (in der Untergruppe der Mitglieder von Betriebsleitungen sind es 61 %) und 10,5 % des ingenieur-technischen Personals; über mittlere Bildungsabschlüsse verfügten 34 % des Verwaltungspersonals (27,5 % der Untergruppe der Mitglieder von Betriebsleitungen) und 42,5 % des ingenieur-technischen Personals (11,5 % der Mitglieder von Betriebsleitungen) und 47 % des ingenieur-technischen Personals.[100]

6 Anpassungsdefizite

Ziel jeder Wirtschaftsgesellschaft ist es, die Arbeitskräfte vollständig und effizient zu nutzen. Daß dieses Ziel verfehlt wird, zeigen im allgemeinen zwei Mängel an: Unter-Ausnutzung des vorhandenen Arbeitskräftepotentials (dazu zählen vor allem unfreiwillige und/oder verdeckte Arbeitslosigkeit) und Fehlnutzung (dazu zählen u.a. Fehlallokationen, aber auch die Immobilität, niedrige Arbeitsmoral und geringe Leistungsbereitschaft der Arbeitskräfte).[101]

In der VR China sind Unterausnutzung und Fehlnutzung des Arbeitskräftepotentials weit verbreitet und u.a. auf unzureichende Steuerungskapazitäten und Fehler in den Anpassungsprozessen des Arbeitssystems zurückzuführen. Die Existenz dieser Mängel wurde bis zum Beginn der 80er Jahre in China geleugnet und ihre Gründe wurden daher nicht untersucht. Das Ausmaß der Mängel, selbst die offene Arbeitslosigkeit, ist aus definitorischen und statistischen Gründen kaum meßbar.

Es wurde bereits darauf hingewiesen, daß z.B. die Kategorie der "auf Arbeit Wartenden" nur diejenigen zählt, die einen städtischen *hukou* haben und die bei den städtischen Behörden registriert sind. Damit werden aber nicht nur die Erwerbslosen auf dem Lande nicht erfaßt, sondern aufgrund des Spezifikums *hukou* auch nicht alle städtischen Erwerbslosen. Eine nicht unbedeutende Anzahl von Personen mit ländlichem *hukou* strebt eine Tätigkeit in der städtischen Wirtschaft an:[102] Ehepartner von Stadtbewohnern und deren Kinder, ländliche Migranten, Bewohner der städtischen Außenbezirke oder auch, Anfang der 80er Jahre, vom Lande zurückkehrende Jugendliche, die inzwischen einen ländlichen *hukou* hatten.[103] Nicht erfaßt sind auch die Arbeitskräfte, die darauf warten, vom Staat "einheitlich zugeteilt" zu werden, und denen damit ein Arbeitsplatz sicher ist, d.h. Absolventen der Hochschulen und Fachschulen sowie demobilisierte Soldaten. Andererseits soll eine restriktive Auslegung von "Beschäftigung" noch Anfang der 80er Jahre dazu geführt haben, daß Erwerbstätige in Kleinen Kollektivbetrieben zu den Arbeitslosen gerechnet wurden.[104]

So fraglich angesichts dieser Ungenauigkeiten der Wert offizieller Zahlen ist, so fraglich sind andererseits Versuche, das wahre Ausmaß der Arbeitslosigkeit zu "errechnen", wie sie z.B. Taylor und Heberer unternehmen. Taylor addiert zu den auf Arbeit Wartenden und den auf Zuteilung Wartenden die Gruppe der "anderen" hinzu, um u.a. die "unfreiwillige Arbeitslosigkeit in ländlichen Gebieten" zu erfassen, obwohl dieser Gruppe u.a. diejenigen zugehören, die ihre Arbeitsfähigkeit eingebüßt haben bzw. für eine Anstellung z.B. wegen einer Haftstrafe nicht zur Verfügung stehen.[105] Zumindest ein Teil dieser Gruppe könnte jedoch als "stille Reserve" begriffen werden. Das Problem der "Überschuß-Arbeitskräfte" (*shengyu laodongli*) auf dem Lande ist allerdings auch mit diesem Konzept nicht zu erfassen. Das "überschüssige Personal" (*fuyu renyuan*) in den Städten wird ohnehin zu den Erwerbstätigen gerechnet. Heberer behandelt diejenigen, die im Laufe eines Jahres Arbeit erhalten haben, als Personen, die sich im Laufe des Jahres "arbeitslos gemeldet" haben.[106] Zweifelsohne wird so das Ausmaß der Beschäftigungsproblematik etwas deutlicher, die oben genannten Ungenauigkeiten können aber nicht ausgeglichen werden.

Anhand von vier typischen Mängelerscheinungen, der fehlenden Arbeitsmotivation, der Fehlallokation sowie der offenen und verdeckten Arbeitslosigkeit, soll versucht werden, auf einige Symptome der Anpassungsproblematik im Arbeitssystem hinzuweisen. Die folgenden Aussagen, die sich auf in China publizierte Angaben stützen, sind jedoch mit Vorsicht zu betrachten.

1. Die niedrige Arbeitsmoral der Arbeitskräfte wird allgemein kritisiert.[107] Nach einer Untersuchung des Gewerkschaftsbundes[108] beträgt zwar die Anwesenheitsrate der Arbeitskräfte 92 %, ihre effektive Arbeitszeit aber soll im Durchschnitt bei ca. 50 % und die Auslastung der Maschinen bei knapp 72 % liegen. Zwar gibt es dafür auch andere gewichtige Gründe (z.B. Energie- und Versorgungsprobleme, Mehrfachbesetzung von Arbeitsplätzen), doch wird die geringe Einsatzbereitschaft der Beschäftigten von niemandem bezweifelt.[109] Die Sicherheit der Festarbeit erlaubt ihnen nicht nur, langsam zu arbeiten, sondern auch, die Übernahme von Aufgaben abzulehnen, die zu schwer oder zu schmutzig und damit unattraktiv erscheinen. Ca. 90 % der Arbeitskräfte geben in Untersuchungen an, keinen vollen oder sogar überhaupt keinen Arbeitseinsatz zu bringen.[110]

2. Fehlallokation wird vor allem bei qualifiziertem Personal als gravierendes Problem beklagt. Die staatliche Arbeitskräftezuteilung berücksichtigt generell kaum individuelle Interessen und Berufsziele und nur selten betriebliche Personalwünsche. Die meisten Arbeitskräfte werden am Arbeitsplatz für ihre Tätigkeit angelernt. Qualifiziertes Personal (*zhuanye jishu renyuan*) ist jedoch, einer Untersuchung in der Provinz Fujian zufolge, zu fast 1/5 "am Arbeitsplatz arbeitslos", zu knapp 56 % unter Niveau eingesetzt und kann zu 16,5 % das Gelernte nicht

anwenden (*xue fei suo yong*). Die staatliche Zuteilung, fehlende Abstimmung zwischen Bildungs- und Arbeitsplanung sowie vor allem Managementfehler werden dafür verantwortlich gemacht, daß in Fujian 41,9 % der Talentressourcen (national: 34,4 %) brachliegen: Dies seien mehr Fachkräfte, als von 1981-1987 der Provinz zugeteilt wurden.[111]

Tabelle 7:
Arbeitslosigkeit, 1978-1989 (in Mio./%)

	1978	1979	1980	1981	1982	1983	1984	1985	1986	1987	1989
Arbeitssuchende im Jahresablauf	10,74	14,70	14,42	12,60	10,44	9,0	9,57	10,52	10,58	10,76	9,98
neugeschaffene Arbeitsplätze	5,44	9,03	9,0	8,2	6,65	6,28	7,22	8,14	7,93	7,99	6,2
am Jahresende ohne Arbeitsplatz	5,3	5,68	5,42	4,4	3,79	2,71	2,36	2,39	2,64	2,77	3,8
davon: Jugendliche (16-25 J.)	2,49	2,58	3,82	3,43	2,94	2,22	1,96	1,97	2,1	2,35	
% an Arbeitslosen	47,0	45,5	70,6	78,0	77,4	81,8	83,1	82,6	79,2	85,0	
Arbeitslosenquote A (in %) (Arbeitslose am Jahresende)	5,3	5,4	4,9	3,8	3,2	2,3	1,9	1,8	2,0	2,0	2,6
Arbeitslosenquote B (in %) (Arbeitssuchende im Jahresablauf)	10,7	13,7	13,0	10,9	8,8	7,6	7,7	7,9	8,0	7,8	

Quellen: ZTN 1988: 175; ZLGTZ 1987: 109 f.; C.a., (1990) 9: 707 f. eigene Berechnung.

3. Die Zahl der "auf Arbeit Wartenden" (siehe Tab. 7) nahm von 5,3 Mio. 1978 auf 2,766 Mio. 1987 ab, die "Arbeitslosenquote" (*daiyelü*) von 5,3 % auf 2,0 %. Seit 1987 nimmt die Arbeitslosigkeit wieder zu: Für 1989 lauten die entsprechenden Zahlen 3,78 Mio. bzw. 2,6 %. Auf die Gründe des Rückgangs bzw. des Anstiegs der Arbeitslosigkeit kann hier nur in Stichworten eingegangen werden: Trotz offizieller Selbstbeschwörung gelang es der VR China zu keinem Zeit-

punkt ihrer Geschichte, die Arbeitslosigkeit zu beseitigen. Als diese Ende der
70er Jahre vor allem aufgrund des Eintritts geburtenstarker Jahrgänge ins arbeitsfähige Alter und der Rückkehr landverschickter Jugendlicher in die Städte
bedrohliche Ausmaße annahm, gab dies den Anstoß zu Reformen im Arbeitssystem (vgl. Teil IV) sowie in der Industrie- und Eigentumsstruktur. Bis 1984
konnte so der Beschäftigungsdruck abgebaut werden.[112] Daß er seit 1986 wieder
zunimmt, ist außer auf die fortdauernden demographischen Ursachen - es wird
mit durchschnittlich 22 Mio. neuen Arbeitsuchenden pro Jahr gerechnet[113] -
auch auf die Wirkung der Reformen und vor allem auf die 1988 eingeleitete
Austeritätspolitik zurückzuführen.

Hervorzuheben sind einige Merkmale der offenen Arbeitslosigkeit:

- Die Masse der Arbeitslosen bilden Jugendliche im Alter von 16-25 Jahren. Ihr
Anteil stieg von 47 % im Jahr 1978 auf 85 % im Jahr 1987 und nahm damit im
gleichen Maße zu, wie es gelang, vom Lande zurückgekehrten älteren Arbeitskräften eine Tätigkeit zu verschaffen. Das Gros der arbeitslosen Jugendlichen
stellen Abgänger der OMS (35,7 %) und der UMS (49,9%),[114] die "auf Arbeit
warten". Hinzu kommen in geringem Umfang Personen, die bisher infolge einer
Krankheit oder aus familiären Gründen nicht arbeiten konnten, sowie entlassene
Strafgefangene und Personen, die ihren Arbeitsplatz freiwillig aufgaben. Kon-
junkturelle Arbeitslosigkeit konnte von der Planwirtschaft lange Jahre vermieden
werden, die Ausweitung stärker marktgesteuerter Sektoren könnte sie entstehen
lassen. So führten die 1988 eingeleiteten wirtschaftlichen Konsolidierungsmaß-
nahmen zu Freisetzungen in der ländlichen und privaten Industrie.

- Zu den Problemgruppen zählen Behinderte und Vorbestrafte, über 35jährige
und Frauen. Die große Mehrzahl der Betriebe (Staats- und Kollektivbetriebe)
bevorzugt gesunde, unbelastete, jugendliche Arbeitskräfte.[115]

- Die Erwerbsbeteiligung chinesischer Frauen liegt, wie gezeigt wurde, weit über
der in anderen Ländern. Frauen sollten bei der Arbeitskräftezuteilung Männern
gleichgestellt sein. Praktisch wurde anders verfahren, was daran abzulesen ist,
daß sie häufiger in weniger gesicherten Positionen (z.B. in Kleinen Kollektivbetrieben) anzutreffen sind. Mit der Reform, die den Betrieben Möglichkeiten zur
Auswahl ihrer Arbeitskräfte einräumte, wurde die Benachteiligung der Frauen
besonders offenkundig. Die Erwerbslosenquote für Frauen lag 1982 sowohl
national als auch regional und in allen Provinzen über der der Männer.[116] Die
Gründe dafür sind sicherlich vielfältig. Weibliche Schulabgängerinnen besuchen
zu einem wesentlich geringeren Teil als Männer weiterqualifizierende Bildungseinrichtungen und gehören so eher dem ohnehin großen Heer minderqualifizier-

ter Arbeitskräfte an. Für Frauen ist es schwieriger, im sich mit der Reform entwickelnden Individualsektor tätig zu werden.[117]

- Ein Vergleich der offiziellen Zahlen[118] über regionale Unterschiede im Umfang der Arbeitslosigkeit scheint folgende Schlüsse nahezulegen: Die städtische Arbeitslosigkeit ist größer in weniger entwickelten Gebieten wie z.b. in Guangxi, der Inneren Mongolei und in den Provinzen der Südwest- und Nordwest-Regionen, und sie ist größer im Nordosten Chinas, wo die z.t. kapitalintensive Schwerindustrie konzentriert ist, sowie in Provinzen mit hoher Bevölkerungsdichte (Shandong, Guangdong, Fujian). Der Versuch, die ländliche Arbeitslosigkeit entsprechend Taylors Konzept mitzumessen, ergibt neben den erneut hohen Zahlen für den Nordosten niedrige Angaben für die Regionen mit arbeitsintensiver Agrarproduktion (z.B. Südchina) und höhere Arbeitslosigkeit in industriell entwickelteren Gebieten.[119]

4. Die verdeckte Arbeitslosigkeit (*yinxing shiye*) oder auch "Arbeitslosigkeit am Arbeitsplatz" (*zaizhi shiye*) wurde in China thematisiert, als sie sich für das Reformziel "betriebliche Effizienzsteigerung" als hinderlich erwies. Dennoch liegen bis heute keine exakten Berechnungen und Analysen vor. Je nach Tenor ihres Artikels und je nachdem, ob sie sich nur auf die staatliche Wirtschaft beziehen oder nicht, setzen chinesische Autoren die verdeckte Arbeitslosigkeit mindestens bei ca. 15 Mio., manche aber auch bei 20 und sogar 30 Mio. Arbeitskräften an.[120] Das einzig Gesicherte an diesen Zahlen ist, daß sie von den bisherigen Produktions- und Absatzbedingungen ausgehen und daß bei ihrer Schätzung die bisherige Organisationsform chinesischer Betriebe nicht in Frage gestellt wird. Aus betriebswirtschaftlicher Sicht wären z.B. auch die politischen Kader und der größte Teil des Personals in den betrieblichen Sozialeinrichtungen überflüssig.[121] Das Besondere an dieser Form der Arbeitslosigkeit ist, daß sie existiert, obwohl zur gleichen Zeit und z.T. in den gleichen Betrieben zahlreiche Arbeitsplätze unbesetzt oder mit ländlichen Arbeitskräften besetzt sind. Die Schätzungen reichen auch hier von 15 Mio. bis 35 Mio.[122] Auf die konkreten Ursachen wird im Zusammenhang mit der betrieblichen Allokation einzugehen sein.

Die genannten Probleme der Unterausnutzung und Fehlausnutzung des Arbeitskräftepotentials sind sehr offenkundige Anpassungsdefizite des chinesischen Arbeitssystems. Die zentrale Arbeitskräftelenkung hat offene und verdeckte Arbeitslosigkeit nicht nur nicht verhindern können, sondern sie hat sie ebenso wie die Fehlausnutzung von Arbeitskräften mit erzeugt. Die Arbeitslosigkeit wird auch von chinesischer Seite als Problem angesehen, und die Reformen im Arbeitssystem sollen hier Abhilfe bringen. Für die Fehlnutzung von Arbeitskräften und damit die Verschwendung von Ressourcen ist ein Problembewußtsein noch nicht in gleichem Maße vorhanden.

Anpassungsprobleme im Arbeitssystem sind jedoch umfassender als die hier erläuterten Defizite und sie sind grundsätzlicher zu erklären, als es der Rückgriff auf demographische Entwicklungen erlaubt. Von grundsätzlicherer Bedeutung sind die Mechanismen des Arbeitssystems, die z.B. kontinuierlich exzessive Arbeitskräftenachfrage in den Betrieben erzeugen. Handelt es sich bei diesem Phänomen um ein Versagen der staatlichen Planung, um praktische Maßnahmen der Arbeitsverwaltung oder um ein unter den gegebenen Bedingungen rationales Verhalten der Betriebe? Wesentlich sind ferner die Gründe, aus denen sich ein Entwicklungsland die Vergeudung knapper (Arbeits-) Ressourcen leistet und die ein derartiges Verhalten erzeugen.

In den weiteren Ausführungen unserer Arbeit, vor allem im anschließenden Teil III, sollen durch die Analyse der grundlegenden Mechanismen im Arbeitssystem, auf der staatlichen und auf der betrieblichen Ebene, die Entstehung und Verfestigung von Strukturen des Arbeitssystems herausgearbeitet werden. Hierbei soll verdeutlicht werden, inwiefern die genannten und weitergehenden Defizite im Anpassungsprozeß - aber auch im Verteilungsprozeß - strukturelle Ursachen haben. Der postulierten Steuerungskapazität der zentralen Planung zum Trotz finden andere soziale Mechanismen Eingang und erweisen sich als strukturierend.

III Strukturen des chinesischen Arbeitssystems

1 Zur Entstehung des chinesischen Arbeitssystems

1.1 Hinweise zu den historischen Bedingungen nach 1949

Das chinesische Arbeitssystem läßt sich nicht allein aus der im Eingangskapitel gegebenen systematischen Perspektive beschreiben. Die Darstellung bedarf vielmehr zusätzlich der Beschreibung seiner historisch gegebenen Enstehungsbedingungen. Auch im Falle einer generellen Option für die zentrale Planung des Wirtschaftsgeschehens zur Lösung der in allen arbeitsteilig organisierten Gesellschaften vorfindbaren Grundprobleme von Anpassung und Verteilung entwickelten sich unterschiedliche Varianten von Arbeitssystemen. Analog zu der Überlegung der Segmentationstheoretiker, die unter Hinweis auf die institutionellen Variationsmöglichkeiten von Arbeitsmärkten in verschiedenen Gesellschaften deutlich gemacht haben, daß der Steuerungsmechanismus Markt (bzw. Lohnsatz) allein keine hinreichende Erklärung des Arbeitsmarktgeschehens bietet, läßt sich argumentieren, daß der Steuerungsmechanismus der Arbeitskräfteplanung und -lenkung seinerseits die konkreten Arbeitssysteme in Zentralverwaltungswirtschaften nur unzureichend charakterisiert. Für die konkrete Gestalt des chinesischen Arbeitssystems sind kulturelle Traditionen und die politische Form eines sinisierten Marxismus ebenso maßgeblich wie eine Fülle spezifischer Umstände. Es stellt somit nur eine Variante plangesteuerter Arbeitssysteme dar.

Eine detaillierte Beschreibung der historisch gegebenen Bedingungen in China überschreitet den Rahmen dieser Arbeit, doch sollen wenigstens einige allgemeine Hinweise auf die Ausgangsbedingungen und die Entwicklungen nach 1949 gegeben werden. Diese Hinweise sollen sich auf die Ebenen der Entwicklungskonzeption, der konkreten materiellen Bedingungen und des sozialistischen Selbstverständnisses beziehen.

Zunächst ließe sich auf die konzeptionelle Ebene verweisen. Die kommunistische Führung Chinas hatte für den wirtschaftlichen Aufbau des Landes nach 1949 kein umfassendes und konsistentes Konzept. In zahlreichen entwicklungspolitischen Fragen bestand ein gundsätzlicher Dissens innerhalb der Parteiführung. Strittig war u.a. die ordnungspolitische Neugestaltung der Wirtschaft und Gesellschaft, insbesondere die Fragen der neuen Eigentumsordnung und der Einführung eines Systems zentraler Planung. Ferner bestanden kontroverse Positionen in der Frage, ob der Industrie und damit der städtischen Arbeiterschaft oder ob der

Landwirtschaft und den Bauern, den eigentlichen Trägern der Revolution, zukünftig Priorität eingeräumt werden sollte. Die Entscheidung für einen entwicklungspolitischen Kurs wurde dadurch erschwert, daß konkrete Erfahrungen für den Aufbau einer modernen Industrie fehlten, weil die Partei während des Befreiungskampfes ausschließlich im ländlichen Raum gewirkt hatte. Für die Umsetzung wirtschaftspolitischer Entscheidungen fehlte darüber hinaus ein funktionsfähiger Verwaltungsapparat.

Als zweites wäre auf die Fülle von restriktiven materiellen Bedingungen hinzuweisen, die der wirtschaftlichen Entwicklung des Landes entgegenstanden. Unterschiedliche entwicklungsstrategische Standpunkte und mangelnde Erfahrungen bildeten also keineswegs die einzigen Schwierigkeiten eines zügigen Aufbaus und Umbaus der Wirtschaft. China hatte nicht nur mit den typischen Schwierigkeiten eines Entwicklungslandes kontinentalen Ausmaßes, mit starken regionalen Disparitäten und einer großen Bevölkerung zu kämpfen, sondern befand sich auch in einer Situation außenpolitischer und außenwirtschaftlicher Isolation. Die Zerstörungen von Krieg und Bürgerkrieg hatten China in vielen Bereichen hinter das Vorkriegsniveau zurückgeworfen. Begrenzte materielle Hilfen zum wirtschaftlichen Aufbau, zur Beseitigung der Arbeitslosigkeit und zur Hebung des Lebensstandards der Bevölkerung waren mit der Eskalation des Kalten Krieges nur noch aus den Ländern des Ostblocks zu erwarten.

Unter den konkreten defizitären Ausgangsbedingungen in China und in Ermangelung eines eigenständigen und konsensfähigen Konzeptes für den wirtschaftlichen Aufbau des Landes setzte sich zu Beginn der 50er Jahre eine Ausrichtung der wirtschaftlichen Umgestaltung am sowjetischen Industrialisierungsmodell durch. Insbesondere die Übernahme des wirtschaftlichen Steuerungsmechanismus der zentralen Planung und der Wirtschaftsverwaltung wurde vorangetrieben.

Die Übernahme des sowjetischen Industrialisierungsmodells im 1. Fünfjahresplan bedeutete eine Entscheidung für die Konzentration der ökonomischen Anstrengungen auf die Industrie. Gefördert wurde besonders der schwerindustrielle Komplex, also ein Bereich der Wirtschaft, der kapitalintensiv war, aber nur vergleichsweise wenige Arbeitsplätze bereitstellte.

Die Landwirtschaft übernahm die Rolle des Rohstoff- und Nahrungsmittelproduzenten für die städtische Bevölkerung, erhielt ihrerseits aber kaum nennenswerte Inputs durch die Industrie. Damit verschlechterten sich die internen "terms of trade" mit der Konsequenz erheblicher Migrationseffekte vom Land in die Städte. Die politische Entscheidung für dieses Industrialisierungsmodell war insofern folgenreich, als sie nicht nur zu einer Konzentration der Investitionstätigkeit im industriellen Bereich führte, sondern auch zu einer administrativen Trennung von Stadt und Land und damit zu einer Zweiteilung der chinesischen Gesellschaft.

Die Umsetzung des sowjetischen Industrialisierungsmodells erforderte den Zugriff des Staates auf die relevanten Industriepotentiale und Ressourcen, d.h. die Veränderung der Eigentumsverhältnisse und den Aufbau einer zentralen Planung und Verwaltung. Der bereits 1949 begonnene Prozeß der sozialistischen Umgestaltung und Verstaatlichung der Industrie setzte sich in einer allmählichen Ausdehnung des Staatssektors fort. Vier verschiedene Formen betrieblichen Eigentums existierten schließlich nebeneinander: a) staatliche, b) gemischt staatlich-private, c) genossenschaftliche und d) private. Unter diesen vier Eigentumsformen wurden Betriebe im "Eigentum des gesamten Volkes" nicht allein wegen des möglichen staatlichen Zugriffs begünstigt, sondern auch als die höhere sozialistische Eigentumsform angesehen. Mit den Staatsbetrieben verband sich zugleich die Vorstellung eines bestimmten Unternehmenskonzepts im Hinblick auf die Größe und Organisation der Einheit. Nachdem bereits mit der Gründung der VR China die Weichen in Richtung eines Systems zentraler Planung gestellt worden waren, erwies sich der Aufbau eines zentralen Planungs- und Verwaltungsapparates als außerordentlich schwierig. Dennoch wurde die staatliche Position als Arbeitgeber städtischer Beschäftigter im Zuge der Verstaatlichung der Betriebe und die zunehmende Steuerung des Wirtschaftsgeschehens durch den Staat zügig ausgeweitet und der Faktor Arbeit in die Planung der Ressourcenallokation einbezogen. Der Arbeitskräftebedarf und die Arbeitskräftenachfrage wurden den Möglichkeiten entsprechend ermittelt, geplant und verteilt, die Arbeits- und Lohnpläne wurden Teil der Gesamtsteuerung und die Verwaltung der Arbeitskräfte Teil der sich neu bildenden Arbeitsadministration.

Schließlich ließe sich auch auf das sozialistische Selbstverständnis Bezug nehmen. Mit der sozialistischen Umgestaltung von Wirtschaft und Gesellschaft verbanden sich Hoffnungen, wirtschafts- und gesellschaftspolitische Ziele gleichermaßen erreichen und in einer dem Kapitalismus überlegenen Weise regeln zu können. Die gesellschaftlichen Grundprobleme von Anpassung und Verteilung erschienen durch Planung optimal lösbar zu werden, Friktionen im Prozeß der Anpassung von Arbeitskräften und Arbeitsplätzen schienen vermeidbar und Verteilungsungleichheiten abbaubar zu sein. Industrialisierungsnotwendigkeiten (z.B. Effizienz, schnelle und flexible Anpassung) und sozialistische Wertvorstellungen (z.B. Sicherheit, Solidarität) sollten danach nicht in Konflikt miteinander geraten.

Dieser Anspruch hielt der Wirklichkeit indes nicht stand. Die Ausgangsvoraussetzungen für eine Industrialisierung sowjetischen Stils waren in China, wie bereits angedeutet, äußerst ungünstig. China hatte als ein Entwicklungsland seine durch Krieg, Bürgerkrieg und Demontagen zerstörten Produktions- und Infrastrukturanlagen wieder aufzubauen und die landwirtschaftliche Produktion sicherzustellen. Weitere drängende Probleme waren u.a. die unkontrollierbare Inflation, die hohe Arbeitslosigkeit und die administrative Desorganisation des gerade geeinten Landes. Infolge verbesserter Hygienemaßnahmen und Krankenversorgung wuchs die Bevölkerung seit der Gründung der VR China bis 1953 um rund 44 Mio. Der jungen Altersstruktur entsprechend (ein gutes Drittel war unter 15 Jahren) hatte die Bevölkerung einen hohen Anteil von Personen im erwerbsfähigen Alter. Die chinesische Bevölkerung verteilte sich zu 86,7 % auf das Land und zu 13,3 % auf die Stadt. Durch die schlechten materiellen Verhältnisse auf dem Land entstand ein starker Migrationsdruck auf die Städte, mit der Folge eines überproportionalen Wachstums der Stadtbevölkerung. Die städtische Bevölkerung wies einen hohen Anteil erwerbsloser Arbeitskräfte auf, und die beschäftigten Arbeitskräfte waren häufig in Arbeitsverhältnissen, die ihnen keinerlei soziale Sicherheit boten.

Die restriktiven Bedingungen zwangen die politische Führung bei der Verwirklichung ihres Wirtschaftsprogramms zu einem graduellen und selektiven Vorgehen, das auf verschiedenen Ebenen sichtbar wurde. Der städtisch-industrielle Teil der chinesischen Gesellschaft bildete sehr bald den eigentlichen Fokus der entwicklungspolitischen Anstrengungen, mit der Folge eines dauerhaften wirtschaftlichen und sozialen Gefälles zuungunsten des Landes. Aber auch innerhalb der städtischen Industrie waren die erforderlichen gesellschaftlichen Anpassungs- und Verteilungsaufgaben nur unzureichend zu bewältigen. Graduelles und selektives Vorgehen bestimmte daher auch den industriellen Bereich. Hierin liegt der Ausgangspunkt für die Segmentierung dieses planwirtschaftlich gesteuerten Arbeitssystems.

In den beiden folgenden Abschnitten soll in aller Kürze die Entstehung des plangesteuerten chinesischen Arbeitssystems beschrieben und auf einige modifikationsrelevante entwicklungspolitische Kurswechsel hingewiesen werden. Die Grundelemente dieses Systems, insbesondere die staatliche Arbeits- und Lohnplanung und die Arbeitskräfteverwaltung, aber auch die verschiedenen Formen sozialistischen betrieblichen Eigentums, das Prinzip der Trennung der Beschäftigten in Arbeiter und Kader, das Institut der Festarbeit und der betriebliche Organisationstyp der *danwei*, entwickelten sich in den 50er Jahren. Die in dieser Zeit entstandenen Grundstrukturen des Arbeitssystems haben sich trotz der Kurswechsel bis zum Beginn der Reformperiode (1978) erhalten. Zwar bildeten die einzelnen Elemente immer wieder Ansatzpunkte für Reformversuche, doch führte dies nicht zu grundsätzlichen Änderungen.

1.2 Zur Etablierung der Grundelemente des Arbeitssystems in den 50er Jahren

Vor dem Hintergrund der im ersten Abschnitt skizzierten Konstellation wurden in den 50er Jahren die grundlegenden Entscheidungen für das chinesische Arbeitssystem getroffen. Vor allem der Versuch, forcierte Industrialisierung mit der Beseitigung von Arbeitslosigkeit und der Verbesserung der Lebensbedingungen der Beschäftigten zu verbinden, aber auch das Bemühen, die Bevölkerung politisch zu mobilisieren und sie gleichzeitig administrativ zu stabilisieren, bestimmten die konkreten Maßnahmen in dieser Zeit. So waren es gleichermaßen wirtschaftliche, administrative und politische Erfordernisse, die zu der noch heute charakteristischen Verbindung von zentralgesteuerter Wirtschaft und Basisorganisationen geführt haben. Fünf Elemente bildeten sich zu Grundelementen des chinesischen Arbeitssystems heraus.

(1) Arbeitsplanung und -verwaltung: Bereits kurz nach Gründung der Volksrepublik wurde mit dem Aufbau einer Arbeitsverwaltung begonnen. Das Arbeitsministerium wurde 1949, das Personalministerium im November 1950 gebildet. Die regionalen Arbeitsbüros gingen ab Ende 1949 aus den Arbeitssektionen der städtischen Militärkontrollkommissionen hervor. Laut Howe bewahrten sie nicht nur organisatorisch, sondern auch in ihrer politischen und administrativen Praxis eine gewisse Kontinuität zur vorrevolutionären Zeit. Ihr Hauptaugenmerk galt zunächst der Wohlfahrtsarbeit, genauer gesagt dem Abbau der Arbeitslosigkeit, und weniger der Planung von Beschäftigung und Löhnen. Erst als die Arbeitslosigkeit zurückging, wandten sie sich der Beschäftigungskontrolle zu.

Wenn es auch bis 1955 noch keinen umfassenden Arbeitsplan gab, so hatte die Regierung doch bereits 1952 die "umfassende Arbeitsbeschaffung" (*quanmian de laodong jiuye*) zu ihrer Leitlinie erklärt und am 30.12.1952 sechs Grundsätze zur Arbeitskräfteallokation erlassen, die u.a. das Vermittlungsmonopol der staatlichen Arbeitsverwaltung proklamierten. Ab 1953 wurden zahlreiche Konzepte und Maßnahmen entwickelt, die der Vereinheitlichung der staatlichen Vorgehensweise bei der Schaffung von Arbeitsplätzen, der Neuordnung des Lohnsystems in den staatlichen Unternehmen sowie der Zuteilung von Arbeitskräften durch die Arbeitskräfteverwaltung dienten.

Arbeitskräfte in Staatsbetrieben durften ihre Arbeitsplätze nicht mehr ohne Genehmigung wechseln und sollten sogar bestraft werden, wenn sie der staatlichen Zuteilung grundlos nicht Folge leisteten. Wurde so die Kontrolle über die Allokation im sozialistischen Sektor schrittweise verstärkt, erhielt der Privatsektor angesichts erneut steigender Arbeitslosigkeit wieder mehr Freiheiten.

Mitte 1955 fiel dann endgültig die Entscheidung für den Plan und gegen den Markt, der selbst in Teilbereichen der Wirtschaft die Anpassungsprozesse nicht länger regulieren sollte. Im Mai 1956 wurde bekanntgegeben, daß die Rekrutierung von Arbeitskräften zukünftig vollständig unter Kontrolle der Arbeitsbüros erfolgen sollte. Wenn diese Kontrolle auch bereits kurze Zeit später wieder gelockert werden mußte, so kann doch davon ausgegangen werden, daß die "einheitliche Erfassung und Zuteilung" der Arbeitskräfte durch den Staat (*tongbao tongpei*) seit Mitte der 50er Jahre zum Prinzip der Arbeitskräftepolitik wurde.

Zur Bekämpfung der Arbeitslosigkeit wurde damit begonnen, "Landflüchtige" und ihre Familien aufs Land zurückzuschicken und die Migration stärker zu beschränken. Zu der ökonomischen Problematik kam als administratives Erfordernis die Einbindung der städtischen und ländlichen Bevölkerung in ihren jeweiligen territorialen Bereichen. Das Ziel einer Stabilisierung der Bevölkerung wurde durch die Einführung des *hukou*-Systems 1951 erreicht, eines Haushaltsregistrierungssystems, das Veränderungen einer einmal erfolgten Registrierung - vor allem vom Land in die Stadt - nahezu gänzlich ausschließt.

Bis 1955 hatte sich die Arbeitskräfteverwaltung nach dem Prinzip der "einheitlichen Verwaltung und dezentralisierten Verantwortung" stabilisiert. Der Staat in Gestalt seiner verschiedenen Gebietskörperschaften von der Zentrale bis hinunter zur Kreisebene wurde zum wichtigsten Arbeitgeber und erfaßte mit Hilfe von Arbeitsplänen und einer Arbeitsadministration den Prozeß der Arbeitskräfteallokation in die Staatsbetriebe. Die Zuweisung erfolgte nach Plan, die Arbeitskräfte erhielten eine dauerhafte Arbeitssicherheit und konnten mit einer umfassenden Daseinsvorsorge rechnen. Damit wurde eine entscheidende Grundlage des Arbeitssystems gelegt.

(2) Betriebliche Eigentumsordnung: Die Dualität der Eigentumsformen hat ebenfalls in den 50er Jahren ihren Ursprung. Neben den entstehenden Staatsbetrieben blieben auch Betriebe anderer Eigentumsformen erhalten bzw. wurden neu gegründet. Unter ihnen bildeten die genossenschaftlichen Betriebe den Ausgangspunkt für die dauerhafte Existenz von Kollektivbetrieben. Da die nicht zentral geplanten und kontrollierten Betriebe im kollektiven Eigentum allerdings

nur bis zu ihrer vollständigen Überführung in Staatseigentum, der höchsten Form sozialistischen Eigentums, bestehen bleiben sollten, waren sie stets einem ständigen Vergesellschaftungsdruck ausgesetzt und gelten bis heute als Betriebe "zweiter Klasse".

Die ersten kollektiven Betriebe entstanden durch die "sozialistische Transformation" vieler kleiner Handwerksbetriebe, die wegen ihrer Versorgungsfunktion für die Konsumbedürfnisse der Bevölkerung und der Bereitstellung von Arbeitsplätzen von großer Bedeutung waren. Formal unabhängig und im Eigentum sowie unter Kontrolle des Arbeiterkollektivs gerieten sie ab Mitte der 50er Jahre zunehmend unter staatlichen Einfluß.

Zwei Tendenzen wurden kennzeichnend für die weitere Entwicklung: Einerseits wurde die Konzentration von Betrieben dem Umfang und der Eigentumsform nach vorangetrieben, d.h. aus Kooperativen wurden Kollektivbetriebe (kooperative Fabriken), teilweise sogar Staatsbetriebe. Die staatliche Kontrolle griff auf alle Bereiche der Allokation und Verteilung über, und mit dem wachsenden Grad der Vergesellschaftung und Planung nahmen Eigenverantwortung, Arbeiterkontrolle und Lohnautonomie ab. So entstanden "Große Kollektivbetriebe" (*dajiti*), die sich praktisch nur noch in arbeitsrechtlichen Fragen von Staatsbetrieben unterschieden. Andererseits entstanden seit ca. 1958 neue, "Kleine" kollektive Produktionsstätten (*xiaojiti*) im Verwaltungsbereich der Straßenkomitees. Die wachsende Nachfrage nach Konsumgütern, Verarbeitungsaufträge staatlicher Firmen und das Bemühen, Frauen ins Erwerbsleben einzubeziehen, ließen die Zahl dieser Betriebe schnell ansteigen. Im Hinblick auf Eigentumsrechte, Rechnungsführung, Planung, Arbeiterdemokratie, Arbeitskräfteallokation und Finanzen unterschieden sich die Kleinen Kollektivbetriebe in der Praxis trotz staatlicher Anbindung stärker von den Großen Kollektivbetrieben als diese von den Staatsbetrieben. Dennoch blieb für die Arbeitskräfte die Kluft zwischen Staats- und Kollektiveigentum wirksam: Vor allem in Fragen des Lohnniveaus, der Sozialleistungen, der Beschäftigungssicherheit und im Status der Beschäftigten besteht seit der staatlichen Einbindung ab 1958 ein deutliches Gefälle zuungunsten der Kollektivbetriebe. Diese Unterschiede werden mit der minderen "Wertigkeit" der Eigentumsform begründet, praktisch resultieren sie aber aus der Knappheit der ökonomischen Ressourcen und ihrer, vor allem politisch veranlaßten, ungleichen Verteilung auf Staats- und Kollektivbetriebe. Die Staatsbetriebe wurden zu Betrieben mit Leitbildfunktion.

(3) Festarbeit: Bis zum Ende der ersten Planperiode (1957) gab es noch eine beträchtliche Anzahl privater bzw. später gemischt staatlich-privater Betriebe. Wenn diese Betriebe auch nicht in den Plan einbezogen waren, so bemühte sich

die Regierung doch, sie mittels administrativer und ökonomischer Mittel zu kontrollieren, auch mit Hilfe der Arbeitskräftepolitik. Um die Arbeitslosigkeit einzudämmen, sollten z.B. ab Februar 1950 Entlassungen vom Arbeitsbüro genehmigt werden. Als im Zuge der *Wufan*-(Fünf-Anti-)Kampagne 1952 gegen Privatunternehmer die Arbeitslosenzahlen stiegen, wurde nicht nur die Kampagne allmählich eingestellt, sondern vom Regierungsverwaltungsrat auch eine Entschließung verabschiedet, daß ökonomische Schwierigkeiten nicht über Entlassungen gelöst werden sollten. In diesem Beschluß vom 25.7.1952 wird heute der Ausgangspunkt eines ab 1957 faktisch bestehenden allgemeinen Kündigungsverbots gesehen - und damit einer der Ursprünge des Elements der Festarbeit.

Als weitere Grundlagen der Festarbeit können staatliche Beschäftigungsgarantien gelten. Bereits in den kommunistischen Basisgebieten vor 1949 fielen Soldaten, Arbeiter und Angestellte unter ein "Versorgungssystem" (*gongjizhi*), das ihnen Lebensmittel, Kleidung und Wohnraum sicherte. Die neue Regierung gab Beamten und Lehrern des alten Regimes sowie dem Verwaltungspersonal in Betrieben des "bürokratischen Kapitals" Weiterbeschäftigungsgarantien (*baoxialai*), u.a. um sich den nötigen Rückhalt in der Administration zu sichern. Diese Garantien wurden später auf Beschäftigte in Privatbetrieben und die Opfer wirtschaftlicher Umstrukturierungen ausgeweitet.

Das sich herausbildende staatliche Vermittlungsmonopol trug ebenfalls zur Begründung der Festarbeit bei. Zwar beschloß das ZK noch Anfang 1953 einen Beschäftigungskurs, der eine Verbindung von staatlicher Vermittlung und Eigensuche vorsah: den Kurs der "zwei Türen" (*liangshan men*). Aber mit der Sozialisierung der Betriebe wurde die eine Tür zugeschlagen und die Allokationstätigkeit vom Staat monopolisiert (*bao jiuye*).

Kennzeichen der Festarbeit ist die Existenz eines vertragslosen, lebenslangen Arbeitsverhältnisses, das durch einen administrativen Akt (die Zuweisung) begründet wird. War in verschiedenen Vorschriften der frühen 50er Jahre noch der Abschluß von Arbeitsverträgen vorgeschrieben worden, so entfiel diese Bestimmung später.

(4) Kadersystem: Die Inhaber von Kommandopositionen in Partei und Armee wurden, dem leninschen Muster der Parteiorganisation entsprechend, bereits vor 1949 "Kader" (*ganbu*) genannt. Nach der Machtübernahme durch die KPCh wurde diese Bezeichnung auf alle Staatsbediensteten übertragen. Die Trennung von Arbeitern und Kadern ist allerdings mehr als nur eine Frage der Terminologie oder Funktionsteilung. Die Konzeption der "Kadertruppe" (*ganbu duiwu*)

vereinigt in sich Elemente des traditionellen Bürokratieverständnisses, der marxistisch-leninistischen Parteitheorie und originäre Erfahrungen der kommunistischen Bewegung in China. Aufgrund der engen Verbindung von Partei und Armee ist dieser Konzeption vor allem der militärische Aspekt inhärent.

Unter der Leitung von Partei und Armee (insbesondere von deren Politabteilungen) wurden ab 1949 in den Städten, wo die KP im Gegensatz zur KMT nicht nur Posten in der Administration, sondern auch in den verstaatlichten Betrieben zu besetzen hatte, die neuen Leitungen vor allem aus Mitgliedern der Partei, der Armee und der alten Verwaltungen rekrutiert. Der Mangel an fachlich qualifiziertem Personal in der Partei bildete dabei den Ausgangspunkt für die Trennung in Polit- und Fachkader. Besonders kritisch war die Lage auf der mittleren Ebene, da die obere mit Parteikadern, die untere mit Aktivisten besetzt wurde. Die Kaderlaufbahn eröffnete den Parteiarbeitern den Zugang zur Macht, unabhängig von ihrer fachlichen Qualifikation. Alter und Erfahrung standen für politische Verantwortung und Organisationsfähigkeit.

Bis Mitte der 50er Jahre wurde die "Kaderarbeit" grundsätzlich institutionalisiert: Die Kaderplanung wurde zum Bestandteil der Arbeitskräfteplanung, ein institutionelles Netz des Kadermanagements wurde parallel in Partei und Staat geschaffen, die Ausbildung von Kadern wurde ausgebaut, und Kriterien für die Ernennung und Beförderung wurden definiert. Der Egalitarismus der Revolutionszeit wurde beseitigt und ein vielfach gestaffeltes System von Kaderrängen geschaffen. Ende 1955 war für jede Tätigkeit eine Spanne von Rängen festgelegt, und jedem Kader war ein bestimmter Rang auf einer ansteigenden Gehaltsskala zugewiesen worden. Zugleich hatte sich ein Nomenklatur-System nach sowjetischem Vorbild herausgebildet, d.h. die Kontrolle der Zentrale reichte bis weit hinunter zu den Kreisverwaltungen, und die Parteikomitees besaßen die Autorität über alle wichtigen Ämter.

(5) Danwei-System: Mit dem System der Basiseinheiten, das an unterschiedliche, sowohl familiaristische als auch revolutionäre Traditionen anknüpft, wurde ein weiteres Grundelement des chinesischen Arbeitssystems etabliert. Um die Basisversorgung der Bevölkerung sicherzustellen und ihre politische Mobilisierung und Kontrolle zu ermöglichen, errichtete die kommunistische Führung über die Kontrolle der Migration durch das *hukou*-System und der Arbeitsverhältnisse durch die Arbeitsverwaltung hinaus das System einer umfassenden zivilen Verwaltung der städtischen Bevölkerung. Die enge Verknüpfung aller drei Aufgabenbereiche machte die administrative Erfassung der städtischen Bevölkerung besonders wirkungsvoll.

Die gesamte erwerbstätige und nichterwerbstätige städtische Bevölkerung wurde gleichermaßen in diese umfassende Verwaltung einbezogen. Es bildete sich ein doppelgleisiges System der Zivilverwaltung heraus, einerseits beruhend auf einer Anbindung an den Arbeitsplatz, andererseits an den Wohnort. Erwerbstätige in Staats- und später auch in Kollektivbetrieben werden über den Arbeitsplatz verwaltet, während dessen Erwerbstätige, die außerhalb des sozialistischen Sektors oder auch außerhalb von Plänen beschäftigt sind, ebenso wie die Arbeitslosen und die Nichterwerbsbevölkerung von Wohneinheiten erfaßt werden. Bereits 1954 war die gesamte städtische Bevölkerung administrativ in sogenannte Basiseinheiten, den späteren *danwei*, eingegliedert.

Zusammenfassend läßt sich also festhalten, daß zu Beginn der 50er Jahre durch die Umorganisation der wirtschaftlichen Makroebene, d.h. hier speziell durch die Einführung der zentralen Arbeitskräftelenkung und -verwaltung anstelle eines Arbeitsmarktes und die Verstaatlichung der Industrie, sowie durch die Umgestaltung der betrieblichen Mikroebene und eine Neuregelung der Arbeitsbeziehungen die maßgeblichen Elemente des chinesischen planvermittelten Arbeitssystems etabliert wurden. Historisch stellt es einen Kompromiß dar, der den schlechten Ausgangsbedingungen in China Rechnung trägt und dabei trotz allem ein Stück des sozialistischen Selbstverständnisses zu verwirklichen sucht. Vom Anspruch einer umfassenden Planung und Lenkung der Arbeitskräfte und einer gerechten Lösung der Verteilungsprobleme mußten von Anfang an Abstriche vorgenommen werden. Die beiden im ersten Abschnitt genannten wesentlichen Schritte selektiven Vorgehens, deren Bedeutung sich bis in die Gegenwart hinein nicht vermindert hat, bewirken die Ausklammerung und Abschottung der ländlichen Bevölkerung und die mit der Abstufung unterschiedlicher betrieblicher Eigentumsformen gegebene Graduierung von Arbeits- und Lebensverhältnissen. Die Offenheit für verschiedene entwicklungspolitische Optionen wurde zunächst zugunsten einer pragmatischen Entscheidung für das sowjetische Entwicklungsmodell eingeschränkt, ohne daß jedoch die rivalisierenden Grundpositionen auf Dauer zurückgedrängt worden wären. Im Verlauf der Entwicklung seit dem Ende der 50er Jahre traten sie entsprechend erneut hervor.

1.3 Zum Widerstreit entwicklungspolitischer Konzeptionen und seiner Bedeutung für das Arbeitssystem

Der Zeitraum vom Ende der 50er Jahre bis zum Beginn der 80er Jahre ist durch zahlreiche politisch-wirtschaftliche Umschwünge gekennzeichnet, bei denen sich jeweils der entwicklungspolitische Schwerpunkt änderte. Wir schließen uns bei der folgenden kurzen Darstellung des historischen Aufrisses der in der wissenschaftlichen Literatur verbreiteten Unterscheidung zweier gegensätzlicher Entwicklungskonzeptionen an, einer "sowjetisch / liuistischen" und einer "maoistischen" Konzeption, sowie der Phaseneinteilung in fünf Zeitabschnitte bis zum Beginn der Reformen von 1978: Auf die Rekonstruktionsperiode (1949-1952) folgten je zwei "sowjetisch/ liuistische" und "maoistische" Phasen.

Im folgenden sollen die jeweils relevanten Schwerpunkte innerhalb der beiden Konzeptionen in Form einer Synopse zusammengestellt werden, um so die unterschiedlichen, für die Entwicklung des Arbeitssystems bedeutsamen Akzentsetzungen herauszustellen. Zu berücksichtigen ist, daß es sich bei den in der Synopse wiedergegebenen Schwerpunkten häufig um politische Willensbekundungen handelte, von denen die Praxis teilweise abwich. Auch trägt die Aufzählung konzeptioneller Eckpunkte den Auseinandersetzungen, Überschneidungen und Kompromissen zwischen den beiden Linien sowie den darauf zurückzuführenden widersprüchlichen Tendenzen nur unzureichend Rechnung. Sie kann jedoch Anhaltspunkte vermitteln für die Spannbreite der entwicklungspolitischen Oszillation und damit für mögliche Modifikationen des Arbeitssystems im Verlaufe der Entwicklung bis zur Reformphase nach 1978.

Die Spannbreite der Vorstellungen für den wirtschaftlichen Aufbau Chinas, die in den beiden Konzepten zum Ausdruck kommt, reicht von einer systematischen und kontinuierlichen Wirtschaftsentwicklung bis zur gesellschaftlichen und sprunghaften Revolutionierung sowie von einer straff geführten, zentralisierten Wirtschaftsverwaltung bis zu einer dezentralen Unterstellung der Betriebe unter regionale Verwaltungseinheiten. Auch die Vorstellungen hinsichtlich der Rolle der Betriebe und des Betriebsmanagements divergieren stark zwischen den Polen einer betrieblichen Spezialisierung, einzelbetrieblicher Effizienz und Selbständigkeit auf der einen Seite sowie betrieblicher Universalität, zwischenbetrieblichem Egalitarismus und ökonomischer Abhängigkeit von der Zentrale auf der anderen Seite.

Die hier lediglich angedeuteten Konzeptionsunterschiede implizieren einen jeweils unterschiedlichen Umgang mit dem Faktor Arbeit, sowohl hinsichtlich des ökonomischen Einsatzes von Arbeit als auch in der Gestaltung der Arbeitsverhältnisse.

Übersicht 1:
Synopse einiger für das Arbeitssystem relevanter Schwerpunkte der sowjetischen/liuistischen und der maoistischen Entwicklungskonzeption

Sowjetrussische/ Liuistische Linie	Maoistische Linie
(1) Aufbau des Sozialismus	
Primat der Produktivkräfte.	Primat der Produktionsverhältnisse.
Hinreichend Kapital, Technik und Fachschulung als Voraussetzung für eine echte Vergenossenschaftlichung/ Verstaatlichung.	Vergenossenschaftlichung/ Verstaatlichung als Voraussetzung für eine "Befreiung der Produktivkräfte", d.h. eine wesentliche Produktionssteigerung.
Also: * Produktivität und Effizienz sind Hauptkriterien für alle Wirtschaftspolitik. * Ohne Fachleute läuft nichts, d.h. fachliche Ausbildung für Kader, wissenschaftliche Leitungsmethoden. * Generallinie: Voran-Schreiten; nichts überhasten. Hauptmotivation: Materielle Anreize.	Also: * "Politik" hat in allem die Führung; Klassenkampfpriorität. * "Rot vor fachmännisch", d.h. Kader als politische Generalisten mit Yan'an-Erfahrung. * Generallinie: Voran-Springen: "Immer mehr, schneller, besser und sparsamer den Sozialismus aufbauen". Hauptmotivation: "für die Revolution arbeiten".
* Eigentumspluralismus: Zulässigkeit von staatlichem, kollektivem, privatem und gemischt privat-sozialistischem Eigentum. * Die Entwicklung erfolgt im Nebeneinander der Eigentumsformen, wachsende Produktivität ist die Hauptsache.	* An Produktionsmitteln darf es nur sozialistisches Eigentum (kollektives oder Staatseigentum) geben. * Die Entwicklung erfolgt im Nacheinander: vom privaten zum kollektiven, vom kollektiven zum staatlichen Eigentum und von dort schließlich zur Aufhebung jeglichen Eigentums im Zeichen des Kommunismus.
(2) Globalsteuerung der Wirtschaft	
Plan-Markt-Steuerung: Nur die "strategischen" Schlüsselsektoren sind imperativ zu planen, während der Rest mit Hilfe von indikativen Rahmenplänen oder über den Markt zu regulieren ist. Pläne haben Gesetzescharakter.	Reine Plansteuerung: Nichts darf den Marktgesetzen überlassen werden; entscheidend ist vielmehr der Wille der Massen. Pläne sollen übererfüllt werden ("Massenspontaneität").
"Branchenkonzept", d.h. Verwaltung über staatliche Ministerien und regionale Branchenbüros; favorisiert werden Großbetriebe, ökonomische Zentralisierung und vertikale Koordination; landesweite Ressourcenbeschaffung.	"Regionalkonzept", d.h. Verwaltung über Politbüro und regionale Parteikomitees; favorisiert werden Klein- und Mittelbetriebe, ökonomische Dezentralisierung und horizontale Koordination; Autarkie: "klein, aber vollständig".
(3) Unternehmenskonzept	
Arbeitsteilige, spezialisierte Betriebe, kapitalintensive Technologie.	Umfassende Betriebe, Gleichzeitigkeit moderner und arbeitsintensiver Technologie.
Marktbeziehungen zwischen den Betrieben als Produktionseinheiten.	Betriebe als Einheiten, die Produktion, soziale Sicherung und Politik kombinieren.

Eigenverantwortung der einzelnen Betriebe für Gewinn und Verlust.

Folgen:
* Betriebsautonomie.
* Gewinneinbehaltung, d.h. Gewinnbesteuerung statt Gewinnabführung.
* Bei Verlust Betriebsschließung und u.U. Konkurs.
* Gefälle werden angesichts der unterschiedlichen Leistungsfähigkeit geduldet: Es gibt Spitzen- und Verlustbetriebe.

Gesamtverantwortung, d.h. Solidarität aller "volkseigenen und genossenschaftlichen Betriebe untereinander durch Subventionierung der schwächeren Glieder auf Kosten der stärkeren.

Folgen:
* Betriebssolidarität.
* Abführung sämtlicher Gewinne nach oben.
* Bei Verlust erfolgt Ausgleich durch Subventionierung.
* Gefälle zwischen den einzelnen Betrieben werden verhindert.

(4) Fabrik-Management

Effizienzbezogenes Modell.

Grundmodell ist die aus der UdSSR übernommene Industrieverfassung von Magnitogorsk (kurz "Magang"):

* Produktion an erster Stelle.
* Das Fabrikdirektorat führt (sog. "Ein-Mann-Management").
* Bevorzugung von Fachschulung und Expertentum; materielle Anreize.
* Qualifikationshierarchie: betont wird die fachliche Kompetenz der Entscheidungsträger.

* Funktionale Arbeitsteilung zwischen Leitern und Geleiteten, Hand- und Kopfarbeit.

Organisationsbezogenes Modell.

Grundmodell ist die Verfassung des Eisenhüttenwerks von Anshan vom 22.3.1960 (kurz "Angang"):

* "Politik an erster Stelle".
* Die Arbeiterklasse (bzw. deren Organisation: der KP-Ausschuß) führt.
* Bevorzugung von Massenbewegungen; Verzicht auf materielle Anreize.
* Gleichheitsordnung; Autoritätskriterien: politische Autorität, Alter, Erfahrung; betont wird politische Loyalität von Entscheidungsträgern.
* Partizipation und Job-Rotation (Aufhebung der Trennung von Hand- und Kopfarbeit).

(5) Arbeitsverhältnisse

Produktionsorientierte Allokation.

Staatliche Kontrolle einer bedarfsgerechten Rekrutierung, Ziel: Steigerung der Arbeitsproduktivität.

Stellenberechnung nach wissenschaftlich begründeten Normen.

"Zweifaches Arbeitssystem": Nebeneinander fester und unsteter Arbeitsverhältnisse, vertragliche Arbeitsbeziehungen;
Anstellung: qualifikations-, berufsbezogen.

Werte: fachliche Qualifikation, ökonomische Effizienz, Mobilität.
Entlohnung nach Leistung.

Begünstigt sind:
* technische Kader,
* Facharbeiter / Produktionsarbeiter,
* junge und mittelaltrige Arbeiter,

* Beschäftigte ohne Kinder im arbeitsfähigen Alter.

Beschäftigungsorientierte Allokation.

Allokationspläne folgen politischen Vorgaben, Ziel: Solidarität, Sicherheit.

Stellenberechnung "im Rahmen des Plans" (Soll-aus-Ist).

"Arbeiter als Herren": Primat lebenslanger Beschäftigung, vertragslose Arbeitsbeziehungen;

Anstellung: einheitsbezogen (quasi familiär).

Werte: politisches Bewußtsein, Seniorität, Betriebsloyalität.
Egalitäre Entlohnung.

Begünstigt sind:
* politische und Verwaltungskader,
* ungelernte und Hilfsarbeiter,
* alte Arbeiter, Arbeiter der kulturrevolutionären Generation,
* Beschäftigte mit Kindern im arbeitsfähigen Alter.

Eine detaillierte Beschreibung der politischen Auseinandersetzungen um die zwei Linien und der Umsetzung der beiden Entwicklungskonzeptionen in die wirtschaftliche und gesellschaftliche Praxis vom Ende der 50er Jahre bis zum Beginn der jüngsten Reformphase überschreitet deutlich den Rahmen dieser Arbeit. Hier soll lediglich der Aspekt hervorgehoben werden, daß einerseits die Grundstrukturen des in den 50er Jahren entstandenen Arbeitssystems erhalten geblieben sind, andererseits aber die Kurswechsel nicht ohne Auswirkung auf die einzelnen Grundelemente dieses Systems geblieben sind. Aus gegenwärtiger Sicht sind einige der Schwierigkeiten und Unübersichtlichkeiten des Arbeitssystems als Ergebnis heterogener politischer Zielsetzungen und Maßnahmen anzusehen. So wechselten sich Phasen der Zentralisierung und Dezentralisierung wirtschaftlicher Planung ab und wurden Organe der Arbeitsplanung vielfältig umorganisiert. Beispiele hierfür bilden die wechselhafte Geschichte des Arbeits- und Personalministeriums und die Entwicklung der Arbeits- und Personalbüros auf regionaler Ebene.

Entsprechend der Konzepte für den Aufbau schwankten auch die Unternehmenskonzepte zwischen der Favorisierung von branchengeleiteten Großbetrieben und der Konzentration auf politisch initiierte Massenkampagnen einerseits und dem Ausbau lokaler Industrien andererseits. Die Arbeitskräfteplanung erfolgte zwar bis 1978 vor allem auf der Grundlage zentraler, einheitlicher Befehlspläne und war geprägt von der Dominanz administrativer Verwaltungsmethoden und der fehlenden Autonomie der Betriebe. Die bereits mit Einrichtung des Planungsmechanismus angelegte Vielfalt von Planungsinstanzen und Zuständigkeiten nahm aber mit den Konzeptionswechseln zu. Die Kompetenzen von Zentrale, Branchenverwaltungen und Regionen verzweigten sich nicht nur, sondern überschnitten sich in einer Weise, daß sie auch bezüglich der verschiedenen Funktionsbereiche eines einzelnen Betriebs in Konkurrenz zueinander traten.

Der Dualismus von staatlichen und kollektiven betrieblichen Eigentumsformen blieb seit seiner Herausbildung Mitte der 50er Jahre bis in die Gegenwart bestehen. Der Staatssektor blieb seit 1956 dominant. Dem Kollektivsektor kam stets eine Art ökonomischer Pufferfunktion zu: Bei entsprechender Nachfrage bzw. zur Lösung von Beschäftigungsproblemen wurde er ausgebaut, zum Abbau von Überkapazitäten wurde er eingeschränkt. Als vornehmlich kleine und lokal verwaltete, arbeitsintensive Industriebetriebe waren die Kollektivbetriebe in ihrer Entwicklung beeinflußt vom Widerstreit zwischen ideologischer Zielstellung (Sozialisierung) und Arbeitsplatzbedarf. Nicht zuletzt beschäftigungspolitische Erwägungen spielten also bei ihrer Förderung eine Rolle, konnten doch mit geringeren Investitionsmitteln in Kleinbetrieben mehr Arbeitsplätze geschaffen werden.

Ein generelles politisches Ziel war die Beschäftigungssicherheit der Arbeitskräfte. In der konkreten Auseinandersetzung um die bestmögliche Nutzung des Faktors Arbeit war jedoch strittig, ob Vollbeschäftigung mit lebenslanger Beschäftigung gleichzusetzen sei und welche Rolle die Zentrale bzw. die Betriebe bei der Arbeitskräfteallokation spielen sollten. Strittig war auch, ob Vollbeschäftigung um den Preis niedriger Löhne gesichert werden und ob die Dauer der Arbeitsverhältnisse von der Art der Arbeitsaufgabe abhängen sollte. Während sich einerseits die Festarbeit als dominantes System etablierte, wurden andererseits befristete Arbeitsverhältnisse als mögliche Anstellungsform erhalten und unter dem Einfluß der liuistischen Konzeption mehrfach Versuche unternommen, das Arbeitssystem durch die stärkere Nutzung von Formen der Zeit-, Saison- und Vertragsarbeit anpassungsfähiger zu machen. Obwohl die maoistische Konzeption unstete Arbeitsverhältnisse als "Anschlag auf die Arbeiterklasse" verurteilte und z.B. in der Kulturrevolution Zeitarbeiter in reguläre Arbeitskräfte umgewandelt wurden, blieb das Nebeneinander verschiedener Beschäftigungskategorien bestehen.

Die Kaderpolitik der KPCh bewegte sich, wie auch die allgemeine Industriepolitik, im Spannungsfeld von Effizienzsteigerung und Machterhalt. Die Auseinandersetzung darum, ob Kader "fachkundig" oder "rot" zu sein hätten, spiegelt dies wider. Ging es zunächst vor allem darum, die Schlüsselpositionen in Staat und Wirtschaft zu besetzen bzw. zu kontrollieren, die Produktionskapazitäten zu erhalten und wiederaufzubauen, neue Leitungsstrukturen zu installieren und die erforderliche Verwaltungskompetenz zu schaffen, so wurden im "Großen Sprung nach vorn" bereits erste Versuche einer vertikalen Integration von Kopf- und Handarbeit und damit einer gewissen Aufhebung der Spezialisierung und einer Dezentralisierung des Managements unternommen. Diese Ansätze (z.B. das "Hinabsenden" der Kader) wurden in der Kulturrevolution erneut aufgegriffen. Allerdings gelang es auch mit der Zerstörung des Kadermanagementsystems nicht, eine radikal neue Form der Arbeitsteilung durchzusetzen. Die Kategorie der Kader vereinigt nach wie vor Arbeitskräfte unterschiedlichster Funktion in allen gesellschaftlichen Bereichen, die sich nicht unbedingt durch ihre Tätigkeit, wohl aber gegenüber den anderen Arbeitskräften abheben.

Und letztlich hat auch die *danwei* während aller Kurswechsel ihre zentrale Bedeutung als stabilisierender Faktor behalten. Ihre ökonomische Abhängigkeit nahm zwar in einzelnen Phasen ab, jedoch erreichte sie zu keiner Zeit wirtschaftliche Eigenverantwortlichkeit. Auch die mehrfache (sozial-ökonomische, politische und persönliche) Abhängigkeit der Beschäftigten vom Betrieb wurde zu keiner Zeit aufgehoben, obwohl es auch hier Modifikationen gab, die dem Wandel in den Aufgabenpräferenzen der *danwei* folgten. So nahm in den maoistischen Phasen die politisch-ideologische Ausrichtung an Bedeutung zu bzw. wurde die Autarkie der *danwei* stärker betont, während demgegenüber ihre soziale Versorgungsfunktion abnahm.

Ausgehend von der Überlegung, daß sich die genannten fünf Grundelemente als zentral für das chinesische Arbeitssystem herausgebildet und bis zum Beginn der Reformperiode 1978 erhalten haben, wollen wir im folgenden näher untersuchen, in welcher Weise sie sich auf die gegenwärtigen Strukturen des Arbeitssystems auswirken. Dabei versuchen wir zu zeigen, wie staatliches Handeln durch die zentrale Arbeitskräftelenkung das Arbeitssystem strukturiert. Die betriebliche Eigentumsordnung, das Kader-/Arbeitersystem und das Institut der Festarbeit sind dabei maßgebliche Richtschnur für dieses Handeln. Danach wollen wir die Mikroebene der Betriebe bzw. der danwei betrachten, für deren Handlungspraxis die genannten Institutionen der Planung, der Eigentumsordnung, des Kadersystems und der Festarbeit ebenfalls leitend sind. Durch ihre wirtschaftliche Stellung und ihre vielfältigen Funktionen strukturieren die Betriebe ihrerseits das Arbeitssystem.

Da unsere Überlegungen die Frage einschließen, ob die staatlichen und betrieblichen Prozesse der Strukturierung des Arbeitssystems zu einer bestimmten Strukturform führen, die wir mit Segmentation bezeichnen, wird in unserer Darstellung die Beschreibung der Allokations- und Reallokationsprozesse im Vordergrund stehen. Uns interessiert dabei besonders, ob sich Allokation und Reallokation von Arbeitskräften als offene Prozesse vollziehen oder ob durch sie eine Differenzierung und damit qualitative Abstufung von Arbeitskräften und Arbeitsplätzen erfolgt. Über eine mögliche Differenzierung hinaus ist weiter interessant, ob Prozesse der Abschirmung einzelner Kategorien von Beschäftigten und/oder Arbeitsplätzen wirksam sind.

Während in den beiden anschließenden Kapiteln der Prozeß der Strukturierung im Vordergrund steht, wird im letzten Kapitel dieses Teils eine Strukturbeschreibung vorgenommen werden. Hier wollen wir zeigen, welche Beschäftigungssegmente gegeneinander abgrenzbar erscheinen.

2 Staatliche Strukturierung des Arbeitssystems

2.1 Staatliche Arbeitsplanung

Das maßgebliche - und aus der Sicht der Vertreter einer reinen Planwirtschaft einzige - staatliche Institut zur Lösung der Grundprobleme von Arbeitskräfteanpassung und Verteilung in einer Zentralverwaltungswirtschaft ist die Planung und Verwaltung der Arbeit. Auch in der VR China ist die Arbeitsplanung (*laodong jihua*), auch als Arbeits- und Lohnplanung (*laodong gongzi jihua*) bezeichnet, integraler Bestandteil der Wirtschaftsplanung. Sie ist konzipiert als Prozeß der quantitativen und qualitativen Bilanzierung des Arbeitskräftepotentials sowie der Verteilung des gesellschaftlichen Reichtums entsprechend der erbrachten Leistungen. Mit Hilfe der Arbeitsplanung soll nicht nur das Verfassungsgebot des "Rechts auf Arbeit" eingelöst werden, sondern sie soll zugleich ein entscheidendes Instrument sein, um in Abstimmung mit der wirtschaftlichen Entwicklungsstrategie das Lebensniveau der Bevölkerung zu heben.

Am institutionell-organisatorischen Rahmen und an den Prinzipien der Arbeitsplanung hat sich seit der zweiten Hälfte der 50er Jahre nichts Grundsätzliches geändert. Die Planungspraxis weist allerdings einige Charakteristika auf, die nicht nur von der Theorie abweichen, sondern die die chinesische Arbeitsplanung auch von der in anderen plangeleiteten Wirtschaftsgesellschaften unterscheiden. Beide Ebenen der Planung, der prinzipielle Rahmen und die Besonderheiten der Praxis, sollen im folgenden näher untersucht werden, um nach ihrer Bedeutung für die Strukturierung des Arbeitssystems zu fragen.

2.1.1 Institutionell-organisatorischer Rahmen der staatlichen Arbeitsplanung

Generelle Aufgabe der Arbeitsplanung - wie die der gesamten volkswirtschaftlichen Planung - ist die sorgfältige Abstimmung von Aufkommen und Bedarf, um zur Ermittlung eines vollständigen volkswirtschaftlichen Gleichgewichtszustandes beizutragen. Die Hauptziele bestehen in der Herbeiführung einer ausgeglichenen Bilanz von Arbeitsplätzen und Arbeitskräften auf allen Ebenen und in der Bereitstellung und Verteilung der erforderlichen Arbeitskräfte an die städtischen Staats- und Kollektivunternehmen.

Trotz gewisser Veränderungen seit Schaffung des Planungsapparates zu Beginn der 50er Jahre sind an der Planung stets drei Ebenen beteiligt gewesen: 1. die Zentrale, 2. die Regionen und die industriellen Fachministerien, die in der Planhierarchie den Regionen gleichgeordnet sind, und 3. die Betriebe. Dieses Strukturprinzip der drei Planungsebenen wird, wie das Schaubild 8 verdeutlicht, von

Staatliche Strukturierung des Arbeitssystems

zwei weiteren Ordnungsprinzipien überlagert. Zum einen sind von der Zentrale bis hinunter zu den Betrieben verschiedene Abteilungen für unterschiedliche Arbeitskräftegruppen zuständig: die Arbeitsabteilungen für die Arbeiter, die Personalabteilungen für Kader und die Organisationsabteilungen (der Partei) für leitende Kader. Zum anderen sind neben den Arbeitsverwaltungsbehörden auch die Planungsinstanzen und die Fachministerien in den Planungsprozeß eingeschaltet.

Aufgrund der bereits 1949 angelegten organisatorischen Teilung der Wirtschaft in vertikal organisierte funktionale Verwaltungsabteilungen (Ministerien) und horizontal organisierte Verwaltungsregionen werden die hierarchischen Befehlsstränge (Zentrale-Region-Betrieb) durch Querverbindungen auf allen Ebenen (Planungsinstanz-Arbeitsinstitutionen-Fachinstitutionen) ergänzt. Die Folge ist ein mehrdimensionales System der Kompetenzverteilung (*tiaotiao kuaikuai*).

Die oberste Zuständigkeit für die einheitliche staatliche Wirtschaftsplanung liegt bei der 1953 gegründeten staatlichen Plankommission. Sie untersteht dem Staatsrat und dem Nationalen Volkskongreß und ist wie diese de facto den politisch-ökonomischen Richtlinien unterworfen, die von den Führungsgremien der Partei erlassen werden. Für die Arbeitsplanung auf der zentralen Ebene sind die Ministerien für Arbeit und Personal zuständig. Ihnen sind einerseits die Arbeits- und Personalabteilungen der Fachministerien und -kommissionen und andererseits die Arbeitsbüros (*laodongju*) und Personalbüros (*renshiju*) auf den regionalen Ebenen unterstellt, zu denen die Provinzen und regierungsunmittelbaren Städte sowie die ihnen untergeordneten Verwaltungsorgane bis hinunter zu den Straßenkomitees gezählt werden.

Die unterste Planungsebene bilden die Betriebe. Hier sind Staats- und Kollektivbetriebe nicht nur systematisch nach der Verbindlichkeit der Kennziffern zu unterscheiden, sondern sie unterscheiden sich auch nach den Verwaltungseinheiten und Verwaltungsebenen, denen sie unterstellt sind. Sie gehören entweder zum funktionalen oder zum regionalen System und sind je nach Eigentumsform, Größe und Bedeutung (auch nach der Bedeutung des jeweiligen Industriezweigs) den einzelnen Verwaltungsebenen vom Kreis bis hinauf zum Ministerium zugeordnet. Grundsätzlich sind Staatsbetriebe eher der Zentrale (Ministerien) unterstellt, während Kollektivbetriebe eher regional verwaltet werden. Im Zuge verschiedener wirtschaftspolitischer Paradigmenwechsel (Zentralisierung-Dezentralisierung, funktionale-regionale Verwaltung) ist nach und nach eine extrem komplexe industrielle Struktur entstanden, in der lokale Regierungen und zentrale Ministerien exklusive Kontrollrechte über einige Betriebe beanspruchen und sich zugleich die Kommandogewalt über die große Menge der anderen Betriebe

Schaubild 8:
Instanzen der Arbeitsplanung

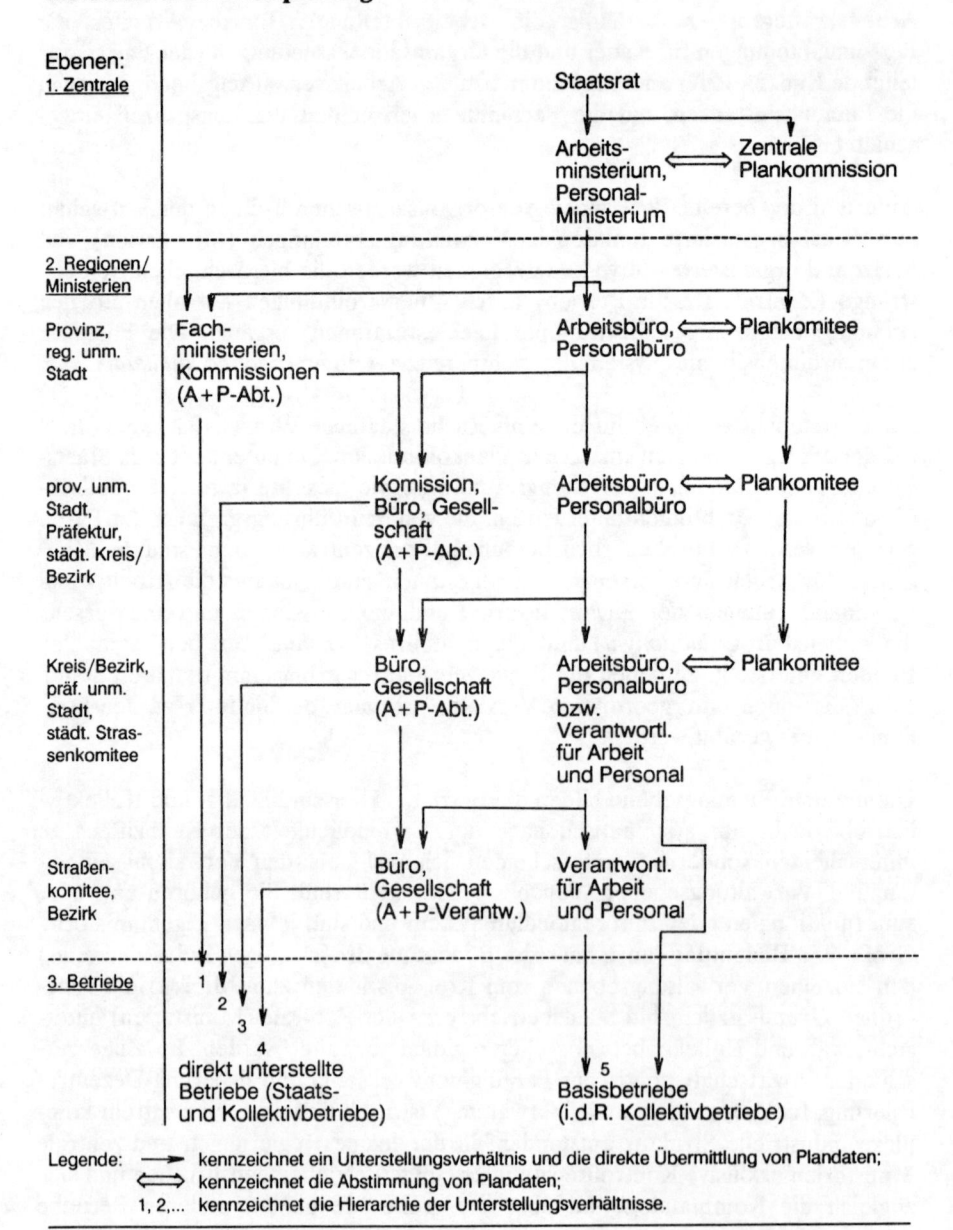

Ebenen:

1. Zentrale

- Staatsrat
  - Arbeitsminsterium, Personal-Ministerium ⇔ Zentrale Plankommission

---

2. Regionen/Ministerien

Provinz, reg. unm. Stadt:
- Fachministerien, Kommissionen (A+P-Abt.)
- Arbeitsbüro, Personalbüro ⇔ Plankomitee

prov. unm. Stadt, Präfektur, städt. Kreis/Bezirk:
- Komission, Büro, Gesellschaft (A+P-Abt.)
- Arbeitsbüro, Personalbüro ⇔ Plankomitee

Kreis/Bezirk, präf. unm. Stadt, städt. Strassenkomitee:
- Büro, Gesellschaft (A+P-Abt.)
- Arbeitsbüro, Personalbüro bzw. Verantwortl. für Arbeit und Personal ⇔ Plankomitee

Straßenkomitee, Bezirk:
- Büro, Gesellschaft (A+P-Verantw.)
- Verantwortl. für Arbeit und Personal

---

3. Betriebe

1, 2, 3, 4: direkt unterstellte Betriebe (Staats- und Kollektivbetriebe)

5: Basisbetriebe (i.d.R. Kollektivbetriebe)

Legende:
→ kennzeichnet ein Unterstellungsverhältnis und die direkte Übermittlung von Plandaten;
⇔ kennzeichnet die Abstimmung von Plandaten;
1, 2,... kennzeichnet die Hierarchie der Unterstellungsverhältnisse.

teilen. Die sich vielfach überschneidenden Kontrollinien gelten sowohl für die administrative Zuordnung der Betriebe als auch für die Ressourcenallokation. Diese Form der Industrieverwaltung begünstigt nicht nur den zellularen Charakter des Wirtschaftssystems, sondern stärkt und verkompliziert zugleich dessen dualistische Struktur. Auf beides wird unten zurückzukommen sein.

Je nach Geltungsbereich gibt es staatliche und betriebliche Pläne. Die staatlichen Pläne werden durch die vom Staatsrat ermächtigte staatliche Plankommission und den zentralen, für Arbeit und Personal verantwortlichen Organen erstellt, vom Staatsrat genehmigt und dann an die Regionen (Arbeitsbüros) bzw. Ministerien (Abteilungen für Arbeitsplanung) weitergeleitet. Die Schnittstelle zwischen der zentralen und der betrieblichen Ebene bilden die Provinzarbeitsbüros. Sie sollen zusammen mit der Provinz-Plankommission Arbeitspläne formulieren, entsprechend den staatlichen Kennziffern und auf der Grundlage der von den Unternehmen und Stadtarbeitsbüros vorgelegten Entwürfe. Ferner sollen sie eine "vernünftige Verteilung und notwendige Umverteilungen" staatlicher Normen vornehmen und dabei durchaus einige Normen "angemessen" erhöhen - und dem Arbeitsministerium sowie der staatlichen Plankommission vorlegen. Die Pläne werden von der Zentrale überarbeitet und an die Provinzarbeitsbüros zurückgeleitet. Im Anschluß daran werden Einzelpläne für die Städte erstellt, die nach Beratung auf einer Provinzplanungskonferenz und nach der Ratifizierung durch die Provinzregierung an die Städte und Betriebe weitergegeben werden.

Die Stadt- und Bezirksarbeitsbüros haben vorwiegend vermittelnde Funktionen, das Hauptgewicht ihrer Arbeit liegt in der Allokation von Arbeitsuchenden. Sie leiten die Planvorgaben und Richtlinien an die Betriebe bzw. die betrieblichen Bedarfsmeldungen an die Provinzebene weiter. Die Stadtarbeitsbüros müssen der Kennziffer der in ihrem Verwaltungsbereich zu rekrutierenden Arbeitskräfte zustimmen und teilen den Bezirken eine an der Zahl der dort angesiedelten Betriebe ausgerichtete Ziffer zu. Die Bezirksarbeitsbüros kontrollieren ihrerseits die Betriebe auf der Straßenbezirksebene.

Die Betriebe erstellen ihre Pläne gemäß den einheitlichen Vorgaben der zuständigen Abteilungsgesellschaften oder Regionalverwaltungen und leiten sie über diese nach oben weiter. Die zentral unterstellten Betriebe erhalten ihre Daten im allgemeinen vom Ministerium und geben sie zur Einarbeitung in die Pläne an die Provinzarbeitsbüros; diese üben eine Kontroll- und Vermittlerfunktion aus, können die Pläne aber nicht abändern.

Zu den Arbeits- und Lohnplänen (vgl. die Übersichten 2 und 3) zählen die Pläne für Arbeitskräfte, Arbeitsproduktivität und Arbeitsentgelt sowie für soziale

Sicherheit und Arbeitsschutz, die von den verschiedenen Verwaltungseinheiten (dem Staat, den Wirtschaftssektoren und Regionen, den Betrieben) für einen bestimmten Zeitraum erstellt werden. Je nach Planungszeitraum gibt es langfristige Pläne (10 und mehr Jahre), mittelfristige Pläne (im allgemeinen 5 Jahre) und kurzfristige Pläne (1 Jahr und weniger) mit einer möglichen Disaggregierung der Planziffern auf Jahr, Quartal oder Monat. Die Pläne haben Befehls-, anleitenden oder Informationscharakter. Befehls- oder Direktivpläne (*zhilingxing jihua*) enthalten direkt vom Staat herausgegebene und kontrollierte Planzahlen, die gesetzlich bindende Kraft haben. Leit- oder Indikativpläne (*zhidaoxing jihua*) weisen demgegenüber einen geringeren Grad an Verbindlichkeit auf; im Selbstverständnis der Planer handelt es sich aber nur um eine andere Form der Kontrolle.

Ausschlaggebend für die Art der Arbeitsplanung sollen im allgemeinen die Eigentumsform eines Betriebes und seine Stellung in der Wirtschaft bzw. die volkswirtschaftliche Bedeutung einer Branche oder auch das Areal der Bilanzierung sein. Prinzipiell gilt, daß Staatsbetriebe, für den Aufbau wichtige Branchen und Bilanzpläne für den Bereich des Staatsgebietes unter die Befehlsplanung fallen, während Kollektivbetriebe und Regionen über Leitpläne gelenkt werden sollen. Die theoretische Begründung dafür leitet sich aus dem Verständnis staatlichen Eigentums ab, als dessen Vertreter der Staat die Produktionsmittel an die Betriebe verteilt. Aber auch für Kollektivbetriebe kann direktiv geplant werden, wenn sie für den Staat wichtige Güter wie Lebensmittel oder Baumwolle produzieren.

Der ideale Planungsprozeß für staatliche Betriebe sieht eine über die Regionen bzw. Ministerien vermittelte Abstimmung zwischen zentralen Vorgaben und betrieblichen Anforderungen vor. Die Arbeitsplanung soll sich am Arbeitskräftebedarf der Betriebe ausrichten, der mit Hilfe von Personalnormen (*dingyuan*) und Arbeitsnormen (*ding'e*) zu errechnen ist. Personalnormen dienen als quantitative Angabe über das für eine Tätigkeit erforderliche Personal. Ihre Kriterien

Übersicht 2:
Staatliche Arbeits- und Lohnpläne

1. Arbeitskräftepläne
   laodongli jihua

   Plan über die gesellschaftliche Arbeitskraft (Arbeitskräfte-Bilanzierungsplan)
   shehui laodongli fenpei jihua (laodongli pingheng jihua)

   Plan über die Anzahl der Arbeiter und Angestellten (in staatlichen Einheiten) [DP]
   (quanmin suoyouzhi) zhigong renshu jihua
   u.a.
   Rekrutierungsplan [DP]
   zhaogong jihua

   Plan über die Anzahl der Arbeiter und Angestellten in kollektiven Einheiten [RP]
   jiti suoyouzhi zhigong renshu jihua

   Pläne für die Verteilung der gesellschaftlichen Arbeitskräfte
   laodongli fenpei jihua
   u.a.
   * Plan über die Verteilung der städtischen Arbeitskräfte
     (städtischer Beschäftigungsplan)
     chengzhen laodongli fenpei jihua (chengzhen jiuye jihua)
     [auch: Plan über die Unterbringung städtischer auf Arbeit Wartender
     (chengzhen daiye renyuan anzhi jihua)]
   * Plan über die Unterbringung demobilisierter Soldaten
     (vor allem städtische) [DP]
     fuyuan junren anzhi jihua
   * Plan über die einheitliche Verteilung von Absolventen
     technischer Facharbeiterschulen [DP]
     tongyi fenpei jigong xuexiao biyesheng jihua
   * Plan über die einheitliche Verteilung von Hochschul-, Fachhochschul-
     und Fachmittelschul-Absolventen [DP]
     tongyi fenpei da, zhongzhuan biyesheng jihua
   * Plan über die Unterbringung von demobilisierten militärischen
     Fachkadern [DP]
     jundui zhuanye ganbu anzhi jihua

Plan über die Anzahl der Kader [DP]
ganbu renshu jihua

2. Ausbildungspläne
   peixun jihua

Plan über die Ausbildung von Facharbeitern
jishu gongren peixun jihua

Plan über die Ausbildung von Kadern
ganbu peixun jihua

Schüler-Rekrutierungsplan für technische Facharbeiterschulen [DP]
jigong xuexiao zhaosheng jihua

3. Arbeitsentgeltpläne
   laodong baochou jihua

Plan über die Zunahme der Gesamtlohnsumme [DP]
gongzi zong'e zengjia jihua
   umfaßt:
   * Plan über die Zunahme der Gesamtlohnsumme aufgrund von Personalzuwachs
     zengren zenggongzi jihua
   * Plan über die Erhöhung des Lohnniveaus
     tigao gongzi shuiping jihua

Plan über die Zunahme der Durchschnittslohnsumme
pingjun gongzi zengjia jihua

Anm.: DP = Direktivplan, RP = Regionalplan
Quelle: LRGC, RGC, Chen/An 1987.

Übersicht 3:
Betriebliche Arbeitspläne

Plan über die Anzahl der Arbeiter und Angestellten (in staatlichen Einheiten)
(*quanmin suoyouzhi*) *zhigong renshu jihua*
umfaßt:
* Plan über die Abnahme der Arbeiter und Angestellten
  zhigong jianshao jihua
* Plan über die Zunahme der Arbeiter und Angestellten
  xinzeng zhigong renshu jihua
* Plan über die Zunahme der AVS-Arbeiter
  xinzeng hetongzhi zhigong jihua

Ausbildungsplan für das Gesamtpersonal (Ausbildungsplan für Arbeiter und Angestellte)
quanyuan peixun jihua (*zhigong peixun jihua*)
umfaßt:
* Plan über die Ausbildung von Arbeitern und Angestellten im Beruf
  zaizhi zhigong peixun jihua
* Plan für die beruflich-fachliche Ausbildung
  zhigong jishu peixun jihua
* Ausbildungsplan für Facharbeiter
  jishu ganbu peixun jihua
* Plan über allgemeinbildende und fachliche Nachhilfe für Jungarbeiter
  qingzhuangnian gongren wenhua buxi he buke jihua
* Kaderausbildungsplan
  ganbu peixun jihua
* Lehrlings-Ausbildungsplan
  xuetu jinchang jishu he lilun peixun jihua

Quellen: LRGC, RGC, Chen/An 1987.

---

sind die geplante Output-Entwicklung sowie Anforderungen an den rationellen Personaleinsatz und die Steigerung der Arbeitsproduktivität. Für die Errechnung der Personalnormen von Produktionsarbeitern spielen außer der jeweiligen Produktionsaufgabe die Arbeitsnormen eine wesentliche Rolle, deren Anwendungsbereich aufgrund ihrer Berechnungsmethode auf einfache, unterteilbare und quantifizierbare Tätigkeiten beschränkt ist. Arbeitsnormen, ein quantitatives Kriterium zur Bestimmung des für eine Arbeitsaufgabe notwendigen Aufwandes, können Zeit- oder Mengennormen sein, sie können ein Maschinen-Arbeitskraft- (z.B. in Textilbetrieben) oder auch ein Arbeitsplatz-Arbeitskraft-Verhältnis angeben. Sind sie nicht bestimmbar, so soll die Personalnorm im allgemeinen mit Hilfe der Proportionalmethode (*bili dingyuanfa*), d.h. im Verhältnis zur Anzahl der Produktionsarbeiter ermittelt werden. Diese Proportion wird einheitlich für alle Branchen (z.B. beim Dienstleistungspersonal) oder auch nur für eine Branche festgelegt.

Der Verteilung der Arbeitskräfte auf die volkswirtschaftlichen Sektoren und Regionen sowie innerhalb der Wirtschaftssektoren wird eine wichtige Bedeutung für das Erreichen eines Gleichgewichtszustandes in der gesamten Volkswirtschaft, für die stabile Entwicklung des sozialistischen Aufbaus und die Steigerung der wirtschaftlichen Effizienz beigemessen. Sie soll "vernünftig" (*heli*), d.h. planmäßig und in den "richtigen" Proportionen erfolgen. Grundlage der Verteilung ist demnach die Bestimmung "volkswirtschaftlicher Proportionen" und die Erstellung einer Arbeitskräfteressourcenbilanz. Die Gewichtung der Proportionen ist abhängig von der politischen Prioritätensetzung. Als die wichtigsten verteilungsrelevanten Proportionen (*fenpei bili*) zählen das Verhältnis der Landwirtschaft zur Nicht-Landwirtschaft, der Abteilungen der materiellen Produktion zu denen der nichtmateriellen, der Leicht- zur Schwerindustrie sowie das zwischen den geographischen Regionen, vor allem zwischen dem Küstenraum und dem Inland. Eine falsche Gewichtung und eine am Bedarf vorbeizielende Verteilung führen, so die Plantheoretiker, zu einer irrationalen Arbeitskräftestruktur und behindern damit die wirtschaftliche Entwicklung.

Die Bilanz des Arbeitskräfteaufkommens soll der Aufdeckung von Mangel und Überschuß dienen. Sie findet Eingang in den "Plan über die gesellschaftliche Arbeitskraft" - ein Plan mit Informationscharakter, der aus drei Teilen besteht: den Berechnungen des Arbeitskräfteaufkommens und des Bedarfs sowie der eigentlichen Bilanzierung. Zum Aufkommen zählen alle Personen im erwerbsfähigen Alter, die arbeitsfähig sind (unabhängig davon, ob sie wirklich arbeiten), sowie alle die, die erwerbstätig sind, obwohl sie das entsprechende Alter noch nicht erreicht oder bereits überschritten haben. Die Größe des Aufkommens wird vor allem von der Bevölkerungsentwicklung (in Umfang und Altersstruktur) sowie den staatlich fixierten Erwerbsaltersgrenzen beeinflußt. Den Bedarf bestimmen Faktoren wie das Ausmaß und Wachstum der Produktion, das Niveau der Arbeitsproduktivität, die Wirtschaftsstruktur und die erforderliche Erneuerung der Arbeitskräfte. Angesichts überwiegend dauerhafter Beschäftigungsverhältnisse handelt es sich im Grunde nur um einen durch das Ausscheiden von Arbeitskräften oder durch Expansion der Produktion verursachten "Zusatzbedarf" (*buchong xuyaoliang*). Mittels Bilanzierung sollen Aufkommen und Bedarf nach quantitativen und qualitativen, sektoralen und regionalen Gesichtspunkten aufeinander abgestimmt werden. Kernstück dieses Prozesses ist die Erstellung einer Ressourcenbilanz, die Aufschluß über die Verteilung der Arbeitskräfte gibt. Der Bedarf an Arbeitskräften in den Städten wird getrennt nach staatlichem und kollektivem Sektor ermittelt und in einer Arbeitskräftebilanz den Quellen seiner Befriedigung gegenübergestellt. Errechnet wird er aus dem Gesamtbedarf im Planzeitraum, von dem die Anzahl der im Berichtszeitraum Beschäftigten abgezogen und zu dem die Summe des natürlichen Abgangs addiert wird.

Der Gesamtbedarf wiederum, festgehalten in den "Plänen über die Anzahl der Beschäftigten in Einheiten staatlichen bzw. kollektiven Eigentums", ergibt sich aus einer extrapolierten Output-Entwicklung, multipliziert mit idealiter wissenschaftlich begründeten produktionstypus- und sektorspezifischen Arbeitsnormen. Festgelegt werden die zum Jahresende zu erreichende Personalstärke sowie die Jahresdurchschnittsstärke. Ein wichtiger Bestandteil dieser vom Staat direkt kontrollierten Pläne, deren Kennziffern direktiver Natur sind, ist somit die Angabe über den im Planzeitraum zu erfolgenden Zuwachs an Arbeitern und Angestellten. Nach den Plänen über die Gesamtzahl der Beschäftigten werden alle anderen Pläne ausgerichtet.

In den "Arbeitskräfte-Verteilungsplänen" werden alle Angaben koordiniert und wird - nach Branchen und Regionen sowie nach den verschiedenen Kategorien von Arbeitskräften aufgeschlüsselt - die Verteilung vorgenommen, und zwar getrennt für Absolventen höherer Schulen, für demobilisierte Soldaten und Militärkader, für städtische Arbeitskräfte (i.d.R. Mittelschulabsolventen) und für zu transferierende ländliche und überschüssige Arbeitskräfte. Diese Pläne bildeten bis zur Reform zugleich die Grundlage für die Erstellung des Gesamtlohnplans.

2.1.2 Praxis der Arbeitsplanung

Die chinesische Arbeitsplanung wies zu Beginn der 80er Jahre in der Praxis einige charakteristische Züge auf, die z.T. im Widerspruch zur Plantheorie standen. Die Planung erfolgt a) zentralistisch, befehlsadministrativ und an politisch gesetzten Produktions- und Beschäftigungszielen orientiert, hat b) keine gesicherten Berechnungsgrundlagen und bedient sich c) vornehmlich administrativer Methoden. Kennzeichnend ist weiterhin d) die Ausweitung des Bereichs rigider staatlicher Regulierung auch auf kollektive Betriebe. Entgegen dem plantheoretischen Anspruch laufen e) Arbeits- und Lohnplanung nahezu unabhängig voneinander ab. Und trotz Zentralismus ist das Planungs- und Allokationssystem f) stark zellularisiert. Folglich birgt es g) verschiedene Unsicherheitsfaktoren in sich, die für die Akteure im Arbeitssystem handlungspraktisch bedeutsam sind.

a) Die Entscheidungsmacht liegt zentralisiert bei den staatlichen Verwaltungsorganen. Diese haben sich nach den Richtlinienbeschlüssen der auf allen Ebenen vertretenen Partei zu richten. Das bedeutet zwar nicht die Aufhebung der Dichotomie zwischen zentralen und lokalen Plänen, aber im Mittelpunkt des Planungsprozesses stehen - gemäß dem Leitprinzip "einheitliche Planung und Verwaltung auf den einzelnen Ebenen" - die Abfassung und Ausführung eines einheitlichen staatlichen Plans, der die zentralisierte Kontrolle aller wirtschaftlichen Aktivitäten ermöglicht.

Die Verwaltung auf den Ebenen beschränkt sich auf die Verteilung der Planziffern auf die Regionen, Abteilungen und Betriebe sowie auf die Kontrolle der Einhaltung. Diese Verteilung erfolgt entsprechend zentraler Planvorgaben. Betriebliche Bedarfsstrukturen spielen dabei nur eine untergeordnete Rolle. Betriebe gelten als "Produktionseinheiten", die höheren Autoritäten unterstellt sind und sich nach den Planziffern zu richten haben ("Ohne Ziffern ist die Rekrutierung sehr schwierig." 23/SAB). Die Personalrechte (*renquan*) liegen, wie auch die anderen wesentlichen Wirtschaftsrechte, beim Staat, der in die Betriebe hineinregiert.

Mit dem 1. Fünfjahresplan war zwar ein kombiniertes System direkter und indirekter Planung geschaffen worden, der Anteil der direkten und direktiven Planung hatte sich aber im Zuge der Verstaatlichung der städtischen Wirtschaft stetig ausgeweitet. Die Kennziffern für die Anzahl der Arbeitskräfte, ihre Jahreszuwachsraten, die Lohngesamtsumme, den Durchschnittslohn und die Arbeitsproduktivität wurden den Betrieben bereits 1957 als Direktivziffern übermittelt. Die Leitplanung erlebt in der Industrie erst ab 1978 wieder eine Renaissance.

Ein Vertreter des Arbeitsministeriums kritisiert dementsprechend:

1. Das Planverfahren ist zu stark zentralisiert. Die zentrale Ebene legt die quantitativen Plandaten fest, gibt sie an die Provinzebene und diese wiederum an die Stadtebene, von hier aus gehen sie dann über die Bezirksebene schließlich den Betrieben zu. Der Nachteil dieses Verfahrens liegt darin, daß Veränderungen auf der Betriebsebene nicht erkannt werden und daher praxisfremd verfahren wird.
2. Das Plansystem ist unflexibel. Der Plan ist ein Befehlsplan und in ihm enthaltene Zahlen sind bindend. Der Plan kann daher mit Produktionsveränderungen nicht abgeändert werden. (6/MfA)

b) Die Planungsgrundlagen sind unzureichend und die Arbeit mit den Personalnormen weist beträchtliche Unzulänglichkeiten auf. Erstens dienten die Personalnormen bis in die 80er Jahre hinein nur selten als Planungsgrundlage. Eine Konferenz im Jahre 1960 verordnete sogar offiziell, daß die Normen "im Rahmen des Arbeitsplans" zu bestimmen seien. Die Arbeit mit den Personalnormen begann während des 1. Fünfjahresplans. Ausgangspunkt und immer wieder Anlaß zu neuen Anweisungen, die die Bedeutung der Personalkontrolle hervorhoben und ihre Durchführung anmahnten, war die exzessive Rekrutierung von Arbeitskräften durch Betriebe und Verwaltungen. Besonders in Zeiten wirtschaftlichen Aufschwungs und wirtschaftlicher Kampagnen wurde ohne Rücksicht auf Pläne rekrutiert und ohne freie Stellen zugeteilt. Der Plan für 1971 sah z.B. einen Zuwachs von 3,06 Mio. Arbeitskräften vor, tatsächlich aber stieg die Zahl um 7,37 Mio. Auch dem Status der Betriebe wird häufig mehr Gewicht beigemessen als dem Plan. So erhält ein Schwerpunktbetrieb auch bei mangelhaften Personalnormen die angeforderten Arbeitskräfte.

Zweitens fallen unter die Personalnormen nur diejenigen Beschäftigten, die für die regelmäßige Produktion benötigt werden. Zeitarbeiter werden eingerechnet, sofern sie im Plan vorgesehen sind, nicht aber dauerhaft Beschäftigte, wenn sie für längere Zeit (mehr als 6 Monate) krank, zum Studium beurlaubt oder an andere Betriebe verliehen sind. Für diese Beschäftigten "außerhalb des Stellenplans" (*bianzhiwai*) können Ersatzarbeitskräfte rekrutiert werden. Diese Arbeitskräfte werden weiterbeschäftigt, wenn die regulären an den Arbeitsplatz zurückkehren.

Drittens werden die Personalnormen unter Voraussetzung einer Planübererfüllung systematisch progressiv berechnet; z.B. soll die geplante Jahresproduktion durch einen Nenner dividiert werden, für den die Arbeitsnorm mit der durchschnittlichen Jahresarbeitszeit und einem "Übererfüllungskoeffizienten" (*chao'e xishu*) multipliziert wird.

Und viertens sind die Berechnungsgrundlagen für die Arbeitsnormen und Personalnormen seit den 60er Jahren beibehalten worden, obwohl sich die wirtschaftlichen Rahmenbedingungen gewandelt haben. Die Berechnung erfolgt auf niedrigem wissenschaftlichen Niveau mit unzulänglichen Methoden. Eine gebräuchliche Methode ist, den Bedarf ausgehend von einer gesetzten "Basiszahl" (*jishu*) durch Extrapolation zu ermitteln, ohne die Größe der Basiszahl in Frage zu stellen. Dementsprechend lautet ein Fazit:

> Die Bestimmung der Personalnorm wird von uns vorgenommen, aber man kann nicht sagen, daß das sehr wissenschaftlich geschieht. Denn diese Berechnung erhält eigentlich nur den Status quo aufrecht. (13/MS)

c) Planung, Umsetzung und Kontrolle erfolgen allein mit Hilfe administrativer Methoden, ökonomische Hebel werden nicht eingesetzt. Zwischen der realen betrieblichen Produktionsentwicklung und der Beschäftigtenzahl besteht kaum ein Zusammenhang, und sogar die Abstimmung zwischen den einzelnen staatlichen Plänen ist nur mangelhaft.

Die Planung ist beschäftigungsorientiert. Die betrieblichen Arbeitskräftepläne sollen zwar die konkreten Produktionsbedingungen einbeziehen und unter Ausschöpfung der Reserven sowie unter Berücksichtigung der Steigerung der Arbeitsproduktivität den Bedarf und die Zusammensetzung der Arbeitskräfte festlegen. Maßgeblich bleiben jedoch für sie die staatlichen Kennziffern, die - im Sinne einer "Soll-aus-Ist-Planung" - vornehmlich von politisch gesetzten Wirtschaftszielen und außerökonomischen gesellschafts- und stabilitätspolitischen Zielsetzungen abhängig sind. Während die Zuteilungsmenge letztlich von der Zentrale bestimmt wird, konzentriert sich die Kontrolle der Einhaltung der Kennziffern auf die "Verwaltungseinheit" Betrieb, ohne auf deren wirtschaftliche Handlungsfähigkeit Rücksicht zu nehmen. Jegliche Form von Anstellung, sei es die eines Festarbeiters oder die eines Zeitarbeiters, hat *im Plan* zu erfolgen, d.h. zumindest mit Genehmigung der Arbeitsverwaltung. Dennoch existiert keine Möglichkeit, die Rekrutierung über den Plan hinaus wirkungsvoll zu unterbinden. Der Verwaltung bleibt schließlich nur die Wahl, sie "stillschweigend anzuerkennen" (*renzhang*) oder als "außerplanmäßig" zu übersehen (*shi er bu jian*). Planziffern und Realität weichen beträchtlich voneinander ab.

Im Ergebnis dieser Form der Arbeitskräfteplanung nahm die Nachfrage tendenziell stetig zu - ohne Rücksicht auf das Lohnniveau und die Arbeitsproduktivität ("hohe Beschäftigung - niedrige Effizienz"). Auch technologischer Fortschritt führte nicht zu einer Verringerung der Arbeitskräftezahl, sondern hatte nur deren mangelnde Auslastung zur Folge. Der Arbeitskräfteüberschuß ist letztlich vom Plan provoziert und wird von ihm gedeckt.

d) Der theoretische Unterschied zwischen Staats- und Kollektivbetrieben in der Verfügungsgewalt über die Einnahmen und die Beziehung zum Staatsplan ist praktisch gering, wenn die Betriebe auch weiterhin in Pläne unterschiedlicher Ebenen und unterschiedlicher Verbindlichkeit eingebunden sind. Die staatlichen Betriebe handeln vor allem nach zentral verfaßten Planziffern, aber auch die städtischen Kollektivbetriebe werden von staatlichen Behörden - und nicht, wie noch in den 50er Jahren, von speziellen Handwerksverbänden (*shougongye lianshe*) - verwaltet.

Vor allem die Großen Kollektivbetriebe (Betriebe von der Bezirks- bzw. Kreisebene an aufwärts) sind in vielerlei Hinsicht den staatlichen Betrieben angeglichen (quanminhua): Sie führen ihre Gewinne vollständig an den Staat ab und erhalten Planziffern und Arbeitskräfte zugeteilt. Ihre Pläne werden allerdings auf der Ebene der Regionen festgelegt und dem Staatsrat nur zur Kenntnisnahme übermittelt. Formal sind sie den Bezirks-, Stadt- oder Provinzbehörden unterstellt. Wong errechnete jedoch, daß 1978 rund 75-80% der städtischen Kollektive - eben die Großen - unter der Kontrolle eines zentralen Ministeriums standen und von diesem wie Staatsunternehmen geführt wurden. Ein Unterschied besteht z.T. in einer Rangabstufung der Ministerien, so ist nicht zufällig das 2. Leichtindustrieministerium für Kollektivbetriebe zuständig. Ihre Verwaltung, einschließlich der Arbeitskräfteallokation und der Lohnregelung, erfolgt einheitlich innerhalb der funktionalen Systeme (*xitong*), wobei die einzelnen Systeme wiederum im Grad der Zentralisierung Unterschiede aufweisen. So ist die Kontrolle durch das 2. Leichtindustrieministerium, dem 1978 ca. 35% der Betriebe unterstanden, geringer als z.B. die durch das Textilministerium. Von den verbleibenden 20-25% der städtischen Kollektivbetriebe ohne direkte Überwachung durch ein Ministerium sind viele einem Staatsbetrieb angegliedert (z.B. die 7.-Mai-Betriebe). Nur die kleinen Nachbarschaftsbetriebe haben keine engen Beziehungen zum Staatssektor. Doch auch diese der Straßenebene zugehörenden Kleinen Kollektivbetriebe sind von den Entscheidungen der Staatsorgane abhängig, da sie sich den lokalen Interessen unterzuordnen haben.

Die Ausweitung der faktischen Kontrollrechte auf den Kollektivsektor korrespondierte mit einer Differenzierung im Staatssektor. Systematisch lassen sich vier Typen unterscheiden: Unternehmen unter zentraler und solche unter lokaler Leitung sowie Unternehmen unter dualer Leitung, die entweder primär zentral (alle Pläne werden von zentralen Ministerien erstellt, Arbeitskräfteallokation aber erfolgt z.B. lokal) oder primär lokal (Pläne z.T. zentral, z.T. lokal, Arbeitskräfteallokation lokal) ausgeübt wird.

Trotz der Eingliederung der Kollektivbetriebe in das Plansystem rangieren sie in der Wertigkeit hinter den Staatsbetrieben, sowohl aus der Sicht des Staates als auch in den Augen der Arbeitskräfte. Bei der Planung und Zuteilung werden die Staatsbetriebe stets bevorzugt und damit der Dualismus zwischen Staats- und Kollektivbetrieben weiter verstärkt.

e) Der Lohn sollte in der plangesteuerten Wirtschaft der VR China zu keiner Zeit als Steuerungsmittel zwischen Arbeitskräfteangebot und -nachfrage dienen. Er ist seinerseits der Planung unterworfen. Die Lohnplanung, die aufgrund der großen Entwicklungsunterschiede (Stadt-Land, intersektoral und -regional) von

Beginn an hochzentralisiert war, soll in Verbindung mit den sozialistischen Lohnprinzipien ("jedem nach seiner Leistung", *anlao fenpei*) größere Einkommensunterschiede verhindern und gewährleisten, daß Anpassungs- und Verteilungsprozeß zusammenfallen.

Die Praxis zeigt, daß die Festlegung des Lohnniveaus und die Lohneinstufungen auf der Grundlage staatlicher Vorgaben ohne Rücksicht auf Leistung, betriebliche Effizienz oder Arbeitskräftebilanz erfolgen und daß die Entscheidung, wo jemand arbeitet, vom Arbeitsplan ohne Rücksicht auf Qualifikation und Lohnniveau getroffen wird. Und auch in diesem Fall werden die Kollektivbetriebe wie Staatsbetriebe, wenn auch wiederum auf regionaler Ebene, verwaltet. Lohnerhöhungen z.B. werden von der Zentrale genehmigt und von den Regionalregierungen im Detail geregelt.

Mit der Lohnreform von 1956 wurde ein einheitliches Lohnsystem geschaffen. Seine wichtigsten Merkmale gelten - ungeachtet aller Veränderungen im Detail - noch zu Beginn der 80er Jahre:

Erstens gibt es ein System staatlich festgelegter Lohnstufen (*gongzi dengji*), und zwar jeweils für Arbeiter und Kader. Für Arbeiter gilt im allgemeinen ein 8-Stufen-System, für Kader gibt es bis zu 30 Stufen. Beide Systeme überlappen sich. Die Relationen zwischen den einzelnen Stufen sind ebenso festgelegt wie die Kriterien der Einstufung und das Ausmaß von Höherstufungen.

Zweitens ist der Lohnsatz (*gongzilü*), d.h. der Geldwert jeder Stufe, staatlich fixiert und variiert nach Lohnzonen und Branchengruppen. Die Lohnzonen wurden 1956 nach Unterschieden in den natürlichen und infrastrukturellen Bedingungen, im Lebensniveau und unter Berücksichtigung historisch begründeter Differenzen abgesteckt. Für Industrie- und Investbaubetriebe gelten 7 Zonen und 4 Branchengruppen. Innerhalb der Zonen, Branchen und Betriebe gilt ein einheitliches System.

Drittens wird der Standardlohn (*biaozhun gongzi*) durch Prämien, Zuschläge und nichtmonetäre Leistungen ergänzt. Angesichts der Starrheit im Lohnsystem und der über Jahre ausgebliebenen Lohnerhöhungen ist die Bedeutung dieser Zuschläge groß.

Viertens sind die entscheidenden Größen der Lohnplanung, die direktiv erfolgt, die Gesamtlohnsumme (*gongzi zong'e*) und der Durchschnittslohn (*pingjun gongzi*). Die Höhe der Gesamtlohnsumme ist einerseits vom staatlicherseits zur Verfügung gestellten Geldvolumen und andererseits von der Anzahl der Arbeiter und Angestellten abhängig. Eingeschlossen sind die Festarbeiter, Zeitarbeiter und die "Arbeitskräfte außerhalb des Plans", d.h. alle in der staatlichen Statistik erfaßten Beschäftigten. Der Durchschnittslohn gilt als Maßstab des erreichten Lohnniveaus, er soll theoretisch mit dem Wirtschaftswachstum sowie dem Einnahmen- und Produktivitätszuwachs steigen.

In der Praxis aber ist die Lohnhöhe und sind auch die Lohnrelationen zwischen Regionen und Berufen vom Plan und damit z.B. von der politisch motivierten Umlenkung von Geldmitteln in den Akkumulationsfonds bestimmt. Die Lohnbewegung ist von den gleichen nichtökonomischen Entscheidungen abhängig und den gleichen Einflüssen ausgesetzt wie die gesamte Planung; kennzeichnend sind ein aus politischen Gründen niedriggehaltenes Lohnvolumen ("hohe Beschäftigung - niedriger Lohn"), ein ausgeprägter Egalitarismus und eine rein quantitative Verknüpfung von Beschäftigtenzahl und Lohnsumme ("Pro-Kopf-Lohn").

f) Aufgrund der unterschiedlichen Allokationsinstanzen, der verschiedenen Unterstellungsverhältnisse sowie der Aufteilung in direktiv und indikativ geplante Subökonomien und in Planungseinheiten entlang geographischer und sektoraler Grenzen weist das Planungssystem eine hohe Komplexität auf. Die in dieser administrativ begründeten Struktur angelegten Barrieren zwischen Betrieben, Branchen und Regionen, die den Anpassungsprozeß behindern, werden durch weitere Abschottungsmechanismen verstärkt: Die u.a. als Antwort auf Versorgungsengpässe und zur Ausweitung der Ressourcenkontrolle vorgenommene vertikale Integration der Betriebe verhindert horizontale Verbindungen, auch zwischenbetriebliche Beziehungen sind weitgehend über die Verwaltung vermittelt. Dies erleichtert den Ausbau autarker Subsysteme, vom Betrieb bis zur Region bzw. Branchensystem. Die politische Betonung der Autarkie verstärkt das Denken in Kategorien des "Lokalpatriotismus" und "Ressortegoismus" (*benweizhuyi*), des "Einheits- und Abteilungseigentums" (*danwei suoyouzhi, bumen suoyouzhi*). Regionen, Branchen und Betriebe streben nach "Vollständigkeit", unabhängig von den konkreten Produktionsbedingungen (z.B. einer unzureichenden Rohstoffbasis) oder einer eventuellen Doppelung gleichartiger Betriebe in der jeweiligen Region. Diese Zellularisierung führt zu einer Blockade des Ressourcenflusses, zumal die lokalen Ressourcen durch außerplanmäßige Austauschmöglichkeiten aufgewertet werden und sich der Staat als unfähig zum interregionalen Ausgleich (speziell während der Kulturrevolution) erwiesen hat.

g) Die komplexe Planungsstruktur führt zu Trägheit und Ineffizienz. Die Planungsprozedur ist langwierig. Zwar produzieren die Betriebe nicht am Markt und sind daher nicht zu marktbedingten, kurzfristigen Anpassungsleistungen gezwungen, aber planbedingte Schwankungen oder auch eigene ökonomische Aktivitäten führen dennoch zu Bedarfsänderungen während einer Planperiode. Von der Anforderung zusätzlicher Arbeitskräfte durch die Betriebe bis zur Zuteilung vergeht i.d.R. viel Zeit. Der Erfolg ist zumeist von der Stellung der Betriebe im Plansystem abhängig. Entlassungen von Arbeitskräften sind andererseits praktisch unmöglich. Das System zentralgesteuerter Arbeitskräfteallokation und -reallokation bestimmt damit maßgeblich betriebliche Entscheidungsprozesse über Ausbau, Diversifizierung oder Einschränkung der Produktion.

Die Unterstellungsverhältnisse ermöglichen, Verantwortung auf andere Institutionen abzuschieben. Die Betriebe haben sich infolge knapp 30jähriger zentraler Zuteilung von Arbeitskräften durch den "schenkenden Staat" in die Rolle von Arbeitskräftenehmern gefügt, die Gaben erwarten, Überbesetzung hinnehmen und Eigenverantwortung aus Furcht vor dem Verlust angestammter Vorteile ablehnen. Der Erhalt staatlicher Kontrolle sichert ihnen den sozialen Frieden, verstärkt seinerseits aber die institutionelle Trägheit der Planung.

Der zentralgesteuerten Planwirtschaft sind also zahlreiche Unwägbarkeiten inhärent, die ihre wesentlichen Ursachen im Planungsprozeß selbst haben, aber auch durch Schwankungen während der Planperiode oder in der Ressourcenallokation ausgelöst werden können. Diese und andere Unwägbarkeiten bieten nicht nur Spielräume für die Akteure im Arbeitssystem, sondern sie zwingen diese sogar zu kontinuierlichen Anpassungsleistungen außerhalb des Plans.

2.2 Staatliche Arbeitskräfteallokation

Dem Verständnis von sozialistischer Planwirtschaft entsprechend sollte der Arbeitskräftebedarf in China bis zum Beginn der Reformen ausschließlich durch die planmäßige Mobilisierung und Lenkung des Arbeitskräftepotentials gedeckt werden. Im Plan wurde das Äquivalent zum klassischen Arbeitsmarkt gesehen. Historisch führte der Weg von der Tolerierung eines freien Marktes über eine Reihe von Experimenten bis zur "einheitlichen Erfassung und Zuteilung" (*tongbao tongpei*).[112] Die Allokation von Arbeitskräften wurde so zu einem Teil der rein quantitativen Planung von Arbeit und Beschäftigung. Im Zuge der Einengung der städtischen Beschäftigungsmöglichkeiten auf den staatlichen und kollektiven Sektor wurden auch die Wege in die Beschäftigungsverhältnisse hinein auf die staatliche Verteilung beschränkt.[113] Der Staat wurde zum Hauptnachfrager nach Arbeit. Für die meisten Menschen schloß die staatliche Arbeitskräfteallokation die freie Berufs- bzw. Arbeitsplatzwahl aus.[114]

Die Organe der Arbeitskräftelenkung übernehmen zahlreiche administrative Funktionen von der Registrierung Arbeitsuchender, der Abwicklung von Anstellungsprozeduren, der Regulierung der Erwerbsquote durch Festlegung der Altersgrenzen, der Steuerung der Frauenerwerbstätigkeit und der Berufsausbildung bis zur konkreten Zuteilung der Arbeitskräfte an die Betriebe - und deren Reallokation[115], wie im nächsten Kapitel zu zeigen sein wird.

Das staatliche Monopol auf die "einheitliche Erfassung und Zuteilung" der Arbeitskräfte bedeutet jedoch keineswegs eine unterschiedslose Behandlung der Betriebe nach deren Bedarf oder der zu verteilenden Arbeitskräfte nach Maßstäben rechtsstaatlich fundierten Verwaltungshandeln. Eine große Zahl verschiedener Faktoren, wie z.B. unterschiedliche Wertigkeiten der Betriebe, "bargaining"-Prozesse zwischen Betriebsleitungen und Arbeitsverwaltung, persönliche Beziehungen bis hin zu Zufälligkeiten, spielen eine Rolle im konkreten Prozeß der staatlichen Arbeitskräfteallokation.

Zwei Momente erweisen sich jedoch als besonders wesentlich für die staatliche Strukturierung des Arbeitssystems: Zum einen werden die Betriebe nach Kategorien unterschiedlicher Wertigkeit eingeteilt und behandelt, zum anderen werden die Arbeitskräfte ihrerseits kategorisiert und entsprechend unterschiedlichen Betrieben, Arbeitsplätzen und Funktionen zugewiesen. Die Kriterien für die Kategorisierung von Betrieben und Arbeitskräften sind in erster Linie solche der Arbeitsplanung und -verwaltung. Die Auswirkung dieser Kategorisierung erstreckt sich auf die Arbeitskräfteallokation, d.h. darauf, welche Betriebe mit welchen und wievielen Arbeitskräften versorgt werden, und darüber hinaus auf die allgemeine Ressourcenallokation. Hier soll zunächst die Wirkung auf die Arbeitskräfteallokation behandelt werden.

2.2.1 Kategorisierung der Betriebe

Für die differenzierte Behandlung der Betriebe entscheidende Kriterien sind die Eigentumsform, das Unterstellungsverhältnis der Betriebe unter die Planadministration, die Zugehörigkeit zu einem bestimmten Branchensystem und die Größe des Betriebes. Aus diesen verschiedenen Kriterien ergibt sich der Status eines Betriebes in der Hierarchie der Planverwaltung, der seinerseits die Grundlage für eine bevorrechtigte oder benachteiligte Behandlung bei der Versorgung mit Arbeitskräften durch die Arbeitsadministration darstellt. Der Status begünstigt oder verschlechtert aber auch allgemein die Verhandlungsmacht der Betriebe im "bargaining"-Prozeß und bei informellen Lösungen.

Grundsätzlich gilt: Je "höher" die Eigentumsform, je höher das Unterstellungsverhältnis, je "wichtiger" die Branche und je größer der Betrieb, desto präferentieller die Arbeitskräftezuteilung. Diese für die gesamte Ressourcenallokation gültige und gängige Aussage ist vielfach belegt. Für die Arbeitskräfteallokation ist die Argumentation zwar kaum durch nachprüfbare Fakten gestützt, die von uns befragten Betriebsvertreter wiesen jedoch verschiedentlich auf die genannte Bevorzugung hin. Die folgende Darstellung kann daher nur Indizien anführen, die sich zudem meist unter dem Gesichtspunkt des Allokationsergebnisses ergeben und auch andere Erklärungen zulassen.

Die präferentielle Zuteilung hängt eng mit der Ebene der planenden und der zuteilenden Stellen zusammen, die nicht unbedingt identisch sein müssen.[116] Bevorzugung bedeutet im wesentlichen: schnellere, anforderungsgerechtere Zuteilung,[117] auch ohne freie Stellen. Zugeteilt werden in der Regel qualifiziertere, jüngere, gesündere, meist unverheiratete und eher männliche Arbeitskräfte.[118] Die durchschnittlich höhere Qualifikation ist vor allem das Ergebnis eines leichteren Zugriffs auf die zentralgesteuert zugeteilten Absolventen höherer Schulen.

Für das Verhältnis von mittleren und kleinen Betrieben zu großen Betrieben kann man im Grunde folgende Aussage treffen: Bei der Rekrutierung erhalten große Betriebe etwas mehr Absolventen von Hochschulen, Fachmittelschulen und technischen Facharbeiterschulen. Sie haben also mehr Beschäftigte mit etwas höherer, mit spezialisierterer Bildung, zumindest mehr Absolventen ab der Stufe der oberen Mittelschule; dieser Teil der Jugendlichen hat leichteren Zugang zu den Großbetrieben. Rekrutierungsziel der mittleren und kleineren Betriebe sind im Vergleich dazu Personen mit einer etwas niedrigeren fachlichen Ausbildung. Normale Absolventen der unteren und mittleren Oberschule gehen relativ häufiger in mittlere und kleinere Betriebe. Im großen und ganzen verhält es sich so. Der Grund liegt u.a. darin, daß bei der staatlichen Verteilung an Staatsbetriebe früher die von einigen Fachschulen ausgebildeten Schüler eine Verteilungspriorität genossen, sie erhielten dadurch leichter Zugang zu Großbetrieben. (39/SFB)

Das Zitat macht deutlich, daß die Bevorzugung bestimmter Betriebe und bestimmter Arbeitskräfte eng verknüpft ist. Betrachtet man die verschiedenen Betriebe, wie sie in der Übersicht 4 zusammengestellt sind, unter dem Gesichtspunkt des Allokationsergebnisses, so werden folgende Tendenzen sichtbar:

1. Staatsbetriebe sind, gemessen an der Beschäftigungszahl, eher Großbetriebe. In der Industrie z.B. stellen sie nur ein knappes Fünftel der Betriebe, be-

schäftigen jedoch knapp 70 % aller Arbeiter und Angestellten.[119] Dieses Faktum kann allerdings nur bedingt aus der präferentiellen Arbeitskräftezuteilung erklärt werden; denn Staatsbetriebe sind zugleich vorwiegend der Zentrale direkt unterstellte Betriebe,[120] deren wirtschaftliche Aktivität (häufig die Schwerindustrie) eher in größeren Einheiten vollzogen wird.

2. Kollektivbetriebe sind dagegen eher kleinere Einheiten, die im Bereich der Leichtindustrie, der Dienstleistungen, des Handwerks u.ä. aktiv sind. Unter dem Sammelbegriff "Kollektivbetrieb" verbergen sich Betriebe mit unterschiedlichen Eigentümerkollektiven und in verschiedenartigen administrativen Unterstellungsverhältnissen. Hinsichtlich ihres technologischen Produktionsstands sind Kollektivbetriebe eher arbeitsintensiv und weniger mechanisiert.

3. Lassen sich die Beschäftigtenzahl und andere angedeutete Erscheinungen nicht eindeutig der unterschiedlichen Kategorisierung und Behandlung der Betriebe durch die Arbeitsverwaltung zuordnen, so verweist die faktische Verteilung der Beschäftigten auf die verschiedenen Betriebstypen, d.h. die Qualität und Zusammensetzung der Beschäftigten verweist auf die Wirkung von selektiven Strategien der Personalallokation.

Deutliche Unterschiede bestehen hinsichtlich der Kaderverteilung. Staatlich zugeteilte Kader sind zwar nicht nur in Staatsbetrieben beschäftigt, wie z.B. Lauffs meint,[121] aber regionale staatliche Betriebe und Kollektivbetriebe bekommen von vornherein weniger Kader zugewiesen.[122]

Generell ist zu konstatieren, daß kleine, regional unterstellte und kollektive Betriebe einen höheren Frauenanteil aufweisen, über weniger ingenieurtechnisches Personal verfügen und daß ihre Beschäftigten durchschnittlich niedrigere Bildungsabschlüsse vorzuweisen haben.[123] Daß in Kollektivbetrieben, und hier wiederum vor allem in Kleinen, weit mehr Frauen als in Staatsbetrieben beschäftigt sind,[124] hat u.a. zur Ursache, daß die Einbeziehung vieler Frauen ins Erwerbsleben über die kleinen Nachbarschaftskollektive erfolgte. Als weitere Gründe wären die durchschnittlich geringere Qualifikation der Frauen und die niedrigeren Anforderungen von Kollektivbetrieben sowie Planvorgaben zu nennen, die den Anteil von Frauen in den einzelnen Branchen festschreiben. In der Maschinenbauindustrie, die vornehmlich in staatlichem Eigentum produziert, soll der Frauenanteil danach niedriger sein als z.B. in der vielfach kollektiv bewirtschafteten Textilindustrie.[125]

Die Bevorzugung der Staatsbetriebe hinsichtlich junger Arbeitskräfte läßt sich an den verfügbaren Zahlen nicht ablesen, das durchschnittliche Alter der Beschäftigten ist in den Staatsbetrieben sogar höher.[126] Ein Grund dafür könnte das i.d.R. höhere Alter der Staatsbetriebe sein.

Übersicht 4:
Betriebliche Eigentumsform und Arbeitskräfteallokation

Eigentums-form und Unter-stellung	Eigentümer	Wirtschafts-sektor	staatliche Zuteilung von Personal-ziffern und Arbeitskräften:		
			Ebene	Kader	Arbeitskräfte jung, gesund, männl., unverh., qualifiz.
STAATSBETRIEBE					
1. zentral unterstellt	Staat	überwiegend Schwerindustrie	z/r	SK	+ + a) [strat. Gruppen]
2. regional bzw. dual unterstellt	Staat		r	SK	+ [strat. Gruppen]
KOLLEKTIVBETRIEBE					
3. Große Kollektiv-betriebe	"Kollektiv" (Ebene: Provinz, Stadt, Kreis/Bez., Straßenb.)	überwiegend Leichtindustrie (Kleinmaschinen Teilprodukte Montage Ersatzteile)	r	SK	+/- [weniger Absolv. von HS und FS; mehr Frauen]
4. Kleine Kollektiv-betriebe	"Kollektiv d. Betriebsan-gehörigen" (i.d.R. mit staatl. Kap.)	Konsumgüter Weiterverarb. Dienstleistung Handwerk	r	wenige SK	- [viele Frauen, Arbeitslose, Ältere, Vorbestrafte]
5. Staatlich betriebener Kollektiv-betriebe	"Kollektiv d. Betriebsan-gehörigen" (finanz. u. personell v. staatl. Einheit unterstützt)	Dienstleistung Zuarbeit Materialver-wertung	b)	b)	[arbeitslose Fami-lienangehörige, "Überschüssige": Frauen, Unqual., Kranke, Alte]
6. "Volks-betriebener" Kollektiv-betriebe	Kollektiv v. Einzel-personen (eigenes Kapital)				[arbeitslose Jugendliche]
PRIVATBETRIEBE					
7. städt. Privat- und Individual-betriebe	Privat-person(en)	Konsumgüter Dienstleistung Handwerk Verarbeitung Zulieferung Reperaturen			-- [ungelernte Jugend-liche vom Land, alle Arbeitskräfte ohne Zuteilungs-chance]

a) + + bezeichnet die höchste, -- die niedrigste Bevorzugung bei der Zuteilung von Arbeitskräften; Ergänzungen in eckigen Klammern
b) Festarbeiter und Kader vom Mutterbetrieb abgestellt
Abk.: z/r = zentral/regional
SK = Staatskader

2.2.2 Kategorisierung der Arbeitskräfte

Die staatliche Arbeitsverwaltung bewirkt mit der Erstzuteilung eine differenzierte Klassifikation der Arbeitskräfte. Sie weist die Arbeitskräfte erstens in staatliche und kollektive Betriebe, zweitens in bestimmte Kategorien von Beschäftigten (Kader - Arbeiter) und drittens in bestimmte Beschäftigungsverhältnisse (feste - unstete) ein.

1. Grundvoraussetzung für jegliche Art von Zuteilung - sowohl in Staats- als auch in Kollektivbetriebe - ist, daß die Schulabsolventen über das Merkmal einer städtischen Haushaltsregistrierung verfügen. Der ursprünglich als Migrationsbarriere für die Landbevölkerung eingeführte *hukou* erweist sich als eines der wichtigsten Kriterien für den Zugang zu einer geregelten Beschäftigung in der Stadt. Er trennt die städtische Wohnbevölkerung in einen (größeren) Teil mit städtischem und einen (kleinen) Teil mit ländlichem *hukou*.

Darüber hinaus gibt es für die Zuteilung zu Staats- oder Kollektivbetrieben weder rechtlich fixierte noch exakte Kriterien, sie ist - u.a. weil die Kriterien unscharf und damit für die Interpretation z.B. durch die Administration offen sind - von zahlreichen Zufällen abhängig. I.d.R. haben weder die Betriebe noch die Arbeitskräfte ein Auswahl- oder Einspruchsrecht. Schulabsolventen werden zunächst einem Branchensystem (*xitong*) und dann einem konkreten Betrieb zugewiesen. Ausschlaggebend ist in erster Linie, welcher Betrieb gerade Arbeitskräfte nachfragt.

Entsprechend der präferentiellen Behandlung der Betriebe lassen sich allerdings einige Kriterien identifizieren, die für die "Wertigkeit" von Arbeitskräften bedeutsam sind: ideologische Einstellung, allgemeine und berufliche Qualifikation, Geschlecht, Alter, Familienverhältnisse und Gesundheitszustand.

Welche Kriterien für die Beurteilung einer besonders fähigen Arbeitskraft heranzuziehen sind, hat sich häufig verändert. So variiert die Beurteilung der Arbeitskräfte je nach dem politischen Klima zwischen den Extremen "rot" und "Experte". In der Kulturrevolution war der "Klassenhintergrund" (*chushen*) von wesentlicher Bedeutung, Qualifikation dagegen nicht. Die fachliche Qualifikation der einzelnen Arbeitskraft spielt erst seit der Durchsetzung des "Modernisierungskurses" eine Rolle für die Zuteilung. Fachliche Qualifikation ist allerdings nicht mit Bildung gleichzusetzen; Bildung bedeutet in erster Linie den formalen Bildungsabschluß und/oder die Position der besuchten Schulen in der Rangskala der Bildungseinrichtungen sowie ihre Kooperationsbeziehungen zu den Industriebranchen.

Da Hoch- und Fachschulabsolventen zentral zugeteilt, Mittelschulabsolventen aber auf regionaler Ebene verteilt werden,[127] ergibt sich für formal höher Qualifizierte eine größere Chance, einem der Zentrale unterstellten Betrieb zugewiesen zu werden.

Eine nicht zu unterschätzende Rolle spielt auch die Familiensituation. Dies gilt in zweierlei Hinsicht: Einerseits kann die bestehende Beschäftigung von Familienangehörigen in einem Staatsbetrieb ausschließende Wirkung für einen Schulabsolventen haben; andererseits kann sie, gerade im Gegenteil, seine Anstellung begünstigen. In der Kulturrevolution mußte z.B. das dritte Kind aufs Land, wenn bereits zwei Geschwister in einem Staatsbetrieb oder in einem Großen Kollektivbetrieb beschäftigt waren. Befanden sich dagegen ältere Geschwister auf dem Land oder war der Jugendliche selbst "verschickt" worden, so konnte dies für die Unterbringung in einen Staatsbetrieb ausschlaggebend sein.[128] Bereits 1953 wurde mit einer bis in die Gegenwart üblichen Praxis begonnen, nach der Jugendliche auch die Arbeitsplätze ihrer Eltern übernehmen können (*dingti*). Galt diese Möglichkeit zunächst nur für diejenigen, deren Eltern in Folge eines Arbeitsunfalls verstarben oder invalide wurden, so kam später das Erreichen des Rentenalters als Grund hinzu.[129]

Für beide Aspekte einer Berücksichtigung familiärer Bedingungen gilt, daß die konkreten Arbeitsplatzanforderungen bei der Zuteilung kaum ins Gewicht fallen.

2. Die Arbeitsadministration nimmt eine weitere Kategorisierung von Arbeitskräften vor, indem sie sie verschiedenen Beschäftigtensystemen, entweder dem Personalsystem oder dem Arbeitssystem zuweist.

Diese Trennung ist so grundlegend, daß bereits auf der administrativen Seite zwei verschiedene Verwaltungssysteme von der zentralen Ebene bis hinunter auf die Betriebsebene errichtet wurden. Für die Arbeiter sind die Arbeitsbüros zuständig, während die Zuteilung zukünftiger Kader zu den Aufgaben der Personalbüros gehört, die stets mit den Organisationsabteilungen der Parteikomitees kooperieren müssen.[130] Für die Ernennung leitender Kader ist die jeweilige Instanz innerhalb des Parteiapparates, die die Entscheidung zu fällen hat, genau festgelegt.[131] Über die Einsetzung eines Direktors in einem Staatsbetrieb wird z.B. in der Parteigruppe der übergeordneten lokalen oder zentralen funktionalen Abteilung entschieden; die Ebene des zuständigen Gremiums richtet sich nach der Bedeutung des Unternehmens für die Volkswirtschaft. Da sogar der Einsatz der mittleren Kader in den Betrieben vom Votum der Parteiorganisation abhängig ist, sind Betrieben somit die Rechte zur Auswahl und - bei höheren Kadern - auch des Einsatzes von Arbeitskräften entzogen.

Anders als bei der Zuteilung in verschiedene betriebliche Kategorien sind die Kriterien für die Zuteilung als Arbeiter oder als Kader etwas schärfer gefaßt. Dabei läßt sich die Kategorisierung als Arbeiter am umfassendsten negativ definieren: Sie ist der Normalfall, wenn die betreffende Arbeitskraft nicht als Kader zugeteilt wird. In der Regel, d.h. wenn nicht anderweitige Kriterien zur Geltung kommen, werden alle Absolventen allgemeinbildender Mittelschulen und andere "auf Arbeit Wartende",[132] alle ausgebildeten Lehrlinge und alle diejenigen, die eine Facharbeiterschule besucht haben, zu Arbeitern. Auch wer eine Facharbeiterschule besucht hat, hat keine Garantie, als Kader angestellt zu werden.[133]

Bei der Ernennung bzw. Zuteilung als Kader vermischen sich politische, fachliche und persönliche Gesichtspunkte. Dies findet seinen Ausdruck in der Situation, daß die Zuteilung als Kader nicht unbedingt gleichbedeutend ist mit der Zuweisung einer entsprechenden Tätigkeit bzw. daß für eine Kadertätigkeit nicht unbedingt ein Kader ernannt werden muß. Der Besitz des Kaderstatus setzt eine staatliche Ernennung voraus.[134] Vor allem für die oberen Kaderränge spielt dabei die politische Loyalität eine entscheidende Rolle.[135] Für die Kader in den technischen und Verwaltungsbereichen ist dagegen - zumindest im Anschluß an die Kulturrevolution[136] - eher die in berufs- oder allgemeinbildenden Schulen erreichte formale Qualifikation ausschlaggebend. Diese Unterscheidung entspricht der Dichotomie von Polit- und Fachkadern. Ist im ersten Fall die Parteimitgliedschaft alleinige Voraussetzung, dient der Bildungsgrad zur Einstufung von Nichtparteikadern.[137] Absolventen von Universitäten, Fachhochschulen und Fachmittelschulen werden Kader, d.h. sie werden auch dann zur Kadersollstärke gezählt und wie Kader behandelt, wenn sie nicht als Kader arbeiten.[138] Sie werden vom Staat einheitlich auf das ganze Land verteilt und von den regionalen Personalbüros untergebracht.[139] Von den Schülern der Berufsmittelschulen können nur diejenigen Kader werden, die bestimmte Fachrichtungen belegt haben.

Als Kader werden auch die demobilisierten Soldaten vom Rang des Zugführers (*paizhang*) an aufwärts eingesetzt sowie Absolventen von Kaderprüfungen, die von den Betrieben z.T. in Zusammenarbeit mit den Personalbüros durchgeführt werden. Prüfungen, d.h. "Rekrutierung aus der Gesellschaft", werden anberaumt, wenn die Plankennziffer höher ist als die Zahl der zur Verteilung anstehenden Schulabsolventen.[140]

3. Die staatliche Arbeitsplanung und -verwaltung erstreckt sich ausschließlich auf den städtischen Teil der chinesischen Bevölkerung, und zwar, wie erwähnt, nur auf den Teil der städtischen Wohnbevölkerung mit städtischem *hukou*. Damit schafft sie zwei Kategorien von Arbeitskräften, eine, die unter das Zutei-

lungsverfahren für Arbeitskräfte fällt, und eine, die keinen Anspruch auf Zuteilung und Anstellung im Rahmen des Arbeitsplans hat.

Städtischer *hukou* und staatliche Zuteilung bilden die Grundlage des regulären Zugangs in die Betriebe und in ein dauerhaftes Beschäftigungsverhältnis. Unabhängig davon, ob sie Arbeiter im Arbeitssystem oder Kader im Personalsystem sind, erhalten derart zugewiesene Arbeitskräfte den Status von "Festarbeitern" (*gudinggong*), der ihnen lebenslange Beschäftigungssicherheit gewährt und sie an allen sozialen Leistungen ihres Betriebes voll teilhaben läßt. Die Festarbeiter werden auf Stellen eingewiesen, die im Arbeitsplan dauerhaft für den Betrieb vorgesehen sind, also quasi auf "Planstellen" in unserer üblichen Terminologie.

Darüber hinaus sieht das Plansystem aber auch, ausgehend von der Definition der Arbeitsaufgabe, andere Kategorien von Arbeitskräften vor: Zeitarbeiter (*linshigong*), Saisonarbeiter (*jijiegong*), Wechselarbeiter (*lunhuangong*), Bauernarbeiter (*mingong*) u.a.[141] Für diese Art von Beschäftigungsverhältnissen kommen (a) alle diejenigen in Frage, die in den Städten leben und "auf Arbeit warten" (einschließlich der bei Aufnahmeprüfungen zu höheren Schulen durchgefallenen) oder aus anderen Gründen erwerbslos sind und zudem keine Chance auf Zuteilung haben (Familienangehörige, die bisher unbeschäftigt waren oder einen ländlichen *hukou* haben, entlassene Sträflinge sowie Personen, die der Zuteilung nicht gefolgt sind), sowie (b) diejenigen, die ihren Wohnsitz auf dem Land haben.[142]

Aus dem gleichen Reservoir von Arbeitskräften rekrutieren sich auch diejenigen, die zwar auch als Zeitarbeiter, aber nicht *im*, sondern *außerhalb* des Plans (*jihuawai yonggong*) rekrutiert werden. Der Unterschied besteht darin, daß Zeitarbeit im Plan von der zuständigen Arbeitsverwaltung im einzelnen im Rahmen anleitender Pläne genehmigt werden muß, während die außerhalb des Plans nur pauschal Eingang in die Planung findet. Darüber hinaus kommt es auch zu befristeter Rekrutierung ohne Meldung an die Arbeitsbüros.

Um die nicht gemeldeten Arbeitskräfte von den gemeldeten abzugrenzen, scheint es sinnvoll, sie auch terminologisch zu unterscheiden, wie es in der Forschungsstelle des Arbeitsbüros der Stadt Nanjing geschieht:

> Bei den Arbeitskräften außerhalb des Plans handelt es sich um eine spezielle Bezeichnung im Rahmen der Arbeitskräfteverwaltung. Trotz dieser Bezeichnung besteht für diese Arbeitskräfte auch ein Plan, es handelt sich bei dem Namen also um einen speziellen Begriff, er ist nicht wörtlich zu verstehen. Diese Gruppe umfaßt die in einem Staatsbetrieb kollektiv beschäftigten, da

sie keinen Eingang in den Plan für staatlich Beschäftigte finden, und nach Genehmigung anderweitig angestellte Arbeitskräfte, sei es vom Lande oder aus der Stadt. Die Anstellung dieser Arbeiter ist vom Arbeitsbüro genehmigt und vom Plan erfaßt - allerdings vom "Plan für Arbeitskräfte außerhalb des Plans".

Vom Plan nicht erfaßte Arbeitskräfte (*wujihua de yonggong*) dagegen werden von den Betrieben selbst ohne Genehmigung des Arbeitsbüros rekrutiert. Sie kommen im wesentlichen vom Lande... Da auch sie "außerhalb des Plans" beschäftigt sind, hat sich in Dokumenten auch für sie diese Bezeichnung eingebürgert. (28/SAB)

Die staatliche Kategorisierung der Arbeitskräfte entlang dem Kriterium der Beschäftigungssicherheit ist von so grundlegender Bedeutung, daß Lohnunterschiede, die bisweilen auch zugunsten der Zeitarbeiter ausfallen, dahinter zurücktreten.

Aus der Sicht der staatlichen Arbeitskräfteverwaltung eröffnet diese Spaltung der Arbeitskräfte den Betrieben die Möglichkeit, trotz Plan oder sogar im Plan, bestimmte Arbeitskräfte als Puffer zu betrachten.

Für die so definierten Aufgaben sollen die Arbeitskräfte zwar zunächst durch inner- und zwischenbetriebliche Umsetzungen bereitgestellt werden; wenn sich dies aber als unmöglich erweist, können sie neu rekrutiert werden: vorrangig aus der Stadt, dann vom Land. Allerdings sind Städter, vor allem die auf Arbeit Wartenden, nicht zur Übernahme aller Arbeiten bereit, so daß häufig auf Landarbeiter zurückgegriffen wird.[143]

Die zeitweilige Beschäftigung Jugendlicher wird als Übergangsmaßnahme bis zu ihrer regulären Zuteilung gefördert und von den Arbeitsbüros befürwortet, "da es für die Jugendlichen ein Weg ist, Arbeit zu finden" (23/SAB). Für Kleine Kollektivbetriebe existieren z.T. Vorschriften, die eine Anstellung Jugendlicher nur auf befristeter Basis erlauben, um ihnen eine spätere Anstellung im Staatssektor offen zu halten.[144] Die Anwerbung ländlicher Zeitarbeiter versuchen die Büros dagegen zu kontrollieren, "aber nicht total ein(zu)schränken, um abzusichern, daß einerseits die Tätigkeiten, die die Städter nicht verrichten wollen, verrichtet werden, andererseits aber nicht zu viele ländliche Arbeitskräfte in die Städte strömen" (23/SAB).

Faßt man die vorangehenden Ausführungen unter dem Gesichtspunkt der sich durch staatliche Allokationsprozesse vollziehenden Strukturierung des Arbeitssystems zusammen, so ergibt sich insbesondere aus den beiden letztgenannten

Differenzierungen (Arbeiter vs. Kader, fest vs. unstet Beschäftigte) die Möglichkeit, die städtischen Arbeitskräfte gemäß ihrem Bezug zum staatlichen Plan in drei große Kategorien einzuteilen: Arbeitskräfte im Plan, Arbeitskräfte außerhalb des Plans und vom Plan nicht erfaßte Arbeitskräfte.

Übersicht 5:
Arbeitskräftekategorien nach Planbezug

1. Arbeitskräfte im Plan (*jihuanei zhigong*)

    1.1 Festarbeiter (*guding zhigong*)
    im Plan erfaßt, staatlich zugeteilt (Ausnahme: *dingti*), lebenslang beschäftigt, städtischer *hukou*
    1.1.1 Kader (*ganbu, zhiyuan*)
    1.1.2 Arbeiter (*gongren*)

    1.2 Zeitarbeiter (*linshigong*)
    im Plan erfaßt, nicht zugeteilt, nach Plan rekrutiert, beim Arbeitsbüro registriert, befristet beschäftigt, meist städtischer *hukou*
    Zeitarbeiter (*linshigong*), Vertragsarbeiter (*hetonggong*), Saisonarbeiter (*jijiegong*), Wechselarbeiter (*lunhuangong*) u.a.

2. Arbeitskräfte außerhalb des Plans (*jihuawai gongren*)
    vom Plan erfaßt, bei der Arbeitsverwaltung registriert, städtischer oder ländlicher *hukou*
    u.a. Familienangehörigen-Arbeiter (*jiashugong*), kollektiv Beschäftigte (*jitigong*)

3. Vom Plan nicht erfaßte Arbeitskräfte (*wujihua gongren*)
    vom Plan nicht erfaßt, nicht genehmigt bzw. registriert, meist ländlicher *hukou*
    z.B. Bauernarbeiter (*nongmingong*)

Die erste Kategorie läßt sich weiter in Festarbeiter und Zeitarbeiter unterteilen, wobei unter den Festarbeitern die Kader vor den Arbeitern rangieren. Nur die Festarbeiter sind ausnahmslos städtische Arbeitskräfte. Die zweite Kategorie der Arbeitskräfte außerhalb des Plans teilt mit den Zeitarbeitern im Plan zwar die Beschäftigungsunsicherheit, ihre Arbeitsplätze sind allerdings mit zusätzlichen negativen Attributen ausgestattet. Schließlich ist die dritte Kategorie der nicht vom Plan erfaßten Arbeitskräfte in jeder Hinsicht durch deprivilegierte Arbeitsplätze gekennzeichnet. Überall dort, wo schwere, schmutzige und gesundheitsgefährdende Arbeiten zu verrichten sind, in den Betrieben häufig im Transport- und Bauwesen, werden die ungesicherten ländlichen Arbeitskräfte herangezogen, weil Städter derartige Arbeiten nicht verrichten. Das Plansystem und die Arbeitsverwaltung ermöglichen dieses Verhalten.

Abschließend bleibt als allgemeines Kennzeichen der Arbeitskräftelenkung festzuhalten, daß sie im wesentlichen auf den Einsatz administrativer Mittel reduziert bleibt, sich also direkter, verwaltungswirtschaftlicher Formen bedient und nicht indirekter, wie z.b. ökonomischer oder propagandistischer Mittel. Die Hauptinstrumente sind die Zuweisung entsprechend direktiver Planziffern und beschäftigungsrelevante Verbote, wie sie u.a. Zuzugssperren für die Städte darstellen. Durch die damit verbundene Nichtberücksichtigung von Berufswünschen und Qualifikationen der Arbeitskräfte sowie durch die Nichtbeachtung des realen, quantitativen wie qualitativen, Bedarfs der Betriebe ist diese Form der Lenkung maßgeblich verantwortlich für das passive "Nehmer-Verhalten" von Betrieben und Arbeitskräften und die bereits im 2. Teil beschriebenen Anpassungsdefizite (Fehlallokation, Widerspruch von strukturellem Arbeitskräftemangel und -überschuß u.ä.). Verstärkt werden diese Effekte durch die ebenfalls allein administrativ gehandhabte Reallokation.

2.3 Staatliche Arbeitskräftereallokation

Staatliche Arbeitskräftelenkung umfaßt neben den Prozessen der Allokation, der in der Regel durch die Arbeitsverwaltung vollzogenen Erstzuweisung von Schul- und Hochschulabsolventen, die zwischenbetriebliche Reallokation von Arbeitskräften. Quantitative und qualitative wirtschaftliche Veränderungen verlangen - idealiter - immer wieder neue Anpassungsleistungen des Arbeitssystems, um eine neue Verknüpfung von Arbeitsplätzen und Arbeitskräften herbeizuführen. Auch auf der personellen Seite können im Laufe des Erwerbslebens individuelle Veränderungswünsche oder Erfordernisse auftreten, die mit einem Arbeitsplatzwechsel zu beantworten wären.

Staatliche Reallokation in China unterliegt indes den gleichen administrativen Zwängen und starren Mechanismen wie die Arbeitskräftezuteilung. Dabei ist allerdings prinzipiell zwischen (a) festen und (b) unsteten Arbeitsverhältnissen zu unterscheiden.

(a) Die Reallokation von Festarbeitern (*zhigong diaopei*[145]) ist zumindest bis zum Beginn der Reformen per definitionem ein rein administrativer Vorgang: "Reallokation ist eine Dienstleistung des Arbeitsbüros gegenüber Betrieben und Arbeitern."(25/PAB) Reallokation wird als ein Prozeß der Arbeitskräfte-Neuverteilung (*zai fenpei*) zwischen Branchen, Regionen und Betrieben (bzw. innerhalb von Betrieben) definiert, der im Rahmen des staatlichen Plans mit dem Ziel der Wiederherstellung rationaler wirtschaftlicher Proportionen ablaufen soll.[146] Damit wird bereits sprachlich deutlich gemacht, daß es sich bei der Realloaktion wie bei der Erstzuteilung ebenfalls um eine administrative Prozedur handelt.[147] Für eine Neuverteilung sind die gleichen Verwaltungsabteilungen zuständig wie für die Zuteilung der Arbeitskräfte: für Kader das Personalbüro, für Arbeiter das Arbeitsbüro.

Im System der staatlichen Arbeitskräftelenkung hat die zwischenbetriebliche Reallokation den Charakter einer Versetzung von Arbeitskräften, sei es auf staatliche bzw. betriebliche oder auf persönliche Veranlassung.

Für die staatlich verordnete Mobilität sollen veränderte Produktionsanforderungen ausschlaggebend sein. Wenn es dazu auch kaum gesicherte Angaben gibt, so geht doch aus den von uns geführten Interviews und aus zahlreichen chinesischen Publikationen, die die Erstarrung des Arbeitssystems beklagen, hervor, daß Strukturveränderungen auf der Produktionsseite nur selten zur Umsetzung der Arbeitskräfte führen. Einzig im Bereich leitender Kader scheinen Versetzungen zwischen Betrieben, Branchen und Regionen häufiger zu sein, die jedoch - so steht zu vermuten - eher politische Hintergründe in der Kaderpolitik der Partei haben. Auch für den Ausgleich struktureller Ungleichgewichte bleibt die bereits die Erstzuweisung bestimmende Beschäftigungsorientierung maßgeblich: Arbeitskräftebedarf wird im wesentlichen durch Neuzuteilung befriedigt. Eine Ausnahme bilden bestenfalls neu errichtete Betriebe, deren Personal z.T. in Gruppen oder gar für ganze Produktionsabläufe aus anderen Betrieben umgesetzt wird.[148] Die geringe Bedeutung produktionsbedingter Nachfrageverschiebungen macht auch eine staatliche Anordnung deutlich, derzufolge die Behörden angehalten sind, sich bei der Bearbeitung von Versetzungsanträgen nicht nur nach den wirtschaftlichen Erfordernissen zu richten, sondern vor allem auch persönliche Daten zu berücksichtigen (Dienstalter, Lebensalter, Dauer der Trennung, Schwere der familiären Probleme).[149]

Persönliche Gründe scheinen für Versetzungen die wichtigste Rolle zu spielen. Dabei darf jedoch nicht an das gesamte Spektrum möglicher beruflicher Veränderungswünsche einer Person gedacht werden, sondern es muß zwischen "berechtigten Gründen" (*zhengdang liyou*) und sonstigen Wünschen unterschieden werden. Der Wunsch, sich persönlich berufsmäßig zu verändern oder zu verbessern, d.h. im engeren Sinne eine Karrieremobilität, gilt nicht als legitimer Grund für einen Betriebswechsel.

Als "berechtigte Gründe"[150] gelten laut staatlichen Bestimmungen nur familiäre Probleme (Trennung vom Ehegatten, Pflege von entfernt lebenden Angehörigen), mithin Folgen staatlicher Arbeitszuteilung. Die einzelnen *danwei* erkennen darüber hinaus in unterschiedlichem Maße auch Verkehrsprobleme (weite Arbeitswege von z.B. mehr als 2 Stunden täglich) oder die "absolute" Nichteignung für eine Tätigkeit an.

Das Verfahren einer Versetzung umfaßt mehrere Stufen. Nach Stellung eines schriftlichen und begründeten Antrags wird dieser durch die Einheit bzw. durch die zuständigen Behörden geprüft. Für Versetzungen besteht eine klare Präferenzliste: Ein überregionaler Wechsel wird nur gestattet, wenn zunächst im Betrieb, dann innerhalb der Branche (dem "System") und schließlich innerhalb der Region alle Möglichkeiten ausgeschöpft sind. Versetzungen im Betrieb sind von diesem selbst, solche im System mit Hilfe der zuständigen Fachabteilung abzuwickeln. Für die Regelung intraregionaler Mobilität ist die entsprechende Regierung verantwortlich, sie soll "geplant und organisiert" und über die kürzestmögliche Distanz erfolgen. Für interregionale Versetzungen, die nur innerhalb des Plans möglich sind, gilt seit 1965: Bei bis zu 50 ist die Genehmigung des Fachministeriums ausreichend, bei über 50 Personen muß das Arbeits- bzw. Personalministerium[151] zustimmen.[152] Wird zusätzlich die Branche gewechselt, müssen die beiden betroffenen Ministerien über den Wechsel miteinander verhandeln. In jedem Fall, sei es daß die Versetzung über das Branchensystem oder sei es, daß sie über die Arbeitsverwaltung vermittelt wird, müssen die abgebende und die aufnehmende Einheit in einer stark formalisierten Prozedur miteinander verhandeln.[153] Nur eine derartige geregelte Versetzung garantiert der Arbeitskraft die Beibehaltung ihres bisherigen "Besitzstandes". Vor allem wird ihr Dienstalter, das für die Berechnung von Sozialleistungen von wesentlicher Bedeutung ist, fortlaufend weitergezählt.[154] Entlohnt wird die Arbeitskraft nach dem Standard der neuen Einheit, und auch die *hukou*-Registrierung und die Zuteilung von Öl und Getreide werden regionalspezifisch geregelt.[155]

Die zwischenbetriebliche Mobilität von Arbeitskräften wird durch das bürokratische System der Erst- und Neuzuteilung stark beschränkt. Darüber hinaus gibt es ergänzende und zusätzliche Mobilitätshemmnisse, wie (1) administrative Zuzugsbeschränkungen und (2) die Organisation des Bildungssystems. Weitere

Mobilitätsbarrieren entstehen aus der Kategorisierung (3) der Betriebe sowie (4) der Arbeitskräfte.[156]

(1) Das rigide gehandhabte *hukou*-System trennt die Stadt- und Landbevölkerung und erlaubt die Kontrolle von Bevölkerungsbewegungen. Mit seiner Hilfe wird nicht nur die Land-Stadt-Migration unterbunden, sondern auch der Wechsel von Klein- in Großstädte. Ein illegaler Wechsel wird sanktioniert: Der subventionierte Bezug von Getreide und Öl ist nicht mehr möglich, und es gibt Probleme mit den Sicherheitsorganen.[157]

Versetzungen sollen prinzipiell von Großstädten in Mittel- und Kleinstädte und vom Inland in Grenzgebiete erfolgen. Eine Umsetzung auf der gleichen Verwaltungsebene findet ebenfalls staatliche Unterstützung. Ein Wechsel vom Lande in die Stadt ist streng verboten, es sei denn, die betreffende Person besitzt einen städtischen *hukou*.[158] Einer strikten Kontrolle unterliegt der Zuzug in die drei Großstädte Beijing, Tianjin und Shanghai.[159] Bei getrennt lebenden Ehepartnern soll - gleich, ob einer oder beide berufstätig sind - stets aus der Großstadt weg versetzt werden, ggf. beide Partner an einen dritten Ort. Nur im Fall äußerster Unabkömmlichkeit der Beijinger Arbeitskraft ist ein Zuzug genehmigungsfähig, und auch dann nur bei gleichzeitigem Wegzug einer entsprechenden Personenzahl.

(2) Mobilität wird auch durch das Ausbildungssystem erschwert. Die Ausbildung erfolgt "zielgerichtet" (*duikou*) meist im anstellenden Betrieb oder in mit ihm kooperierenden Schulen, d.h. eingeengt auf bestimmte Tätigkeiten oder sogar Arbeitsplätze (Maschinen). Der Ausgebildete ist damit in anderen Betrieben, auch derselben Branche, nicht unbedingt einsetzbar (*zhuanye bu duikou*). Die Ausübung eines bestimmten Berufs bedeutet außerdem zugleich Zugehörigkeit zu einem bestimmten Branchensystem, dessen Verwaltungsbehörden einem intersektoralen Wechsel zustimmen müssen.

(3) Zahlreiche Kontrollvorschriften beziehen sich auf die verschiedenen Kategorien von Betrieben. Sie verbieten prinzipiell den Wechsel von Betrieben "niedriger" in solche "höherer" Ordnung, also von kleinen in große Kollektivbetriebe[160] und von Kollektiv-in Staatsbetriebe. Sollte er im Einzelfall doch notwendig sein, so ist bei Einhaltung der Plankennziffern die Genehmigung eines Arbeitsbüros ab der Stadtebene aufwärts erforderlich. Zwischen Staatsbetrieben soll möglichst auf gleicher Rangstufe gewechselt werden.[161] Die Beschränkung des Wechsels von Kollektiv- in Staatsbetriebe bekräftigt den Status der Kollektivbetriebe als "gesellschaftliches Eigentum zweiter Klasse".[162]

(4) Eine grundsätzliche Unterscheidung wird hinsichtlich der Qualifikation von Arbeitskräften getroffen: Gewöhnlichen Arbeitern (sowie Zeitarbeitern) ist es im Gegensatz zu qualifizierten Arbeitern und Kadern prinzipiell nicht gestattet, über die Grenzen einer Provinz hinaus die Arbeitsstelle zu wechseln.

Die in großen Teilen des Beschäftigungssystems immobile Gesellschaft, die notwendige zwischenbetriebliche Reallokationen im wesentlichen dadurch löst, daß neue Arbeitskräfte für neue Aufgaben in die Betriebe geschickt werden, hat der Mobilität selbst ein negatives Odium verliehen. Das verbreitete Bild vom "mobilen Arbeiter" als "schlechtem Arbeiter" wirkt zusätzlich mobilitätshemmend.

In der Gesellschaft gibt es Vorurteile gegen die Mobilität, wonach den Arbeitsplatz wechselnde Arbeiter bestimmt Probleme haben. Dafür gibt es zwei Gründe. Vor allem existiert noch die traditionelle Vorstellung, man würde in einem Betrieb sein Leben lang arbeiten. Aber auch harte Arbeit scheuende Arbeiter haben die falsche Vorstellung, Mobilität diene dazu, Einheiten und Arbeitsplätze zu finden, in denen die Bezahlung besser, die Arbeit leichter und die Verantwortung geringer ist. (25/PAB)

Die Weigerung der Betriebe, mobile Arbeiter aufzunehmen, korrespondiert mit ihrem Bestreben, Arbeitskräfte nicht gehen zu lassen und sie wie ihr "Eigentum" zu behandeln, sei es um knappe Qualifikationen zu sichern oder Arbeitsplätze besetzt zu halten, für die nur schwer neue Kräfte zu gewinnen sind, sei es um ihren Status als große Betriebe zu sichern.

Betriebswechsel sind für die Festarbeiter in Staats- und Kollektivbetrieben objektiv nur mit großem bürokratischen Aufwand zu vollziehen. Zugleich fehlen - mit Ausnahme triftiger familiärer Gründe - die Bedingungen, die zu mobilem Verhalten anregen könnten: Weder gibt es entsprechende Informationen noch die Möglichkeit zur Maximierung ökonomischer Vorteile seitens der Akteure.[163] Nimmt man die für die Genehmigung einer Versetzung genannten Gründe, so läßt sich im Umkehrschluß feststellen, daß Karrieremobilität kaum stattfindet. Ein höheres Einkommen oder ein besserer Arbeitsplatz können für eine Versetzung nicht geltend gemacht werden. Professor Chen Naixing von der Chinesischen Akademie der Sozialwissenschaften kommt daher zu dem Schluß:

> Im Grunde gibt es gar keine Mobilität. ... man bekommt vom Staat seinen Arbeitsplatz zugewiesen und benötigt, wenn man ihn wechseln will, eine staatliche Genehmigung. Mobilität ist keine persönliche Sache. (1/Chen)

(b) Die administrativen Barrieren sind nicht lückenlos. Unstet Beschäftigte sind - ihrer befristeten Anstellung entsprechend - i.d.R. notgedrungen mobil; ihre Bindung an einen Betrieb ist gering, es sei denn, es handelt sich um Dauer-Zeitarbeiter. Dies bedeutet jedoch nicht, daß sich unstet Beschäftigte frei von administrativen Beschränkungen bewegen können. Abgesehen von der staatlich vorgegebenen Definition der für sie geeigneten Arbeitsplätze und dem damit verknüpften Verbot eines Wechsels in feste Positionen, sind dies vor allem staatliche Zuzugsbeschränkungen und das Institut des *hukou*, mit dem die Land-Stadt-Migration und der Wechsel von kleinen in große Städte unterbunden werden soll. Darüber hinaus sind vom Lande kommende Zeitarbeiter z.T. offiziell über ihre Produktionsbrigaden als Leiharbeiter vermittelt und kehren nach Ablauf ihrer Tätigkeit in der Stadt in diese zurück. Detailliertere Angaben sind kaum zu machen, da die Anstellung von Zeitarbeitern weitgehend lokalen Verordnungen unterliegt, deren Variationen hier nicht zu erfassen sind.

Regionale Arbeitsmobilität zwischen Stadt und Land z.B. fand und findet also auf zahlreichen Wegen statt: Ab 1957 bis Ende der 70er Jahre wurden "gebildete Jugendliche" (*zhishi qingnian*) und auch Kader in z.t. großen Gruppen aufs Land geschickt, umgekehrt wurden Landarbeiter legal und illegal von städtischen Betrieben rekrutiert - allein in den Jahren 1966-76 sollen es 14 Mio. gewesen sein. Außerdem fanden unter dem Einfluß verschiedenster ökonomischer, politischer, psychologisch-traditioneller, qualifikatorischer, infrastruktureller, familiärer u.a. Faktoren - stets Prozesse spontaner Mobilität von der Grenze ins Inland, vom Land in die Stadt, von der Landwirtschaft in nichtlandwirtschaftliche Sektoren und von Kollektiv- in Staatsbetriebe statt, die zu einem - wenn auch langsamen - sozialen Wandel führten. Die Verschiebungen zwischen Stadt- und Landbevölkerung können ein Indikator für diesen Wandel sein.[164]

Zusammenfassend lassen sich, wie die Übersicht 6 zeigt, für die verschiedene Kategorien von Beschäftigten und für unterschiedliche Betriebstypen graduelle Unterschiede in bezug auf die zwischenbetriebliche Mobilität feststellen.

Staatliche Strukturierung des Arbeitssystems 111

Übersicht 6:
Arbeitskräftekategorien und Grad der zwischenbetrieblichen Mobilität

Kategorie	Mobilitätsgrad
Festarbeiter	
- im Staatsbetrieb	kaum mobil; aufgrund unterschiedlicher Versorgung je nach Größe und Unterstellungsverhältnis des Betriebs, Tendenz zum Wechsel von kleineren in größere Betriebe.
- im Kollektivbetrieb	wenig mobil; aufgrund der Unterschiede in Versorgung und Arbeitsplatzsicherheit zunehmende Mobilität mit abnehmender Größe des Betriebs, genereller Trend: von Kleinen zum Großen Kollektivbetrieb zum Staatsbetrieb.
Zeitarbeiter	
- aus der Stadt	mobil (Ausnahme: Dauer-Zeitarbeiter); keine betriebliche Bindung, keine wirtschaftliche Alternative.
- vom Land	mobil; keine betriebliche Bindung, Wirtschaftsbasis i.d.R. auf dem Land.

Die Spannbreite reicht von der großen Zahl quasi immobiler Festarbeiter bis hin zu den äußerst mobilen ländlichen Zeitarbeitern. Unter dem Blickwinkel der staatlichen Reallokation ergeben sich nur geringe Anpassungsleistungen des Arbeitssystems auf Anforderungen eines industriellen Wandels. Die dennoch erforderlichen Neubesetzungen von Arbeitsplätzen erfolgen nicht durch Requalifizierung und Betriebswechsel von Arbeitskräften, sondern folgen dem Muster der Neuqualifizierung und Erstzuweisung von Berufsanfängern. Die Tendenz zur Bürokratisierung und das Bemühen um Bevölkerungsstabilisierung sind dafür ebenso ausschlaggebend wie das Bemühen, Vollbeschäftigung zu erreichen. Die Reduzierung der Arbeitskräftelenkung auf administrative Mittel weist der Bürokratie erhebliche Macht zu, die sich z.B. in Zwangszuteilungen offenbart. Auf der anderen Seite ermöglicht das Fehlen staatlicher finanzieller Zwänge, Kornai spricht von "weichen Haushaltszwängen", eine exzessive Nachfrage seitens der Betriebe, die ihrerseits trotz Personalüberhangs Neuzuteilungen favorisieren. Das Ergebnis der staatlichen Strukturierung ist ein in seinen überwiegenden Teilen erstarrtes Arbeitssystem.

3 Betriebliche Strukturierung des Arbeitssystems

3.1 Betriebe als Arbeits- und Produktionsorganisationen

Das chinesische Arbeitssystem wird nicht allein durch die bereits beschriebene staatliche Arbeitskräftelenkung, sondern auch durch betriebliches Handeln bestimmt. Anpassung und Verteilung erfolgen in einem zweistufigen Prozeß. Auf den ersten Schritt der staatlichen Planung und Lenkung der Arbeitskräfte folgt als zweiter deren konkrete Allokation und Reallokation auf der betrieblichen Ebene. Die betrieblichen Anpassungsleistungen umfassen sowohl die verschiedenen Formen der Qualifizierung von zugewiesenen Arbeitskräften, die betriebsinternen Arbeitsplatzzuweisungen und die Eingliederung der Arbeitskräfte in das Kategoriensystem betrieblicher Beschäftigung als auch die Schaffung neuer Beschäftigungsmöglichkeiten für überzähliges Personal. Ferner gehören alle innerbetrieblichen Umsetzungsprozesse von Arbeitskräften dazu. Auch die Verteilung erfolgt als zweistufiger Prozeß (*liangci fenpei*), vom Staat an die Betriebe, von den Betrieben an die Arbeitskräfte. Verteilung bedeutet dabei allerdings weit mehr als die Zuteilung von Löhnen, Prämien und sonstigen Zuschlägen. In der danwei-Konzeption der chinesischen Betriebe manifestiert sich die Vorstellung von einer umfassenden Daseinsvorsorge der Bevölkerung. Die Betriebe haben sich seit den 50er Jahren zu "Einheiten" (*danwei*) bzw. zu "kleinen Gesellschaften" (*xiao shehui*) entwickelt. Ihnen obliegen, neben ihrer wirtschaftlichen Aufgabe zahlreiche gesamtgesellschaftliche, namentlich administrative, politische, gerichtliche und soziale Funktionen, für deren Erfüllung keine oder nur beschränkte überbetriebliche Institutionen existieren (z.B. bis zum Beginn der 80er Jahre keine überbetriebliche Rentenversicherung) oder für die auf unterster Ebene kein anderer Regelungsbedarf als notwendig erachtet wird (z.B. Schlichtungsverfahren).

Hier soll der Betrieb zunächst als Arbeits- und Produktionsorganisation und im nächsten Abschnitt als Versorgungseinheit betrachtet werden. Diese Trennung dient lediglich analytischen Zwecken und darf nicht darüber hinwegtäuschen, daß beide Seiten aufs engste miteinander verbunden sind. Zahlreiche Probleme sind nur unter Bezug auf die jeweils übrigen Funktionen des Betriebs erklärbar.

Der Betrieb als Arbeits- und Produktionsorganisation wird durch seine besondere Stellung in Wirtschaft und Gesellschaft und durch die im wesentlichen staatlich vorgegebene Betriebsstruktur geprägt. Hierauf soll zunächst näher eingegangen werden.

3.1.1 Zur Stellung der Betriebe im Arbeitssystem

Die Stellung der Betriebe im Arbeitssystem wird durch ihre ambivalenten Beziehungen zur zentralen Wirtschaftsplanung bestimmt. Während einerseits die betriebliche Autonomie durch dirigistische Eingriffe der Zentrale auf ein Minimum reduziert wird, eröffnen sich andererseits durch verschiedene gesellschaftliche und wirtschaftliche Umstände Freiräume, die für betriebsegoistische Ziele genutzt werden können und die Zellularisierung der Wirtschaft fördern.

Betriebe[165] bilden die unterste Stufe der Wirtschaftsverwaltung und sind - unter dem Blickwinkel des Arbeitssystems - zunächst einmal wirtschaftlich abhängige Arbeitskräftenehmer. Als solche erhalten sie Zuweisungen an Personal und Ressourcen und werden durch staatliche Vorschriften für ihre Organisationsstruktur und die innerbetriebliche Arbeitsteilung von außen direkt beeinflußt. Auf der anderen Seite folgen sie aber auch einem an ihren eigenen Interessen orientierten "Ressortdenken" (*benweizhuyi*). Bei der Wahrnehmung ihrer Interessen grenzen sich die Betriebe gegeneinander ab und verhindern ihrerseits einen zwischenbetrieblichen Arbeitskräfteaustausch.

Eine gewisse Verselbständigungstendenz der Betriebe innerhalb der Zentralverwaltungswirtschaft wird bereits durch das Nebeneinander von regionalen und funktionalen Unterstellungsverhältnissen und die verschiedenen Abstufungen innerhalb der Planhierarchie mit jeweils eigenen Plankompetenzen begünstigt ("klein, aber vollständig"). Konkurrenzlinien bestehen weniger zwischen den Betrieben auf der einen und der Verwaltung auf der anderen Seite; die Betriebe stehen vielmehr untereinander in Konkurrenz um privilegierte Beziehungen zu "ihrer" Administration.

Chinesische Betriebe sind darüber hinaus als Arbeits- und Produktionsstätten Teil einer insgesamt gering entwickelten (planverwalteten) gesellschaftlichen Arbeitsteilung. Allein aus pragmatischen Gründen werden sie dazu veranlaßt, ihre betrieblichen Aktivitäten weit stärker auf Vollständigkeit als auf Spezialisierung auszurichten und sich im Kampf um knappe Ressourcen gegeneinander abzuschirmen. Diese Tendenzen zur betrieblichen Abkapselung wurden zusätzlich durch die wiederholt verordneten und praktizierten entwicklungspolitischen

Autarkiebestrebungen der politischen Führung verstärkt ("Vertrauen auf die eigene Kraft").

Über den institutionell-organisatorischen Rahmen der staatlichen Arbeitsplanung hinaus beeinflussen weitere gesellschaftliche und wirtschaftliche Bedingungen die Zellularisierung der Wirtschaft:

(1) Die Infrastruktur, die Kommunikationsmöglichkeiten, die Energieversorgung, die überregionale Güterverteilung und die Transportkapazitäten (Straße, Schiene, Flüsse, Luft) sind in China auf einem derart niedrigen Niveau, daß ein kontinuierlicher und zuverlässiger interregionaler Waren- bzw. Produktaustausch nur schwer realisierbar ist. Pragmatische Gründe sprechen dafür - und lassen es sogar als ökonomisch sinnvoll erscheinen -, eine große Fertigungstiefe der Produktion herbeizuführen oder zu erhalten und sogar notwendige Ersatzteile des Produktionsmittelapparates in den Betrieben selbst herzustellen, um gegebenenfalls den Fortgang der Produktion sicherzustellen. Diese infrastrukturellen Rahmenbedingungen fördern die Tendenzen zur "Vollständigkeit" der Betriebe.

(2) Die chinesische Wirtschaft ist eher eine Produkt-denn eine Warenwirtschaft. Die zwischen den Betrieben vorhandenen Beziehungen sind keine Marktbeziehungen, sondern (in ihrem überwiegenden Teil) planwirtschaftlich hergestellte und vermittelte Produktaustauschbeziehungen. Die Preise sind festgelegt und von den Herstellungskosten unabhängig. Die Betriebe unterliegen daher weder einer zwischenbetrieblichen noch einer weltmarktorientierten Konkurrenz. Hieraus ergeben sich für das angesprochene Problem zwei Konsequenzen: das Fehlen von Anpassungsdruck an Marktveränderungen und/oder von Flexibilität in bezug auf Kundenwünsche sowie eine Kostenunsensibilität in der Produktion. Der Druck auf die Betriebe, Veränderungen durch Produktionsumstellungen, Produktinnovationen und/oder technische und arbeitsorganisatorische Rationalisierungsmaßnahmen vorzunehmen, ist gering. Damit bleibt der Arbeitsplatzzuschnitt in den Betrieben über einen langen Zeitraum stabil und Anpassungsvorgänge vollziehen sich äußerst langsam. Weiterhin unterliegen Betriebe den schon erwähnten "weichen" Haushaltszwängen und entwickeln dadurch ein spezifisches Kosten-Nutzen-Verhältnis, das durch die Kompensation knapper und teurer Maschinen durch die reichlich vorhandene "billige" Arbeitskraft gekennzeichnet ist.

(3) Das durchschnittliche Qualifikationsniveau der Arbeitskräfte ist niedrig. Analphabetismus ist zwar bei der jüngeren städtischen Bevölkerung zurückgegangen, doch übersteigt der Bildungsabschluß der Mehrzahl der Industrie-

arbeiter kaum das Grundschulniveau.[166] Arbeitskräfte der mittleren Qualifikationsstufe sind besonders knapp. Eine standardisierte, nach überbetrieblichen Regeln und Kontrollen verfahrende Lehrlings- oder Facharbeiterausbildung[167] existiert nicht. Für die große Masse der Arbeitskräfte, vor allen Dingen für die manuell arbeitende Bevölkerung, ist der Beruf identisch mit der konkret ausgeübten Tätigkeit in einem bestimmten Betrieb.[168] Tätigkeitsunabhängige, primär ausbildungsbezogene Berufsdefinitionen sind nur in Ansätzen vorhanden.[169] Berufliche Ausbildung erfolgt überwiegend in bzw. über den Betrieb und richtet sich ausschließlich nach dessen konkreten Erfordernissen; das Qualifikationsprofil der industriellen Arbeitskräfte (Arbeiter) ist daher eng betriebs-, arbeitsplatz- oder sogar maschinenbezogen. Qualifikationen sind zwischenbetrieblich kaum übertragbar. Während somit Anpassung von der Qualifikationsstruktur her per se auf den einzelnen Betrieb beschränkt wird, betrachten die Betriebe darüber hinaus qualifizierte Arbeitskräfte häufig als ihr Eigentum und horten sie gegebenenfalls.

Hervorstechendstes Kennzeichen der Stellung der Betriebe ist ihre staatliche Bevormundung und wirtschaftliche Abhängigkeit bei gleichzeitig vorhandener Tendenz zur Zellulalisierung und betrieblichen Abschottung. Es ist in der VR China nicht gelungen, die Grundidee einer Zentralverwaltungswirtschaft zu verwirklichen und die Wirtschaftssubjekte durch staatliche Wirtschaftsplanung und -verwaltung arbeitsteilig zu verketten und zu steuern. Nicht allein die im Planungssystem angelegten Spielräume, sondern auch die soeben genannten Rahmenbedingungen des Wirtschaftsgeschehens begünstigen die Entstehung eines Ressortdenkens, durch das die Betriebe sich gegeneinander abgrenzen und sich gerade nicht als Teil einer arbeitsteilig organisierten Wirtschaft verstehen. Die zwischenbetriebliche Konkurrenz und das Streben nach Vollständigkeit richten sich dabei weniger auf eine bessere Position der Betriebe als Anbieter von Gütern als auf eine günstigere Position als Nachfrager von Ressourcen und knappen, häufig nicht käuflichen Gütern und Dienstleistungen, sei es für die Produktion oder für die Beschäftigten. Jenseits der offiziellen Planwirtschaft haben die Betriebe Unwägbarkeiten zu antizipieren und auszugleichen. Auf diese Weise entsteht ein Austauschsystem, in dem am besten bestehen kann, wer gute Beziehungen zur Administration oder - was den Einsatz des Faktors Arbeit betrifft - für mögliche Engpässe personell vorgesorgt hat.

3.1.2 Zur betrieblichen Organisationsstruktur

Die typische Organisationsstruktur chinesischer Betriebe ist vor allem in Staatsbetrieben und in Großen Kollektivbetrieben gegeben. Sie ist Ausdruck der vielfältigen betrieblichen Aufgaben, insbesondere der Produktions- und Versorgungsaufgaben, und resultiert aus der ambivalenten Stellung der Betriebe als einerseits reglementierte untere Verwaltungseinheit und andererseits autonom handelndes Wirtschaftssubjekt. Die Staatsbetriebe und die Großen Kollektivbetriebe sind in der Gestaltung ihrer betrieblichen Organisationsstruktur durch vielfältige staatliche Vorschriften und Prinzipien gebunden. Die Propagierung und Oktroyierung kompletter betrieblicher Organisationsmodelle, politische Setzungen zur gesellschaftlichen Arbeitsteilung, die Parallelität bzw. Kombination von betrieblichem Management und Parteiorganisation sowie die seitens der Administration forcierte Kongruenz betrieblicher und staatlicher Verwaltungsstrukturen zwingen die Betriebe in ein organisatorisches Raster.

Die typische Organisationsstruktur chinesischer Betriebe - soweit sie für die betriebliche Ebene des Arbeitssystems von Bedeutung ist - läßt sich anhand von vier Aspekten beschreiben: Diese sind (1) die hierarchische Dimension der Leitung und Betriebsverwaltung, (2) die Differenzierung nach dem Kriterium der Nähe bzw. Ferne zur Produktion, (3) die Trennung von geistiger und körperlicher Arbeit, die im Personal- und Arbeitssystem deutlich wird, sowie (4) die Arbeitsbeziehungen, insbesondere der Charakter von Beziehungsstrukturen in den Betrieben. Vermittelt über die betriebliche Organisationsstruktur, dehnt sich der staatliche Einfluß auf die Ebene der betrieblichen Strukturierung des Arbeitssystems aus. Auf die konkrete Bedeutung der organisatorischen Aspekte für die Allokations- und Reallokationsprozesse wird später zurückzukommen sein.

(1) Größere chinesische Betriebe sind in ihren Leitungsstrukturen i.d.R. am Stab-Linien-System ausgerichtet[170] und unterscheiden drei Ebenen der Betriebsverwaltung: die Ebene der Betriebsleitung (hier sind die wichtigsten Verwaltungsbefugnisse im Betrieb konzentriert), die mittlere Ebene der Verwaltungs- und Produktionsabteilungen (hier werden die von der Betriebsleitung verfügten Aufgaben ausgeführt) und schließlich die Ebene der Basisverwaltung (auf dieser Ebene sind die eigentlichen Produktionsaufgaben zu erfüllen). Zwischen den drei Verwaltungsebenen besteht eine hierarchische Befehlsstruktur (Linienorganisation). Die skizzierte hierarchische Organisation wird durch eine funktionale Gliederung ergänzt, bei der den beiden oberen Verwaltungsebenen jeweils funktionale Abteilungen zugeordnet sind, die im wesentlichen der Ebenenleitung zuarbeiten (Stabsorganisation). Eine Koordination von Aufgaben erfolgt stets über die Leitung, die Kommunikationswege innerhalb dieser Organisation, horizontale Kooperationen und solche zwischen den Fachabteilungen der beiden Verwaltungsebenen sind überwiegend über die Hierarchie vermittelt. Das Schaubild 9 zeigt die drei genannten Verwaltungsebenen und die diesen Ebenen jeweils hierarchisch und funktional zugeordneten Personen und Abteilungen. Die oberste Verwaltungebene umfaßt den Betriebsdirektor und seine Stellvertreter,

ferner (oft aber auch in Personalunion) den Chefingenieur, den Chefbuchhalter usw. Auf der mittleren Verwaltungsebene, d.h. der Ebene der Büros, besteht eine relativ große Spezialisierung in Einzelaufgaben. Betriebe mit 10 bis zu 30 Büros bilden keine Ausnahme.[171] Auf dieser Ebene sind u.a. das Arbeits- und Personalbüro angesiedelt. Die unterste Ebene der Produktion wird durch Produktionsgruppen mit ihren jeweiligen Leitern und stellvertretenden Leitern gebildet.

Das Schaubild zeigt weiterhin, welche Kategorien von Arbeitskräften auf welcher Hierarchiestufe anzutreffen sind und auf welchen Ebenen die Partei verankert ist.

(2) Eine weitere für die Charakterisierung des chinesischen Betriebs wichtige Dimension ist die Nähe oder Ferne zur eigentlichen Produktion: das Konzept der drei Produktionslinien (*shengchanxian*). Der Grundgedanke dieses Konzeptes ist die Vorstellung, daß allein die direkte Produktion das Herzstück des Betriebs sei, andere Funktionen dagegen unproduktiv und nachgeordnet seien.[172] Funktionen wie z.B. Beschaffung, Absatz, Entwicklung oder Werbung haben hierin kaum Bedeutung. Die Beschäftigung in den sogenannten nichtproduktiven Bereichen ist diesen Vorstellungen entsprechend gering zu halten. Die Produktion im engeren Sinne wird als erste Linie bezeichnet; die zweite Linie umfaßt alle unmittelbar für die Produktion wichtigen Dienstleistungen, und die dritte Linie bildet die betriebliche Verwaltung. Die Arbeitsbedingungen innerhalb der drei Linien sind deutlich unterschieden: Die wichtigste Trennlinie verläuft zwischen der körperlichen Arbeit in der ersten und zweiten Linie und der nichtkörperlichen Arbeit in der dritten Linie. Die erste Linie bedeutet darüber hinaus Akkord- und Maschinenarbeit.

Für die Verteilung der Arbeitskräfte auf die einzelnen Produktionslinien bestehen staatliche Vorgaben: Danach sollen in der dritten Linie nicht mehr als 18% der Arbeitskräfte beschäftigt sein, das Verhältnis zwischen erster und zweiter Linie soll 1:1 betragen.[173]

(3) Eine für die betriebliche Organisationsstruktur entscheidende Dimension ist die Kategorisierung der Beschäftigten nach Arbeitern und Kadern. Die Arbeitskräfte der ersten und zweiten Linie sind Arbeiter, die der dritten Linie sind im allgemeinen Kader. Innerhalb der Gruppe der Arbeiter gibt es weitere Unterscheidungen nach Qualifikationsstufen (Hilfsarbeiter, angelernte Arbeiter und Facharbeiter), und innerhalb der Gruppe der Kader werden zusätzliche Unterscheidungen nach verschiedenen Hierarchiestufen (Leitungskader, mittlere Kader und allgemeine Kader), verschiedenen Ernennungssystemen (Staatskader oder Betriebskader) bzw. verschiedenen Funktionen (Verwaltungskader oder politische Kader) gemacht.

Schaubild 9:
Organisationsstruktur des chinesischen Betriebs

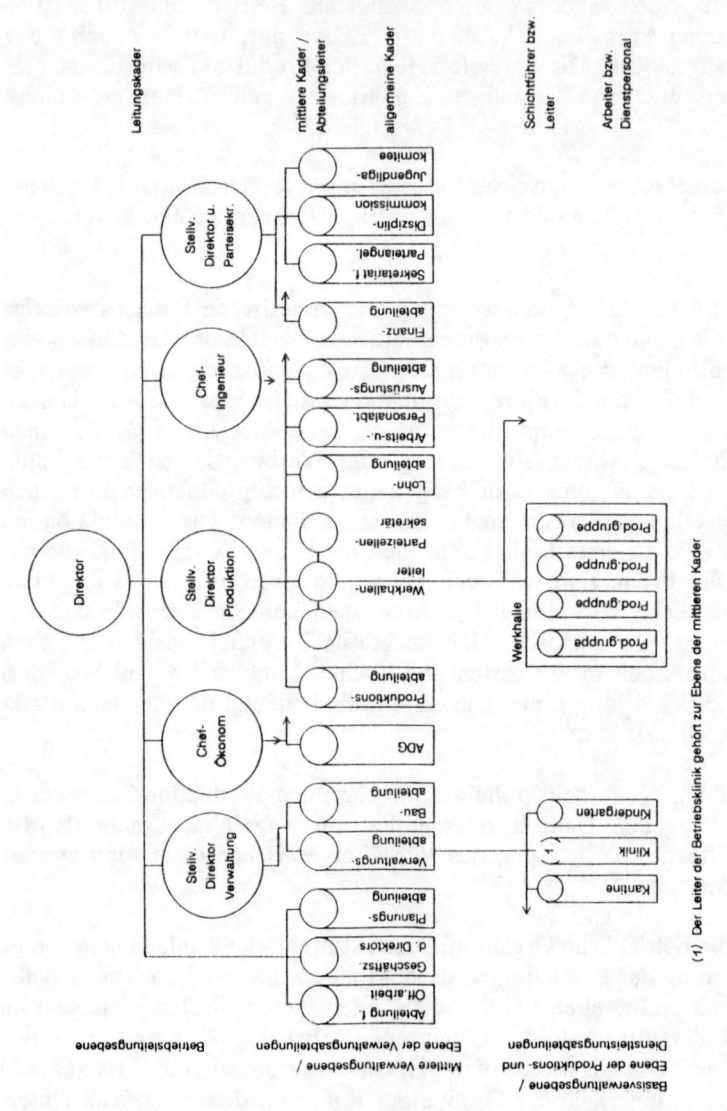

Quellen: 13/MS, 16/MS und ZQGBQ 1984a: 153-187; eigene Darstellung.

Beide Beschäftigtenkategorien werden von jeweils unterschiedlichen Abteilungen bzw. Unterabteilungen verwaltet (Arbeits- und Lohn-Abteilung, Personalabteilung).[174] Für beide gibt es je unterschiedliche Anstellungs- und Versetzungsmodi. Arbeiter und Kader werden außerdem nach verschiedenen Lohnsystemen und Lohnskalen entlohnt.

Die Lohngestaltung geht in ihrem Kern auf Verordnungen aus dem Jahre 1956 zurück, modifiziert durch spätere Erlasse und teilweise egalisierende, teilweise differenzierende Maßnahmen während der verschiedenen entwicklungspolitischen Kurswechsel. Kadereinkommen können Arbeitereinkommen beträchtlich übersteigen, doch ist die Mehrzahl der Beschäftigten beider Kategorien im unteren Bereich der Hierarchie angesiedelt.[175] Die direkten Lohneinkommen differenzieren die Beschäftigten demnach nicht entscheidend, zumal Prämienzahlungen einen gegenläufigen Effekt bewirken können, der zugunsten der Arbeiter ausschlägt. Das höhere Prestige der Kader liegt vielmehr in ihrer nichtmanuellen Arbeit und in der Möglichkeit begründet, durch weiteren Aufstieg einen einfluß- und verbindungsreichen Posten einnehmen zu können, der den Zugang zu begehrten Gütern eröffnet. Mittlere Kader, vor allem aber Leitungskader, haben eine deutlich herausgehobene Position.[176]

(4) Die Organisationsstruktur des Betriebs ist schließlich durch ein spezifisches Verhältnis von Betriebsleitung und Belegschaft bestimmt. Zum einen handelt es sich bei den chinesischen Arbeitsbeziehungen nicht um ein bilaterales Verhältnis, sondern um trilaterale Beziehungen, weil die staatliche Wirtschafts- und Arbeitsverwaltung in diese Beziehungen einzuschließen ist. Zum anderen ist auch das Verhältnis von Betriebsleitung und Belegschaft keine auf gegenseitigen Rechten und Pflichten beruhende Vertragsbeziehung. Die Betriebsleitung ist auf der einen Seite unterstes administratives Organ und hat die staatlichen Bestimmungen sowie die vorgegebenen Ziele gegenüber der Belegschaft durchzusetzen. Auf der anderen Seite sind die Mitglieder dieses Leitungsorgans Betriebsmitglieder und teilweise sogar Interessenvertreter der Organisationsangehörigen. Nach chinesischem Verständnis besteht kein grundsätzlicher Interessengegensatz (*maodun*) zwischen Betriebsleitung und Belegschaft, allenfalls ein Dissens in bezug auf länger- oder kürzerfristige Ziele. Diese prinzipielle Gemeinsamkeit zwischen Betriebsleitung und sonstigen Betriebsangehörigen gegenüber der staatlichen Verwaltung fördert die Entstehung eines komplizierten Interessennetzes.[177]

Für die Arbeitsbeziehungen in chinesischen Betrieben ist jedoch nicht allein das tatsächliche oder vermeintliche Fehlen eines Interessengegensatzes von Bedeutung, sondern die starke Personalisierung der betrieblichen Beziehungen. Die weitgehende Diffusität von Entscheidungskriterien auf der Grundlage fehlender Rechtsnormen, einer bislang geringen Formalisierung von Informationen und/oder einer unklaren Trennung von Arbeits- und Lebenswelt begünstigen paternalistische Verantwortlichkeiten und Loyalitäten. Gute persönliche Beziehungen (*guanxi*) zu Personen der Leitungsebene,[178] das Ausnutzen von Beziehungen zur Partei und Verwaltung und "das Gehen durch Hintertüren" sind die entscheidenden Handlungsmuster für den persönlichen Erfolg. Die Inanspruchnahme von Begünstigungen fördert ihrerseits wieder persönliche Loyalitäten. *Guanxi* entwickeln sich auf der Grundlage wechselseitigen Gebens und Nehmens. Persönliche Beziehungen als Handlungsgrundlage setzen Vertrauen auf beiden Seiten voraus. Familiale, landsmannschaftliche oder durch andere Gemeinsamkeiten begründete Verbindungen sind daher eine wesentliche Basis dieser Vertrauensbildung. Letztere bilden eine Grundlage für binnenbetriebliche Beziehungsstränge und für unplanmäßige Personalbewegungen.[179]

Die anhand der vier Aspekte beschriebene Organisationsstruktur chinesischer Betriebe führt zu einer binnenbetrieblichen Differenzierung der Arbeitsplätze und Arbeitskräfte. Staatliche Vorschriften binden die Betriebe in der proportionalen Verteilung ihrer Arbeitskräfte, nämlich nach den "drei Linien": Produktion, Produktionsunterstützung und Verwaltung, sowie nach dem Arbeiter- und Kadersystem.

Innerbetrieblich werden die von der Arbeitsadministration erfaßten und zugeteilten Arbeitskräfte zusätzlich kategorisiert, indem sie nicht allein einer hierarchischen Stufe, sondern auch der ersten, zweiten oder dritten Linie zugewiesen und im Arbeiter- oder Personalsystem beschäftigt werden. Mit diesen vorgegebenen Beschäftigtenkategorien und den festgelegten Proportionen einzelner Kategorien zueinander wird der betriebliche Gestaltungsspielraum im Umgang mit dem Faktor Arbeit stark beschränkt. Die Betriebe sind in ihrer Entscheidung nicht frei, Arbeitsplätze funktionsbezogen zu besetzen und die Arbeitskräfte leistungsbezogen zu entlohnen. Durch staatliche Produktionspläne auf der einen Seite und das Drängen staatlicher Verwaltungsstellen auf parallel organisierte und personell ausreichend besetzte betriebliche Verwaltungsorgane auf der anderen Seite werden personalpolitische Zwänge auf die Betriebe ausgeübt, denen sie sich nicht entziehen können. Für den Betrieb als Arbeits- und Produktionsorganisation ist die Erfüllung bürokratischer Vorgaben ausschlaggebender als die Etablierung einer Struktur, die die Möglichkeit zu flexibler Anpassung und leistungsgerechter Verteilung eröffnet.

3.2 Betriebe als Träger kollektiver Daseinsvorsorge

Die beschriebene ambivalente Stellung der chinesischen Betriebe charakterisiert auch ihre Rolle als Träger kollektiver Daseinsvorsorge.

Die dauerhafte Kopplung von Verwaltungs- und Versorgungsaufgaben an die Betriebe hat diese zu multifunktionalen Organisationen oder, anders formuliert, zu "kleinen Gesellschaften"[180] werden lassen. Betriebe stellen für die Erwerbsbevölkerung die zuständige Instanz der Verwaltung, die entscheidende Versorgungsbasis und das soziale Sicherungssystem dar. Die elementare Daseinsvorsorge der Bevölkerung vollzieht sich nur sehr partiell über Märkte. Die Naturalform dieser Versorgung bzw. die starke Subventionierung von Gütern und Dienstleistungen mindern die Bedeutung geldvermittelter Austauschprozesse.

Für die Wahrnehmung der Rolle als Träger der kollektiven Daseinsvorsorge ist vor allem der Status des Betriebes im Wirtschaftssystem und weniger seine Wirtschaftskraft ausschlaggebend. Für den Status sind alle genannten positionsrelevanten Kriterien des Betriebes in Rechnung zu stellen. Besonders das Kriterium des betrieblichen Eigentums und des Unterstellungsverhältnisses unter die Wirtschaftsverwaltung wirkt sich durch ungleiche Zuteilung von Lohnfonds, Sozialfonds und sonstigen Ressourcen unmittelbar aus. Von dieser ungleichen Zuteilung, die aus wirtschaftspolitischen Prioritätensetzungen erklärbar ist und in der sich die schon erwähnte Notwendigkeit selektiven Vorgehens seitens der politischen Führung ausdrückt, sind die Betriebe vital betroffen, weil sie den konkreten Umfang ihrer Leistungsfähigkeit maßgeblich bestimmt.

Die besonders favorisierten Staatsbetriebe und die Großen Kollektivbetriebe erhalten eine insgesamt bessere Ausstattung als Kleine Kollektivbetriebe oder sonstige Betriebe. Diese Mehrzuweisungen können die solcherart begünstigten Betriebe in den Lohnzahlungen und Sozialleistungen an ihre Arbeitskräfte weitergeben und sich auf diese Weise gegenüber Kleinen Kollektivbetrieben positiv abheben. Die möglichen Unterschiede in der betrieblichen Leistungsfähigkeit drücken sich 1. in den Lohnzahlungen, 2. im Umfang der zusätzlich gewährten geldwerten Leistungen für die Belegschaft und 3. in der Höhe der sozialen und infrastrukturellen Leistungen aus. Eine Fülle von Verordnungen regelt, welche Leistungen in welcher Region und auf welchem Niveau der Unterstellung von den Betrieben gezahlt werden müssen.

Allerdings darf umgekehrt aus der Eigentumsform und der administrativen Einbindung der Betriebe nicht direkt auf deren Leistungskatalog geschlossen werden. Die Betriebe sind nicht nur unselbständige Wirtschaftseinheiten, sondern auch handelnde Wirtschaftssubjekte. Das bedeutet zunächst sehr konkret, daß die Gewährung von betrieblichen Leistungen im Einzelfall häufig von zusätzlichen lokalen Bedingungen abhängig ist, die für die Einrichtungen von Dienstleistungen maßgeblich sind. Betriebe übernehmen besonders dann Versorgungsaufgaben und Dienstleistungen, wenn diese "in der Gesellschaft" nicht angeboten werden.[181] Kindergärten, Schulen, Krankenhäuser, Läden müssen jedoch nicht vom Betrieb errichtet werden, wenn sie bereits in erreichbarem Umkreis vorhanden sind.[182] Vielfach sichert sich in diesem Fall der Betrieb durch Kooperation mit derartigen Einrichtungen eine bevorzugte Behandlung für seine Belegschaft.[183] Andererseits kann aber auch Bedarf vorhanden sein, den der Betrieb nicht in der Lage ist zu befriedigen. So kann er beispielsweise im Stadtzentrum angesiedelt sein und über kein weiteres Bauland verfügen, so daß er dringend benötigte Wohnungen nicht errichten kann.[184]

Die maßgebliche Bedeutung der betrieblichen Daseinsvorsorge für die Beschäftigten veranlaßt die Betriebsleitungen, durch Vereinbarungen mit der lokalen Wirtschaftsverwaltung die Fähigkeit des Betriebs, Sozialleistungen zu gewähren, möglichst stark zu verbessern. In Prozessen des "bargaining" zwischen Wirtschaftsverwaltung und Betrieben werden Modalitäten entwickelt, die für beide Seiten zum Vorteil gereichen. So werden z.B. betriebliche Erträge als Sozialleistungen verausgabt, und zwar mit der Duldung der Verwaltung, für die der Betrieb im Gegenzug ebenfalls Leistungen erbringt.[185]

Als danwei entlastet der Betrieb "die Gesellschaft", indem er zahlreiche nicht produktive Funktionen erfüllt, allerdings um den Preis, sich nicht auf seine eigentlichen produktiven Aufgaben konzentrieren und spezialisieren zu können. Das *danwei*-System weist dem chinesischen Betrieb speziell bei der Lösung des Verteilungsproblems eine Rolle zu, die weit über die Verteilung von Löhnen, Prämien und Sozialleistungen hinausgeht. Unter dem Aspekt der Daseinsvorsorge sollen einige Informationen über die betriebliche Lohnverteilung und die betrieblichen Sozialleistungen gegeben werden.

3.2.1 Betriebliche Lohnverteilung

Bei der Entlohnung ihrer Arbeitskräfte sind die Betriebe bis 1985 an das in seinen Grundzügen bereit 1956 geschaffene staatliche Lohnsystem gebunden, das eine Fülle von Lohnstufen und Lohnsätzen aufweist. Für die Differenzierungen innerhalb des Lohnsystems sind die im Zusammenhang mit der staatlichen Zuteilung bereits genannten Trennlinien ausschlaggebend: Schwer- vs. Leichtindustrie, zentral- vs. regionalverwaltete Industrie, Staatsbetriebe vs. Kollektivbetriebe, Großbetriebe vs. Kleinbetriebe. Hinzu kommt die Differenzierung nach

Beschäftigtenkategorien, insbesondere nach Kadern und Arbeitern. Einer immer weitergehenden Aufsplitterung des Lohnsystems liefen Egalisierungsbestrebungen[186] entgegen, die z.B. dazu führten, daß die Schwere der Arbeit oder die individuelle Leistungsfähigkeit nur wenig zur Lohndifferenzierung beitragen.

Deutliche Hinweise auf Lohndifferenzen ergeben sich für Betriebe unterschiedlichen Eigentums sowie unterschiedlicher Unterstellungsebenen, Wirtschaftssektoren und Branchen. Zwar ist die Argumentation mit Durchschnittswerten für die Entlohnung problematisch, weil sie die Arbeitsplatzstruktur und die Einkommensstreuung nicht angemessen berücksichtigt, doch fehlen für China geeignetere Indikatoren.

Legt man die Durchschnittslöhne in staatlichen und kollektiven Einheiten zugrunde, wie Tabelle 8 zeigt, so liegen im staatlichen Sektor seit den 50er Jahren die Durchschnittslöhne durchgängig höher und können als Indiz für Entlohnungsunterschiede gewertet werden. Der Einfluß des unterschiedlichen Positionsgefüges in Staats- und Kollektivbetrieben, z.B. die Größe des jeweiligen Kaderanteils, ist allerdings nicht angemessen zu gewichten. Die Angaben zum Durchschnittslohn in Kollektivbetrieben verdecken darüber hinaus das beträchtliche Lohngefälle von Großen zu Kleinen Kollektivbetrieben. In den Großen Kollektivbetrieben liegt das Niveau leicht unter dem der Staatsbetriebe, und sie praktizieren ein ähnliches Lohnsystem, das dem in Staatsbetrieben ähnlich ist.[187] In den Kleinen Kollektivbetrieben wird das Lohnniveau anscheinend von den städtischen Regierungen festgesetzt: Es liegt wesentlich niedriger (schätzungsweise nur halb so hoch) als in Staatsbetrieben und ist regional stärker differenziert.[188]

Betrachtet man die Gesamtheit der staatlichen Einheiten, so variieren hier die Durchschnittslöhne nach dem Unterstellungsverhältnis der Betriebe und nach Branchen. Besonders deutliche Unterschiede im Durchschnittslohn weist Tabelle 9 für zentral und regional, bis hinunter zur Kreisebene verwaltete staatliche Einheiten aus. Die in Tabelle 10 aufgeführten sektoralen Unterschiede in den Durchschnittslöhnen staatlicher Einheiten spiegeln gleichermaßen entwicklungspolitische Schwerpunktsetzungen, eine unterschiedliche Arbeitsplatzstruktur und eine geschlechtsspezifische Arbeitskräfteverteilung wider.

Tabelle 8:
Durchschnittslöhne in staatlichen und städtischen kollektiven Einheiten, 1957-1987 (in Yuan/pro Jahr)

	Durchschnitts- lohn aller Beschäftigten	Staatliche Einheiten	Städtische kollektive Einheiten
1957	624	637	571
1977	576	602	478
1978	615	644	506
1979	668	705	542
1980	762	803	623
1981	772	812	642
1982	798	836	671
1983	826	865	698
1984	974	1034	811
1985[a]	1148	1213	967
1986[a]	1329	1414	1092
1987[a]	1459	1546	1207

(a) Diese Summe schließt Lebensmittelzuschläge ein.
Quelle: ZTN 1988: 177, 190 und ZLGTZ 1987: 151 f., 156, 178.

Tabelle 9:
Durchschnittslöhne in staatlichen Einheiten nach Unterstellungsverhältnis, 1985 (in Yuan/pro Jahr)

Insgesamt	1.166
Zentrale Ebene	1.367
Provinzebene	1.235
Stadt-, Bezirkebene	1.143
Bezirksunmittelbare Stadt	1.027
Kreisebene und niedriger	984

Quelle: ZLGTZ 1987: 171.

Tabelle 10:
Durchschnittslöhne in staatlichen Einheiten nach Wirtschaftssektoren und ausgewählten Branchen, 1985 (in Yuan/pro Jahr)

Insgesamt	1.166

Industrie	1.193
Leichtindustrie	1.070
Schwerindustrie	1.250
Textilindustrie	1.058
Maschinenbauindustrie	1.199

Quelle: ZLGTZ 1987: 171, 174.

Tabelle 11:
Anteil von Prämien und Zuschlägen an der gesamten Lohnsumme in staatlichen und städtischen kollektiven Einheiten, ausgewählte Jahre: 1980, 1985, 1986 (%)

	Staatl. Einheiten	Städt. koll. Einheiten
Anteil der Prämien und Akkordzuschläge, 1980	9,7 %	6,5 %
Anteil der Prämien, 1985	12,9 %	12,4 %
Anteil der lohnbezogenen Zuschläge, 1986	15,2 %	9,3 %

Quelle: ZTN 1988: 177; ZLGTZ 1987: 131, 149; eigene Berechnung.

Eine Gestaltungsmöglichkeit für die Lohnhöhe ergibt sich durch Prämien und Zulagen. Prämien als Instrument des Leistungsanreizes und der leistungsbezogenen Entlohnung waren immer wieder politisch umstritten und haben erst nach Beginn der Reformen wieder an Bedeutung gewonnen. Häufig wurde ihre Intention als Anreizmittel durch egalitäre Ausschüttung unterlaufen.

Die zum Lohn getroffenen Aussagen gelten prinzipiell auch für Lohnzuschläge und Prämien. Vergleicht man staatliche und kollektive Einheiten, so weisen die staatlichen Betriebe einen deutlich höheren Anteil von Zuschlägen an ihrer gesamten Lohnsumme auf.

Geben die Unterschiede in der durchschnittlichen Entlohnung und Prämienzahlung nach dem staatlichen Lohnsystem Aufschluß über betriebliche und sektorale Variationen, so runden Informationen über die Entlohnung einzelner Beschäftigtengruppen das Bild von der personellen Seite her ab. Die Informationen sind zwar äußerst vielfältig, aber nur für den Bereich staatlicher Behörden verfügbar. Aussagen zur betrieblichen Lohnstruktur müssen dementsprechend vage bleiben.

Schaubild 10 gibt die Lohnsätze und Lohnstufen von Beschäftigten in Staatsbetrieben und staatlichen Behörden vor der Lohnreform von 1985 wieder, die den Betrieben größeren Spielraum bei der Lohngestaltung einräumte. Bis 1985 blieb das im Juli 1956 eingeführte Lohnsystem in seinen Grundzügen nahezu unverändert in Kraft. Die für die einzelnen Kader- und Arbeiterposten (*zhiwu*) festgelegten Lohnstufen und die ihnen entsprechenden Geldwerte blieben bis 1985 bestehen,[189] d.h. aber nicht, daß sich für die einzelnen Beschäftigten nichts änderte.[190]

Die in dem Schaubild wiedergegebenen Lohnsätze beziehen sich auf die jeweils niedrigste Lohnzone, dennoch sind vergleichende Betrachtungen nur unter äußerstem Vorbehalt möglich.[191] Die vorgenommene Auswahl zeigt, daß die Zahl der Lohnstufen von Berufsgruppe zu Berufsgruppe differiert. Deutlich wird, daß den jeweiligen Lohnstufen unterschiedliche Geldwerte entsprechen.

Für Betriebsarbeiter gibt es 8 Lohnstufen (1 die niedrigste, 8 die höchste Stufe).[192] Während hinsichtlich der zentral fixierten Löhne die Unterschiede zwischen den einzelnen Branchensystemen letztlich gering sind,[193] ist die Differenz zu den regional festgelegten Lohnstufen und -sätzen und zwischen diesen selbst erheblich. Auch diese Angaben belegen damit, daß der Status eines Betriebs für das individuelle Einkommen eine weit größere Rolle spielt als die berufliche Tätigkeit bzw. die Branche. Eine ebenso große Rolle spielt allerdings, ob eine Arbeitskraft regulär oder zeitweilig beschäftigt ist. So zeigen die Angaben für den Bausektor große Einkommensunterschiede zwischen regulären Betriebsarbeitern und Zeitarbeitern. Aussagen zur Entlohnung von Zeitarbeitern müssen allerdings ungenau bleiben, da diese erstens nur zum Teil im Rahmen des Plans beschäftigt und vor allem Außerplan-Arbeitskräfte vielfach gar nicht aus der statistisch erfaßten Lohngesamtsumme bezahlt werden,[194] und weil zweitens ländliche Zeitarbeiter i.d.R. Bargeld erhalten und zumindest bis 1979 einen Teil ihres Lohnes an die Brigade zahlten, um sich ihre Getreiderationen zu sichern.[195] Blecher errechnete bei gleicher Tätigkeit eine Lohndifferenz von 1:1,25 bis 1:1,78 zwischen Festarbeitern und ländlichen Vertragsarbeitern.[196]

Das Schaubild 10 weist auch unterschiedliche Lohnspannen für Kader und Arbeiter in staatlichen Behörden bzw. in nicht Industrieministerien unterstehenden Betrieben[197] aus und zeigt, daß die Lohnspitzen der Technikereinkommen die der Facharbeiter um das Dreieinhalbfache überschreiten können. Die Angaben gelten jedoch jeweils für ganze "Berufsgruppen", bei entsprechender Aufschlüsselung ergibt sich, daß nur Chefingenieure, die der Betriebsleitung angehören, die Techniker-Lohnstufen 1-4 einnehmen, während für einfache Techniker die Stufen 9-13 zur Verfügung stehen. Sie erhalten damit nur geringfügig höhere Löhne als Facharbeiter.[198] Die in diesem Teil des Schaubilds aufgeführten Lohnskalen für Partei- und Nichtpartei-Kader spiegeln die Spanne aller im öffentlichen Dienst möglichen Einkommen wider.[199]

Für die betrieblichen Kader, deren Einkommen auf den staatlichen Kader-Lohnskalen nicht ausgewiesen sind, lassen sich keine vergleichbaren Aussagen treffen. Die in den von uns untersuchten Betrieben erhobenen Werte, die allerdings für die Zeit nach der Lohnreform gelten, zeigen Differenzen in den Spitzeneinkommen von Kadern und Arbeitern von 19-130 %.[200] Dennoch muß die bereits in Abschnitt 3.2.1 getroffene Aussage bekräftigt werden, daß die Einkommensdifferenz nicht den entscheidenden Unterschied zwischen Arbeitern und Kadern im Betrieb ausmacht. Vor allem im unteren Bereich der Hierarchie sind die Überschneidungen zahlreich, und hier bewegen sich die Löhne der meisten Arbeiter und Kader: 1978 waren die Löhne von 82 % der Arbeiter und von 68 % der Kader niedriger als 56Y. Produktionsarbeiter wie Hochschulabsolventen sind in ihrer Mehrheit in den jeweils unteren Lohnstufen (2-4 bzw. 22-20) eingruppiert.[201] Aber auch vereinzelte Angaben für Leitungskader deuten darauf hin, daß das gängige Klischee vom "egalitären Lohnsystem" nicht unbegründet ist.[202]

Ergänzend zu den aus dem Schaubild 10 hervorgehenden Informationen soll abschließend auf zwei weitere Faktoren[203] hingewiesen werden, die das Lohnniveau der Arbeitskräfte beeinflussen: ihr Dienstalter und ihr Qualifikationsniveau. Das Dienstalter wirkt sich indirekt aufgrund der Modalitäten von Lohnerhöhungen auf die Lohnhöhe aus. Lohnerhöhungen werden nicht über eine Anhebung des Lohnsatzes vollzogen, sondern durch "Neuregulierungen" (*tiaozheng*), für die vom Staat im allgemeinen zwei Kriterien vorgegeben werden: 1. wird das Ausmaß der möglichen Höherstufungen (*shengjimian*) - durchaus unterschiedlich für Kader und Arbeiter - festgeschrieben, und 2. werden Leitlinien für die Auswahl genannt. Häufig wird dabei vom Staat der Zeitpunkt des Arbeitsbeginns als Kriterium festgelegt.[204] Aber auch die Betriebe legen vielfach in Ermangelung eindeutigerer Kriterien die Dauer der Betriebszugehörigkeit zugrunde.[205]

Der Einfluß der Qualifikation auf den Lohn ist gering. Das Bildungsniveau hat sogar umgekehrt proportionalen Einfluß. Niedrige Bildung ermöglicht einen früheren Berufseintritt und führt aufgrund des Senioritätsprinzips zu stärkeren Lohnerhöhungen.[206] Theoretisch ist für Arbeiter der Fachgrad (*jishu dengji*) maßgeblich, Angestellte sollen nach der Art ihres Postens entlohnt werden. Der jeweilige Fachgrad soll den Grad der erreichten praktischen und theoretischen Qualifikation und die faktische Arbeitsleistung widerspiegeln. Lohnstufe und Fachgrad sollen dementsprechend korrespondieren. Ein durch Prüfung erreichter höherer Fachgrad soll auch zur Lohnerhöhung führen. Faktisch ist dies meist nicht der Fall, Lohnstufe und Fachgrad "fallen auseinander" (*tuojie*).[207] 1978 lag nach einer Untersuchung der KPCh bei 68 % des mittel- und höherqualifizierten Personals die Lohnstufe um 2,13 Stufen niedriger als der Fachgrad.[208]

Diese beiden zuletzt genannten Faktoren prägen das Verhalten der Arbeitskräfte mit, soweit diese Einfluß auf Allokations- bzw. Reallokationsentscheidungen ausüben können, kann es doch zur Einkommenssteigerung für sie entscheidender sein, frühzeitig in einen Betrieb einzutreten und dort zu bleiben als sich beruflich zu bilden bzw. weiterzuqualifizieren.

Betriebliche Strukturierung des Arbeitssystems 129

Schaubild 10:
Lohnsätze und Lohnstufen von Beschäftigten in Staatsbetrieben und staatlichen Behörden, 1956-1985

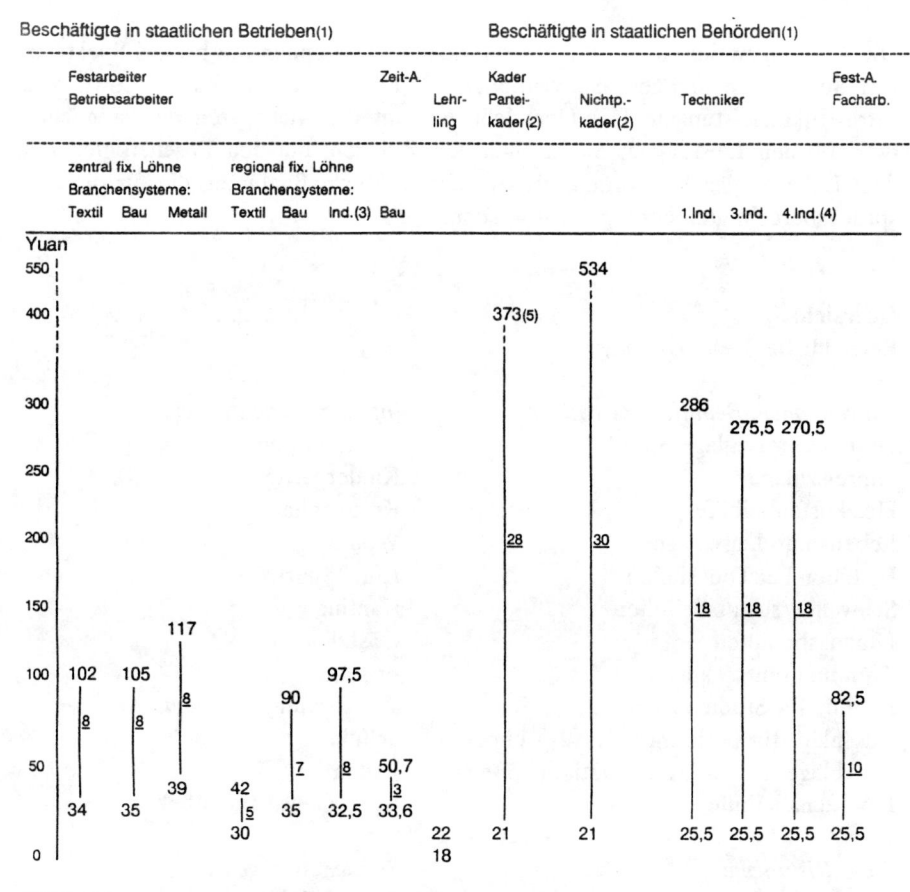

Beschäftigte in staatlichen Betrieben(1)   Beschäftigte in staatlichen Behörden(1)

| Festarbeiter | Zeit-A. | Kader | | | Fest-A. |
| Betriebsarbeiter | Lehrling | Parteikader(2) | Nichtp.-kader(2) | Techniker | Facharb. |

| zentral fix. Löhne Branchensysteme: | regional fix. Löhne Branchensysteme: | | | | |
| Textil Bau Metall | Textil Bau Ind.(3) Bau | | | 1.Ind. 3.Ind. 4.Ind.(4) | |

Yuan
550 —
                                                    534
400 —   373(5)

300 —   286
                                                275,5 270,5
250 —

200 —   28   30

150 —   18   18   18
        117
100   102 105   97,5
        8   8   82,5
                        8
         8   8
50   7   8   50,7   10
            39 42   3
        34 35 5 35 32,5 33,6
            30   22   21   21   25,5 25,5 25,5 25,5
0   18

Anmerkungen:
Die unterstrichenen Ziffern geben die jeweilige Anzahl der Lohnstufen an.
(1) Die Angaben für die Beschäftigten in Staatsbetrieben gelten laut Cai (1983: 57) für die unterste Lohnzone 1; für die übrigen Angaben wurde daher ebenfalls die unterste Lohnzone gewählt, dies war vor 1979 die Lohnzone 3. Die Angaben für staatliche Behörden sollen gleichfalls für staatliche Institutionen und die Betriebe gelten, die keinem zentralen Branchensystem angehören.
(2) In beiden Fällen handelt es sich um Kader in staatlichen Behörden, Unterscheidungsmerkmal ist die Parteizugehörigkeit.
(3) Cai (1983: 57) definiert das "regionale Industriesystem" (difang gongye xitong) nicht; es ist davon auszugehen, daß es sich um die regional fixierten Löhne für das Standard-8-Stufen-Lohnsystem handelt.
(4) Fünf Industrien werden unterschieden, zur ersten gehören die Sektoren Stahl und Nichteisen-Metalle, zur dritten gehört der Bausektor und zur vierten der Textilsektor.
(5) Für Parteikader wurden 1959 die Stufen 1-3 zur Stufe 3 zusammengefaßt. 1960 wurde diese um 12 % gesenkt. Die entsprechenden Tabellen führen allerdings nicht den Geldwert der Stufe 3 in Lohnzone 3, sondern nur in Zone 6 auf. Der entsprechende Wert wurde gemäß dem Verhältnis zwischen den Lohnzonen 6 und 3 der Stufe 4 (8,5 %) errechnet.
Quellen: Cai Mingqing 1983; RGWX 1986b: 3-20, 21, 43-48, 60f.; Laodong renshibu gongziju 1986b.

3.2.2 Betriebliche Sozialleistungen

Die Leistungen der Betriebe umfassen neben den Löhnen ein breites Spektrum von Sozialaufwendungen, Subventionen, Beihilfen und Zuschüssen sowie von Infrastrukturleistungen. Die Übersicht 7 nennt die wichtigsten der möglichen betrieblichen Leistungen. Sie reichen von Zulagen, die den Beschäftigten mit dem Lohn ausgezahlt werden, bis zu Infrastrukturmaßnahmen, die für die Anspruchsberechtigten bereitgestellt werden.

Übersicht 7:
Betriebliche Sozialleistungen

Subventionen, Beihilfen, Zuschläge:	*Infrastrukturleistungen:*
Getreidepreiszulage	Kinderkrippe
Ölpreiszulage	Kindergarten
Heizkostenbeihilfe	Krankenhaus
Lebensmittelzuschläge	Wohnung
Beihilfen bei Todesfällen	Kino, Sportplatz
Schwangerschaftsbeihilfen	Kantine
Umzugsbeihilfen	Gästehaus
Trennungsentschädigung	Friseur
Beihilfe für Studienurlaub	Waschraum, Badehaus
Zuschläge für bestimmte Berufsgruppen	Schule
Zuschläge für bestimmte Nationalitäten	Laden
Hochzeitsbeihilfe	Kulturhaus, Bibliothek
Sozialleistungen:	*Sonderleistungen:*
Krankenversicherung	Arbeitskleidung
Invalidenversicherung	Lebensmittel und Getränke
Altersversorgung	Begünstigte Einkaufsmöglichkeiten

Die in der Übersicht 7 genannten möglichen Sozialleistungen werden nur in den wenigsten Betrieben vollständig gewährt, zumal es für viele Leistungen keinerlei Verpflichtung gibt. Vor allem die Schaffung kollektiver Sozialeinrichtungen ist nicht so sehr das Ergebnis staatlicher Vorschriften, als das betrieblicher Entscheidungen, die sich nach der von der Betriebsleitung für nötig erachteten Mindestversorgung der Belegschaft richten.

Soweit rechtliche Grundlagen für Sozialleistungen vorhanden sind, stützen sie sich auf die Arbeitsversicherungsrichtlinien (AVR) von 1951 (mit der Ergänzung von 1953).[209] Ursprünglich wurden die AVR 1951 für Betriebe aller Eigentumsformen ab einer Größe von 100 Arbeitern (nicht Beschäftigten!) erlassen. Im Laufe der Jahre wurden sie durch zusätzliche Bestimmungen modifiziert, z.T. auch nur mit regionaler Geltung.[210] Die Rechtslage ist aus diesem Grunde gegenwärtig unübersichtlich und kompliziert.

Wenn heute beim Vergleich von staatlichen Betrieben und Kollektivbetrieben deutliche Leistungsunterschiede festzustellen sind, so sind dafür Modifizierungen verantwortlich, die ausschließlich für Staatsbetriebe gelten und die Kollektivbetriebe regionalen Bestimmungen überlassen, sowie die Beschränkungen hinsichtlich der Größe und der Unterstellungsverhältnisse der Betriebe. Für kleine Betriebe und Kollektivbetriebe unterhalb der Kreisebene wurde noch kein Sozialversicherungssystem geschaffen.[211] Aber auch Große Kollektivbetriebe haben i.d.R. ein niedrigeres Leistungsniveau als Staatsbetriebe. Selbst wenn sie sich an den Staatsbetrieben orientieren, so verfügen sie doch meist nur über beschränkte Mittel, da sie nicht auf staatliche Investitionen zurückgreifen können. Seitens des Staats besteht keine Verpflichtung, die Regelungen der einzelnen Kollektivbetriebe zu vereinheitlichen und sie staatlichen Betrieben gleichzustellen.[212]

Die verschiedenen möglichen Leistungen der Betriebe werden nur teilweise realisiert, und sofern Leistungsangebote gemacht werden, gelten sie in vollem Umfang nur für die anspruchsberechtigten regulären Arbeitskräfte, d.h. für alle Festarbeiter, die im Rahmen des Plans den Betrieben durch die Arbeitsverwaltung zugewiesen worden sind. Für alle anderen Arbeitskräfte gelten abgestufte oder keine Ansprüche. Die folgende Übersicht 8 über die Sozialleistungen zeigt für verschiedene Leistungsarten ein deutliches Gefälle zwischen dem staatlichen und kollektiven Sektor. Nur Große Kollektivbetriebe erreichen ein den Staatsbetrieben angenähertes Versorgungsniveau. Nach den geltenden staatlichen Vorschriften zahlen Staatsbetriebe z.B. für ihre Beschäftigten im Krankheitsfall 100 % der Behandlungskosten, gewähren ihnen Alters- oder Invaliditätsrenten in gesetzlicher Höhe, zahlen im Falle von Schwangerschaft den Lohn fort und leisten Beihilfen im Todesfall. Für die kollektiven Betriebe gelten diese Bestimmungen nicht, so daß sich ihre Leistungen durchweg nach der Größe und Leistungsfähigkeit des Betriebes oder nach bestimmten örtlichen Gegebenheiten richten.

Dramatisch ungleich sind die Versorgungsunterschiede zwischen Fest- und Zeitarbeitern. Am gravierendsten unterscheidet sich deren jeweilige Situation in bezug auf die Altersversorgung. Zeitarbeiter haben keine Rente zu erwarten. Generell haben Zeitarbeiter im Plan deutlich eingeschränkte Rechte, außerhalb des Plans angestellte Zeitarbeiter haben keine Ansprüche.[213] Die Rechtslage ist dabei nicht eindeutig, zumal die Bestimmungen für Zeitarbeiter erstens nur für diejenigen "im Plan" gelten[214] und zweitens unvollständig sind. Einige wurden in die Ausführungsbestimmungen zu den AVR aufgenommen, andere regional erlassen. Eine umfassendere Verordnung vom 10.3.1965 wurde am 5.10.1989 durch neue "vorläufige Bestimmungen" abgelöst. Die Leistungen für Zeitarbeiter gelten prinzipiell nur für die Zeit ihrer Beschäftigung, von bestimmten Leistungen (Altersrente oder kollektive Einrichtungen) sind sie ausgeschlossen. Nur Dauer-Zeitarbeiter werden wie Festarbeiter behandelt.

Innerhalb der Gruppe der anspruchsberechtigten Festarbeiter gibt es weitere Kriterien für eine Abstufung von Berechtigungen, von denen das wichtigste das (kontinuierliche) Dienstalter ist.

Der Begriff Dienstalter (*gongling*) bezeichnet die Dauer der Arbeitszeit (*gongzuo shijian*) bei regulären Arbeitern im staatlichen und kollektiven Sektor.[215] Drei Formen von Dienstalter werden unterschieden:

1. das allgemeine Dienstalter (*yiban gongling*) oder auch Gesamtdienstalter (*zonggongling*), das allerdings in den neuen Rentenbestimmungen von 1978 keine Berücksichtigung mehr findet;

2. das kontinuierliche Dienstalter (*lianxu gongling*), das die ununterbrochene Dienstzeit in einem Betrieb mißt, sowie

3. das umgerechnete Dienstalter (*zhesuan gongling*), eine Sonderform der Berechnung für anstrengende oder gesundheitsgefährdende Tätigkeiten.[216]

Übersicht 8:
Ausgewählte Sozialleistungen nach Kategorien von Betrieben und Beschäftigten

Staatlicher Sektor: Festarbeiter	Staatlicher Sektor: Zeitarbeiter	Städtischer kollektiver Sektor: Festarbeiter
1. Krankheit, Verletzung oder Invalidität der Arbeitskraft		
1.1 Arbeitsbedingte Krankheit oder Verletzung		
100 % der Kosten von Behandlung, Krankenhaus und Fahrtkosten sowie 2/3 der Verpflegungskosten; 100 %ige Lohnfortzahlung während der Behandlungsdauer; Registrierungsgebühr trägt der Patient.	Während der Zeit der Beschäftigung und für die Dauer der Behandlung wie FA.	Variiert zwischen vollständiger Übernahme der Kosten in großen Kollektivbetrieben und der partiellen in kleineren.
1.2 Arbeitsbedingte Invalidität		
Rente: 80-90 % vom letzten Lohn (mind. 40 Y) bis zum Tod bzw. bis zur Genesung. Bei Teilinv. Wechsel des Arbeitsplatzes und 10-30 % des urspr. Lohn als Beihilfe (nur bis zur Höhe des urspr. Lohns).	Dauerinval.: wie FA möglich [vor 1989: keine Rente, einmalige Zahlung von 12 Monatslöhnen]. Teilinval.: während der Beschäftigung Versetzung auf angemessenen Arbeitsplatz, anschl. regional zu regeln.	Variiert nach Größe des Betriebes: i.d.R. Teilrente, Mindestrente regional zu regeln.
1.3 Nicht arbeitsbedingte Krankheit oder Verletzung		
100 % der Kosten, Gebühren und Medikamente; ausgen. teure Medikamente, Fahrtkosten und Verpflegung; Lohnfortzahlung (je nach Dienstalter): bis zu 6 Mon. 60-100 %, anschl. 40-60 % bis zum Tod, zur Invalidität oder Genesung; Revolutionsveteranen 100 %.	Kostenübernahme wie FA, begrenzt auf 3 Mon.; Lohnfortzahlung: 50 %. Bei Nichtgenesung nach Ablauf der Frist Kündigung und Zahlung eines 3fachen Lohns als einmalige Beihilfe, falls mind. 1/2 Jahr besch.	Variiert nach Größe des Betriebes, i.d.R. unter dem staatlichen Standard.
1.4 Nicht arbeitsbedingte Invalidität		
Dauerinv.: 40-50 % des Lohns als Rente; Teilinv.: keine Zahlung.	Keine Rente.	Variiert nach Größe des Betriebes, i.d.R. unter dem staatlichen Standard.
2. Krankheit oder Verletzung von Familienangehörigen		
Anspruch auf Behandlung im Betriebs-/ Vertragskrankenhaus; 50 % der Kosten für Behandlung und Medikamente; ausgen. teure Medikamente, Fahrtkosten, Krankenhauszimmer, Verpflegung, Gebühren für Anmeldung, Untersuchungen und med. Tests.	Keine Beihilfen.	Beihilfen nur in großen Kollektivbetrieben.

3. Beihilfen im Todesfall
3.1 beim Tod der Arbeitskraft: arbeitsbedingt

Bestattungsbeihilfe: 3 durchschn. Monatslöhne als einmalige Zahlung; Unterstützungsgeld für die Angehörigen: 25, 40 oder 50 % des urspr. Lohnes je nach Anzahl der Unterhaltsberechtigten (1, 2, 3 und mehr) <u>regional:</u> der letzte Monatslohn in voller Höhe plus 400 Y als Bestattungsgeld und einmalig 500 Y als Unterstützungsgeld.	Wie FA; vor 1989: 3 Monatslöhne als Bestattungsgeld und einmalig 6, 9 oder 12 Monatslöhne als Unterstützung.	Variiert nach Größe des Betriebes, i.d.R. unter dem staatlichen Standard.

3.2 beim Tod der Arbeitskraft: nicht arbeitsbedingt

Bestattungsgeld: 2 durchschn. Monatslöhne; Unterstützungsgeld: 6, 9, 12 Monatslöhne.	Regional zu regeln (unterhalb der Zahlung für regulär Beschäftigte); vor 1989: 2 Monatslöhne Bestattungsgeld und 3 Monatslöhne Unterstützung.	Variiert nach Größe des Betriebes, i.d.R. unter dem staatlichen Standard.

3.3 beim Tode von minderjährigen Angehörigen

Einmal. Zahlungen je nach Alter: unter 1 Jahr keine Beihilfe, 1-10 J. 1/3 des durchschn. Monatslohns, über 10 J. 1/2 des durchschn. Monatslohns.	Keine Beihilfen.	Nur in großen Kollektivbetrieben üblich.

4. Beihilfen im Falle von Schwangerschaft

56 Tage Mutterschaftsurlaub bei Lohnfortzahlung (plus 14 Tage bei Komplikationen oder Zwillingen, 20-30 Tage bei Fehlgeburt); Übernahme der Vorsorgekosten; keine Leistung bei außerehel. Schwangerschaft. 4 Y Beihilfe je Kind bei Geburt; z.T. Reform: 5 Y mtl. für jedes Einzelkind bis zum 16. Lebensjahr, bei mehr Kindern keine Beihilfe und geringere Lohnfortzahlung.	Wie FA, aber nur 60 %ige Lohnfortzahlung; keine Leistung bei außerehel. Schwangerschaft.	Variiert nach Größe des Betriebes, i.d.R. unter dem staatlichen Standard.

5. Renten

Rentenalter: Männer 60 J., Frauen 50 J.; bei gesundheitsgef. Tätigkeit 55 bzw. 45 J. bei mind. 10 Jahre kontin. Dienstalter: 60-75 % des urspr. Lohns; bei über 20 jähriger Dienstzeit: Zuschuß in Höhe von 5-20 % des urspr. Lohns; Revolutionsveteranen 100 % und Zulagen je nach Beginn der rev. Tätigkeit.	Keine Rente.	regionale Regelung, i.d.R. niedriger als in Staatsbetrieben.

Betriebliche Strukturierung des Arbeitssystems 135

Mindestrente: 30 Y mtl.
Bei Weiterarbeit Ausgleich bis zur
Höhe des Ursprungslohns.

6. Beihilfen zum Lebensunterhalt

Volle Berechtigung für staatliche Beihilfen.	Unter 6 Mon. Besch. keine, über 6 Mon. Besch. volle Berechtigung.	Nur in einigen Unternehmen.

7. Urlaub zum Besuch weit entfernt lebender Verwandter

nach mind. 1j. Besch.: 30 T. pro J. für Ehepartner, bei unverh. 20 T. pro J. oder 45 T. jedes 2. J. für die Eltern, bei verh. 20 T. alle 4 J. für die Eltern; jeweils zuzgl. Reisezeit. Fortzahlung des Standardlohns; für den Besuch des Ehep. und der Eltern (unv.) volle Übernahme der Reisekosten, im Fall drei nur teilweise Übernahme.	Unbezahlter Urlaub nach 1 J. Besch., bezahlter nach 3 Jahren.	Regional je nach örtl. Bestimmungen geregelt.

8. Zugangsmöglichkeit zu den Sozialeinrichtungen des Betriebs

Unbegrenzt.	Vorrang der FA, d.h. begrenzt bei zu großer Nachfrage.	unbegrenzt, aber gewöhnlich geringeres Angebot.

9. Zuschuß zum Getreide- bzw. Lebensmittelpreis

Getreide: Voller Zuschuß, abhängig von Preissteigerung; Lebensmittel: Pauschalsumme von 5 Y oder 8 Y je nach örtl. Wirtschaftsbasis (Landwirtschaft oder Viehzucht).	Getreide: erst nach 6 Mon. Besch.; Lebensmittel: wie FA.	Prinzipiell wie FA, regionale Regelung.

Anmerkungen:
1. Die Übersicht bezieht nur die Bestimmungen für **Betriebe**, nicht die für Behörden und Institutionen oder landwirtschaftliche Einrichtungen ein. Grundlage sind die Arbeitsversicherungsrichtlinien von 1951 (erg. 1953) [AVR].
2. Für **Zeitarbeiter** sind in den Ausführungsbestimmungen [AB] bzw. in regionalen Bestimmungen Richtlinien erlassen worden. Eine Bestimmung vom 10.3.1965 wurde durch neue "Vorläufige Bestimmungen" vom 5.10.1989 abgelöst.
Die Leistungen für Zeitarbeiter gelten i.d.R. für die Zeit ihrer Beschäftigung; von bestimmten Leistungen (Altersrente, kollekt. Einrichtungen wie Kindergarten, Sanatorien) sind sie grundsätzlich ausgeschlossen.
Der Maßstab für Zeitarbeiter waren bis 1989 i.d.R. die Festarbeiter, seitdem werden die AVS-Arbeiter als Maßstab genannt.
Sog. **Dauerzeitarbeiter** (vor dem 31.12.1966 angestellt) werden i.d.R. wie FA behandelt.
3. Aufgenommen wurden i. allg. die neuesten (bekannten) Regelungen, in Ausnahmefällen auch regionale Abweichungen bzw., soweit es die Zeitarbeiter betrifft, Bestimmungen vor 1989. Bestimmungen für sog. Dauerzeitarbeiter wurden nicht berücksichtigt.

Quellen:
LRFGWH 1987: 1554-1586, 1592, 1632, 1688-1701, 1717-20, 1734 f., 1740, 1850-53; RMRB 2.11.1989; Ge/Zhao 1987: 53-66, 76-99, 104-108, 152 f.; LZFH 1982: 704 ff.; LS 1988: 528; JSLD, (1988) 6: 35 und (1989) 2: 15; Liu Xingran 1988a: 28, 33 f., 330-333, 502-6, 523, 550 f.

Die Berechnung des Dienstalters beginnt mit der Zuteilung eines Arbeitsplatzes. Gemessen wird es in "Jahren", bisweilen wird es aber auch - z.b. bei der Wohnungszuteilung - in "Punkte" umgerechnet. Offiziell dient es allein zur Berechnung von Kranken- und Rentenversicherungsleistungen. Es wird aber auch bei Lohnerhöhungen als Kriterium verwendet. Vom Lohnniveau hängt wiederum die Höhe anderer Leistungen ab. Obwohl die staatlichen Regelungen dies nicht vorsehen, berücksichtigen die Betriebsleitungen das im nämlichen Betrieb erworbene Dienstalter nach eigenen Vorschriften und wenden es bei der Vergabe von Wohlfahrtsleistungen, bei der Wohnungsverteilung und bei Beförderungen an.[217]

Die bisher getroffenen Aussagen über die Verteilungsmodalitäten sozialer Leistungen treffen im besonderen Maße auf die Altersversorgung zu. Diese belastet die Budgets für Wohlfahrts und Sozialleistungen zunehmend stärker.

Ein Charakteristikum der Arbeitsversicherung ist, daß sie seit 1969 als Betriebsversicherung ohne langfristig angelegte Fonds verwaltet wird.[218] Da kein zwischenbetrieblicher Ausgleich in das System eingebaut ist, ist die Leistungsfähigkeit der Betriebe von deren wirtschaftlicher Situation sowie von der Geschlechts- und Altersstruktur ihrer Belegschaften abhängig. Besonders Betriebe aus der Gründungszeit der VR China erfahren die demographische Entwicklung in China und konkret die Alterung ihrer Belegschaft als wachsende Belastung.

Die zunehmende Belastung der Betriebe spiegelt sich sowohl im Verhältnis von Beschäftigten zu Rentnern, das sich seit Mitte der 60er Jahre dramatisch veränderte,[219] als auch in den wachsenden Aufwendungen für Renten, deren prozentualer Anteil an den Wohlfahrts- und Sozialleistungen von 21,1 % im Jahre 1978 auf 42,1% im Jahre 1985 anstieg.[220]

Anspruch auf Rente haben alle regulär beschäftigten Festarbeiter, wobei ihr jeweiliges Dienstalter in zweierlei Hinsicht von Bedeutung ist: Zum einen müssen sie als eine Voraussetzung für den Ruhestand 10 volle Dienstjahre vorweisen können, zum anderen richtet sich die Höhe ihres jeweiligen individuellen Anspruchs nach dem Zeitpunkt der Arbeitsaufnahme und der Länge des Dienstalters.[221]

Von besonderer Bedeutung für die Betriebsangehörigen ist die Vergabe von Wohnungen durch die Einheiten; denn rund die Hälfte aller Wohnungen in den Städten (gemessen an der Wohnfläche) befindet sich unter betrieblicher Verwaltung. Auch in diesem Fall sind Staatsbetriebe in einer privilegierten Position. 83% ihrer Wohnungsinvestitionen werden vom Staat gestellt, während die Kollektivbetriebe die Mittel aus dem Wohlfahrtsfonds und den Gewinnen abzweigen müssen. Pro Kopf standen daher für den Wohnungsbau 1982 in Staatsbetrieben 197 Yuan, in Kollektivbetrieben nur 34 Yuan zur Verfügung.[222] Daß der Bau von Wohnungen für die Betriebe einen nicht unerheblichen Kostenfaktor darstellt, läßt sich z.b. daraus erkennen, daß 1985 auf 38,7 % der von großen und mittleren staatlichen Industriebetrieben bebauten Fläche Wohnungen für die Beschäftigten errichtet waren. Für große und mittlere kollektive Industriebetriebe beträgt die entsprechende Fläche 32 %.[223]

Der Wohnraum ist knapp und ungleich verteilt. Das gilt auch für die Beschäftigtenkategorien. Über mehr als 5 m^2 Wohnraum verfügten nach einer Untersuchung des ACGB 1986 nur knapp 42 % der Beschäftigten, darunter Kader zu 51 % und Arbeiter zu knapp 38 %.[224]

Für die Vergabe von Wohnraum an die anspruchsberechtigten Betriebsangehörigen ist deren Dienstalter (häufig umgerechnet in Punkten) maßgeblich. Die individuellen Chancen auf eine eigene Wohnung hängen somit entscheidend von folgenden Umständen ab: von der regulären Zuteilung des Arbeitsplatzes durch die Arbeitsverwaltung, von der Zuteilung in eine gute, d.h. staatliche und zentralverwaltete Einheit, von der individuellen Betriebszugehörigkeit und von einer Fülle eher zufälliger Umstände, wie der Altersstruktur des Betriebes oder der Lage des Betriebes und damit der Verfügbarkeit von Bauland.

Obwohl die Ausgaben der Betriebe für Sozialleistungen im weitesten Sinne einen erheblichen Umfang haben, werden sie von den Beschäftigten subjektiv nicht als Lohnbestandteile begriffen. Auch von den Betrieben werden diese Ausgaben in vielen Fällen nicht als Lohnnebenkosten behandelt. Erst mit dem raschen Anstieg von Rentnern in älteren Betrieben und mit neuen Aspekten der Betriebsführung im Zuge der Reformdiskussion änderte sich die Sichtweise.

Tatsächlich aber - das sieht man im Ausland - sind die Lohnbestandteile, die für die Sozialleistungen (z.B. für die Wohnung) aufgewandt werden, ziemlich groß. Die Arbeitskräfte erhalten unbemerkt sehr vieles an Sozialleistungen, d.h. die Betriebe zahlen sehr viel. Außerdem werden die Sozialleistungen in kollektiver Form und nicht individuell geleistet, sie stehen in keiner Beziehung zur Arbeit des einzelnen. (15/MS).

Über den wachsenden Kostenaufwand für die Beschäftigten im Staatssektor informiert die folgende Tabelle 12.

Tabelle 12:
Jährlicher Kostenaufwand für die Beschäftigten im Staatssektor, (1952-1987) (in Mrd. Yuan)

Kostenfaktor	1952	1962	1978	1983	1985	1987
Löhne	6,80	21,40	46,86	74,81	106,48	145,93
Sozialleistungen	0,95	2,83	6,69	17,95	26,99	41,18
Zuschüsse	-	-	5,56	27,00		
Bildungsausgaben	1,10	3,09	9,38	18,05		
Gesamt	8,85	27,32	68,49	137,82		

Quelle: Heberer 1989a: 294, (nach *Zhongguo tongji nianjian 1984* und *Zhongguo caizheng shouzhi tongji 1984*); ZTN 1988: 181, 203.

Die Tabelle 12 zeigt für den angegebenen Zeitraum deutliche Erhöhungen der Lohnaufwendungen im Staatssektor, die angesichts der Stabilität des Lohnsystems zumindest bis 1985 im wesentlichen auf die allgemeine Zunahme der Beschäftigtenzahl und auf Höhergruppierungen von Beschäftigten zurückzuführen sind. Besonders auffällig ist der erhebliche Kostenanstieg für Sozialleistungen, Zuschüsse u.a., der die Summe für diese Aufwendungen den Lohnkosten annähert. Vergleicht man konkreter die Ausgaben für Wohlfahrts- und Sozialleistungen nach der betrieblichen Eigentumsform, so wird deutlich, daß im Jahre 1978 staatliche Betriebe 14,3 % der Lohngesamtsumme für Sozialleistungen verausgabten, kollektive Betriebe dagegen nur 9,0 %.[225]

Die Betriebe nehmen eine umfassende Rolle im Prozeß der sozialen Integration der Bevölkerung wahr. Grundlage dieser Integration ist zwar zunächst ein bürokratischer Akt der Arbeitsverwaltung, die Erfassung der Schulabgänger und ihre Zuteilung als Arbeitskräfte an die Betriebe. Nach erfolgter administrativer Zuteilung nehmen aber die Betriebe nicht nur die konkrete Zuweisung und Qualifikation der Arbeitskräfte vor und verbinden damit konkret Arbeitskräfte und Arbeitsplätze, sondern sie gliedern die Arbeitskräfte auch in ein System sozialer Leistungen und relativer Privilegien ein. Alle positiven und negativen Attribute des Betriebes schlagen sich im sozialen Status der Beschäftigten nieder. Nicht (primär) durch ihren Beruf oder ihren Arbeitsplatz gewinnen somit Arbeitskräfte einen privilegierten oder deprivilegierten gesellschaftlichen Status, sondern durch ihre Betriebszugehörigkeit, d.h. z.B. durch ihre Zugehörigkeit zu einem der besonders begünstigten zentralverwalteten Staatsbetriebe.

Die Tatsache, daß chinesische Betriebe die kollektive Daseinsvorsorge für ihre Betriebsangehörigen übernehmen, hat eine doppelte Wirkung. Betriebsintern wirkt diese Tatsache egalisierend, da die Lohnunterschiede nur mäßig differenziert sind und die unbaren Leistungen zur Nutzung für alle zur Verfügung stehen. Die Käuflichkeit von Gütern spielte (zumindest bis zu den Reformen nach 1978) keine entscheidende und korrigierende Rolle bzw. war, wie beim wichtigsten Gut, der Wohnung, sogar gänzlich unmöglich. Dieser Egalisierungstendenz entgegengerichtet ist jedoch eine zwischenbetriebliche Differenzierung, die ungleiche Lebenssituationen in Abhängigkeit von der Zugehörigkeit zu einem bestimmten Betrieb begründet. Diese betriebsgebundene relative Privilegierung oder Deprivilegierung greift sogar über auf die soziale Situation der Nachkommenschaft der Arbeitskräfte; denn Versorgung heißt, auch für die Familien der Betriebsangehörigen zu sorgen,[226] im besonderen durch die Bereitstellung eines Arbeitsplatzes für die Kinder. Im System des *dingti* wird das besonders deutlich. Hier erfolgt nicht allein die Vererbung eines Berufs bzw. eines Status im sozialen Sinne, sondern im Wege der Zuschreibung wird von den Kindern die Position der Eltern übernommen.

Obwohl die Betriebe die Vielzahl ihrer Leistungen vor allem ökonomisch unterbewerten und nicht als Lohnnebenkosten veranschlagen, haben sie ein starkes Interesse an der Abgrenzung von anspruchsberechtigten und nichtanspruchsberechtigten Betriebsangehörigen. Hierbei wenden sie die ihnen von der Arbeitsverwaltung vorgegebenen Kategorien an und differenzieren u.a. zwischen Arbeitskräften im Plan und außerhalb des Plans, zwischen zugewiesenen Arbeitskräften mit städtischem *hukou* und nichtzugewiesenen mit städtischem oder ländlichem *hukou*. Im Ergebnis konzentrieren die Betriebe ihre Verpflichtungen auf die Festarbeiter als eine Art Stammbelegschaft.[227] Die Festarbeiter bilden die eigentlichen Mitglieder der *danwei*.

3.2.3 Mitgliedschaft als Modus der Betriebszugehörigkeit

Betriebe in China sind weit mehr als zweckgerichtete Arbeits- und Produktionsorganisationen: Durch die Übernahme umfangreicher Versorgungsfunktionen haben sie sich zu *danwei* entwickelt. Dem *danwei*-Konzept entspricht auf der personellen Seite ein bestimmter Modus der Integration von Betriebsangehörigen. Die Zuteilung der Arbeitskräfte durch die staatliche Arbeitsadministration begründet ein Beschäftigungsverhältnis, das den einzelnen nicht nur als Arbeitskraft, sondern ganzheitlich in seinen Betrieb bzw. in seine Einheit integriert.

Diesem spezifischen Modus der Betriebszugehörigkeit wird der Begriff "Mitglied" oder "Mitgliedschaft" am ehesten gerecht.

Mitglied einer *danwei* sind also die regulären, nach Plan zugeteilten Arbeitskräfte mit dem Status von Festarbeitern (*gudinggong*), die volle Anrechte auf die Leistungen der *danwei* haben. Nichtmitglied mit nur abgestuften oder ohne Teilhaberechte sind alle jene Arbeitskräfte, die entweder als städtische Zeitarbeiter rekrutiert oder als ländliche Arbeitskräfte von den Betrieben angestellt werden.

Die Mitgliedschaft in einer *danwei* läßt sich durch eine Reihe von Merkmalen charakterisieren, die teilweise an anderer Stelle schon erwähnt wurden, hier aber noch einmal gebündelt aufgegriffen werden sollen:

a) Sie beinhaltet nicht allein Beschäftigungssicherheit, sondern lebenslange Zugehörigkeit. Diese Zugehörigkeit endet (anders als in Japan) nicht mit dem Rentenalter oder mit einer Arbeitsunfähigkeit. Die Mitgliedschaft schließt gewisse Sicherheiten für die Familienangehörigen ein, besonders die sozialen Verpflichtungen für die Beschäftigung der Kinder.[228]

b) Die Mitgliedschaft beruht zwar auf einem Arbeitsverhältnis, jedoch nicht auf einem Vertrag, der zwischen zwei "freien" Vertragspartnern zustandegekommen wäre. Die Zugehörigkeit zur *danwei* ist eine bürokratisch begründete,[229] vertragslose Beziehung, deren Bestand durch bürokratische und institutionelle Normen gesichert wird.[230] Sie ist weder durch den Betrieb noch (mit gewissen Einschränkungen) durch den einzelnen kündbar.

c) Innerhalb der *danwei* und abgegrenzt von der "großen Gesellschaft" erfolgt die soziale Einbindung der *danwei*-Mitglieder. Sie bedeutet auf der einen Seite Beschäftigungssicherheit, umfassende Daseinsvorsorge und Schutz, auf der anderen Seite Abhängigkeit und Kontrolle. Kontrolle übt die *danwei* in politischer und in sozialer Hinsicht aus. Schutz bietet sie im Gegenzug, indem sie in einer sich industrialisierenden Gesellschaft, die außerhalb der *danwei* (mit Ausnahme der eigenen Kinder) keine sozialen Sicherungssysteme kennt, umfassende Daseinsvorsorge gewährt.[231]

d) Eine Mitgliedschaft verankert die Menschen in der chinesischen Gesellschaft, indem sie ihnen einen *danwei*-externen und -internen sozialen Status verleiht. Der Einzelne gewinnt durch seine Mitgliedschaft in einer bestimmten *danwei* einen sozialen Status in der Gesellschaft. Mitgliedschaft heißt Teilhabe an den Lebensmöglichkeiten der *danwei*, an den materiellen und immateriellen Privilegien bzw. an der Deprivilegierung, die eine *danwei* zu vergeben hat. Der Mitgliedsstatus als Angehöriger dieser oder jener *danwei* bestimmt die Beziehungen zu Mitgliedern anderer *danwei* oder allgemein im Trans-*danwei*-Bereich (Weggel). Persönliche Angelegenheiten wie Freundschaften oder Heiratschancen[232] sind davon ebenso betroffen wie evtl. offizielle Kontaktaufnahmen. Die Möglichkeiten für ein erfolgreiches Handeln hängen von der Größe, dem Ansehen und dem Einfluß der *danwei* ab.

Die *danwei* hat auch einen internen Status zu vergeben, insofern es eine Positionshierarchie von Leitungs- und Kaderpositionen oder Arbeiterpositionen gibt. Diese Unterschiede drücken sich nur bedingt in Einkommensunterschieden aus und liegen stärker im Bereich des persönlichen Einflusses sowie von Macht und Kontrolle.

e) Die Mitgliedschaft ist durch diffuse, personalisierte und gegenseitige Beziehungen (*guanxi*) gekennzeichnet, die ein gegenseitiges Geben und Nehmen einschließen. Sie betreffen die Menschen nicht allein als Arbeitskraft, sondern als ganze Person. Die *danwei*-Leitung ist in paternalistischer Weise für den Arbeitsbereich und den persönlichen Lebensbereich der Mitglieder verantwortlich.

Die Mitgliedschaft als Bündel von Beschäftigungssicherheit und Versorgung verstärkt die durch die staatliche Arbeitskräftelenkung angelegte Kategorisierung der Arbeitskräfte in China. Sie grenzt deutlich die Gruppe der offiziell, d.h. im Plan vorgesehenen und durch die Arbeitsbüros zugewiesenen von allen übrigen Arbeitskräften ab. Als Festarbeiter sind sie privilegiert gegenüber den Arbeitskräften, die außerhalb des Plans angestellt werden. Deren Situation und Leistungsansprüche variieren stark. Arbeitskräfte, die nur in unsteten Arbeitsverhältnissen beschäftigt sind, befinden sich trotz einer Beschäftigung in den gleichen Betrieben in einer in jeder Hinsicht benachteiligten Position.

Vermittelt über die Zugehörigkeit zur Einheit sind somit die gesellschaftlichen Chancen der Individuen ungleich Ungleichheit verteilt. Die Stabilität dieses Systems, die lebenslange Zugehörigkeit und die äußerst eingeschränkte Möglichkeit eines *danwei*-Wechsels durch Versetzung schließt Statusänderungen des einzelnen nahezu völlig aus. Der entscheidende biographische Schritt ist der Eintritt in einen Staatsbetrieb, einen Großen Kollektivbetrieb oder in eine andere angesehene Institution. Eine von der *danwei* unabhängige Berufskarriere und biographische Perspektive kann nur außerhalb des staatlich gelenkten Beschäftigungssystems entwickelt werden. Dafür wurde erst nach 1978, insbesondere durch die Wiederzulassung des privaten Sektors, ein gewisser Spielraum eröffnet.

3.3 Betriebliche Arbeitskräfteallokation und -reallokation

3.3.1 Betriebliche Allokation im Rahmen externer und interner Zwänge

Wesentliches Merkmal aller betrieblichen Allokationsprozesse ist, daß sie sich unter ganz spezifischen externen und internen Bedingungen vollziehen. Einerseits sind dem betrieblichen Handeln enge planbürokratische und planökonomische Grenzen gezogen, andererseits ist dieses Handeln nicht den Zwängen eines ökonomischen, d.h. kostensparenden Umgangs mit dem Faktor Arbeit unterworfen. Für die chinesischen Betriebe gelten die mehrfach erwähnten "weichen" Haushaltszwänge im chinesischen: das "Essen aus dem großen Topf" (*chi daguofan*), die zahlreiche Handlungsspielräume für die Betriebsleitungen eröffnen, "außerplanmäßig" zu handeln.

Die angedeuteten Bedingungen bestimmen gleichermaßen die quantitative und die qualitative Seite des Allokationsprozesses, d.h. sowohl die Frage, wie viele Arbeitskräfte in die Betriebe aufgenommen werden, als auch die Entscheidung, welche Arbeitskräfte auf welche Arbeitsplätze kommen und in welchen Arbeitsverhältnissen sie angestellt werden.

Da nicht nur die Betriebe, sondern auch die Wirtschaftsverwaltungen den wirtschaftlichen Erfolg der Betriebe an der quantitativen Planerfüllung messen, entwickelt sich ein gemeinsames Interessennetz. Ein Arbeitskräftezuwachs wird von beiden Seiten so lange für rational gehalten, als er zu einem Produktionszuwachs führt. Die Einsparung von Arbeitskräften bringt dagegen für niemanden Vorteile.

Die Allokation von Arbeitskräften in den Betrieben vollzieht sich unter institutionellen Bedingungen, die sich nach fünf Aspekten ordnen lassen: (1) die staatliche Zuweisung von Arbeitskräften, (2) die Mitgliedschaft, (3) die Kader-Arbeiter-Dichotomie, (4) die Arbeitskräftequalifizierung und (5) das Prinzip der Produktionslinien. Diese institutionellen Bedingungen liegen zwar auf unterschiedlichen Ebenen und sind keine Elemente eines logisch konsistenten Systems von Handlungsregulativen, sie repräsentieren jedoch rechtliche und soziale Normen und die allseits als legitim geltenden Ordnungsvorstellungen von der Rekrutierung und dem konkreten Einsatz von Arbeitskräften. Die Verankerung dieser Ordnungsvorstellungen zeigt sich bei allen Handlungsbeteiligten, in der Verwaltung ebenso wie in den Betriebsleitungen und bei den Beschäftigten.

(a) Staatliche Zuweisung von Arbeitskräften

Die staatlichen Vorgaben für die betriebliche Allokation reichen vom beschäftigungspolitischen Dogma bis hin zur direkten administrativen Einweisung von Arbeitskräften auf bestimmte Positionen, i.d.R. auf Leitungspositionen.

Ausgangspunkt staatlichen Handelns ist, keine (offene) Arbeitslosigkeit entstehen zu lassen. Diesem Ziel dient vor allem die Vergabe und Weitergabe von Rekrutierungs-Höchstziffern von der Zentrale über Provinzen, Städte und Bezirke bis an die Betriebe auf allen Ebenen, wobei diese Höchstziffern eher an der Zahl vorhandener Arbeitskräfte als am Bedarf der Betriebe ausgerichtet sind.[233] Aber auch die Bedarfsberechnung durch die Betriebe hat sich an staatlichen Arbeits- und Personalnormen auszurichten. Abgesehen von der technischen Unzulänglichkeit dieser Normen und ihrer Anwendung,[234] sind sie ein sehr widersprüchliches Instrument: Einerseits setzt die Verwaltung sie bewußt ein, um die Betriebe daran zu hindern, nach eigenen Gutdünken Arbeitskräfte zu rekrutieren, andererseits bieten sie sich wegen ihrer Ungenauigkeit als Ansatzpunkt für nahezu beliebige Manipulationen an. Aus betrieblicher Sicht kommen dabei je nach Interessenlage Einflußnahmen auf die Berechnung der Planziffern oder deren Umgehung durch Rekrutierung von Arbeitskräften, die nicht unter die Normen fallen, in Frage.[235]

Die Verfolgung des Vollbeschäftigungsziels führt aber auch zur "zwangsweisen Zuteilung" (*yingtanpai*), einerseits von zusätzlichen Arbeitskräften über die Planziffern hinaus, andererseits von bestimmten Arbeitskräften. So müssen Betriebe z.B. gegebenenfalls demobilisierte Soldaten oder auch Bauern aufnehmen, deren Land für staatliche Zwecke requiriert wurde. Dieser zwangsweisen Zuteilung können sich selbst Großbetriebe kaum widersetzen,[236] und auch Kollektivbetriebe, die nicht voll in die Planung und Verteilung einbezogen sind, sind davon betroffen.[237] Der Logik der Planwirtschaft entsprechend erhalten effizientere Betriebe besonders viele Arbeitskräfte.[238] Die Betriebe sind gezwungen, diese Arbeitskräfte im Betrieb unterzubringen, sei es indem sie Arbeitsplätze mehrfach besetzen, sei es, daß sie unbenötigte Arbeitsplätze neu schaffen (*yin ren she shi*).

Direkte Einflußnahme staatlicher Organe erfolgt darüber hinaus über die Schaffung und Besetzung betrieblicher Abteilungen in direkter Entsprechung zur staatlichen Verwaltung. Jedes Organ der Verwaltung fordert einen betrieblichen Ansprechpartner und nimmt Einfluß auf die Zahl und Art der Arbeitsplätze in den entsprechenden Abteilungen. Mit Hilfe des Vehikels, den Betrieben ihre Arbeitsorganisation vorzuschreiben, macht die Verwaltung - zunächst losgelöst vom Plan - Vorgaben für die Arbeitskräfteallokation. Handelt es sich um Leitungspositionen, so geht der Einfluß der Verwaltung bis zur personellen Besetzung von Stellen.[239] Das Drängen der Verwaltung auf "Parallelität" der Organe[240] verdeutlicht das folgende Zitat:

> Für die Personalfestlegung gibt es seitens der übergeordneten Regierungsorgane einige Fesseln, z.b. wie groß die Feuerwache eines Betriebs zu sein hat, wieviele Torwächter sie braucht, für alles gibt es Prozentzahlen. Ursprünglich ist die Zahl des Verwaltungspersonals vom Ministerium auf 18 % der Belegschaft festgelegt, aber nach den Proportionen für jede Abteilung (*tiaotiao kuaikuai*) kommt man auf über 18 %. Wenn wir die Stärke eines Büros berechnen, dann soll das Arbeitsquotenpersonal (*laodongli ding'e renyuan*) 3 % der Arbeiter betragen, das ist Prinzip und für die gesamte Maschinenbaubranche bedacht. Die Güter unseres Betriebs aber sind einfacher, die Struktur schlichter, und auch die Werkzeugmaschinen sind nicht überall gleich. Ich meine, es bedarf nicht dieses staatlichen Rahmens, auch nicht für die einzelnen Abteilungen. Die Sollstärke sollte sich nach dem betrieblichen Produktionsbedarf und dem Prinzip der Steigerung der Anforderungen richten, und die werden von den entsprechenden Regierungsdokumenten abgedeckt und können nicht unterschritten werden: zusammengerechnet gibt es dann aber in den Organen zuviel Personal. (13/MS)

Obwohl die zentrale Arbeitskräftelenkung durch Schaffung einer exklusiven Eintrittspforte in die Betriebe in Form der staatlichen Zuteilung den Zugang von Arbeitskräften zu reglementieren sucht, haben die Betriebe einen gewissen Einfluß auf die Personalrekrutierung. Soweit es sich dabei um Rekrutierungen "im Plan" handelt, können sie durchaus zu einer dauerhaften Beschäftigung führen. Dies ist vor allem bei Ersatzkräften für Ausfallzeiten regulär Beschäftigter (*bianzhiwai*) der Fall, aber auch Zeitarbeiter können in Festarbeiter umgewandelt werden.[241] Generell aber gestaltet sich der Umgang mit Zeitarbeitern für den Betrieb flexibler, da sie auch wieder entlassen werden können. Die Möglichkeit zum Abschluß unsteter Beschäftigungsverhältnisse bietet den Betrieben Gelegenheit zur Umgehung des Plans,[242] zumal sie außer den Zeitarbeitern im Plan auch Arbeitskräfte außerhalb des Plans rekrutieren können. Deren Beschäftigung muß allerdings ebenfalls von den Arbeitsbüros genehmigt werden.

In der Praxis haben die Betriebe diese Rekrutierungsmöglichkeit seit den 50er Jahren großzügig genutzt, wie periodisch verfaßte Mitteilungen und Bestimmungen gegen "blinde Rekrutierung" und für das "Hinaussäubern" (*qingtui*) von Außerplan-Arbeitern belegen.[243] Im einzelnen umgehen die Betriebe die staatlichen Regeln auf folgende Weise:

Erstens halten sie sich nicht an die vorgegebenen Rekrutierungsprioritäten, d.h. sie decken den Bedarf nicht innerbetrieblich oder mit städtischen Arbeitslosen, sondern stellen bevorzugt ländliche Arbeitskräfte ein.[244] Dabei kommt ihnen zugute, daß die Arbeitskräfteplanung nicht das Land erfaßt und die Kontrolle der Landbevölkerung über die Haushaltsregistrierung und die Lebensmittelrationierung erfolgt.[245]

Zweitens holen die Betriebe nicht die erforderlichen Genehmigungen der Arbeitsverwaltung für die Zahl der Zeitarbeiter und der Volksbank für deren Lohnsumme ein.[246] Darüber hinaus beschäftigen Staatsbetriebe außerhalb des Plans Arbeiter aus Kollektivbetrieben (*jitigong*), um zusätzlichen Arbeitskräftebedarf ohne staatliche Kennziffern zu stillen.

Und schließlich halten sich die Betriebe nicht immer an die Bestimmung, Zeitarbeiter für befristete Tätigkeiten anzustellen. So ist das Phänomen der "Dauer-Zeitarbeiter" (*changqi linshigong*) entstanden, die zwar nicht in reguläre umgewandelt werden sollen, z.T. aber die gleichen Sozialleistungen erhalten können.[247]

Die Anzahl der unstet beschäftigten Arbeitskräfte läßt sich nur schwer feststellen, zumal nicht systematisch zwischen im Plan erfaßten und nicht erfaßten getrennt wird. Einige Daten wurden bekannt, als nach 1978 auf Personalstraffung gedrungen wurde. Laut dem staatlichen Statistikbüro stieg die Zahl der Außerplan-Arbeiter in staatlichen Einheiten trotz Säuberungen von Ende 1978 bis Ende 1981 von 9,05 auf 9,97 Mio. Davon stammten 3,7 Mio. vom Lande, obwohl seit 1979 bereits 1,3 Mio. dorthin zurückgeschickt wurden.[248] Insgesamt beschäftigten staatliche Einheiten Ende 1980 mit Hilfe aller möglichen Anstellungsformen (nicht gerechnet feste) 9,31 Mio. ländliche Arbeitskräfte.[249] Die tatsächliche Zahl dürfte aufgrund der geschilderten Praktiken noch höher liegen. Die Arbeitsverwaltungsbehörden können nur ungenaue Angaben machen. Das Arbeitsministerium spricht von 10 Mio. Außerplan-Arbeitern für ganz China (6/MfA).[250]

Die betrieblichen Allokationsmöglichkeiten bewegen sich also in einem eng gesteckten Rahmen, der sich aus Lücken und Unzulänglichkeiten in der staatlichen Arbeitskräftezuteilung ergibt bzw. sich auf den Bereich der "ungeplanten", Produktionslücken schließenden Beschäftigten erstreckt.

(b) Mitgliedschaft

Das Institut der Mitgliedschaft, das die Rechte aller zugeteilten Arbeitskräfte beinhaltet, hat für die Gestaltung der betrieblichen Allokationsprozesse in dreierlei Weise entscheidende Bedeutung.

Erstens: Die Existenz eines nicht unerheblichen Anteils der Belegschaft, der unter betriebswirtschaftlichem Kalkül entbehrlich, aber nicht kündbar ist, zwingt die Betriebe in wirtschaftliche Aktivitäten hinein, die keine sinnvolle Erweiterung der Produktion darstellen. Es handelt sich sehr klar um betriebliche Arbeitsbeschaffungsmaßnahmen, deren Hauptzweck ist, einmal vorhandene Arbeitskräfte zu beschäftigen und sie nicht zur Quelle von Demotivationen für arbeitende Kollegen werden zu lassen.

Zweitens führt nicht allein der Druck der Arbeitsverwaltungsbehörden, sondern auch die Mitgliedschaft zu einer Zunahme nicht benötigter bzw. nicht geeigneter Arbeitskräfte in den Betrieben. Die Betriebsleitungen sehen sich in ihrer Personalplanung gezwungen, den gesellschaftlichen Erwartungen an die sozialen Verpflichtungen der Betriebe, vor allem im Hinblick auf die Kinder ihrer Betriebsangehörigen, nachzukommen. Allgemein gebräuchlich sind die Praktiken der "internen Rekrutierung" (*neizhao*) dieser Kinder und der "Ersetzung" (*dingti*) der Eltern durch ihre Kinder: Veranlaßt durch staatliche Beschäftigungspolitik und gestützt auf allgemein geteilte Vorstellungen über legitime Ansprüche an den Betrieb, werden beide Maßnahmen durch den Zwang zum Erhalt des Betriebsfriedens perpetuiert.[251]

Drittens bietet die Mitgliedschaft ihren Inhabern die Möglichkeit, sich Leistungen zu verweigern, die sie nicht zu erbringen wünschen. Sie bildet damit eine der Ursachen für die niedrige Arbeitsmotivation der Festarbeiter. Festarbeiter weigern sich vor allem, schwere körperliche, schmutzige oder gefährliche Arbeit, wie z.B. bei Transport- und Hilfsarbeiten zu übernehmen. Für die Betriebe ergibt sich hieraus ein entscheidendes Dilemma: Arbeitsunwillige und unmotivierte Arbeitskräfte können nicht sanktioniert und schon gar nicht entlassen werden, bleiben also den Betrieben erhalten; gleichzeitig müssen für die unerledigten Arbeiten neue Arbeitskräfte eingestellt werden. Lösbar ist dieses Dilemma nur durch das Regime der "weichen" Haushaltszwänge. Die Betriebe rekrutieren Zeitarbeiter im oder außerhalb des Plans, deren Arbeitsplätze nicht auf Dauer angelegt und die sozial ungesichert sind, und schaffen sich über deren gezielten Einsatz den nötigen Freiraum, um ihren Produktions- und Versorgungsansprüchen gerecht werden zu können.

(c) Kader-Arbeiter-Dichotomie

In der betrieblichen Einstufung der Arbeitskräfte als Kader oder Arbeiter sind die Betriebe an die staatlichen Vorgaben gebunden. Erstens wird sie von verschiedenen Büros (Personal- bzw. Arbeitsverwaltung) veranlaßt und führt dann innerbetrieblich ebenfalls zu einer unterschiedlichen "Behandlung" der Arbeitskräfte durch das Personal- oder Arbeitsbüro.[252] Zweitens schreibt der Staat darüber hinausgehend bestimmte Proportionen der Personalverteilung vor, die der Besetzung von Positionen unabhängig von konkreten Aufgaben zahlenmäßig Grenzen setzen. Und drittens soll seit dem Ende der Kulturrevolution[253] die Positionierung von Arbeitskräften auf der Grundlage ihres jeweiligen Bildungsniveaus (Schulabschluß) erfolgen: Für Kader ist mindestens der Abschluß der Fachmittelschule oder der Fachhochschule vorausgesetzt.[254]

Die Betriebe sind bei der Rekrutierung von Fachpersonal zunächst auf zwei offizielle Wege verwiesen: Die staatliche Zuweisung über die Zentrale und die Region an die Betriebe oder die direkte Zuweisung durch die Schulen nach einer gezielten Ausbildung auf Antrag der Betriebe.[255] Der zweite Weg ist allerdings zumindest bis zum Beginn der Reformen aufgrund fehlender Ausbildungskapazitäten nur bedingt gangbar gewesen.[256] Die Betriebe mußten daher auch andere Wege beschreiten, um das erforderliche Personal zu rekrutieren, womit sich u.a. den Beschäftigten betriebliche Karrierewege eröffneten, ohne daß sie allerdings eigene Karriereplanungen anstellen konnten.

> Die Zuteilung in Produktion und Büro erfolgte nicht nach dem Bildungsabschluß; denn alle waren Absolventen der Mittelschule. Der einzelne konnte zwar seine Wünsche äußern, aber die wurden nicht beachtet. Die Entscheidung traf die Betriebsleitung. (36/Yang)

Deutliche Unterschiede bestehen in der Besetzung von Positionen der einzelnen Kaderebenen: Während die Posten am unteren Ende der Hierarchie im allgemeinen mit Schulabsolventen von außen besetzt werden, erfolgt die Rekrutierung auf mittlere Kaderposten häufig innerbetrieblich, um Vertrautheit mit betrieblichen Verhältnissen zu gewährleisten. Denn Betriebskenntnisse und Praktika werden als wichtig erachtet.[257] Die Leitungskader werden i.d.R. nicht vom Betrieb ernannt, wobei die zuständigen staatlichen Stellen auch entscheiden, ob für eine Leitungsposition ein Kader aus dem Betrieb in Frage kommt oder nicht.[258] Nicht selten üben Partei und Verwaltung darüber hinaus aber auch bei der Ernennung der anderen Kader ihren Einfluß aus.[259]

Die Organisationsstruktur der Betriebe, zu deren Merkmalen die Arbeiter-Kader-Dichotomie gehört, engt die Möglichkeit sachgerechter Besetzung von Positionen ein, da sie nicht in erster Linie Ergebnis einer binnenbetrieblichen Arbeitsteilung, sondern politisch und bürokratisch gesetzter Vorgaben ist.

(d) Die Arbeitskräftequalifizierung

Die klare Positionsgliederung im chinesischen Betrieb legt die Annahme präziser Kompetenzen und eindeutiger Qualifikationsanforderungen an die Funktionsträger nahe. Diese Annahme der Eindeutigkeit muß jedoch vor allem für den Verwaltungsbereich revidiert werden. Sieht man einmal von der gerade erwähnten Zuordnung der Arbeitskräfte zum Arbeits- bzw. Personalsystem ab, die sich nach dem Bildungsabschluß richtet, so ist die Zuordnung von Arbeitskräften zu konkreten Tätigkeiten weitgehend losgelöst von ihrer Ausbildung.

Es ist die Aufgabe des Betriebs, die pauschal zugewiesenen Arbeitskräfte nach den vorhandenen Arbeitsplatzanforderungen hinreichend zu qualifizieren. Die Betriebe legen nach unseren Erfahrungen auch selbst den größten Wert auf die Ausbildung ihrer Arbeitskräfte, da ihnen nur so eine brauchbare Qualifizierung gewährleistet zu sein scheint.

Arbeiter werden an ihrem Arbeitsplatz für eine eng umrissene Aufgabe ausgebildet.[260] Ein Erwerb zusätzlicher Fachqualifikationen bedeutet i.d.R., begrenzte Tätigkeiten besser zu erfüllen und z.B. Maschinen nicht nur perfekter bedienen, sondern auch reparieren zu können. Dieser Aufgabenzuschnitt unterstützt ein bestimmtes Qualifikationsprofil, das bislang nicht in die Richtung einer breiten Basisqualifikation und weiterer Prozeßkenntnisse für den flexiblen Einsatz der Arbeitskraft geht, das aber angesichts der in Kapitel 3.1.1 angerissenen Rahmenbedingungen chinesischer Arbeits- und Produktionsprozesse für die Betriebe rational erscheint. Auch die reichlich vorhandene Arbeitskraft begünstigt den Einsatz von einer oder mehreren Arbeitskräften pro Maschine (Mehr-Mann-Maschinen-Bedienung) und regt nicht zu Rationalisierungen im Sinne einer Ein-Mann-mehr-Maschinen-Bedienung an.[261]

Auch viele Kader erhalten häufig keine systematische Ausbildung. Sie erwerben die notwendigen Qualifikationen ebenfalls am Arbeitsplatz, bisweilen ohne jegliche Anleitung. Ihre Tätigkeit ist gleichermaßen eingeschränkt auf einen eng abgesteckten Aufgabenbereich. Verfügen sie z.B. über eine Universitätsausbildung, so steht ihre Tätigkeit in vielen Fällen nicht in Bezug zu ihrem Fachstudium.[262] Nicht allein der Mangel an bestimmten Qualifikationen bestimmt hier das Bild, sondern auch Fehlbesetzungen sind häufig.

Der hier skizzierte Typus der Arbeitskräftequalifizierung hat zwei entscheidende Wirkungen: Er begrenzt die Einsatzfähigkeit von Arbeitskräften durch den engen Zuschnitt der Qualifikation und provoziert bei den Betriebsleitungen das Verhalten, bestimmte Qualifikationen für die Einheit zu horten, weil zukünftig ein

Bedarf vorhanden sein könnte. In Verbindung mit der betrieblichen Unsensibilität für Arbeitskosten werden auch Arbeitskräfte für Tätigkeiten eingesetzt und dort gehalten, die zu hoch qualifiziert sind, nicht selten wegen eines Mangels an mittleren Qualifikationen.

(e) Das Prinzip der Produktionslinien

Die Rekrutierung von Arbeitskräften für die als "erste Linie" definierte unmittelbare Produktionsarbeit ist der größte Problembereich aller Betriebe. Entgegen der politisch bestimmten positiven Wertung der produktiven Arbeit versuchen die Arbeitskräfte, die erste Linie zu meiden oder sie so bald wie möglich wieder zu verlassen. Für diese Linie bestehen daher deutliche Schwierigkeiten bei der Arbeitskräfterekrutierung und der Beschäftigungsstabilisierung.[263]

Die "erste Linie" bedeutet häufig schlechte Arbeitsbedingungen und hohe Arbeitsintensität; vor allem in der Textilindustrie wird über Lärm und Schmutz, über das Schichtsystem und den niedrigen Lohn geklagt. Wer Beziehungen hat, auf Krankheiten verweisen kann oder die Erlaubnis zur Weiterbildung erhält, verläßt die erste Linie und muß in der zweiten oder dritten untergebracht werden. Die Betriebe haben kaum Möglichkeiten, die Arbeitskräfte daran zu hindern - es sei denn administrative, die stets geeignet sind, Störungen des Betriebsfriedens herbeizuführen. Sanktionen sind kaum durchsetzbar, und der Lohn bildet aufgrund seiner Starrheit keinen geeigneten Anreiz.[264] Das Ergebnis ist eine verzerrte Arbeitskräftestruktur: die Koexistenz von Arbeitskräftemangel und -überschuß. Gebräuchlich ist die Formulierung: "Erste Linie straff, zweite Linie locker und dritte Linie geschwollen" (*yixian jin, erxian song, sanxian zhong*).

Wie die Übersicht 9 in einer Gegenüberstellung von Soll- und Ist-Werten zeigt, werden die für die drei Linien bestimmten Beschäftigtenproportionen in der 3. Linie deutlich auf Kosten der 1. überschritten.

Die Linienkonzeption in den chinesischen Betrieben ist, teilweise in Verbindung mit den anderen genannten Handlungsbedingungen, für die betrieblichen Allokationsprozesse besonders entscheidend: Erstens bewirkt sie erhebliche Probleme der Personalstabilisierung und macht trotz Arbeitskräfteüberschuß die Rekrutierung von weiteren Arbeitskräften erforderlich. Zweitens begrenzt sie darüber hinaus eventuelle betriebliche Initiativen für Betriebs- oder Produktentwicklungen, beispielsweise eine Forschungs- und Entwicklungsabteilung zu errichten und entsprechendes Personal dafür zu rekrutieren. Während die zweite und dritte Linie mit Festarbeitern übersetzt sind, müssen für die 1. Linie zusätzliche Arbeitskräfte - häufig vom Lande (*nongmingong*) - angeworben werden. Zum

Übersicht 9:
Die drei Produktionslinien
(Beispiel: Staatlicher Maschinenbaubetrieb/MB
und Maschinenbauindustrie/MI)

	Soll	Ist/MB	Ist/MI
1. Linie Güterproduktion (Arbeiter)	mind. 40 %	29-33 %	ca. 35 %
2. Linie unmittelbare Dienstleistungen für die Produktion (Arbeiter)	ca. 40 %	37-41 %	40-43 %
3. Linie betriebliche Verwaltung (Kader)	18 %	25 %	ca. 20 %
Andere Beschäftigte	ca. 2 %	5 %	2-5 %

Quelle: 28/SAB; 16/MS.

Teil sind für die 1. Linie nur noch Zeitarbeiter zu gewinnen.[265] Shanghaier Wissenschaftler sprechen angesichts dieser Situation von einer "Beschäftigungsfalle" (*jiuye xianjing*).[266]

3.3.2 Betriebliche Reallokation

Wie in dem vorangehenden Abschnitt bereits deutlich wurde, entsteht aus dem bürokratisch reglementierten Umgang mit den Arbeitskräften ein festgefügtes Netz von Rechten und Ansprüchen der regulären Arbeitskräfte. Es äußert sich u.a. darin, daß Festarbeiter gegen ihren Willen kaum dazu bewegt werden können, Veränderungen bezüglich ihres Arbeitsplatzes hinzunehmen. Den Betriebsleitungen fehlt ihnen gegenüber die Möglichkeit zu Sanktionen. Die Hauptinstrumente zur erfolgreichen Bewältigung von Anpassungserfordernissen in den Betrieben[267] sind daher Neuzuteilungen von regulären Arbeitskräften oder die Anstellung von Zeitarbeitern. Bildhaft wird das Allokationsverhalten der Betriebe auch als Menschenmeer-Taktik (*renhai zhanshu*) gekennzeichnet.

Externe Rekrutierung heißt unter chinesischen Bedingungen - bis auf wenige Sonderfälle - nicht Betriebswechsel, sondern die Rekrutierung von Berufsanfängern, die der Betrieb auf die spezielle Aufgabe qualifikationsmäßig zuzurichten hat,[268] oder von unqualifizierten (städtischen oder ländlichen) Arbeitskräften für befristete Tätigkeiten. Im ersten Fall ergänzt der Betrieb seinen Arbeitskräftebestand um weitere reguläre Betriebsangehörige, während er im zweiten Fall Wechselarbeiter ohne soziale Rechte in unstete Beschäftigung rekrutiert.

Sehr viel problematischer gestaltet sich die innerbetriebliche Reallokation. Hierbei spielen vor allen Dingen zwei Formen eine Rolle: (a) Umsetzungen innerhalb und zwischen Abteilungen und (b) Beförderungen von Arbeitern zu Kadern. Grundmuster dieser internen Reallokation sind eher laufbahnartige Vorgehensweisen denn flexible Anpassungsleistungen an wechselnden betrieblichen Arbeitskräftebedarf. Kennzeichnend ist, daß mögliche Initiativen seitens der Arbeitskraft keinen Platz in diesem Prozeß haben.

Innerbetriebliche Ausschreibungen und Bewerbungen von Arbeitskräften werden durchgängig abgelehnt. Sowohl die Betriebsleitungen, die den Verwaltungsaufwand, Unruhe und die Zunahme von Problemen mit der 1. Linie fürchten, als auch die Abteilungen, die generell den Verlust guter Arbeitskräfte verhindern wollen, widersetzen sich solchen Verfahren.[269]

Unvermeidliche Anpassungen werden über die Betriebsleitung vollzogen, die die Festarbeiter mit administrativen Mitteln, d.h. durch Versetzungsbefehl, umsetzen. Gegen den Widerstand von Betroffenen und Abteilungen wird die Stabilität der Produktion geltend gemacht, um Mobilität "in gewissem Umfang und nach gewissen Anforderungen"[270] zu vollziehen. Innerbetriebliche Umsetzungen erfolgen daher immer langfristig.[271] Die Methode der Zwangszuteilung durch den Staat findet hier ihre betriebliche Entsprechung.

(a) Umsetzungen

Umsetzungen erfolgen stets auf Veranlassung des Betriebs oder auf persönlichen Wunsch innerhalb derselben Beschäftigtenkategorie der Arbeiter oder Kader.

Möglich sind Umsetzungen innerhalb einer Abteilung oder zwischen zwei Abteilungen. Abteilungsinterne Umsetzungen und die erforderliche Einarbeitung sollen von den Abteilungen selbst geregelt werden. Dabei sollen Inhaber wichtiger Arbeitsplätze im Interesse einer stabilen Produktion möglichst nicht wechseln.[272] Soll zwischen zwei Abteilungen umgesetzt werden, regelt dies die Arbeits- bzw. Personalabteilung. Will sie nicht mit Zwangsmaßnahmen, d.h. mit Versetzungsbefehlen und Kennziffern, arbeiten, dann bleibt nur der Weg der Verhandlung. Dabei ist vor allem der Abteilungsegoismus zu überwinden.[273]

Die Schwierigkeiten bei Umsetzungen verdeutlichen, daß es auch innerbetrieblich eine Wiederholung des Prozesses der Zellularisierung gibt, daß nämlich auf Abteilungsebene Abschottungstendenzen vorhanden sind. Hier wiederholt sich die zwischenbetriebliche Situation, daß sich verschiedene Abteilungen eines Betriebs nicht als Teile eines Ganzen verstehen, sondern ihre knappen Ressourcen an (i.d.R. von ihnen) qualifizierten Arbeitskräften zu halten suchen. Die Betriebsleitungen, deren Problem z.b. die prekäre Situation in der 1. Linie ist, weichen angesichts möglichen Widerstands auf die weniger konfliktträchtige externe Rekrutierung aus.

(b) Beförderungen

Beförderungen vollziehen sich ebenfalls in der Regel innerhalb der Beschäftigtenkategorien Arbeiter bzw. Kader. Kennzeichnend sind in beiden Fällen die scharfe Trennung zwischen einer Höherstufung im Lohn und einer Veränderung im Aufgabenbereich sowie das Fehlen klar definierter, arbeitsplatzbezogener Mobilitätsketten.

Lohnerhöhungen, darauf wurde bereits hingewiesen, stehen kaum im Bezug zur Qualifikation; sie erfolgen meist im Rahmen nationaler Erhöhungen und haben das Dienstalter zum hauptsächlichen Kriterium, sind also de facto auf die Seniorität bezogen.

Von Höherstufungen abgesehen, vollzieht sich der "Aufstieg" von Arbeitern nur in wenigen Fällen, in denen sie die Aufgabe eines Arbeitsgruppenleiters (*banzuzhang*) übernehmen, als formelle Beförderung. Die Regel ist das allmähliche Erklimmen höherer Stufen einer informellen Ansehenshierarchie; Arbeitseinsatz (*shiyexin*), Arbeitserfahrung und, damit eng verknüpft, Seniorität sind entscheidend für die Anerkennung als "Meister" (*laoshifu*).

Betriebliche Anpassungen im Verwaltungsbereich erfolgen vorrangig auf dem Wege der Aufwärtsmobilität. Bei der Besetzung von Kaderpositionen wird die interne Beförderung einer Ernennung von außen vorgezogen, anscheinend selbst dann, wenn dadurch kein optimales Ergebnis erzielt wird.[274] Eine Ausnahme bildet die Besetzung von Leitungspositionen, die Angelegenheit der staatlichen Personalverwaltung bzw. der Partei ist. Der interne Aufstieg wird bevorzugt, da er Vertrautheit mit der Produktion, den betrieblichen Belangen und den persönlichen Beziehungen im Betrieb gewährleistet.[275]

Für das Erklimmen der Karriereleiter ist die formale Qualifikation, aber mehr noch das "Verhalten" (*biaoxian*) und die Seniorität (Dienstalter) maßgeblich. Das Kriterium des "Verhaltens" spiegelt sowohl die Loyalität zur Partei im weitesten Sinne, als auch die zum Vorgesetzten. Es ist von daher nicht nur zwiespältig und schlecht zu fassen, sondern vermischt sich auch mit persönlichen Beziehungen.[276] Diese Beziehungen sind für Leitungspositionen besonders wichtig und können eine Voraussetzung für die relative Privilegierung einer ganzen sozialen Gruppe sein, z.B. einer Abteilung im Betrieb. Die persönlichen Beziehungen, über die jemand verfügt, schlagen sich daher in den Aufstiegschancen einer Person nieder, ohne daß dies zum meßbaren Kriterium werden könnte.[277]

Die Bedeutung des Dienstalters hat erst im Zuge der Reformen abgenommen - offiziell soll es nur zur Bemessung von Sozialleistungen herausgezogen werden. Es spielte allerdings lange Zeit als zwar nicht leistungsbezogenes, aber eindeutiges Prinzip, das zusätzlich der Wertschätzung des Alters in der chinesischen Gesellschaft entgegenkommt, in Besetzungsfragen von Positionen eine dominante Rolle.[278] Und auch jetzt steht "Dienstalter" weiterhin gleichbedeutend für Erfahrung.

Die Grenze zwischen Arbeitern und Kadern war nicht in jedem Zeitabschnitt der jüngeren chinesischen Geschichte gleichermaßen strikt.[279] Vor 1966 mußte zwar jeder Kader von den staatlichen Personalbehörden bestätigt und ernannt sein, hinsichtlich der Beförderung zum Kader gab es allerdings kaum Beschränkungen. Der Aufstieg von Arbeitern war relativ häufig, Status und Amt waren deckungsgleich. Nach 1966 wurden - außer militärischen Fachkadern und den Absolventen höherer Schulen - keine Kader vom Staat mehr ernannt, somit bildete sich zur Bewältigung konkreter Probleme die zusätzliche Kategorie der Betriebskader oder Arbeiter-Kader (*yi gong dai gan*) heraus. Zu dieser internen Ernennung haben alle Betriebe die Möglichkeit, da jedoch der offizielle, betriebsübergreifende Kaderstatus an die staatliche Ernennung gebunden ist,[280] würde ein Arbeiter-Kader im Falle eines Betriebswechsels zum Arbeiter zurückgestuft werden.

Bis 1984 wurden bisweilen alle Arbeiter-Kader in toto in Staatskader übergeleitet, seitdem wurde diese Praxis aufgegeben. Dennoch werden auch weiterhin Arbeiter auf Kaderposten befördert. Diese betriebsinterne Öffnung der Grenze zwischen Arbeitern und Kadern erweist sich als ein Instrument der Reallokation, Arbeitskräfte für die Übernahme bestimmter Verwaltungsaufgaben zu mobilisieren, ohne daß man sie mit dem Status eines Staatskaders gratifiziert.[281]

Die Aussagen zur Häufigkeit von innerbetrieblichen Positionswechseln sind widersprüchlich. Die in unseren Interviews gemachten Angaben können nur Näherungswerte sein, da unklar ist, welche Typen von Anpassungsvorgängen sie einschließen. Sie reichen von jährlich 3 % bis zu 8,1 % ("relativ hoch") der Belegschaft, die dauerhaft den Arbeitsplatz wechseln. In der Regel wurde zugleich betont, daß - im Interesse einer stabilen Produktion - die Inhaber wichtiger Positionen weniger, Hilfsarbeiter etwas stärker mobil sein sollen. Mit "wichtigen Positionen" scheinen dabei vor allem die Maschinenarbeitsplätze in der ersten Linie und nicht generell höher qualifizierte Facharbeiter gemeint zu sein.[282]

Mobilität bedeutet in den seltensten Fällen "Abwärtsmobilität", da der damit verbundene Gesichtsverlust weder für den einzelnen noch für die Gemeinschaft hinnehmbar ist. Eine Herabstufung - gemeint ist vor allem die Herabstufung vom Kader zum Arbeiter - ist nur bei schweren Fehlern möglich, keinesfalls aber bei Nichteignung. Allenfalls scheint hier eine Versetzung auf einen weniger verantwortungsvollen Posten, bei Erhalt des Lohnniveaus und des Status, durchsetzbar. Widerstand bringt dabei nicht nur der Betroffene auf, der seine Lage nach seiner relativen Situation im interpersonellen Bereich beurteilt ("warum ich?").[283] Auch die aufnehmende Abteilung widersetzt sich dem Wiedereinsatz von ehemaligen Kadern in der Produktion, da dies das Geflecht persönlicher Beziehungen empfindlich stören könnte. Und letztlich steht sogar die Betriebsleitung nicht hinter derartigen Maßnahmen, da die Betroffenen häufig zu alt und für Produktionstätigkeiten ungeeignet sind.[284]

Hinsichtlich ihrer Reallokationsmaßnahmen stehen die chinesischen Betriebe weder unter dem Zwang, sich mit konkurrenzfähigen Produkten am Markt zu halten und entsprechend mit technischen und arbeitsorganisatorischen Maßnahmen auf derartige Herausforderungen reagieren zu müssen, noch unterliegen sie dem Druck, den Einsatz von Arbeitskräften möglichst kostengünstig vorzunehmen. Aus diesen Gründen konnten sich Verhaltensweisen verfestigen, die unter Stichworten wie Bürokratisierung, Konfliktvermeidung und Stabilitätsdenken zu fassen sind. Die internen Reallokationen vollziehen sich nach bürokratischem Schema, und dort, wo dieses Schema nicht funktioniert, wird zur Vermeidung von Unruhe und Konflikten neues Personal von außen rekrutiert.

Alle Beteiligten teilen die Vorstellung, daß Stabilität (vielleicht auch die Harmonie) oberstes Gebot sein muß. Aus der Sicht der Arbeitskräfte wirken die Prinzipien der Vergabe von Wohlfahrtsleistungen (Dienstalter) und das Streben nach Statuserhalt stabilisierend. Sie können in ihrem Handeln, wenn sie sich Umsetzungen widersetzen, auf das Verständnis ihrer Kollegen (und sogar der Vorgesetzten) rechnen, da es sowohl mit traditionellen (Gesicht) als auch sozialistischen (Sicherheit, Solidarität) ethischen Normen übereinstimmt. Aus der Sicht der Betriebe ist die Stabilität der Produktion maßgeblich. Außerdem stehen der Betriebsleitung kaum Sanktionsmöglichkeiten zur Verfügung. Ermahnungen, Schulungen der Arbeitskräfte und die sogenannte Erziehung umreißen das Spektrum der als legitim angesehenen betrieblichen Maßnahmen. Die geringen Handlungsmöglichkeiten werden weiter dadurch eingeschränkt, daß sich die Betriebsleitung der Kooperationsbereitschaft der Mitglieder versichern muß, um die Produktionsaufgaben erfüllen zu können. Diese Bereitschaft wird im wesentlichen auf dem Wege über die bessere Erfüllung der Versorgungsfunktion durch den Betrieb erkauft. Da die Betriebsleitung ebenfalls an der Verteilung von Prämien, Sozialleistungen usw. partizipiert, schließt sich der Kreis, und es bildet sich hier sogar eine Interessenidentität heraus. Zur Kennzeichnung dieser spezifischen Beziehung von Arbeitskräften und Betriebsleitungen hat White den Begriff des "impliziten Sozialkontrakts"[285] eingebracht.

3.3.3 Betriebliche Internalisierung der Beschäftigungsproblematik

Anpassung und Verteilung vollziehen sich in der Zentralverwaltungswirtschaft der VR China in einem zweistufigen Prozeß. Die staatliche Arbeitskräftelenkung leistet den ersten Schritt der Allokation, durch den den Betrieben Arbeitskräfte pauschal und i.d.R. endgültig zugeteilt werden. In einem zweiten Schritt der Allokation obliegt es dann den Betrieben, die ihnen zugewiesenen Arbeitskräfte intern zu "verdauen" (*xiaohua*). Dies beinhaltet die Zuweisung eines Arbeitsplatzes, die Qualifizierung der Berufsanfänger für ihre Tätigkeit sowie ihre Eingliederung in das System betrieblicher Sozialleistungen.

Zwischen dem ersten und dem zweiten Schritt der Allokation treten zahlreiche Diskrepanzen auf: z.B. Mißverhältnisse zwischen Arbeitskräften und Arbeitsplatzanforderungen oder zwischen der Zahl der zugewiesenen und der Zahl der tatsächlich benötigten Arbeitskräfte.

Es ist Sache der Betriebe, diese Diskrepanzen intern aufzufangen. Bei diesem Prozeß handelt es sich um die staatlich initiierte Verlagerung von Anpassungs- und Verteilungsleistungen auf die betriebliche Ebene. Zur Bezeichnung dieses Prozesses läßt sich der in der Arbeitsmarkt-Theorie gebräuchliche Begriff der Internalisierung verwenden. Allerdings besteht ein entscheidender Unterschied zu Prozessen auf Arbeitsmärkten. Während für das Internalisierungsgeschehen auf Arbeitsmärkten ein Hauptbeweggrund ist, daß betriebsinterne Lösungen kostengünstiger und effizienter als externe Lösungen sind,[286] ist die Internalisierung von Allokation und Reallokation auf betrieblicher Ebene im Arbeitssystem politisch bzw. administrativ verordnet.

Internalisierung dient im Arbeitsmarktgeschehen einer effektiveren Bewältigung der Anpassungsleistungen, und die Abschließung interner Märkte gegenüber externen Märkten geht im allgemeinen mit erhöhter binnenbetrieblicher Flexibilität einher: Die Beschäftigungssicherheit für die Arbeitskräfte im internen Segment setzt als Gegenleistung deren Bereitschaft zu hoher binnenbetrieblicher Mobilität und zu hohem Einsatz voraus. Die Internalisierung in China verfolgt dagegen vor allem das politisches Ziel gesellschaftlicher Stabilität, auch um den Preis erhöhter ökonomischer Kosten.

Die staatlich verordnete Lösung des Beschäftigungsproblems auf Betriebsebene wird durch Regeln und Verfahrensweisen des planwirtschaftlichen Lenkungsapparates vorstrukturiert. Die wichtigste unter diesen Vorgaben ist die Beschäftigungssicherheit, die Festarbeit, die Betriebe und Arbeitskräfte nahezu untrennbar aneinander kettet und die Flexibilität der Betriebe im Umgang mit dem Faktor Arbeit nahezu vollständig reduziert. Die Beschäftigungssicherheit wird durch ein in seiner Geltung unangefochtenes Bündel von Rechten, Bräuchen und Gewohnheiten zu einem besonderen Modus der Personalintegration, den wir Mitgliedschaft genannt haben. Durch diesen besonderen Modus der Personalintegration wird die Betriebsbindung zusätzlich verstärkt.

Die Internalisierung der Beschäftigungsprobleme ist zwar durch politische und administrative Vorgaben veranlaßt, doch wird dieser Prozeß durch andere Tendenzen zusätzlich verstärkt. Die eingangs beschriebene Tendenz zu einer Zellularisierung der Wirtschaft, die u.a. das Streben der Betriebe nach "Vollständigkeit" zur Folge hat, liegt auf der gleichen Linie. Die gering entwickelte gesellschaftliche Arbeitsteilung, die fehlende Infrastruktur, die Güteraustausch kaum möglich macht, die betriebseigene Technologie und betriebsspezifische Qualifikationen sind allesamt geeignet, ihrerseits die Internalisierung zu begünstigen. Unter diesen Bedingungen gewinnen die betriebsinterne Qualifizierung der Arbeitskräfte, die geringe Formalisierung der Ausbildungsgänge, das "training-on-the-job" und die starke Betonung betriebs- und maschinenspezifischer Erfahrungen der Arbeitskräfte ihre eigene ökonomische Rationalität.[287]

Im System der planverwalteten Ökonomie, in der nicht Produktivität und Effizienz oberstes Gebot sind, sondern die Einhaltung quantitativ fixierter Produktionsvorgaben und politische Zielsetzungen, wird die Internalisierung des Beschäftigungsproblems für die Betriebe durchaus sinnvoll, auch wenn im Zusammenwirken von staatlicher Arbeitskräftlenkung und betrieblicher Personalarbeit ein Arbeitskräfteüberschuß von ca. einem Drittel der Belegschaft in den Betrieben aufläuft.

Ist das System der Festarbeit auch die beschäftigungspolitische Grundlinie von Staat und Partei, so sind durch Festarbeit nicht alle Beschäftigungsprobleme lösbar. Die Konzeption umfassender Arbeitsplatzsicherheit und kollektiver Daseinsvorsorge erweist sich vielmehr als Ursache für zwei zentrale Probleme des chinesischen Arbeitssystems:

(1) Das Konzept der Festarbeit ist nicht in dem umfassenden Sinne politisch und ökonomisch durchzuhalten, wie es ursprünglich angelegt war. Wir haben schon auf den Umstand eingewiesen, daß bereits in den 50er Jahren der Staat selektiv verfuhr und die Ressourcen graduell unterschiedlich verteilte. Politischideologische Prioritätensetzungen haben die Abstufung im betrieblichen Eigentum und in der Ausgestaltung der sozialen Absicherung zwischen Staats- und Kollektivbetrieben bewirkt. Eines der zentralen Probleme ist somit die letzten Endes ökonomisch begründete Notwendigkeit zur Differenzierung verschiedener Beschäftigungsverhältnisse und ihre relative Privilegierung bzw. Deprivilegierung.

(2) Das Konzept der Festarbeit bewirkt Starrheit in der Personalarbeit der Betriebe. Es ergeben sich Anpassungsprobleme, die den flexiblen Einsatz von Arbeitskräften erfordern, für den die regulären Betriebsangehörigen nicht zur Verfügung stehen. Diesen Anpassungserfordernissen können die Betriebe nicht aus ihren internen Arbeitskräftebeständen heraus gerecht werden, so daß in diesen Fällen auf externe Arbeitskräfte zurückgegriffen wird. Im Regelfall handelt es sich um unqualifizierte Arbeitskräfte, die vom Betrieb nur in unstete Beschäftigungsverhältnisse gebracht werden. Es ließe sich also folgern, daß die Existenz eines unsteten Beschäftigungssegments als Kehrseite der mit der Festarbeit verordneten Internalisierung der Beschäftigungsprobleme auf betrieblicher Ebene geradezu erhalten bleiben muß.

4 Segmentation im Arbeitssystem als Lösung der Anpassungs- und Verteilungsproblematik in der VR China

4.1 Segmentbildung durch doppelte Strukturierung

Die gesellschaftliche Verknüpfung von Arbeitskräften und Arbeitsplätzen erfolgt durch staatliches und betriebliches Handeln. Unter anderem Blickwinkel vollzieht sich mit der Verteilung der Beschäftigten auf Arbeitsplätze bzw. Betriebe eine Zuweisung in unterschiedliche gesellschaftlich hervorgebrachte und dauerhafte Lebensbedingungen und typische soziale Lagen. Diese Prozesse der Anpassung und Verteilung, die eine Makro- und eine Mikroebene aufweisen, erfolgen im Rahmen der beschriebenen institutionellen Regelungen, die von uns als die - insgesamt fünf - "strukturierenden Grundelemente des Arbeitssystems" bezeichnet wurden: die zunächst einmal politischen, dann aber auch rechtlichen und administrativen Vorgaben der zentralen Arbeitsplanung und staatlichen Arbeitskräftelenkung, die Kategorisierung von betrieblichen Eigentumsformen und Beschäftigungsarten sowie die stabilitätssichernden Institute der Festarbeit und der betrieblichen *danwei*.

Die von uns aus systematischer und historischer Perspektive eingeführten Institutionen regulieren normativ das Handeln der Akteure im Arbeitssystem. Sowohl die staatliche Arbeitsverwaltung als auch Betriebsleitungen und Arbeitskräfte orientieren sich in ihrer Handlungspraxis an diesen Institutionen, die nicht isoliert voneinander zu sehen sind, sondern sich wechselseitig ergänzen und verstärken. Zu diesem Regelsystem von Gesetzen, Verordnungen, Normen und Bräuchen mit unterschiedlichen Graden der Verbindlichkeit haben sich gesellschaftlich akzeptierte Werte verdichtet, deren Ursprünge sehr verschiedener Art sind. Neben Werten, die aus dem politischen Selbstverständnis einer sozialistischen Gesellschaft stammen, spielen auch ältere, z.B. familaristische, Orientierungen eine Rolle.

Bemerkenswert ist, daß dieses Regelsystem gleichermaßen geeignet ist, Egalisierungs- und Differenzierungstendenzen zu stützen und zu legitimieren. So werden durch diese Werte z.B. die *danwei*-internen Tendenzen individueller Leistungsdifferenzierung behindert und die Nivellierung von sozialen Lagen gefördert, während sie auf der anderen Seite die Ungleichheit zwischen Stadt und Land oder zwischen dauerhaften, sozial gesicherten und unsteten, harten und ungeschützten Arbeitsplätzen legitimieren. Daß, wie vielfach beobachtet werden kann, Arbeitskräfte vom Land unmenschliche Arbeiten ungeschützt verrichten, erscheint danach nicht erklärungs- und schon gar nicht legitimierungsbedürftig.

Das Handeln des Staats und der Betriebe, das unter den von den "strukturierenden Grundelementen" geprägten Rahmenbedingungen erfolgt, bewirkt sowohl eine Differenzierung innerhalb des Arbeitssystems als auch eine Abschließung und Verfestigung der so entstandenen Teileinheiten. Das Plansystem ist die entscheidende Kraft für die Lenkung im Makrobereich, beeinflußt aber auch die Strukturierung auf der Mikroebene. Grundsätzlich trennt das Plansystem zwischen im Plan erfaßten und nicht erfaßten Arbeitsplätzen und Arbeitskräften. Wer aus dem System der Planung herausfällt, z.B. weil er einen zugeteilten Arbeitsplatz ablehnt[288] oder weil er einen ländlichen *hukou* besitzt, steht nur für eine Anstellung "außerhalb des Plans" zur Verfügung. Aber das Plansystem differenziert auch innerhalb des Planbereichs, indem es, vornehmlich politischen

Schwerpunktsetzungen folgend, entwicklungsstrategisch begründete Ungleichheiten durch eine differenzierende Ressourcenzuteilung verfestigt. Bei der Zuteilung der Ressource Arbeitskraft bedient sich das zentralistische System vor allem befehlsadministrativer Lenkungsmittel, der Lohn hat keinerlei Steuerungsfunktion. Trotz substantieller Unterschiede zwischen den Arbeitsplätzen (Staats- vs. Kollektivsektor) ist die selektive Zuteilung der Arbeitskräfte damit in erster Linie "hierarchisch vermittelt" (Williamson): Zwar lassen sich vom Eigentum her z.B. gewisse Unterschiede im Qualifikationsniveau der Arbeitskräfte zwischen den Staats- und Kollektivsektor aufweisen, doch ist die Qualifikation einer Arbeitskraft kein primäres Zuteilungskriterium; die Arbeitskräfte haben vielmehr im Rahmen eines Herrschaftsverhältnisses den Anordnungen und Weisungen der Planbehörden Folge zu leisten.

Das Plansystem ist auch im Hinblick auf die Verteilung die entscheidende Kraft, indem durch das Konzept des betrieblichen Eigentums und des *danwei*-Systems eine unterschiedliche Wertigkeit der Betriebe und damit eine Privilegierung bzw. Deprivilegierung der Arbeitsplätze erzeugt wird. Das dominante Kriterium für die unterschiedliche Wertigkeit der Betriebe ist die Eigentumsform in enger Verbindung mit der Größe, dem Unterstellungsverhältnis und der Produktstruktur der Betriebe. Generell spielt der Kollektivsektor eine komplementäre Rolle; kollektive Betriebe übernehmen die Aufgaben, die staatliche nicht erfüllen wollen, weil sie z.B. keine Priorität in der staatlichen Planung genießen. So stehen viele Kollektivbetriebe, vor allem Kleine, in subkontraktueller Beziehung zu Staatsbetrieben.[289] Dementsprechend werden Kollektivbetriebe bei der Ressourcenzuteilung benachteiligt, ihre Arbeitsplätze sind gegenüber denen in Staatsbetrieben materiell geringer ausgestattet, bieten geringere Sicherheit und haben einen niedrigeren Status.

Wir haben in den beiden vorhergehenden Kapiteln zu zeigen versucht, daß die Genese der Strukturen des chinesischen Arbeitssystems nicht auf Marktmechanismen beruht, sondern auf Mechanismen des administrativen Lenkungsapparats; dennoch bestehen gewisse Parallelen zur Entstehung gespaltener Arbeitsmärkte in marktwirtschaftlichen Gesellschaften. Ohne hier eine theoretisch konsistente Verknüpfung der verschiedenen Mechanismen vornehmen und ohne zu einer spezifischen Segmentationstheorie für Zentralverwaltungswirtschaften kommen zu können, sei auf zwei dieser Parallelitäten hingewiesen.

Eine gewisse Parallele besteht in der Korrespondenz zwischen Güter- und Arbeitsmärkten bzw. in der Entsprechung der Systeme der Güterproduktion und der Arbeit. Die zentralstaatlich vorgegebene Prioritätensetzung für die Entwicklung der Güterwirtschaft schlägt sich, wie geschildert, in ungleicher Ressourcenzuweisung nieder und wirkt sich auf die Beschäftigungsverhältnisse verschiedener Wirtschaftssektoren aus. Im Unterschied zu marktgesteuerten Gesellschaften werden die Differenzen zusätzlich durch die betriebliche Eigentumsordnung untermauert, der zufolge Staatsbetriebe die höchste Priorität haben, Kollektivbetriebe dagegen von geringerer Wertigkeit sind und z.T. nur Pufferfunktionen erfüllen. Staatliche Zugriffsmöglichkeiten sowie ideologische Argumente spielen hierfür eine Rolle. Wie in Marktwirtschaften führt die so gegebene Spaltung der Gütersysteme in der Wirtschaft faktisch zur Entstehung eines primären und sekundären Bereichs und überträgt sich in das Arbeitssystem.

Allerdings - so die zweite Parallele - stellt die Spaltung der Güterwirtschaft (und die korrespondierende Differenzierung betrieblichen Eigentums) keineswegs den einzigen Bestimmungsfaktor für die Strukturierung des Arbeitssystems dar, wie die Kritiker des "dualen Arbeitsmarktes" auch für Marktgesellschaften konstatieren. Sie wird vielmehr durch andere Faktoren überlagert, zu denen u.a. zu zählen wären: administrative Regelungen, wie sie z.B. die Haushaltsregistrierung (*hukou*) sowie Zuteilungsregeln und Mobilitätsbeschränkungen darstellen; Arbeitsplatzbesonderheiten, die vor allem in der vom Plan vorgenommenen Definition von Aufgaben als dauerhafte oder temporäre sowie in der praktisch existenten Trennung nach der Härte der Arbeitsbedingungen und der Intensität der Arbeit zu suchen sind; die Spezifika der Arbeitsverhältnisse, die rechtlich wenig geschützt sind, wenn sie nicht über einen administrativen Akt begründet werden; betriebsspezifische Qualifizierungsprozesse, die den Anteil überbetrieblich verwertbarer Qualifikation gering halten und Betrieb und ausgebildete bzw. angelernte Arbeitskräfte in hohem Maße wechselseitig binden; die Unwägbarkeiten und die Trägheit der Planungsprozesse, die die Betriebe zu antizipierendem Handeln bzw. zum Handeln außerhalb des Planungsbereichs zwingen.

Diese Aufzählung ließe sich sicher noch verlängern. Entscheidend ist in diesem Zusammenhang die Schlußfolgerung, daß die Spaltung in einen primären (staatlichen) und einen sekundären (kollektiven) Bereich von einer anderen Spaltung überlagert wird. Unter chinesischen Bedingungen stellt die Differenzierung zwischen dem staatlichen und dem kollektiven Bereich eine Abstufung graduell unterschiedlicher Privilegierung dar;[290] denn beide Bereiche zählen zum sozialistischen Eigentum. Die Mehrzahl ihrer Arbeitsplätze fällt unter die staatliche Planung und ist entsprechend mit einer lebenslangen Beschäftigungsgarantie verbunden. Innerhalb des Bereichs sozialistischen Eigentums gibt es aber auch Arbeitsplätze, die aus der staatlichen Planung herausfallen und geringer abgesichert sind. Gegenüber den beiden untereinander abgestuften Bereichen, die als stabiles Segment zu bezeichnen sind, zeichnet sich hier ein weiteres, nämlich ein unstetes Segment ab. Auf die konkrete Schneidung der Segmente wird im zweiten Abschnitt dieses Kapitels zurückzukommen sein.

Der administrativ vollzogene Prozeß der Positionszuweisung macht Arbeitskräfte nicht in erster Linie zu Positionsinhabern, die kraft der Attribute ihrer Position (Einkommen, Prestige, Macht) in ein System gesellschaftlicher Ungleichheit eingegliedert sind, sondern er macht sie zu allererst zu Mitgliedern einer Einheit. Als solche haben sie teil an dem Status ihres Betriebs in einem Ungleichheitssystem, dessen relative Position durch den Zugang zu betrieblichen Ressourcen bestimmt ist. Ungleichheitspositionen sind daher weniger individuelle relative Arbeitsplatzprivilegierungen als kollektive Betriebsprivilegierungen bzw. -deprivilegierungen.[291]

Die Ansatzpunkte zu einer möglichen Korrektur der individuellen Position bzw. des kollektiven Schicksals sind denkbar gering. Bestünden noch gewisse Chancen für einen (i.d.R. nicht gewünschten) Wechsel vom Staats- in den Kollektivsektor, so ist der umgekehrte Weg, der eine Aufwärtsmobilität darstellen würde, versperrt. Persönlich motivierte Betriebswechsel unterliegen verschiedenen Barrieren und bürokratischen Hindernissen.

Das Plansystem, genauer gesagt, die in ihm begründet liegende Tendenz zur Zellularisierung, ist die Grundlage der meisten Mobilitätshemmnisse. Horizontale und zwischenbetriebliche Verbindungen werden eher gestört und der Ressourcenfluß blockiert, als daß sich eine wirtschaftliche Arbeitsteilung und eine auf Spezialisierung beruhende Kooperation herstellen würde. Auf betrieblicher Ebene sind hierfür Produktionsduplikation, Autarkiestreben und Betriebsegoismus kennzeichnende Erscheinungen. Der betrieblichen Zellenbildung entsprechen auf der Ebene der Arbeitskräfte die administrativ verordnete Fixierung der zugeteilten Personen an ihren Betrieb und die Abkapselung des Betriebs nach außen, insoweit durch die "Mitgliedschaft" Grenzen der Zuständigkeit gezogen werden. Der bürokratische Charakter der Reallokation minimiert die individuellen Möglichkeiten zur Korrektur der Positionszuteilung und der betriebsgebundenen Verteilungsungleichheit.

Übersicht 10:
Zur Differenzierung zwischen fester und unsteter Beschäftigung

feste Beschäftigung: Festarbeiter-Status (Mitgliedschaft)	unstete Beschäftigung: Zeit- und Vertragsarbeiterstatus

[**Städtischer hukou:**]

* Schulabsolventen ---------------------------> [bei Verlust der Zuteilungs-
  [zentrale Zuteilung (HS, berechtigung bzw. in der Zeit
  FHS, FMS) oder regionale Zu- des Wartens auf Zuteilung
  teilung (UMS/OMS, tFAS, BMS)] von Arbeit]

* demobilisierte Soldaten

    [durch Umwandlung von <---------------- * Arbeitslose
    Zeit- in Festarbeiter <------------------ * Hausfrauen
                                                            * entlassene Straffällige
                                                            * Rentner
    [im Falle interner Rekru- <------------- * Kinder der Beschäftigten
    tierung (neizhao, dingti)]

                                           [**Ländlicher hukou:**]

                                                 * Wanderarbeiter
    [im Falle der staatlichen <--------------- * Bauernarbeiter
    Requirierung des Ackerlandes]
    [durch Erwerb des städtischen <--------- * Familienangehörige
    hukous und durch Umwandlung
    von Zeit- in Festarbeiter]

Anm.:   * kennzeichnet Gruppen von Beschäftigten, die vornehmlich den angegebe-
          nen Status erhalten;
      [] nennt Bedingungen für den Erhalt des jeweiligen Status;
      -> weist auf Möglichkeiten des Übergangs hin.

Dieses System kennt also nur je eine offizielle Eintrittspforte in das große Segment der Beschäftigung im Staats- und im Kollektivsektor, nämlich die Zuteilung auf einen Arbeitsplatz im Plan. Wer diese Eintrittspforte durchschritten hat, befindet sich in einer relativ privilegierten Situation, die ihm generell Beschäftigung und je unterschiedliche Daseinsvorsorge sichert. D.h., nicht jeder Beschäftigte in einer *danwei* ist auch ihr Mitglied und damit anspruchsberechtigt für die von ihr zu vergebenden Leistungen. Mitgliedschaft ergibt sich im Regelfall aus der regulären, staatlichen Zuteilung als Festarbeiter oder durch "Arbeitsplatzvererbung" (*dingti*) bzw. bevorzugte Arbeitsplatzvergabe (*neizhao*).

Übersicht 10 faßt noch einmal zusammen, welche Gruppen von Beschäftigten die Mitgliedschaft erlangen können und welche damit von vornherein ausgegrenzt werden. Sie nennt zugleich die wichtigsten Bedingungen für einen Übergang vom festen ins unstete Segment und umgekehrt. Die Grenze zwischen den Kategorien der Festarbeiter und den Arbeitskräften mit unsteter Beschäftigung ist im Regelfall starr, und die Fälle eines Segmentwechsels sind selten. Ein Segmentwechsel hängt nicht von individuellen Wünschen und Bestrebungen der Arbeitskräfte ab (z.B. von eigenen Anstrengungen zur Weiterqualifikation), sondern allenfalls kann die Durchlässigkeit der Grenze politisch verordnet werden (z.B. die kollektive Überführung von unstet Beschäftigten in Festarbeiter während der Kulturrevolution).

Differenzierung erfolgt also nicht hauptsächlich entlang der Betriebe, sondern entlang der Mitgliedschaft, die Festarbeit von unsteter und ungesicherter Beschäftigung abgrenzt. Aber auch unter den Mitgliedern wird zwischen Arbeitern und Kadern getrennt. Der Zugang zum betriebsinternen Arbeits- bzw. Personalsystem erfolgt i.d.R. durch die staatliche Zuteilung. Der Übergang vom Arbeiter in den Kaderbereich wird administrativ behindert. Die Durchlässigkeit der Grenze ist schwer zu beurteilen und hängt entsprechend von zentralen politisch-administrativen Entscheidungen ab. Unterscheidet man zwischen der Kaderfunktion und dem Kaderstatus (Staatskader), so läßt sich für die Zeit seit der Kulturrevolution (nach 1966) eine größere Durchlässigkeit hinsichtlich der Funktion feststellen, während die Praxis staatlicher Überleitung größerer Beschäftigtengruppen in den Kaderstatus eingestellt wurde.

Übersicht 11 faßt alle in den beiden vorhergehenden Kapiteln beschriebenen Trennlinien im Arbeitssystem zusammen. Einerseits werden die Kriterien für die Positionsdifferenzierung (Betriebe, Positionen) und andererseits die Kriterien einer Differenzierung der Arbeitskräfte aufgelistet. Für die Abstufung der Arbeitsplätze auf der einen Seite ist der Status der Betriebe und der betrieblichen Positionen maßgeblich; aus der Bündelung positiver bzw. negativer Bestimmungen ergibt sich die relative Privilegierung oder Deprivilegierung einer Position. Auf der anderen Seite existiert eine Abstufung zwischen den Arbeitskräften nach (teilweise individuell unabänderbaren) Kriterien, die ihren relativen Zugang in die begünstigten Segmente bestimmen.

Im Regelfall entsteht durch die administrative Verknüpfung von Arbeitsplätzen und Arbeitskräften eine stabile Struktur der Ungleichheit. Allerdings darf bei dieser Beschreibung die Personalisierung der Arbeitsbeziehungen als Verhaltensmuster nicht völlig ausgeklammert werden. Beziehungen (*guanxi*) als ein administratives Handeln durchdringendes Verhaltensmuster haben eine durchaus ambivalente Wirkung. Beziehungen können die Abschirmung sowohl verstärken (Kooperationsgebot) als auch sie durchlässiger machen, indem sie z.B. einen Betriebs- und Positionswechsel auf informellem Wege ermöglichen.

Übersicht 11:

Trennlinien im Arbeitssystem

Arbeitsplatzstruktur:	Arbeitskräftestruktur:
Dimensionen zur Differenzierung der Betriebe:	
Staatl. vs. koll. Sektor Zentrale vs. regionale Unterstellung Großbetriebe vs. Kleinbetriebe Privilegiertes vs. weniger privilegiertes Branchensystem Schwerindustrie vs. Leichtindustrie Alter vs. junger Betrieb	Dimensionen zur Differenzierung der Arbeitskräfte: Städt. vs. ländl. hukou männl. vs. weiblich
Dimensionen zur Differenzierung der betrieblichen Arbeitsplätze:	qualifiziert vs. unqualifiziert* jung vs. alt
Fester vs. unsteter Arbeitsplatz Arbeitsplatz im vs. außerhalb des Plan(s) Kader- vs. Arbeiterposition Leiter vs. Geleitete 2. / 3. vs. 1. Linie	gesund vs. behindert polit. aktiv vs. polit. nicht aktiv* unverheiratet vs. verheiratet

Anm.: * Das Bildungsniveau spielte alternativ zur politischen Einstellung temporal eine Rolle ("rot vs. fachkundig").

Die zunächst staatlich veranlaßte Spaltung des Arbeitssystems wird durch betriebsegoistische Strategien und/oder das Verhalten der Arbeitskräfte zusätzlich verstärkt. Ein deutliches Beispiel dafür ist die weitverbreitete Erscheinung des Hortens von Arbeitskräften, sei es für einen zukünftigen Bedarf (eine exante-Reaktion auf Knappheitserwartungen und Planträgheit) oder sei es um der aktuellen Stärkung der betrieblichen Verhandlungsposition in Verteilungskonflikten willen. Horten von Ressourcen, hier von Arbeitskräften, ist eine auf den ersten Blick erstaunliche Verhaltensweise angesichts eines großen Arbeitskräfteüberschusses. Eine Erklärung dieser Verhaltensweise ist möglich, wenn man in Rechnung stellt, daß Arbeitskräfte nicht nur real knapp (das gilt in China für qualifizierte Arbeitskräfte), sondern auch künstlich verknappt sein können.[292] Die künstliche Verknappung kann durch das Plan- und Zuteilungssystem erzeugt werden. Voraussetzung dafür ist allerdings neben zahlreichen anderen Bedingungen das fehlende Kostenbewußtsein der Betriebe. Das Horten von Arbeitskräften bedeutet für das Arbeitssystem, daß von betrieblicher Ebene aus zusätzliche abschließende Impulse ausgehen, die die ohnehin geringen Chancen für zwischenbetriebliche Reallokationsmöglichkeiten von Arbeitskräften weiter verringern.[293]

Die Heterogenität der Arbeitsplätze und die Abschließung in Segmenten prägen auch das Verhalten der Arbeitskräfte. So findet der Dualismus der Eigentumsformen seine Entsprechung in der Favorisierung des Staatssektors durch die Beschäftigten. Wer einmal Zugang zu einer privilegierten Position gefunden hat, wird diese unter nahezu keinen Umständen aufgeben, zumal die staatliche Allokations- und Reallokationspraxis und ein struktureller Arbeitskräfteüberschuß[294] keine individuellen Korrekturmöglichkeiten eröffnen. Sozialleistungen und Löhne sind von der Dauer der Betriebszugehörigkeit abhängig und binden die Arbeitskräfte an ihren Betrieb - aber auch die Betriebe an ihre Beschäftigten.

Beschäftigungssicherheit und die äußerst engen, betriebsspezifischen Qualifikationsprofile begründen eine alternativlose Bindung an den zugewiesenen Arbeitsplatz und Betrieb. Damit verhindern sie nicht nur die individuelle Planung einer beruflichen Karriere, sondern tragen auch dazu bei, daß Immobilität durch die Stigmatisierung des Mobilen[295] den Charakter einer extrafunktionalen Qualifikation erhält. Beschäftigungssicherheit wird dabei nicht als Leistung des Betriebs bzw. Staats wahrgenommen, die im Gegenzug Arbeitsmotivation oder Flexibilität zur Folge haben müßte, sondern als Selbstverständlichkeit. Mehr noch, die Betriebsleitung kann sich kooperatives Verhalten der Arbeitskräfte nur über zusätzliche materielle Zugeständnisse (zumeist im Versorgungsbereich) erkaufen. Nur ein "impliziter Sozialkontrakt" bietet dem Betrieb praktisch die Möglichkeit zur Erfüllung seiner Aufgaben und Pflichten und erzeugt seinerseits durch die Erwartung der Beschäftigten neue Tendenzen zur Abschirmung.

Die Entstehung der Segmente im Arbeitssystem ist also ein komplexer Prozeß, zu dem alle Akteure, die Administration, die Betriebsleitungen und die Arbeitskräfte, ihren Beitrag leisten, indem sie im Rahmen der gesellschaftlichen Institutionen und der geltenden Normen handeln. Anders und abstrakter formuliert, werden die zentralen gesellschaftlichen Probleme der Anpassung und Verteilung auf der Makro- und Mikroebene durch Segmentierung gelöst. Die von uns herausgestellten fünf Grundelemente fördern sowohl die Differenzierung als auch die Abschließung. Übersicht 12 faßt die verschiedenen Ebenen und strukturierenden Kräfte zusammen.

Übersicht 12:
Fünf strukturierende Grundelemente:
Differenzierung (D) und Abschließung (A)

Problem und Dimension	Plan	Eigentum	danwei	Festarbeit	Arbeiter-Kader
Anpassung					
Makrodimension					
Allokation	D	D	D	D	D
Reallokation	A	A	A	A	
Mikrodimension					
Allokation			D	D	D
Reallokation			A	A	A
Verteilung					
Makrodimension	D	D	D		
Mikrodimension			D	D	D

4.2 Segmente des chinesischen Arbeitssystems

Abschließend soll eine Beschreibung der Segmentstruktur des chinesischen Arbeitssystems vorgenommen werden, die bewußt kurz gehalten ist, um Wiederholungen möglichst zu vermeiden. Dabei wäre auch in Erinnerung zu rufen, daß sich sowohl die bisherigen Ausführungen als auch die folgende Darstellung der Segmente nur auf das städtische Arbeitssystem beschränken.[296]

Wie bereits im ersten Kapitel dieses Teils erwähnt, hat das selektive Vorgehen in der Entwicklungspolitik zu einer gewollten und entscheidenden Trennung zwischen Stadt und Land geführt. Diese grundlegende gesellschaftliche Trennung, für die vor allem Gesichtspunkte der Bevölkerungsstabilisierung und Ressourcenverteilung maßgeblich sind, bildet die Grundlage einer Umverteilung ländlicher Akkumulationsfonds auf die Städte und damit einer dauerhaften Privilegierung der städtischen gegenüber den ländlichen Arbeitskräften. Sie wird festgeschrieben durch das *hukou*-System, das die Arbeitskräfte regional bindet und in ihrer Mobilität beschränkt.

Die Land-Stadt-Trennung ist allerdings nicht lückenlos durchsetzbar. So gibt es erstens auf der betrieblichen Ebene[297] subkontraktuelle Beziehungen, die sowohl den Güteraustausch als auch den personellen Austausch betreffen. Verbreitet ist eine Art Leiharbeitersystem: Ländliche Betriebe und Produktionsbrigaden vermitteln Arbeitskräftegruppen in die Städte. Eine Zugehörigkeit zum städtischen Betrieb wird damit aber nicht begründet, die Arbeitskräfte kehren vielmehr nach Vollendung ihrer Aufgabe in die entsendende Einheit zurück, über die z.T. auch die Entlohnung abgewickelt wird. Die Funktion dieser Arbeiskräfte ist, kurzfristig, billig und für schwere Arbeiten einsetzbar zu sein, ohne daß sich aus ihrer Beschäftigung dauerhafte Leistungsansprüche an die städtischen Betriebe ergeben.

Dies gilt auch für eine zweite Gruppe, die auf persönliche Veranlassung in die Städte migriert. Sie werden von städtischen Betrieben und Institutionen (z.B. Straßenkomitees) rekrutiert oder kommen auf eigene Initiative. Auch für diese Gruppe von Arbeitskräften gilt, daß sie ihren ländlichen *hukou* behalten und nicht zu vollwertigen Betriebsmitgliedern eines städtischen Betriebs werden. Sie werden als ländliche Arbeitskräfte zum Bestandteil eines unsteten Segments städtischer Beschäftigung, und zwar in allen Schattierungen der Zeit-, Saison- und Vertragsarbeit.

Die staatliche Arbeitskräfteplanung und -lenkung umfaßt prinzipiell nur den städtischen, nicht aber den ländlichen Bereich. Hier führt sie zu einer Trennung zwischen Plan- und Außer-Plan- bzw. Nicht-Plan-Bereich in den Städten. Sie gilt gleichermaßen für Arbeitsplätze und Arbeitskräfte und stellt in den Städten eine erste wesentliche Differenzierung im Rahmen der graduell-selektiven Ressourcenallokation dar. Auch sie ist damit Ausdruck bewußt gesetzter entwicklungspolitischer Prioritäten.

Diese Trennung bedeutet, daß auch im städtischen Bereich ein Teil der Wirtschaft und damit der Beschäftigten außerhalb der Zentralverwaltung stehen. Sie gehören ebenfalls zum unsteten Segment, das sowohl in Staats- als auch in Kollektivbetrieben vertreten ist.

Allerdings sind Planbereich und Nicht-Plan-Bereich nicht deckungsgleich mit einem Segment steter und einem Segment unsteter Beschäftigung. Vielmehr erlaubt der Plan selbst für die Erfüllung bestimmter - in der Regel befristeter - Aufgaben, die auch dem Ausgleich von Produktions- und Ressourceninstabilität dienen können, die Einrichtung von temporären Arbeitsplätzen "im Plan", deren Inhaber (Zeitarbeiter im Plan) nicht zu vollen Mitgliedern der Betriebe werden.

Unabhängig von der Zuordnung ihrer Arbeitsplätze zum Plan-, Außer-Plan oder Nicht-Plan-Bereich unterliegen die unstet Beschäftigten, da sie nicht von Arbeitsbehörden zugeteilt sind, besonderen Bedingungen. Sie gehen Beschäftigungsverhältnisse ohne (lebenslange) Bindung ein, mit deutlich schlechteren Arbeitsbedingungen, niedrigeren Leistungen, geringerer Sicherheit und geringeren qualifikatorischen Anforderungen. Da sie jederzeit entlassen werden können, ist die Fluktuation teilweise sehr hoch. Ihr inferiorer Beschäftigungsstatus wird durch arbeitsrechtliche Regelungen und ideologisch-politisch begründete Definitionen indirekt verfestigt. Arbeitsrechtliche Erlasse gelten i.d.R. nur für regulär Beschäftigte und sind meist auf den staatlichen Sektor beschränkt. Soziale Normen, die die Betriebsleitungen binden, für Sicherheit und Wohlfahrt der Beschäftigten zu sorgen, gelten nur für die regulären Betriebsmitglieder. Außerhalb des Plans Angestellte zählen darüber hinaus nicht zur Arbeiterklasse, d.h. sie können z.b. nicht Mitglied der Gewerkschaft werden.[298]

Dieses Segment unsteter Beschäftigung stellt somit eine Kumulation von negativen Arbeitsplatzmerkmalen und deprivilegierter Beschäftigung dar. Allen in diesem Segment Beschäftigten ist gemeinsam, daß ihnen die Berechtigung auf eine staatliche Arbeitsplatzzuteilung fehlt. Entweder haben sie nie eine Berechtigung besessen (ländlicher *hukou*), oder sie haben sie verloren bzw. freiwillig aufgegeben.

Zwar haben alle Inhaber eines städtischen *hukou* Anspruch auf die Zuteilung eines dauerhaften Arbeitsplatzes im Rahmen des Arbeitsplans, der im Plan fixierte Arbeitsplatzbestand ist allerdings in einen staatlichen Primärsektor mit höheren Gratifikationen und etwas höherer Sicherheit und einen kollektiven Sekundärsektor mit niedrigeren Gratifikationen und etwas geringerer Sicherheit sowie in einen Arbeiter- und einen Kaderbereich aufgespalten. Diese beiden Trennungen sind zwar insofern nicht mit den oben genannten gleichzusetzen, da sie eine Differenzierung innerhalb des steten Segments, des Festarbeitssegments, darstellen, doch begründen auch sie z.T. erhebliche Unterschiede in den Allokationsprozeduren und der gesamten Palette möglicher Leistungen (Lohn, Status, Macht). Die Erstzuteilung als entscheidende Eintrittspforte bestimmt nicht nur allgemein den Zugang zum festen Segment, sondern auch speziell den Zugang zum primären oder sekundären Bereich bzw. zum Arbeiter- oder Kaderbereich - und damit auch mögliche spätere inner- und zwischenbetriebliche Übergangschancen. So ist - wie oben ausführlich geschildert - ein Wechsel zwischen Staats- und Kollektivbetrieben bzw. zwischen Arbeiter- und Kaderbereich, bei dem der Status nicht eingebüßt oder sogar verbessert wird, allenfalls über die staatliche Arbeitsverwaltung möglich. Ist er bereits auf der gleichen Ebene nicht häufig, so bestehen hinsichtlich einer Aufwärtsmobilität, z.B. von einem kollektiven in einen staatlichen Betrieb, strikte Barrieren seitens der staatlichen Gesetzgebung; hinsichtlich einer Abwärtsmobilität werden sie von den Arbeitskräften selbst errichtet.

Das folgende Schaubild veranschaulicht die wichtigsten Segmente im städtischen Arbeitssystem der VR China vor der Reform.

Herausgehoben ist hier das unstete Segment, innerhalb dessen zwischen Arbeitsplätzen "im Plan", "außerhalb des Plans" und "vom Plan nicht erfaßten" Arbeitsplätzen zu differenzieren ist. Das feste Segment ist weiter untergliedert in ein staatliches und ein kollektives Segment. In beiden muß zwischen einem Kader- und einem Arbeiterbereich differenziert werden, im kollektiven Segment sind darüber hinaus die Großen von den Kleinen Kollektivbetrieben zu unterscheiden.

Schaubild 11:
Segmente im Arbeitssystem der VR China vor der Reform

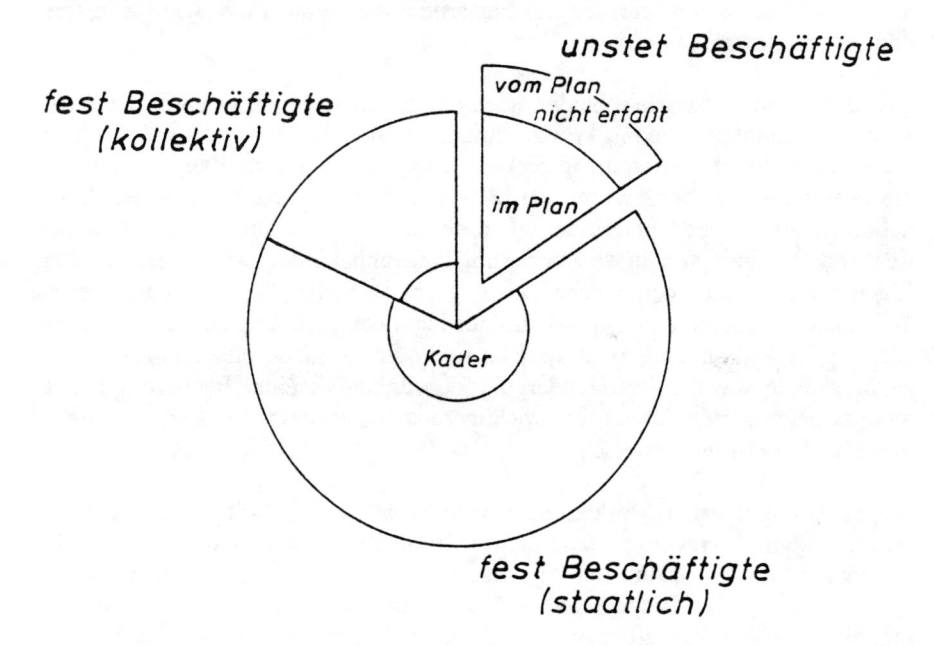

Das Schaubild deutet nur Größenverhältnisse für die einzelnen Segmente an. Wie bereits im Teil 2 im einzelnen ausgeführt wurde, bestehen vielfältige Inkompatibilitäten in den Zahlenangaben, die folglich lediglich Näherungswerte für die Segmentgrößen erlauben.[299] Legt man die Zahlen für Arbeiter und Angestellte im staatlichen und kollektiven Sektor zugrunde, so gehören rd. 84% der Beschäftigten zum Segment fester Beschäftigung und rd. 16% zum Segment unsteter Beschäftigung. Im festen Segment verteilen sich die Beschäftigten zu rd. 66% auf den staatlichen und zu rd. 18% auf den kollektiven Bereich (jeweiliger Anteil an der Gesamtzahl der Arbeiter und Angestellten). Der Kaderanteil innerhalb des festen Segments läßt sich annäherungsweise mit ca. 12% im staatlichen und unter 12% im kollektiven Bereich angeben.

Das unstete Segment teilt sich in drei Teilsegmente. Die nichtregistrierten Zeitarbeiter sind quantitativ nicht bestimmbar. Unter den registrierten machen die Zeitarbeiter im Plan ca. 23% und die Arbeiter außerhalb des Plans ca. 77% aus.

Unter Bezugnahme auf die in der Segmentationsforschung gebräuchlichen Bezeichnungen und unter Berücksichtigung von Merkmalen wie Geschlossenheit, betrieblicher Bindung und dem Grad der Regelung für die einzelnen Segmente ließen sich auf das unstete und das Festarbeitssystem auch die Begriffe "extern" und "intern" anwenden.

Die Unterschiede zwischen beiden Segmenten ließen sich mit den in der Übersicht 13 genannten Punkten kennzeichnen. Die unter den Aspekten der Anpassung und Verteilung zusammengestellten Unterschiede zeigen, daß die Segmente des städtischen Arbeitssystems nicht allein Arbeitsplätze und Arbeitskräfte außerordentlich rigide und dauerhaft differenzieren, sondern auch die Kategorien von Beschäftigten in von den Subjekten unbeeinflußbarer Weise spalten. Eigenes Zutun oder persönliche Leistung von Arbeitskräften führen weder zu individueller Mobilität und sozialem Aufstieg, noch sind sie geeignet, die vorgegebenen Strukturen des Arbeitssystems zu modifizieren. So bilden zugeschriebene Merkmale wie der *hukou* oder die Zuordnung zu einer begünstigten oder weniger begünstigten *danwei* weit wichtigere statusbestimmende Kriterien als die individuelle Leistungsbereitschaft.

Die Schaffung interner Märkte, auch Arbeitskräftemärkte, gilt in der Segmentationstheorie als "herausragendes Potential für den Gewinn an Autonomie", wobei Autonomie den Spielraum der "Eigengestaltung" meint.[300] In diesem Punkt besteht allerdings ein fundamentaler Unterschied zwischen marktwirtschaftlich organisierten Gesellschaften und der Zentralverwaltungswirtschaft der VR China. Während in der Marktwirtschaft in erster Linie Arbeitgeber und Arbeitnehmer mit Hilfe von auf Kontrolle und Kooperation gerichteter Strategien das Verhalten des jeweils anderen Akteurs zu beeinflussen und den eigenen Freiraum auszufüllen suchen, werden im chinesischen Plansystem die entscheidenden Vorgaben bereits von der politischen und administrativen Zentrale gesetzt. Der Grundkonflikt findet zwischen der Zentrale und den Betrieben statt, die das Anpassungs- und Verteilungsproblem unter äußerem Zwang internalisieren.

Übersicht 13:
Unterschiede zwischen dem internen und externen Segment des chinesischen Arbeitssystems

internes (festes) Segment	externes (unstetes) Segment
Anpassungsaspekte:	
administrative Zuteilung, Umsetzung, Versetzung und Neuzuteilung	betriebliche Einstellung
Festarbeit, lebenslange Bindung	Zeitarbeit, Entlassungsmöglichkeit durch den Betrieb
höhere qualifikatorische Anforderungen	geringere qualifikatorische Anforderungen
Zuteilungsberechtigung (städtischer hukou, vor allem Schulabgänger)	keine Zuteilungsberechtigung (vor allem ländlicher hukou, Vorbestrafte, Behinderte, ältere Erwachsene)
Erstzuweisung als entscheidende Eingangspforte	aktuelle Anstellung
Gestaltbarkeit von Arbeitsbedingungen	keine Gestaltungsmacht bzgl. Arbeitsbedingungen
Verteilungsaspekte:	
Privilegierung	Deprivilegierung
Beschäftigungssicherheit	Unstetigkeit der Beschäftigung
bessere Arbeitsbedingungen	schlechtere Arbeitsbedingungen
soziale Sicherung	sozial ungesicherte Beschäftigung
volle Teilhabe an betrieblichen Leistungen	keine Teilhabe an betrieblichen Leistungen
höherer sozialer Status	niedriger sozialer Status
ideologisch positive Bewertung: Arbeiterklasse	ideologisch negative Bewertung: nicht zur Arbeiterklasse gehörig

Das Plansystem determiniert das Arbeitssystem nicht umfassend, sondern ist "offen" für "bargaining"-Prozesse und läßt Raum für "Gestaltung". In der Abstimmung mit anderen Planbereichen entstehen durch die Trägheit und Starrheit der Arbeitsplanung "Unsicherheitszonen", die die Betriebe unter Rückgriff auf den nichtgeplanten Sektor zurückdrängen. Das interne Segment ist vor allem durch staatliche Vorgaben strukturiert und geschlossen, die betriebliche Strategie zielt auf den externen "Markt". Das externe Segment besteht u.a. aufgrund des staatlich zentralisierten Plansystems und aufgrund von Beschränkungen in der Eigentumsordnung nicht aus deprivilegierten Betrieben mit instabiler Nachfrage, sondern wird fast ausschließlich aus Arbeitsplätzen in den Randbereichen staatlicher und kollektiver Betriebe gebildet.

Das Ziel chinesischer Unternehmen ist nicht der rationelle Arbeitskräfteeinsatz, sondern die Ausweitung der Autonomie durch Erhalt und Verbesserung der eigenen Stellung im Plansystem. Dies erfolgt über Produktionsstabilisierung, Planerfüllung und Expansion (Übererfüllung). Dafür bedürfen die Betriebe auch des Rückgriffs auf das externe Arbeitskräftepotential. Ihre Strategie deckt sich mit den staatlichen Wirtschaftszielen, die Schaffung des "externen Segments" ist somit vom Plan geduldet.

IV Reformen des chinesischen Arbeitssystems

1 Reformziel: Marktregulierung als ergänzendes Steuerungsinstrument

Das 3. Plenum des XI. ZK der KPCh leitete im Dezember 1978 einen "Richtungswechsel in den strategischen Zielen der Wirtschaftsentwicklung" ein. Das Hauptaugenmerk sollte fortan nicht länger allein hohen Produktionszielen, sondern einer Effizienzsteigerung der Wirtschaft gelten.[1] Als Leitlinie der "großen Aufgabe der sozialistischen Modernisierung" diente dabei das Bemühen, die Bedürfnisse des Volks immer besser zu befriedigen und als wichtige Voraussetzung galt die "politische Stabilität der Gesellschaft".[2]

Für das Arbeitssystem konstatierte die chinesische Führung Ende der 70er Jahre erhebliche Anpassungsdefizite.[3] Einerseits hatte sich in den Städten trotz beschäftigungsorientierter Arbeitskräftezuteilung ein erhebliches Arbeitslosenpotential angesammelt, das sich unter dem Zustrom landverschickter und auf Wiedereingliederung in die städtische Wirtschaft drängender Jugendlicher ständig vergrößerte. Andererseits war die Arbeitsproduktivität in den Staats- und Kollektivbetrieben äußerst niedrig, und die Betriebe waren personell überbesetzt.

Die Ursachen für die Funktionsmängel und unerwünschten Folgen wurden auf verschiedenen Ebenen gesehen. Abgesehen von Gründen der Bevölkerungsentwicklung und gewisser politischer Fehlentwicklungen wurden in verschiedenen Analysen vor allem folgende Ursachen genannt[4]:

- die übermäßig rigide und zentralistische Arbeitsplanung, die die Staatsbetriebe in den Mittelpunkt stellte, die Kollektivbetriebe an den Rand drängte sowie das Dorf vollkommen ausklammerte und die zudem auf völlig unzureichender konzeptioneller und statistischer Basis stattfand;
- die "einheitliche" Erfassung und Zuteilung von Arbeitskräften, die Betrieben und Arbeitskräften eine jeweils gegenseitige Wahl verbot;
- die Unterbringung aller städtischen Schulabsolventen durch staatliche Behörden, unabhängig vom betrieblichen Bedarf und ohne Ansehen der Eignungsvoraussetzungen von Arbeitskräften;
- die einseitige beschäftigungspolitische Ausrichtung auf staatliche, und speziell schwerindustrielle Betriebe trotz der Kostenintensität für die Einrichtung und den Erhalt von Arbeitsplätzen;

- die umfassende Beschäftigungssicherheit, die letztlich jegliche Anpassung des Arbeitskräftebestandes an sich verändernde Bedarfsstrukturen verhinderte;
- die egalitäre Lohn- und Prämienverteilung, die keinen Leistungsanreiz darstellte, sondern im Gegenteil demotivierend wirkte;
- das unzureichende Bildungswesen, das vor allem die berufliche Bildung vernachlässigte, und die Verschwendung von Qualifikationen durch Fehlbesetzung von Arbeitsplätzen;
- die umfassende Versorgung durch die Betriebe, die dem sozialistischen Sektor der Staats- und Großen Kollektivbetriebe eine hohe Attraktivität verliehen und eine anderweitige Beschäftigung kaum möglich erscheinen ließ.

Alle genannten und weitere, hier nicht einzeln aufgeführte Gründe werden als sich wechselseitig bedingend beschrieben. Bei genauerer Betrachtung betreffen sie zumindest vier der von uns herauskristallisierten Grundelemente des Arbeitssystems: die Planung, die Festarbeit, das Eigentumssystem und die *danwei*. Von den Reformern wurden sie für die diagnostizierte "Erstarrung" (*tongde guosi*) des Arbeitssystems verantwortlich gemacht.[5]

Die im Anschluß an das 3. Plenum vom Dezember 1978 eingeleiteten Reformen des Arbeitssystems sollten dieses aus seiner Erstarrung lösen, um mit Hilfe eines flexibleren Allokationsmechanismus der Dynamisierung der städtischen Industriewirtschaft zusätzliche Impulse zu verleihen.

Im Kommuniqué des 3. Plenums war vorgesehen, wirtschaftliche Entscheidungsmacht von der Zentrale auf lokale Behörden und industrielle Unternehmen zu verlagern und den anleitenden Aspekt staatlicher Planung zu verstärken.[6] Dieser grundlegende "Kurswechsel" in den Zielen und Methoden der Arbeitsplanung,[7] auf den wir im folgenden eingehen wollen, hatte vor allem deshalb erheblichen Einfluß, weil er am Steuerungsmechanismus des Arbeitssystems ansetzte. Die Befehlsplanung sollte nicht allein zugunsten der Leitplanung zurückgedrängt werden, sondern im Verlauf der Entwicklung wurde auch erwogen, ob und inwieweit die Marktregulierung eine wichtige Ergänzung darstellen könne. In der Entscheidung des 3. Plenums der XII. ZK vom Oktober 1984, mit der der Reformschwerpunkt in die Städte verlagert wurde, entschied man sich dann für eine "geplante Warenwirtschaft".[8]

Wurde in dieser Entscheidung noch eindeutig hervorgehoben, daß "unter sozialistischen Bedingungen" die Arbeitskraft nicht zur Ware würde,[9] so wurde auch dieses Dogma zumindest in der wissenschaftlichen Diskussion umgestoßen.[10] Auf dem XIII. Parteitag 1987 plädierte dann selbst der damalige Parteisekretär Zhao Ziyang für die Schaffung eines Marktes für Arbeitskräfte.[11]

Reformziel: Marktregulierung 175

Diese Reformbestrebungen lassen sich unter dem Schlagwort "Effektivierung des Arbeitssystems" zusammenfassen und haben ihren Schwerpunkt nach 1986. Nach 1978 stand zunächst die soziale Stabilität, d.h. die Schaffung von Arbeitsplätzen, im Mittelpunkt der beschäftigungspolitischen Bemühungen. Der Ruf nach neuen Beschäftigungsmöglichkeiten übertönte bei weitem die Kritik an der "Eisernen Reisschale", die zum Sinnbild unreflektierter Beschäftigungssicherheit geworden war, selbst wenn auf die prinzipielle Vereinbarkeit von Vollbeschäftigung und Steigerung der Arbeitsproduktivität hingewiesen wurde.[12] In der Praxis erhielt die Beschäftigungssicherung absoluten Vorrang. Sie schloß anscheinend nicht nur die inoffizielle Erlaubnis zur Überbesetzung von Arbeitsplätzen ein, sondern ließ die Arbeitsbüros auch an ihren direktiven Zuteilungsmethoden festhalten.[13]

Dennoch wurden auch unter der Schwerpunktsetzung zugunsten von Stabilität und der Schaffung neuer Arbeitsplätze wichtige wirtschaftliche Veränderungen vollzogen, die langfristig erhebliche Auswirkungen auf das Arbeitssystem haben dürften: vor allem die Ausweitung des Kollektiv- und Individualsektors und die "Entlassung" bestehender kollektiver Betriebe aus der direkten staatlichen Kontrollgewalt. Programmatische Bedeutung für die Reform des Arbeitssystems kam in dieser Phase den Ergebnissen einer Konferenz zur "Verbesserung der städtischen Beschäftigungsarbeit" (*jinyibu zuohao chengzhen laodong jiuye gongzuo*) im August 1980 zu, die die Schwachstellen des Arbeitssystems offenlegte und Maßnahmen zur erleichterten Schaffung von Arbeitsplätzen beschloß:[14]

- die Gründung aller Art kleiner Kollektivbetriebe, entweder durch arbeitsuchende Jugendliche selbst oder durch Staatsbetriebe;
- Ausbau der städtischen Eigenerwerbsarbeit;[15]
- Auflösung der starren Arbeitszeitordnung und Ermöglichung von Zeit- und Schichtarbeit;
- Ausweitung des beruflichen Bildungswesens;
- Schaffung von Arbeitsdienstleistungsgesellschaften (*laodong fuwu gongsi*), u.a. zur besseren Vermittlung Arbeitsloser.

Markiert der Dezember 1978 den Beginn der Reformperiode, so kennzeichnet der Juni 1989 ihr (höchstwahrscheinlich nur vorläufiges) Ende. Die Reform des Arbeitssystems in den elf dazwischenliegenden Jahren, mit der sich dieser Teil der Arbeit befaßt, weist deutlich zwei Phasen größerer und eine geringerer Aktivität auf.[16] Stand in den Jahren 1978 bis 1983 eindeutig die Beschäftigungsproblematik im Vordergrund, so wandte sich das Interesse der Reformer spätestens ab 1986 der Frage einer Effektivierung des Systems zu.

Bis 1984 war es der Regierung gelungen, die offizielle Arbeitslosenrate auf unter 2 % zu drücken. Zeitgleich liefen an verschiedenen Orten Versuche mit weiterreichenden Reformen, die vor allem auf die Abschaffung bzw. Modifizierung des Festarbeitssystems zielten. Neben einer Neugestaltung der betrieblichen Arbeitsorganisation und der Straffung der betrieblichen Organisationsstruktur sollte diesem Ziel vor allem die Einführung von Arbeitsverträgen dienen.

Nach dem ersten Schwung war in den Jahren 1984-86 allerdings allgemein ein Nachlassen in der Reform des Arbeitssystems zu verzeichnen. Mitte 1986 mußten die Reformer eine enttäuschende Bilanz ziehen: Uneinig standen sie der anhaltenden politischen Opposition gegenüber und stießen auch bei Betriebsleitungen und Arbeitern mit ihren Maßnahmen auf Widerstand. Erst im Juli 1986 wurde mit der Verabschiedung der "Vier vorläufigen Bestimmungen zum Arbeitsvertragssystem (AVS)" eine neue Runde der Reform eingeläutet.

Der Reformprozeß verlief demnach weder nach einem konsistenten Plan noch reibungslos und ohne Widerspruch. Betrachtet man seine beiden Hauptphasen unter dem Gesichtspunkt der jeweils vornehmlich betroffenen Ebene, so bewegten sich die Reformen bis 1984 eher auf der staatlichen Ebene, während sich der Schwerpunkt spätestens 1986 stärker auf die betriebliche Ebene verlagerte. Auf der staatlichen Ebene wurde die Rolle des Arbeitsplans und der staatlichen Arbeitsverwaltung neu definiert, wurden die direktiven Eingriffe zugunsten einer eher globalen, indirekten Regulierung reduziert, halbstaatliche Arbeitsvermittlungsinstitutionen gegründet und wurde die Macht zwischen Verwaltung und Betrieben durch die Ausweitung betrieblicher Rekrutierungs- und Selektionsrechte neu verteilt. Auf der betrieblichen Ebene wurde die Schaffung neuer Arbeitsplätze erleichtert und der Allokationsspielraum des Managements durch Modifikation des Beschäftigungsstatus der Arbeitskräfte und der damit verbundenen, ungeschriebenen Rechte erweitert.

Indem sich die folgende Darstellung auf diese genannten Reforminhalte konzentriert, klammert sie weitere, für das gesamte Arbeitssystem nicht unwesentliche Bereiche wie z.B. die Bildungsreform, die Lohnreform, die Reform des Sozialwesens und auch die Betriebsreform aus. Dennoch erscheint uns diese Konzentration vertretbar, da sie ermöglicht, die Analyse der Reformen des Arbeitssystems auf zwei für die Segmentbildung und -schneidung wichtige Fragen zuzuspitzen. Ausgehend von den von uns benannten Ebenen der Strukturierung und auch eingedenk der im zentralen Reformdekret vom Oktober 1984 für die Betriebsreform genannten wichtigen Beziehungen zwischen Staat und Betrieb sowie zwischen Betrieb und Arbeitskraft,[17] lauten diese Fragen: (1) Hat sich der

Staat aus der Arbeitskräftelenkung zurückgezogen und (2) haben die Betriebe im Umgang mit dem Faktor Arbeit an Flexibilität gewonnen?

Im Anschluß an die Untersuchung der Reformen des Arbeitssystems entlang dieser Fragen in den folgenden zwei Kapiteln sollen im vierten Kapitel die dabei gewonnenen Ergebnisse unter der Fragestellung nach der tatsächlich erfolgten Veränderung im Steuerungsmechanismus des Arbeitssystems behandelt werden. Letztlich sind von den Reformern alle fünf, das bisherige Arbeitssystem kennzeichnenden Elemente betroffen. Es wird zu untersuchen sein, ob die Differenzierung im Arbeitsplatzangebot eingeebnet wurde, ob segmentationsfördernde Mechanismen neuen Allokationsprinzipien gewichen sind und ob auf seiten der Arbeitskräfte die Ungleichheitsspanne im Angebot verringert wurde. Derartige Veränderungen könnten die Grundlage für eine Neustrukturierung des Arbeitssystems sein, mit der wir uns dann im letzten Teil V befassen wollen.

2 Entstaatlichung der Arbeitskräfteallokation und -reallokation

Die Kritik am chinesischen Arbeitssystem setzte 1978 vor allem an der Rigidität und Zentralisation der staatlichen Arbeitskräfteplanung und -lenkung an und zielte auf den Abbau direkter und direktiver Kontrollen. Das Prinzip der staatlichen Planung als übergreifender Regulierung wurde allerdings nicht grundsätzlich in Frage gestellt.

Die Entstaatlichung des Arbeitssystems[18] hat vor allem zwei Seiten: Erstens wurde die Rolle der staatlichen Arbeitsbüros neu definiert und in gleichem Zuge die Allokationsbefugnisse der Betriebe vergrößert; zweitens wurden Regulierungsfunktionen von staatlichen auf halb- und nichtstaatliche sowie betriebliche Institutionen übertragen. Diese beiden Seiten wollen wir im folgenden näher betrachten.

2.1 Einschränkung der direktiven staatlichen Arbeitskräftelenkung

2.1.1 Das Arbeitsvertragssystem und seine Vorläufer

Das Verhältnis von Staat und Betrieben ist vom Beginn der Reformen an ein hochsensibler Punkt in den ideologischpolitischen Auseinandersetzungen, berührt seine Reform doch die Kernfrage sozialistischen Wirtschaftens: das Verhältnis vom Plan zum Markt.[19] Die Neugestaltung dieses Verhältnisses folgte daher dem Auf und Ab des politischen Machtkampfes. Innerhalb der ersten

Reformphase 1978-83 lassen sich zwei Reformschübe unterscheiden, ein dritter Reformschub setzt 1986 mit der generellen Effizienzorientierung der Reform ein.

Der erste Reformschub in den Jahren 1978 bis 1981 brachte nur geringe Veränderungen für das Arbeitssystem. In diesen Jahren konzentrierte sich das staatliche Interesse noch eindeutig auf die Unterbringung der Arbeitslosen. Dennoch wurden bereits die Linien vorgezeichnet, entlang derer die Reform weiter verlaufen sollte. Von besonderer Bedeutung waren dabei die Staatsratsbeschlüsse vom Juli 1979, die eine Ausweitung von Pilotprojekten in Sichuan mit einer größeren betrieblichen Autonomie auf alle Staatsbetriebe Chinas ermöglichten,[20] sowie die bereits erwähnte Konferenz zur städtischen Beschäftigungspolitik im August 1980.[21] Für den Allokationsprozeß bedeuteten diese Beschlüsse im einzelnen:

1. Staatsbetriebe und Kollektivbetriebe von der Bezirksebene an aufwärts konnten fortan Arbeitskräfte auf ihre "moralische, intellektuelle und körperliche" Eignung prüfen (*de zhi ti quanmian kaohe*) und bei Offenlegung der Ergebnisse die Fähigsten auswählen (*zeyou luyong*). Das Tätigkeitsprofile und die von einem Bewerber geforderten Qualifikationen sollten öffentlich ausgeschrieben werden; die Bewerbung sollte freiwillig sein. Die Anstellung erfolgte dann gemeinsam durch das Arbeitsbüro und die Einheit. Bei einer Einstellung sollten sowohl die Fähigkeiten und Wünsche der Arbeitskräfte als auch der konkrete Bedarf der Betriebe berücksichtigt werden. Der gesamte Prozeß sollte allerdings auch weiterhin unter der "Leitung" des Arbeitsbüros stehen, die Arbeitspläne blieben für die Betriebe absolut verbindlich.

2. Die Jugendlichen brauchten nicht mehr auf eine Zuteilung durch den Staat zu warten, sondern konnten selbst initiativ werden und sich an die Betriebe wenden.

Im Dezember 1980 legte eine zentrale Arbeitskonferenz des ZK die Reformen jedoch zugunsten einer Konsolidierung der Wirtschaft vorläufig auf Eis. Die Jahre 1981-82 bilden eine gewisse Übergangszeit: Einerseits wurde die Dominanz staatlicher Planung bekräftigt, andererseits z.B. Ende 1981 mit der Einführung des "wirtschaftlichen Verantwortlichkeitssystems"[22] die Basis für eine Fortführung der Reformen gelegt. Dieser Übergang endete mit einem Kompromiß zum Verhältnis von Direktiv- und Indikativplanung, ergänzt durch Marktregulierung, den der XII. Parteitag 1982 verkündete.[23]

Es folgte eine zweite Reformwelle, diesmal mit dezidierteren Zielvorstellungen hinsichtlich des Arbeitssystems. Die radikalste Infragestellung des alten Systems stellten Experimente mit Arbeitsverträgen dar, deren Ausweitung allerdings bis

1986 durch Auseinandersetzungen um die praktischen Konsequenzen und ideologischen Implikationen eines derartigen Schritts blockiert wurde. Für die Ausweitung der betrieblichen Autonomie markierten die "Vorläufigen Regeln für staatsbetriebene Industrieunternehmen" vom 1.4.1983[24] einen neuen Entwicklungsstand. In diesen Regeln sind als betriebliche Rechte u.a. verankert:

- die Festsetzung der Lohnformen sowie der Verteilungsmodalitäten von Prämien- und Sozialfonds (§ 33);
- die öffentliche Anwerbung, Prüfung und Auswahl von Arbeitskräften sowie die Ablehnung Ungeeigneter (§ 34);
- der Einsatz des mittleren Kaderpersonals nach den Grundsätzen der Einfachheit und Effizienz (§ 36).

Auch diese Regeln unterstrichen erneut die Verbindlichkeit der von oben erlassenen Pläne und Sollvorgaben und ihre Kontrolle durch die übergeordneten Einheiten (§§ 38, 61-65). Die Zuständigkeit für die Leitungskader verblieb vollständig bei den Behörden (§ 66).

Vor allem die Prüfungen sollten den Betrieben die Möglichkeit geben, ihre Arbeitskräfte den Positionsanforderungen entsprechend auszuwählen. Mit ihrer Hilfe sollten die Betriebsleitungen auch von sozialen Zwängen, vor allem der von ihnen nicht kontrollierbaren Arbeitsplatzvererbung (*dingti*), befreit werden, die wegen ihrer kontraproduktiven Wirkung kritisiert wurden.[25]

Bis 1986 erfuhren diese Festlegungen noch zwei, nicht unwesentliche Modifizierungen. Erstens konkretisierten Staatsratsbestimmungen vom Mai 1984 das Ablehnungsrecht der Betriebe und gaben ihnen die Berechtigung,

> sich jeder Abteilung und jedem einzelnen zu widersetzen, die in Verletzung der staatlichen Bestimmungen den Unternehmen Personal aufdrängen wollen.[26]

Und zweitens entkoppelte die Staatsplankommission die Kennziffern für die Zahl der Beschäftigten und die Gesamtlohnsumme in staatlichen Betrieben. Die Lohnsumme sollte fortan an das wirtschaftliche Ergebnis gebunden sein.[27] An der Verbindlichkeit der staatlichen Pläne und den Kontrollrechten durch die Arbeitsbehörden wurde allerdings auch weiterhin festgehalten.[28]

Eine neue Qualität erhielt das Verhältnis von Arbeitsbüro und Betrieb aber erst durch die Bestimmungen zum Arbeitsvertragssystem (AVS) von 1986. Diese

Bestimmungen leiteten schließlich den dritten und vorläufig letzten Reformschub ein.[29]

Am 12.7.1986 erließ der Staatsrat vier vorläufige Bestimmungen zur Reform des Arbeitssystems, die am 1.10.1986 offiziell in Kraft traten:

- Vorläufige Bestimmungen zur Durchführung des AVS bei Staatsunternehmen (12.7.86) - AvsB -,

- Vorläufige Bestimmungen für die Anstellung von Arbeitern in staatlichen Unternehmen (12.7.86) - AnstB -,

- Vorläufige Bestimmungen für die Kündigung durch die Staatsunternehmen bei Disziplinarverletzungen von Beschäftigten (12.7.1986) - KüB -,

- Vorläufige Bestimmungen für die Arbeitslosenversicherung für Beschäftigte in Staatsunternehmen (12.7.86) - AlvB -.[30]

Die einzelnen Bestimmungen regeln jeweils Punkte einer zusammengehörenden Rechtsmaterie (Anwerbung, Anstellung, Selektion, Errichtung und Beendigung von Arbeitsverträgen, Kündigung, Arbeitslosigkeit und Ruhestand).[31] Sie gelten für staatliche Institutionen, Behörden und Betriebe. Diese sind gehalten, die Bestimmungen anzuwenden, wenn sie Arbeiter für Dauerarbeitsplätze neu anstellen wollen.

Zwei Aspekte sollen hier herausgegriffen werden, die Einstellung von Arbeitskräften und der Abschluß von Arbeitsverträgen; auf weitere wird an späterer Stelle einzugehen sein:[32]

1. Die Bestimmungen (AvsB, AnstB) regeln die Form der Anwerbung und Einstellung von Arbeitskräften durch die Betriebe. Hier werden die politische Intention und der Anweisungscharakter der Bestimmungen besonders deutlich. Den Betrieben wird durch die Aufhebung der Zuteilung von Arbeitskräften ein gewisses Maß an Autonomie zugestanden, das jedoch gleichzeitig wieder eingeschränkt wird, indem sie der Aufsicht durch die Administration unterstellt bleiben (§ 10 AnstB).

Die wichtigsten Gesichtspunkte, die bei der Anwerbung und Anstellung von Arbeitskräften von den Betrieben berücksichtigt werden müssen, sind die öffentliche Stellenausschreibung (§ 4 AvsB, §§ 2-5 AnstB), die umfassende Leistungsprüfung bei der Einstellung (§ 4 AvsB, §§ 2, 6-7 AnstB) und die Festlegung einer

Probezeit (§ 6 AvsB, § 9 AnstB). Die interne Rekrutierung und die Vererbung von Arbeitsplätzen auf die Kinder wird - mit Ausnahme weniger Branchen - untersagt (§ 5 AnstB). Werden bei der Anwerbung von Arbeitskräften die Bestimmungen verletzt, so ist die Anwerbung unwirksam (§ 13 AnstB).

2. Kern der Bestimmungen ist, daß staatliche Betriebe, Behörden und Institutionen Arbeiter, die bislang im Rahmen des staatlichen Plans auf Dauerarbeitsplätze rekrutiert wurden, aber auch zugewiesene Bauern, deren Land vom Staat requiriert wurde, und mit behördlicher Erlaubnis rekrutierte Kinder von Beschäftigten künftig nur auf der Basis befristeter und beendbarer Arbeitsverträge einstellen dürfen. Die Form der Arbeitsverträge soll von den Arbeitsbüros einheitlich festgelegt werden. (§ 2 AvsB, § 3 AnstB).

Von diesen Regelungen ausgenommen sind Arbeitskräfte, die entweder noch immer zugeteilt werden (s. 2.1.2), oder die vom Land kommen (*nongmingong*) und dort weiterhin registriert sind. Die ländlichen Arbeitskräfte, die als Saison- und Vertragsarbeiter beschäftigt werden sollen, erhalten einen vereinfachten Arbeitsvertrag. Neben der alten Kategorie der Festarbeiter und der ebenfalls schon älteren Gruppe der Vertrags-, Saison- und Bauernarbeiter entsteht damit eine weitere Kategorie von Arbeitskräften, nämlich die AVS-Arbeiter (*hetongzhigong*).

Die Bestimmungen zum AVS fixieren in 7 Punkten, was die Arbeitsverträge beinhalten müssen:

(1) Bei der Produktion zu erreichende Sollziffern für Quantität und Qualität bzw. die zu bewältigenden Aufgaben;
(2) die Probezeit und die Vertragsdauer;
(3) die Produktions- und Arbeitsbedingungen;
(4) das Arbeitsentgelt und die Behandlung im Hinblick auf Versicherungs- und Sozialleistungen;
(5) Regeln der Arbeitsdiziplin;
(6) die Verantwortung bei Arbeitsvertragsverletzungen;
(7) zusätzliche Punkte, deren Regelung beide Seiten für erforderlich halten (§ 8 AvsB).

Eine bestimmte formale Gestaltung des Vertrags ist nach den Bestimmungen nicht zwingend, lediglich ein Hinweis auf die Schriftform (§ 7 AvsB) besagt, daß eine mündliche Einigung über die Arbeitsaufnahme nicht hinreichend wäre. Die Notwendigkeit einer Beglaubigung wird zwar nicht eigens erwähnt, doch erfolgt sie faktisch dadurch, daß die örtlich für die Arbeitsverwaltung zuständige Abteilung in das Einstellungsverfahren zwingend eingeschaltet ist (§ 4 AvsB).

Die AvsB regeln ausdrücklich, daß den Unternehmen bei Veränderungen der Produktion die Möglichkeit eingeräumt wird, einvernehmlich mit den betroffenen Arbeitskräften Änderungen des ursprünglichen Arbeitsvertrags vornehmen zu können (§ 10 AvsB). In die gleiche Richtung einer größeren Flexibilität im Umgang mit den Arbeitskräften weist die Möglichkeit zur regionalen Versetzung (§11 AvsB). In diesem Fall erfolgt eine Art Vertragstransfer: Die Arbeitskraft schließt zwar mit der aufnehmenden Einheit einen neuen Arbeitsvertrag ab, ihr bleiben allerdings ihre bereits erworbenen Pensionsansprüche erhalten. Die binnen- und zwischenbetriebliche Reallokation soll nach der Idee des AVS vereinfacht werden.

2.1.2 Direkte und indirekte staatliche Einflußnahme auf den betrieblichen Arbeitskräfteeinsatz

Im folgenden wollen wir das Augenmerk auf die Umsetzung der beschlossenen Maßnahmen richten. Zwei Aspekte sind es, die hier unter der Fragestellung betrachtet werden sollen, inwieweit sich der Staat aus der Planung und Lenkung der Arbeitskräfte zurückgezogen hat: die Rolle der Plankennziffern und der tatsächliche Umfang betrieblicher Rekrutierung.

Der direktive Einfluß staatlicher Arbeits- und Planungsbehörden auf die Allokation hat abgenommen. Das gilt generell, besonders aber für Kollektivbetriebe, da mit den Reformen eine gewisse Rückbesinnung auf die Implikationen kollektiven Eigentums verbunden war.[33] An drei Punkten läßt sich der Rückgang des staatlichen Einflusses festmachen: Erstens wurden Planungskompetenzen nach unten verlagert, von der Zentrale an die Provinzen bzw., wie im Falle der Kollektivbetriebe, von den Provinzen an die Städte. Zweitens haben die staatlichen Arbeitspläne nicht nur faktisch an Verbindlichkeit verloren, sondern werden bereits bei ihrer Erstellung stärker am betrieblichen Bedarf ausgerichtet. Drittens wurden staatlicherseits Kontrollmethoden entwickelt, die den Betrieben mehr Freiräume der Eigengestaltung bieten.

Alle von uns untersuchten Betriebe betonten, daß sie ihrePersonalnorm Sollstärke spätestens seit 1984[34] weitgehend selbst errechnen. Als Grundlage dafür dienen ihnen Arbeits- und Personalnormen, die von den übergeordneten Industrieabteilungen z.T. neu festgelegt wurden. Gültigkeit erhalten diese betrieblichen Pläne allerdings nur durch ihre staatliche Genehmigung, d.h. durch ihre

Aufnahme in staatliche Pläne, deren Befehlscharakter auch nach Auskunft der Arbeitsbehörden aufgegeben werden soll.[35]

Die staatlichen Arbeitsbüros sollen nicht mehr die Besetzung jeder einzelnen Stelle, sondern nur noch die Gesamtzahl der Beschäftigten kontrollieren. Dies geschieht seit 1984 versuchsweise über die Kontrolle der Lohngesamtsumme, die in ihrer Höhe nicht länger an die Zahl der Beschäftigten gebunden ist.[36] Die Betriebe schließen mit übergeordneten Stellen einen Vertrag, in dem u.a. die Höhe der Lohngesamtsumme festgelegt ist und in dem sich der Betrieb verpflichtet, diese während eines bestimmten Zeitraums nicht zu ändern. Diese Festschreibung der Lohnsumme soll den Anstieg der Arbeitskräftezahl unmöglich machen, während der Betrieb bei einer Verringerung seiner Beschäftigtenzahl finanzielle Vorteile erzielen und sie in Form von Lohnerhöhungen zur Motivierung der Arbeitskräfte weitergeben kann. Gegenüber dieser eher starren Variante des "Systems vertragsgebundener Verantwortlichkeit" (*chengbao zerenzhi*) weist eine zweite Variante, bei der zusätzlich die Effizienz eines Betriebs als Kennziffer herangezogen wird,[37] stärkere betriebliche Einflußmöglichkeiten auf die Größe der Lohngesamtsumme und damit auch des Arbeitskräftepotentials auf: Bei einer Steigerung der Effizienz kann auch die Lohngesamtsumme erhöht werden, wenn auch nur in begrenztem Maße.[38]

Diese Form der Verknüpfung von Arbeitskräfte- und Lohnplan wird z.T. bereits als Übergang zur Leitplanung bewertet.[39] Allerdings scheint der Staat nicht unbedingt an die entsprechenden Verträge gebunden zu sein: Er kann die Lohnsumme anheben, wenn er über den Plan hinaus Arbeitskräfte zuteilt.[40]

Indem bestimmte Gruppen von Arbeitskräften auch weiterhin vom Staat zugeteilt werden, bleiben die betrieblichen Rekrutierungsrechte begrenzt. Vor Beginn der Reformen erstreckte sich die Kontrolle des Staats mit abnehmender Intensität auf die sogenannten strategischen Gruppen, d.h. auf die Absolventen höherer Schulen und militärischen Fachkader, auf die Beschäftigten der Staatsbetriebe und auf die Arbeiter und Angestellten in städtischen Kollektivbetrieben. Seit 1979 wurde der Bereich staatlicher Zuteilung immer weiter reduziert, zunächst wurden Abgänger der OMS nicht mehr zugeteilt.[41] Der Plan unterschied danach drei Gruppen: Arbeitskräfte von strategischer Bedeutung, Schulabgänger und auf Arbeit Wartende. Seit Einführung des AVS, das für alle neu zu rekrutierenden Arbeiter Geltung besitzt,[42] werden im wesentlichen nur noch zwei Gruppen zugeteilt:

(1) Absolventen von Hochschulen, Fachmittelschulen und technischen Facharbeiterschulen, und (2) demobilisierte Soldaten und militärische Fachkader.

Eine dritte Gruppe weiterhin zugeteilter Arbeitskräfte bilden Bauern, deren Land zum Zweck von Firmenexpansionen bzw. von öffentlichen Baumaßnahmen requiriert wurde, aber wohl z.T. auch ehemalige Arbeiter aufgelöster städtischer Fabriken. Sie müssen von den Betrieben, die die Requirierung veranlaßten oder davon profitierten (z.B. vom Bau eines Wasserwerkes), mit Arbeitsplätzen versorgt werden.

Handelt es sich bei den Schulabsolventen und militärischen Fachkadern fast ausnahmslos um Kader, so werden demobilisierte Soldaten und Bauern als Arbeiter angestellt. Dieser Aufteilung entspricht allerdings nicht die Trennung nach Beschäftigtenkategorien; denn während die Bauern Arbeitsverträge erhalten, werden die Soldaten wie die Kader weiter auf Lebenszeit als Festarbeiter beschäftigt, um den Soldatenberuf attraktiver zu machen.

Die Zuteilung von Kadern erfolgt im Rahmen von Kaderplänen. Im Zuge der Reformen notwendig gewordene unterschiedliche Kontrollverfahren - die Kadersollstärke wird nach wie vor "von oben nach unten" gegeben[43] - haben zur Ausgliederung der Kaderpläne 1987 aus der allgemeinen Arbeitskräfteplanung geführt. Die oberste Verantwortlichkeit liegt beim Personalministerium, vor Ort sind die Personalbüros und die Personalabteilungen der funktionalen Organisationen auf Stadtebene (Maschinenbaubüro, Textilgesellschaft) zuständig, die nicht nur den gemeldeten Rekrutierungsbedarf der Staatsbetriebe genehmigen müssen,[44] sondern auch konkret die Zuteilung vornehmen.

Unter den für die Zuteilung zur Verfügung stehenden Absolventen können die Betriebe im Unterschied zu früher entsprechend ihrem Bedarf auswählen und können zugeteilte Arbeitskräfte ablehnen. Von diesem Recht, Arbeitskräfte abzulehnen, machen sie insbesondere dann Gebrauch, wenn die ausbildenden Schulen vom Betrieb die Erstattung der Ausbildungskosten für ihre Absolventen fordern.

Da eine Auswahl bzw. Ablehnung seitens der Betriebe im Falle der Soldaten und Bauern nur in Ausnahmefällen möglich ist,[45] sprechen die Betriebe hier von Zwangszuteilung, zumal es für beide Gruppen keine staatlichen Rekrutierungsziffern gibt.[46] Bestehen die Arbeitsbüros, die in diesen Fällen zuständig sind, auf der Zuteilung, sind die Betriebe machtlos.[47] Quantitativ läßt sich der Anteil der Zugeteilten an der Gesamtzahl der jährlich rekrutierten Arbeitskräfte nur schwer bestimmen.[48]

Über die geschilderte staatliche Einflußnahme auf die Allokation hinaus bestehen seitens des Staates aber auch Möglichkeiten, indirekt auf den Einsatz von

Arbeitskräften im Betrieb einzuwirken. Dies gilt wiederum vor allem für den Kaderbereich. Geben staatliche Behörden bereits die Arbeits- und Personalnormen vor, nach denen die Betriebe ihren Bedarf ermitteln, so bestimmen sie darüber hinaus auch weiterhin die Proportionen, nach denen die "drei Linien" zu besetzen sind. Für die dritte Linie, d.h. die Kader, gilt nach wie vor die Richtzahl "18 % der Arbeitskräfte" und nach wie vor erlassen die einzelnen staatlichen Verwaltungen für die ihnen "unterstehenden" betrieblichen Abteilungen eigene Richtlinien, so daß die Betriebe i.d.R. weit mehr als 18 % Kader besitzen.[49] Die programmatisch geforderte Umstellung auf die "Warenwirtschaft" (*shangpin jingji*), die z.B. einen Ausbau von Vermarktungsabteilungen nötig machte, findet in den Planziffern keinen Niederschlag.

Ergänzend fordern staatliche Bestimmungen ein bestimmtes Qualifikationsniveau auf den einzelnen Positionsstufen der Kaderhierarchie, wie sie auch allgemein von den Betrieben verlangen, nur noch "vorberuflich Ausgebildete" (*jiuyeqian peixunsheng*) anzustellen. Absolventen von Berufsbildungseinrichtungen sollten zukünftig bei der Einstellung bevorzugt werden.[50] Schon vor dem 3. Plenum vom Dezember 1978 forderten die Reformer die Anerkennung der Bedeutung wissenschaftlich-technischer Kenntnisse, die Abstimmung von Wirtschafts-, Arbeits- und Bildungsplänen, den Ausbau der mittleren Bildungsstufe und im besonderen des Berufsbildungswesens sowie die Möglichkeit für die Betriebe, Arbeitskräfte nach ihren Fähigkeiten auswählen zu können.[51]

In der Verfassung von 1982 wurde der Staat verpflichtet, allen Bürgern vor der Beschäftigung die notwendige Ausbildung zu ermöglichen (§ 42). Diese Bestimmung fand als Prinzip der "vorberuflichen Ausbildung" (*xian peixun hou jiuye*) 1985 offiziell Eingang in die "Bestimmung des ZK zur Reform des Erziehungssystems" (27.5.1985) und wurde in den AnstB von 1986 bestätigt.[52] Niemand sollte mehr an einen Arbeitsplatz kommen, ohne vorher ausgebildet und geprüft worden zu sein. Die Qualifikation muß durch einen entsprechenden Nachweis (*hegezheng*) ausgewiesen sein. Das bedeutete auch eine Abkehr vom bisherigen Lehrlingssystem, der Ausbildung am Arbeitsplatz an der Seite "alter Meister".

Abschließend sei noch auf einen weiteren Aspekt staatlicher Arbeitskräfteallokation hingewiesen. Die Umlenkung der Arbeitskräfteströme von Staats- auf Kollektivbetriebe und Individualwirtschaft wird im allgemeinen nur unter dem Gesichtspunkt der Förderung dieser Sektoren als beschäftigungspolitischer Erfolg gewürdigt. Sie hat aber auch die gezielte Einschränkung der Rekrutierung durch Staatsbetriebe zur Voraussetzung. Auch um diesen Betrieben ein Stück ihrer "Attraktivität" zu nehmen, forderten sie ZK und SR 1981 auf, Bewerber zu prüfen und auszuwählen. Generell sollten sie mehr Zeitarbeiter und in der Zeit des 6. Fünfjahresplan (1980-1985) möglichst keine neuen Festarbeiter anstellen.[53]

2.2 Entstehung halbstaatlicher Institutionen der Arbeitskräftelenkung

Um die Arbeitsverwaltungsorgane angesichts des Ansturms arbeitsuchender Jugendlicher zu entlasten, wurden seit 1978 unter der Leitung von Lokalregierungen und Arbeitsbüros halbstaatliche Institutionen geschaffen, deren wesentliche Aufgabe es sein sollte, Arbeitslose zu verwalten, auszubilden, zu vermitteln und gegebenenfalls finanziell zu unterstützen. Die ersten und bekanntesten dieser Institutionen sind die sogenannten Arbeitsdienstleistungsgesellschaften (*laodong fuwu gongsi*), im folgenden ADG; desweiteren gibt es Arbeitsdienstleistungsmärkte oder auch ADM (*laowu shichang*) und Talent-Austausch-Zentren (*rencai jiaoliu zhongxin*). Da ADG und ADM auch Pendants auf betrieblicher Ebene erhielten, auf die in Kapitel 3.1 zurückzukommen sein wird, sollen sie hier als administrative ADG bzw. ADM bezeichnet werden. Bis 1989 entstanden darüber hinaus sogenannte "freie" (*ziyou*) Vermittlungsstellen. Abgesehen von der fehlenden administrativen Einbindung unterscheiden sich letztere von den halbstaatlichen Institutionen dadurch, daß sie Arbeitskräfte vor allem im nichtstaatlichen Bereich, d.h. in kollektive und ländliche Betriebe, in den Individual- und Privatsektor sowie an private Haushalte vermitteln.

Die verschiedenen Institutionen vermitteln im wesentlichen drei Gruppen von Arbeitskräften: arbeitslose Städter, ländliche Arbeitslose und Beschäftigte, die einen Betriebswechsel anstreben; sie sind also sowohl im Bereich der Allokation als auch in der Reallokation aktiv. Da es nur schwer möglich ist, eine pauschale Differenzierung vorzunehmen, sollen die einzelnen Institutionen im folgenden kurz charakterisiert werden.

Die Gründung von ADG wurde im September 1978 auf Initiative des staatlichen Arbeitsbüros auf einer Konferenz des Staatsrats vorgeschlagen.[54] Sie sollten den "auf Arbeit Wartenden" Arbeit im Reparatur- und Dienstleistungsbereich beschaffen, zumindest Tätigkeiten temporärer Art, um ihnen so für eine spätere Vermittlung bessere Chancen einzuräumen. Gegenüber bisherigen Formen der Arbeitskräfteverwaltung wurde der Vorteil der ADG in einer Verbindung von administrativverwaltenden und wirtschaftlichen Maßnahmen gesehen. Sie sollten zu einem "Pool" werden, der Arbeitskräfte bei Bedarf aufnehmen und auch wieder abgeben konnte[55] und darüber hinaus durch die Organisierung neuer kollektiver Einrichtungen aktiv Arbeitsplätze schuf.

Die Entwicklung der ADG vollzog sich im Einklang mit den beiden Reformphasen 1978-1983 und 1986-1989. Nachdem sie zunächst fast ausschließlich in Großstädten errichtet worden waren und mit einfachen Vermittlungs- und Bildungsmaßnahmen die Arbeitslosigkeit zu reduzieren suchten, entwickelten sie sich ab August 1980 angesichts der Förderung durch Partei und Staat in stürmischem Tempo. In zahlreichen Dokumenten, die politische Garantien, Kapitalunterstützung, Steuererleichterungen u.a. ankündigten, wurde diese Förderung sichtbar. Es entstand ein Netz von ADG in allen 29 Provinzen, großen wie kleinen Städten und in allen Sektoren und Branchen. Am 15.12.1984 wurde auf einer Vorsitzenden-Konferenz des Arbeits- und Personalministeriums offiziell die Gründung des staatlichen ADG-Anleitungszentrums (*quanguo laodong fuwu gongsi zhidao zhongxin*) bekanntgegeben, das ZK und SR schon im Oktober 1981 gefordert hatten. Die organisatorische Konsolidierung machte aber zugleich möglich, daß die ADG in den Strudel der Kampagne gegen den "schlechten Wind" gerieten, die ab Herbst 1984 darauf zielte, Handelsgeschäfte von Partei- und Regierungskadern zu unterbinden. Daraufhin wurden auch ADG geschlossen. Erst 1986 erhielten sie wieder offizielle Rückendeckung. Ein Sprecher des ZK-Sekretariats stellte am 30.3.1986 klar, daß ADG auch weiterhin von Partei- und Regierungsorganen geschaffen werden müßten, um Beschäftigungsprobleme zu lösen.

Die administrativen ADG werden von Arbeitsbüros der verschiedenen Verwaltungsebenen gebildet und gliedern sich in die Verwaltungshierarchie ein. Sie bestehen auf allen Ebenen der Verwaltung, von der Zentrale bis hinunter zu den Straßenkomitees, wo sie allerdings nur noch wirtschaftliche Funktion haben.[56] Obwohl den Arbeitsbüros unterstellt, gelten sie nicht als deren "Abteilung" (*chu*), da sie über die administrative Funktion hinaus auch wirtschaftliche Aufgaben erfüllen. Vielmehr stellen sie zusammen mit den von ihnen betriebenen Geschäften, Fabriken und Schulen eine "Einheit" (*danwei*) dar.[57]

Im wesentlichen üben sie eine Vermittlerrolle zwischen Betrieben und Arbeitsuchenden aus, indem sie Nachfragende beider Seiten registrieren, Berufsberatung durchführen, bei der Stellenausschreibung mitwirken, direkte Kontakte herstellen und Vertragsabschlüsse organisieren. Eine Erweiterung ihres Aufgabenfeldes erfolgte durch die Einführung des AVS und andere Reformen, die den Verlust eines Arbeitsplatzes zumindest theoretisch möglich machten (z.B. das Bankrottgesetz): ADG sollen die neuen Arbeitslosen registrieren und verwalten und den Arbeitslosen-Versicherungsfonds führen. Im Rahmen dieser Aufgabenerweiterung übernehmen die ADG auch Reallokationsaufgaben.

ADG haben auch Aufgaben im Rahmen der Arbeitsplanung erhalten: Kollektivbetriebe sollen ihre Rekrutierungsziffern nicht länger den städtischen Arbeitsbüros melden, sondern sie von der Stadt-ADG genehmigen lassen, die auch den Bezirk festlegt, in dem rekrutiert werden darf.[58] White sieht darin sogar eine Ausweitung staatlicher Kontrolle mit Hilfe halbstaatlicher Institutionen.[59]

Die größten Erfolge scheinen die administrativen ADG bei der Ausbildung und zeitweiligen Beschäftigung arbeitsloser Jugendlicher zu erzielen. Präzise Angaben sind allerdings kaum zu treffen, da erstens die administrativen ADG in der Literatur stets gemeinsam mit den betrieblichen abgehandelt werden, zweitens die Ausbildung nicht nur in speziellen Ausbildungsstätten, die eher den administrativen ADG unterstehen, stattfindet, sondern auch in den ADG-Betrieben am Arbeitsplatz und drittens die dauerhafte und zeitweilige Unterbringung (*anzhi*) Arbeitsloser nur ungenügend unterschieden wird.

1985 hat es in China 10.604 administrative[60] und 34.963 betriebliche ADG gegeben. Den administrativen unterstanden 1984 110.000 Betriebe, in denen 2,44 Mio. Arbeitskräfte beschäftigt waren. 1,7716 Mio. Jugendliche wurden 1985 in 1.345 Zentren und über 32.000 Kursen ausgebildet und stellten immerhin 44 % der in diesem Jahr untergebrachten arbeitslosen Jugendlichen. Die Zahl der von ADG verwalteten Zeitarbeiter betrug 1985 1,24 Mio.[61] Daß es sich dabei zu einem großen Teil um Beschäftigte in Betrieben administrativer ADG handeln dürfte, lassen Angaben aus Beijing vermuten, nach denen in den Jahren 1980-1987 jeweils von 65,8 % bis 99,2 % der in derartigen Betrieben Neueingestellten nur vorübergehend Arbeit fanden.[62]

Eine andere halbstaatliche Organisation sind die administrativen ADM, als deren Vorläufer bereits 1979 z.B. sogenannte Dienstleistungszentren für den Facharbeiteraustausch gegründet wurden.[63] Als "organisierte und geleitete" Institutionen[64] dienten ADM von Beginn an dem Austausch von Facharbeitern und der Neuverteilung überschüssiger Arbeitskräfte[65] zwischen den Betrieben sowie dem Transfer ländlicher Arbeitskräfte als Zeit- und Vertragsarbeiter in die Städte.[66] Darüber hinaus befassen sie sich mit der Reallokation von AVS-Arbeitern und der Vermittlung bestimmter Arbeitskräftegruppen (z.B. Rentner) außerhalb des Plans.[67]

Im Rahmen ihrer Vermittlungstätigkeiten bieten die ADM vor allem Informationen und Dienstleistungen an: Sie registrieren arbeitsuchende und veränderungswillige Arbeitskräfte sowie freie Stellen, informieren über ermittelte Bedarfstrends und organisieren mittels unterschiedlicher Methoden (Empfehlungsbriefe für Zeitarbeiter oder Messen und Märkte für Facharbeiter) das unmittelbare Zusammentreffen von Betrieben und Arbeitskräften; sie wickeln Anstellungsformalitäten ab, beglaubigen Arbeitsverträge und geben Arbeitslosenausweise aus.[68] Eigene kollektive Einheiten werden von den meisten ADM nicht organisiert.[69]

Wenn der Wechsel zwischen Betrieben auch staatlicherseits erleichtert wurde, z.b. ist innerhalb einer Stadt das Arbeitsbüro nicht mehr eingeschaltet,[70] so ist er doch nicht frei von Beschränkungen: Eine Arbeitskraft kann über den ADM eine neue Stelle suchen, braucht aber im Falle eines Erfolges für den Wechsel unbedingt die Genehmigung der abgebenden Einheit. Der ADM bietet hierbei seine Fürsprache an.[71]

Im wesentlichen werden administrative ADM von drei Trägern organisiert: seltener von Branchenbüros und Massenorganisationen, meist von der Arbeitsverwaltung.[72] Unter den von der Arbeitsverwaltung organisierten gibt es (a) permanente, (b) unregelmäßige und (c) singuläre ADM. Bei den permanenten handelt es sich um räumlich und personell feste Einrichtungen, entweder den Arbeitsbüros unterstehende ADM oder den Personalbüros unterstehende Talent-Austausch-Zentren. Die Aufgabenteilung zwischen beiden ist nicht strikt, aber i.d.R. vermitteln die ersten eher Arbeiter, die zweiten eher Kader.[73] Von 198 bis 1985 wurden lt. offizieller Statistik 1.321 Austauschzentren gegründet, wo sich 1,13 Mio. Personen meldeten. Von 530.000 Veränderungswilligen hatten 160.00 Erfolg.[74]

Unregelmäßig, aber nicht unbedingt selten werden sogenannte Austauschkonferenzen durchgeführt, auf denen Einheiten und Arbeitskräfte direkt miteinander verhandeln. Die singulären ADM sind meist Fachmärkte, die häufig Dienstmädchen, Hauslehrer und Pflegepersonal an Haushalte vermitteln, aber auch Techniker an Dorfbetriebe.

Von seiten der Reformbefürworter wird der Wirkungskreis der ADM grundsätzlich als noch viel zu eng bemängelt - zumal sie durch die Migrationskontrollen und andere administrative Schranken, durch die Unterordnung der Kollektiv- unter die Staatsbetriebe und die Immobilität von Festarbeitern und Kadern behindert würden. Von ihrer Entstehungsgeschichte her seien viele ADM sogar erst eingerichtet worden, um die Ausbreitung von freien Märkten gezielt zu stoppen.

Die "freien", d.h. nichtstaatlichen Märkte entwickelten sich zuerst auf dem Lande, existieren aber inzwischen auch in den Städten.[75] Entsprechend den jeweiligen "Marktanforderungen" entstanden Märkte für den "zweiten Beruf", Märkte für die Wiederbeschäftigung von Ruheständlern, Dienstmädchenmärkte, Handwerkermärkte u.a., die z.T. lokal fixiert, meist aber mobil und punktuell abgehalten werden. Sie bilden im allgemeinen für die entgegen den Migrationsbestimmungen in die Städte zugewanderten Arbeitskräfte vom Lande die einzige Möglichkeit, Arbeit zu finden.

Ohne Einschaltung staatlicher Institutionen agieren auch private Vermittler, die gegen Provision im Auftrag städtischer Betriebe meist ländliche Arbeitskräfte rekrutieren. Sie werden häufig mit den "Kontraktoren" (*baogongtou*) verglichen, deren Wirken 1949 verboten wurde.[76]

Wenn den freien und spontanen Märkten auch große publizistische Aufmerksamkeit gewidmet wird, so ist ihr Wirkungsbereich doch verschwindend gering und vor allem auf Randgruppen der Beschäftigten ausgerichtet. Die staatlich initiierten Institutionen sind ihrerseits zum größten Teil in der Vermittlung Arbeitsuchender tätig, ihre reallokative Funktion hält sich aufgrund fortbestehender administrativer Beschränkungen[77] noch in Grenzen - und auch sie sind vielfach mit unstet Beschäftigten befaßt.

3 Ausweitung betrieblicher Gestaltungsmöglichkeiten im Arbeitssystem

3.1 Neue Möglichkeiten zur Schaffung von Arbeitsplätzen: Kleine Kollektivbetriebe und Arbeitsdienstleistungsgesellschaften

Durch die Entstaatlichung der Arbeitskräfteplanung sind die Betriebe in die Lage versetzt worden, ihren tatsächlichen Bedarf in größerem Maße in die Erstellung der Rekrutierungsziffern einzubringen. Zumindest offiziell wird dies uneingeschränkt begrüßt:[78]

> Die übermäßige Zentralisierung der Arbeitsplanung wurde abgebaut und den Betrieben, (funktionalen) Abteilungen und Regionen wurden gewisse Selbstbestimmungsrechte eingeräumt, mit dem Ergebnis, daß das Wachstum der Beschäftigtenzahl makroökonomisch kontrolliert und mikroökonomisch ansatzweise verbessert wurde, daß das seit langem bestehende Problem der Trennung von Arbeitsplanung und Produktion relativ gut gelöst wurde und daß die Aktivität aller Seiten mobilisiert und die Effizienz offensichtlich erhöht wurde.

Während diese Reform allerdings vor allem dem Ziel dient, die Schaffung von Arbeitsplätzen im staatlichen Plan über wirtschaftliche Hebel und damit eventuell effektiver zu kontrollieren, bieten andere Maßnahmen, die zur Beseitigung der Arbeitslosigkeit ergriffen werden, den Betrieben zugleich neue Möglichkeiten zur Schaffung von Arbeitsplätzen im Rahmen regionaler Pläne. Hierbei handelt es sich in erster Linie um die Förderung kollektiver Beschäftigung. Sie erfolgt in Übereinstimmung mit und unter Bekräftigung des wirtschaftspoliti-

Ausweitung betrieblicher Gestaltungsmöglichkeiten 191

schen Ziels, den Handels- und Dienstleistungssektor zu erweitern, die Leichtindustrie zu fördern und neben technisch fortschrittlichen auch arbeitsintensive Methoden zu betonen.

Grundsätzlich lassen sich dabei zwei Aspekte unterscheiden: die Begünstigung kollektiver Betriebe und die Ermunterung von Staats- und Großen Kollektivbetrieben, ihrerseits kollektive Arbeitsplätze einzurichten. Obwohl die Masse der Arbeitsuchenden auch weiterhin nach Plan in staatlichen und großen kollektiven Betrieben eingesetzt werden soll, geht es in beiden Fällen schwerpunktmäßig um die Förderung Kleiner Kollektivbetriebe. Nicht zuletzt den Beschlüssen vom August 1980 folgend, wird vom Staat die Schaffung der folgenden Wirtschaftsformen unterstützt:

- alle Arten von Kooperationen mit selbständiger Rechnungsführung, die vor allem von Jugendlichen mit selbst erbrachtem Kapital gegründet werden;

- kollektive Fabrikbrigaden für arbeitslose Intellektuelle, vor allem in den städtischen Vororten;

- kollektive Betriebe auf Bezirks-, Kreis- und Straßenebene, gegründet von städtischen Behörden, möglichst unter Nutzung von Kapazitäten der staatlichen Wirtschaft;

- "von Staatsbetrieben geführte Kollektivbetriebe" (*quanmin ban jiti*).[79]

Für den Erfolg dieser Entstaatlichung im betrieblichen Eigentum kann die Entwicklung der Erwerbstätigenzahlen, getrennt nach staatlichen und kollektiven Betrieben, ein Indikator sein (vgl. Tabelle A4 und A7): Während die Zahl der Arbeiter und Angestellten in staatlichen Betrieben von 1978 bis 1987 um knapp 30 % zunahm, stieg sie in städtischen Kollektivbetrieben um 70 %.[80] Da die staatlichen Statistiken allerdings nicht zwischen Großen und Kleinen Kollektivbetrieben differenzieren, kann nur mittelbar darauf geschlossen werden, daß das absolute Wachstum um 14,4 Mio. Beschäftigte zu einem Großteil den Kleinen Kollektivbetrieben zuzuschreiben ist. So erhöhte sich z.B. die Zahl derjenigen, die in sog. "neuen Kollektivbetrieben" (*xinban jiti*), d.h. selbständig abrechnenden und i.d.R. von ADG geführten Kleinen Kollektivbetrieben, Beschäftigung fanden, von 1,27 Mio. im Jahre 1981 auf 6,146 Mio. im Jahre 1986.[81]

Eine für die Allokationsflexibilität der Staatsbetriebe wichtige Neuerung ist die ihnen eingeräumte Möglichkeit, sog. "staatlich geführte Kollektive" (*quanmin ban jiti*) zu schaffen.[82] Diesen Kollektivbetrieben soll der Start durch finanzielle, personelle und materielle Hilfen des Mutterbetriebes ermöglicht werden, sie sollen dessen Infrastruktur nutzen, brachliegende Ausrüstung und Materialien erschließen und Produktionslücken füllen können. Nach einer gewissen Anlaufzeit sollen sie unabhängig bilanzieren und selbst für Gewinn und Verlust verantwortlich sein. Die Zwangszuweisung von Arbeitskräften ist untersagt, das Personal soll vielmehr uneingeschränkt mobil sein können. Auch die Entlohnung ist nicht an staatliche Richtlinien gebunden, sondern allein vom Betriebsergebnis abhängig.[83]

Bei den "staatlich geführten Kollektiven" handelt es sich in erster Linie um Unternehmen, die unter der Leitung betrieblicher ADG stehen, die ihrerseits von der übergeordneten staatlichen, d.h. administrativen ADG angeleitet werden.[84] 1984 führten knapp 25.000 ADG von Betrieben und Institutionen ca. 100.000 kleine Betriebe mit 3,13 Mio. Arbeitskräften.[85] Allerdings gibt es auch andere Formen: Einerseits bestehen im Rahmen staatlicher Unternehmen eingegliederte oder auch neugeschaffene kollektive Zweigwerke,[86] andererseits gelangen auf verschiedenen Wegen, z.B. über Zweigwerke, Arbeitskräfte mit einem kollektiven Status in die Betriebe, die Seite an Seite mit "staatlich Beschäftigten" arbeiten.[87]

Obwohl die Unterschiede zwischen kollektiven Zweigwerken und ADG-Betrieben im Einzelfall stark verwischt sein können,[88] dienen die Zweigwerke, soweit sie nicht durch Eingliederung kollektiver Betriebe entstanden, eher dazu, bereits im Stammbetrieb mitarbeitende Familienangehörige (*jiashugong*) im Status anzuheben und - unter Umgehung staatlicher Planprozeduren - den Arbeitskräftebedarf zu decken,[89] während ADG-Betriebe vor allem gegründet werden, um den Kindern der Betriebsangehörigen Arbeitsplätze anbieten zu können. Diese Funktion haben sie auch in den Großen Kollektivbetrieben. Zusätzlich haben die ADG-Betriebe die Aufgabe erhalten, AVS-Arbeiter, deren Verträge ausgelaufen sind, und überschüssige Arbeitskräfte zu beschäftigen, wenn dazu nicht wiederum neue Formen geschaffen werden, wie z.B. betriebliche ADM.[90] Sie können darüber hinaus auch von außen Zeitarbeiter rekrutieren. Den ADG-Betrieben kommt demnach vor allem die Funktion zu, die Verpflichtungen der Betriebe zur Daseinsvorsorge unter veränderten äußeren Bedingungen (Verbot der internen Rekrutierung, Anstellung auf Vertragsbasis, Rationalisierung der Arbeitsorganisation) erfüllen zu können, während die Zweigwerke zwar auch Versorgungscharakter haben, vor allem aber den Betrieben die Rekrutierung von Arbeitskräften erleichtern sollten, ehe die staatliche Arbeitskräfteplanung generell gelockert wurde. Seit dieser Lockerung bestehen die Zweigwerke zwar weiter, haben aber an allokativer Bedeutung verloren. ADG-Betriebe gewinnen dagegen weiter an Bedeutung.

Von besonderem Interesse sind unter der hier diskutierten Fragestellung nach den Gestaltungsmöglichkeiten der Betriebe vor allem drei Aspekte: die Stellung der ADG-Betriebe im Unternehmen, der Status der dort Beschäftigten und die Möglichkeit eines eventuellen Wechsels in den Stammbetrieb.

Wenn die ADG-Betriebe auch formal unabhängig und mit den weitergehenderen Befugnissen eines Kollektivbetriebes ausgestattet sind, so bleiben sie doch auf vielfältige Weise - finanziell, personell, materiell und arbeitsorganisatorisch - mit dem Mutterbetrieb verbunden und können seiner Unterstützung sicher sein.[91] Das Kapital, die Verwaltungskräfte und Facharbeiter, aber auch Räumlichkeiten, Materialien und Maschinen werden häufig vom Stammbetrieb gestellt. Die ADG-Beschäftigten nutzen i.d.R. die kollektiven Wohlfahrtseinrichtungen des Stammbetriebs - wenn sie diese nicht sogar selbst darstellen; denn ADG-Betriebe sind nicht nur in der Produktion (Reparatur- und Zulieferarbeiten für den Stammbetrieb) oder im Handel (Verkauf von Firmenerzeugnissen) tätig, sie können auch Kindergärten, Gäste- oder Badehäuser u.ä. sein.[92]

Unterscheidendes Merkmal zwischen ADG-Beschäftigten und Beschäftigten im Stammbetrieb ist nicht der Arbeitsplatz; denn sowohl können Stammbeschäftigte in die ADG entsandt werden, als auch ADG-Beschäftigte im Stammbetrieb arbeiten.[93] Auch in bezug auf die Entlohnung und die Inanspruchnahme betrieblicher Sozialleistungen ist die Trennung unscharf: I.d.R. zahlt der Stammbetrieb für die delegierten Arbeitskräfte den Lohn weiter, die ADG zahlt für die ADG-Beschäftigten den Lohn und für alle die Prämien. Die ADG ist, wie erwähnt, als Kollektivbetrieb hierbei nicht staatlich gebunden, sondern kann je nach Betriebsergebnis höhere oder niedrigere Löhne zahlen. Für die Nutzung der Sozialeinrichtungen des Stammbetriebs zahlt die ADG u.U. Gebühren.[94] Entscheidendes Kennzeichen der ADG-Beschäftigten bleibt damit ihr Status als "Kollektivbeschäftigte", unabhängig davon, ob sie vor oder nach Einführung des AVS angestellt wurden.[95] Dies gilt im übrigen auch für die Beschäftigten kollektiver Zweigwerke.[96]

Die Übernahme von ADG-Beschäftigten ist für die Stammbetriebe ein problematisches Kapitel, und zwar mindestens aus drei Gründen. Erstens wurde die Gründung von ADG veranlaßt, um die Kinder von Beschäftigten zu versorgen, *ohne* sie in den Hauptbetrieb übernehmen zu müssen.[97] Zweitens bleiben unter den in Frage kommenden Kindern häufig nur diejenigen für eine Beschäftigung in der ADG übrig, die keine anderweitige Anstellung erlangen konnten: Kranke, unqualifizierte und (sic!) Frauen.[98] Und drittens ist sowohl bei Übernahme als auch bei Nichtübernahme das betriebliche Beziehungsgeflecht und der "Betriebsfriede" betroffen. Die Betriebe entscheiden dementsprechend unterschiedlich, beklagen aber übereinstimmend, daß sie die Übernommenen kaum im Betriebsinteresse einsetzen können.[99]

Obwohl vereinzelt auf die billigen Ausbildungsmöglichkeiten von Arbeitskräften in den ADG hingewiesen wird,[100] scheinen diese keinesfalls als Eintrittspforte in den Staatsbetrieb konzipiert zu sein. Eher stellen sie einen mißratenen Versuch dar, die Versorgungsverpflichtungen der Betriebe abzubauen. Dennoch bieten sie, wie auch die kollektiven Zweigwerke, zumindest den Staatsbetrieben die Möglichkeit, am zentralen Arbeitskräfteplan vorbei AVS-Arbeiter (und Zeitarbeiter) zu rekrutieren[101] und diese relativ flexibel auch im Betrieb selbst einzusetzen.

3.2 Neue Möglichkeiten einer betrieblichen Arbeitskräfteallokation

Seit der Entstaatlichung der Arbeitskräfteplanung und -lenkung hat sich die Zahl der Beschäftigtengruppen und -kategorien, die den Staats- und Kollektivbetrieben zur Verfügung stehen, erhöht: Unter dem Gesichtspunkt des Arbeitsverhältnisses sind dies neben Fest- und Zeitarbeitern auch AVS-Arbeiter, unter dem Gesichtspunkt der Beschäftigungsdauer lebenslang beschäftigte Arbeiter und Kader, Langzeitarbeiter (über 5 Jahre), Kurzzeitarbeiter (1-5 Jahre) und Rotations- bzw. Zeitarbeiter (unter 1 Jahr) (§ 2 AvsB). Aber auch die Rekrutierungsmodalitäten haben sich vergrößert: Die Betriebe verfügen über alte zugeteilte Arbeitskräfte (Festarbeiter bzw. Arbeiter und Kader), neue zugeteilte (Festarbeiter und meist Kader), neue selbst rekrutierte Berufsanfänger (AVS-Arbeiter bzw. Arbeiter), Betriebswechsler (AVS-Arbeiter und i.d.R. angelernte Arbeiter und Facharbeiter bzw. Techniker) sowie außerhalb des Plans rekrutierte bzw. von administrativen ADG vermittelte Zeitarbeiter. Eine Quantifizierung der verschiedenen Gruppen ist nicht möglich. An den Anteilen von Fest- und AVS-Arbeitern in Staatsbetrieben läßt sich aber ermessen, daß die Gruppen der alten und neuen zugeteilten Arbeitskräfte auch weiterhin die überwiegende Mehrheit stellen: 1987 waren von 96,54 Mio. Arbeitskräften knapp 78 % Festarbeiter und nur knapp 8 % AVS-Arbeiter (siehe Anhang, Tab. A17). Ein noch größeres Kontingent als die AVS-Arbeiter bilden Zeitarbeiter, zumindest wenn im Plan und außerhalb des Plans Angestellte zusammen gerechnet werden: Nach unterschiedlichen Angaben machen sie ca. 10-14% der Belegschaften aus.[102]

Die betriebliche Arbeitskräfteallokation hat seit der Ausweitung der betrieblichen Autonomie zwei Seiten erhalten: die Rekrutierung von Arbeitskräften und ihr Einsatz im Betrieb. Neue Möglichkeiten im Bereich der Rekrutierung bieten auch mehr Handlungsfreiheit in der konkreten Verknüpfung von Arbeitskräften und Arbeitsplätzen. Die folgende Darstellung wird sich auf die Rekrutierungspraxis konzentrieren, da hier die entscheidenden Neuerungen erfolgt sind.[103]

Die Betriebe erstellen ihre Rekrutierungspläne meist ein Jahr im voraus. Nach ihrer Genehmigung[104] ist für die Einstellung von Arbeitskräften nur noch die Meldung beim städtischen Arbeitsbüro bzw. der ADG erforderlich. Diese nehmen insofern Einfluß, als sie die städtischen Bezirke festlegen, in denen rekrutiert werden soll, oder aber Kriterien für die Qualifikationsprüfungen vorgeben.[105] Die Rekrutierung erfolgt über städtische ADG, über die ADM auf Bezirksebene oder über betriebs- bzw. branchenzugehörige Bildungseinrichtungen.

Bei der ADG oder dem ADM können sich Arbeitsuchende registrieren lassen, und hier melden auch die Betriebe ihren Bedarf an und lassen die Stellenausschreibung aushängen. Andere Möglichkeiten der Veröffentlichung bieten Anschlagtafeln der Straßenkomitees und Zeitungsanzeigen.

Die Ausschreibungen gelten z.T. für ganze Personengruppen. Sie enthalten häufig eine Kurzdarstellung des Betriebes, Angaben zu seinen Produkten und zur maschinellen Ausrüstung. Zum Standard gehören Angaben zur Anzahl der zu Rekrutierenden und zu den Rekrutierungsbezirken, Angaben zu den Tätigkeiten, für die jemand gesucht wird, zum Einkommen während und nach der Ausbildung sowie eine Auflistung der Anforderungen, die an den Bewerber gestellt werden: Bildungsniveau, Alter, Familienstand und Gesundheitszustand. Fast durchgängig wird dabei gefordert, daß die Bewerber jung und ledig zu sein hätten und eine gute Sehkraft vorweisen müßten. Gesucht werden fast durchweg Absolventen der verschiedenen Schulen, d.h. Berufsanfänger.

Bewerber können sich direkt beim Betrieb oder bei den Vermittlungsinstitutionen melden, die aufgrund der nachgewiesenen Leistungen z.T. bereits eine Vorauswahl vornehmen. Eine Liste mit den Bewerbern und den Prüfungsergebnissen muß in jedem Fall aufgestellt und veröffentlicht werden, um sicherzustellen, daß die Anwerbung auch tatsächlich öffentlich abgelaufen ist.

Einige Betriebe nutzen die Möglichkeiten betriebs- oder brancheneigener Berufsschulen, um qualifiziertere Arbeitskräfte gezielt anzuwerben. In beiden Fällen können sie ihren Bedarf, sowohl was die Anzahl der Arbeitskräfte als auch was die Curricula betrifft, im voraus mit den Schulen abstimmen; denn auch die in die Branchensysteme eingebundenen Schulen stehen in enger Verbindung zu bestimmten Betrieben. In Nanjing stehen für 70% der Schüler in Berufsschulen und Fachmittelschulen bereits vor Schulabschluß die Betriebe fest, die sie aufnehmen können.[106] Eine Aufnahmegarantie gibt es allerdings nicht. Wie auch die Absolventen sog. "regionaler Hochschulen"[107], die nicht mehr zugeteilt werden (*bubao fenpei*), sollen sie von den Betrieben ausgewählt werden.[108] Die nichtzugeteilten Hochschulabsolventen haben darüber hinaus keine Gewähr, als Kader eingesetzt zu werden, obwohl sie auch weiterhin in den Verwaltungsbereich der Personalbüros fallen.[109]

Die neuen Formen der Rekrutierung bieten den Betrieben, wie der letzte Punkt zeigt, auch neue Freiräume im Einsatz der Arbeitskräfte, vor allem aber haben sich ihre Selektionsmöglichkeiten vergrößert.[110] Dies haben vor allem Frauen zu spüren bekommen, deren Anstellungschancen sich seit der Einführung des AVS verschlechtert haben.[111]

Kaum geändert hat sich die Einstellung der Betriebe zur Anwerbung von Betriebswechslern, obwohl staatlicherseits die Beschränkungen zwischenbetrieblicher und interregionaler Mobilität etwas gelockert wurden.[112] So brauchen z.B. Betriebswechsel innerhalb einer Stadt nicht mehr von Arbeitsbüros genehmigt werden, sondern können von den Betrieben untereinander verhandelt werden.[113] Dennoch fand sich unter den von uns untersuchten Betrieben nur einer, der mit Hilfe der städtischen ADG angelernte Arbeiter aus anderen Betrieben anwarb.[114] Das Argument, das dieser Betrieb, eine große Werkzeugmaschinenfabrik, dafür ins Feld führte, nämlich Ausbildungszeit zu sparen und die Leute gleich einsetzen zu können, wird von den meisten Betrieben nicht geteilt. Sie verweisen im Gegenteil darauf, daß die Qualifikationen i.d.R. zu speziell und nicht übertragbar seien.

Als Versuch, die Ausbildungsinhalte zu formalisieren und damit Arbeitskräfte vielseitiger einsetzbar zu machen, sind die staatlichen Bestimmungen zur "vorberuflichen Ausbildung" (*xian peixun hou jiuye*) zu werten, die auch Eingang in die AVS-Bestimmungen fanden. Obwohl damit der Ausbau eines Berufsbildungsnetzes verbunden ist, das Bildungseinrichtungen verschiedener Formen, verschiedener Stufen und mit allen nur möglichen Trägern umfaßt,[115] scheint sich in der Praxis nur wenig verändert zu haben; denn die Ausbildungsinhalte sind weiterhin eng auf den jeweiligen Betrieb zugeschnitten. Allerdings ist das Lehrpersonal zumindest theoretisch versierter, die Betriebe können die Ausgebildeten unmittelbar einsetzen, sparen u.U. Zeit und Kosten[116] und müssen die Ausgebildeten, die eine Prüfung zu absolvieren haben, nicht unbedingt übernehmen.[117] Alle Betriebe können außerdem das Recht in Anspruch nehmen, die "vorberuflich Ausgebildeten" zunächst auf Probe einzusetzen. Die Probezeit beträgt meist ein halbes Jahr. Ihr wird im allgemeinen große Bedeutung für die Auswahl geeigneter Arbeitskräfte beigemessen, wenn einige Betriebe auch bemängeln, daß sie für die Beurteilung der praktischen Fertigkeiten und vor allem die Arbeitshaltung zu kurz sei, da die obligatorische Ausbildungszeit z.T. auch in die Probezeit falle.

Obwohl aus der Tatsache, daß die Betriebe vor allem durch das AVS im Bereich der Allokation gewisse Verbesserungen zur Eigengestaltung erzielt haben, gefolgert werden könnte, daß sie diese extensiv zu nutzen trachteten, verweist eine genauere Betrachtung der Entwicklung der AVS-Arbeiter-Zahlen im staatlichen Sektor in eine andere Richtung (Vgl. Anhang, Tab. A17): Von 1982 bis zum Juni 1986 nahm die Zahl der AVS-Arbeiter landesweit von 160.000 auf 3,6 Mio. zu, stieg dann nach Verabschiedung des AVS bis Ende 1986 auf 5,2 Mio., um anschließend um pro Jahr 1,8 bis 2,7 Mio. auf 13,52 Mio. Ende 1990[118] anzuwachsen. Auf den ersten Blick erscheint diese Steigerung gewaltig, zumal die Zahl der Festarbeiter im gleichen Zeitraum nur um 3 % wuchs. Angesichts der Zielsetzung, das System lebenslanger Beschäftigung mit Hilfe des Arbeitsvertragssystems zu beseitigen, bleibt der Erfolg mit einem Anteil von knapp 12 % AVS-Arbeitern an den gesamten Beschäftigten allerdings begrenzt.

Die Ursachen dafür sind verschiedener Art: (1) werden vom Staat Arbeitskräfte auch weiterhin als Festarbeiter zugeteilt, (2) schränken die Betriebe aus Kostengründen die Rekrutierung von AVS-Arbeitern ein und (3) hat das AVS auch den Arbeitskräften das Recht gegeben, einen Arbeitsplatz abzulehnen.

(1) Das AVS gilt, wie erwähnt, nur für neu rekrutierte Arbeiter, Absolventen höherer Schulen und demobilisierte Militärs werden weiterhin zugeteilt. 1987 z.B. wurden zwar 2,1 Mio. AVS-Arbeiter rekrutiert, diese machten aber nur 52,1 % aller neu angestellten Arbeitskäfte aus.[119] Für die weiter zugeteilten Gruppen sollte 1988 ein allmählicher Übergang zum AVS beginnen. An den technischen Facharbeiterschulen sollte der Jahrgang 1988 nach 3 Jahren Studienzeit 1991 nicht mehr zugeteilt werden. An Hoch- und Fachmittelschulen sollte dies ab Jahrgang 1989, also ab 1993 der Fall sein - mit einer Einschränkung: Um Problemregionen, wie den Nordwesten, auch weiterhin mit qualifizierten Arbeitskräften zu versorgen, sollte 30 % der Absolventen auch weiterhin ein Platz als Festarbeiter zugewiesen werden, wenn sie sich für einen gewissen Zeitraum in diese Regionen verpflichteten.[120] Inzwischen sind diese Pläne gestoppt worden.[121]

(2) AVS-Arbeiter erscheinen den Betrieben aus zumindest zwei Gründen kostenintensiver als Festarbeiter: Erstens soll der Lohn von AVS-Arbeitern, die

ansonsten den Festarbeitern hinsichtlich der Entlohnung, des Arbeitsschutzes und der Sozialleistungen gleichgestellt sein sollen, um 15 % aufgestockt werden, weil ihre Familien keine unentgeltliche medizinische Versorgung erhalten (§ 18 AvsB); zweitens werden für die Altersversorgung der AVS-Arbeiter außerhalb der Betriebe Fonds geschaffen, in die die Betriebe ca. 15 % der Gesamtlohnkosten für diese Beschäftigungskategorie abzuführen haben (§ 26 AvsB).[122] Obwohl angesichts der Belastung durch Rentenzahlungen die Reform des Sozialversicherungswesens den Betrieben langfristig Erleichterung verschaffen kann[123] und sich die Betriebe durchaus an dem neuen System beteiligen,[124] scheinen die aktuell höheren Lohnnebenkosten die Rekrutierung von AVS-Arbeitern dennoch zu hemmen.

Im Gegensatz dazu - oder auch aus diesen Gründen[125] - ist die Beschäftigung von Zeitarbeitern auch weiterhin beliebt.[126] Im Kreis Baoying / Bezirk Xiahe der Provinz Jiangsu z.B. nahm die Zahl der Außerplan-Arbeiter in den Staats- und Kollektivbetrieben ab 1984 um jährlich über 30 % zu. Ende 1988 stellten diese Arbeiter, die zu 85 % vom Lande kommen, 17,8 % aller Arbeitskräfte; in einzelnen Betrieben sollen es über 80 % sein.[127] Während die Besetzung der 1. Linie nach wie vor problematisch ist und Festarbeiter - oder auch AVS-Arbeiter, wie in Kapitel 3.3 zu zeigen sein wird - die Übernahme schwerer und schmutziger Arbeiten (*kuleizang*) weiterhin ablehnen, ist die Anstellung von Zeitarbeitern im Zuge der Reformen einfacher geworden: die Verbindlichkeit der Pläne hat abgenommen, das Angebot an ländlichen Arbeitskräften ist demgegenüber noch gestiegen[128] und die indirekte Kontrolle der Arbeitskräftezahl über die Lohnsumme verleitet die Betriebe dazu, mehr "billige" Zeitarbeiter als weniger "teure" AVS-Arbeiter anzustellen.[129]

Nicht zu den Zeitarbeitern zählt allerdings eine neue Beschäftigungskategorie, die immer dann entsteht, wenn für schwere Arbeiten, die städtische Arbeitskräfte nicht leisten wollen, Arbeiter vom Lande auf der Basis von regulären Arbeitsverträgen angestellt werden: Bauern-AVS-Arbeiter (*nongmin hetongzhigong*) werden vor der Zuweisung eines Arbeitsplatzes ausgebildet und erhalten sogar höhere Löhne als städtische. Ihr *hukou* bleibt allerdings auf dem Land, wohin sie nach Vertragsende zurückkehren sollen.[130]

(3) Seitdem die Arbeitskräfte nicht mehr zugeteilt werden, haben zahlreiche Betriebe erhebliche Probleme, neue Arbeitskräfte zu bekommen und die alten zu halten (*zhaobujin*, *liubuzhu*). Die Gründe dafür sind zum einen in den wenig attraktiven Arbeitsbedingungen, z.B. in Textilbetrieben (Lärm, Schichtsystem), zum anderen aber auch darin zu suchen, daß Textilbetriebe vielfach in kollek-

tivem Eigentum sind. Ihre Arbeitsplätze gelten unter Jugendlichen aufgrund der niedrigeren sozialen Absicherung als "2. Wahl".[131]

Im Individual- und Privatsektor sowie im ländlichen industriellen Sektor[132] könnte den Kollektivbetrieben eine zusätzliche Konkurrenz erwachsen, da hier z.T. weit höhere Lohneinkommen zu erzielen sind; der Ausbau außerbetrieblicher Sicherungssysteme könnte darüber hinaus dazu beitragen, daß das Ansehen dieser Beschäftigungsart stiege, das bisher aufgrund fehlender Daseinsvorsorge am unteren Ende der Bewertungsskala lag. Branchen, in denen auch die genannten Eigentumsformen stark vertreten sind (neben der Elektrobranche vor allem der Handel, die Tourismus- und Hotelbranche), verzeichnen bereits so viele Bewerber, daß die Betriebe bei der Auswahl die staatlichen Anforderungen für die Anstellung arbeitsloser Jugendlicher vernachlässigen und vor allem auch Frauen ablehnen können.

Auf die potentielle zweifache Konkurrenz haben die Kollektivbetriebe mit einer Anhebung der Löhne und einer Steigerung der Sozialleistungen reagiert. Aus Tabelle 13 läßt sich erkennen, daß die Steigerungsraten für Löhne, Prämien und Sozialausgaben in den Jahren 1980 bis 1985 im Kollektivsektor über denen im Staatssektor liegen. Diese Angaben können zwar nur ein Indiz sein, da u.a. weder der ausgewählte Zeitabschnitt begründet noch Faktoren wie z.B. die relative Zunahme der Beschäftigten berücksichtigt werden. Sie erhalten allerdings dadurch zusätzliches Gewicht, daß die Kollektivbetriebe vielfach zum leichtindustriellen Sektor gehören bzw. in der administrativen Hierarchie niedriger stehen als Staatsbetriebe, zwei Faktoren, die vor den Reformen niedrigere Löhne zu Folge hatten.

Möglich wurde die stärkere Zunahme von Löhnen und Sozialleistungen in Kollektivbetrieben zum einen durch die gegenüber Staatsbetrieben geringere Verbindlichkeit der Planvorgaben,[133] zum anderen durch die Lohnreform. Die Lohnreform versetzte alle Betriebe, auch staatliche, in die Lage, Löhne ansatzweise als Steuerungsregulativ zu nutzen, um z.B. Arbeiter in der 1. Linie zu halten oder, wie im Fall der Textilindustrie, leichter anwerben zu können.

Tabelle 13:
Steigerungsraten von Löhnen, Prämien und Sozialausgaben in staatlichen und städtischen kollektiven Betrieben, 1980-1985 (%)

	Lohn-Gesamtsumme	Prämien u. Akkordlöhne	Wohlfahrt u. Soziales	Durchschn. prämien u. -akkordlöhne	Durchschn.-löhne
Staatl. B.	169,6 %	254,0 %	130,0 %	226,2 %	151,1%
Koll. B.	216,0 %	559,6 %	225,7 %	402,2 %	155,1%

Quelle: ZLGTZ 1987: 117, 185.

Die Lohnreform zu beschreiben, würde den Rahmen dieser Arbeit weit überschreiten; es sollen daher abschließend nur wenige Stichworte aus der Fülle von Informationen, die uns die untersuchten Betriebe zu diesem Punkt gaben, genannt sein: So werden die Löhne generell erhöht,[134] Zwischenstufen in das 8-Stufen-Lohnsystem eingefügt oder dieses um weitere Stufen ergänzt,[135] Arbeiter werden "außer Tarif" (*wuji*) bezahlt, Beförderungen mit Lohnerhöhungen gekoppelt[136] und, speziell in der Textilindustrie, Frauen durch Verlängerung des Schwangerschaftsurlaubs angeworben.[137]

Diese Maßnahmen werden allerdings nicht von allen begrüßt, die jeweils Benachteiligten drängen auf Gleichbehandlung. So verhindern z.B. Arbeiter Prämienerhöhungen für Kader[138] bzw. setzen unter Infragestellung des "impliziten Sozialkontrakts" Erhöhungen für alle Beschäftigten durch.[139] Auch diese allgemeine Verteuerung der Arbeitskräfte und damit das Unterlaufen betrieblicher Motivierungsmöglichkeiten könnte Anlaß dafür sein, daß die Betriebe auf die Rekrutierung von Zeitarbeitern ausweichen.

3.3 Neue Möglichkeiten zur Umsetzung und Entlassung von Arbeitskräften

Die Reformen des Arbeitssystems haben eine klare politische Zielsetzung, die z.B. auch in die Bestimmungen zum AVS aufgenommen ist: den "Aufbau der sozialistischen Modernisierung voranzubringen" (AvsB § 1).[140] Folgerichtig steht daher im Mittelpunkt des AvsB nicht der Arbeitsvertrag mit seiner wichtigsten

Funktion, ein Arbeitsverhältnis zu begründen und die wechselseitigen Rechte und Pflichten der Vertragspartner zu definieren. Obwohl einzelne vertragsrechtliche Aspekte (z.B. Hinweise zur Willenseinigung, zum Gegenstand der Einigung) vorhanden sind, gehen die Bestimmungen in ihrer Gesamttendenz in die Richtung von Handlungsanweisungen an die Staatsbetriebe, wie sie mit der sich neu bildenden Gruppe von AVS-Arbeitskräften verfahren sollen. So erklärt sich auch, daß die Bestimmungen des AVS über Regelungen des Arbeitsverhältnisses hinausgreifen und Vorschriften zur Arbeitslosigkeit, zur Rentenversicherung und zum Verhältnis der AVS-Arbeiter zu anderen Beschäftigtengruppen enthalten.[141] Die Stoßrichtung der Bestimmungen besteht in einer Lockerung des bislang umfassenden sozialen Schutzes für die Arbeitskräfte, der sie nahezu unangreifbar machte und von ihrem Arbeitsverhalten losgelöst war. Die Absicht ist, die Betriebe in die Lage zu versetzen, Arbeitskräfte nach ihren Produktionserfordernissen selbst auszuwählen und einzustellen, sowie sie bei Bedarf auf der Grundlage abgeänderter Arbeitsverträge umzusetzen und sich von denjenigen Arbeitskräften wieder trennen zu können, die sich als unqualifiziert oder unmotiviert erwiesen haben. Das AVS soll zum einen die Arbeitskräfte zu größerer Leistung motivieren, indem es die Aufkündigung bzw. Nichtverlängerung der Arbeitsverhältnisse androht und zum anderen sowohl innerbetrieblich als auch zwischenbetrieblich eine "vernünftige Mobilität" (*heli liudong*) ermöglichen. Das Ziel ist m.a.W., unter Beibehaltung einer gewissen Stabilität für qualifizierte Arbeitskräfte von der administrativ verordneten Starrheit in der Arbeitskräfteallokation und von der lebenslangen betrieblichen Zugehörigkeit und Daseinsvorsorge abzugehen.[142]

Den Schlüssel für die zwischenbetriebliche Mobilität bildet die Möglichkeit zur Aufhebung eines Arbeitsverhältnisses. Diese wurde 1986 mit dem AVS für einen Teil der Arbeitskräfte geschaffen. Allerdings blieben rund 80 % von dieser Möglichkeit ausgespart. Stärker noch als im zwischenbetrieblichen Bereich machte sich dies innerbetrieblich bemerkbar.[143] Um die Fähigkeit der Betriebe zur kleindimensionalen Anpassung im betrieblichen Rahmen zu erhöhen, war es daher unvermeidlich, auch die Festarbeiter in die Reformen einzubeziehen.

Mit den Versuchen, neue Wege zur Umsetzung von Arbeitskräften zu finden, wird sich der erste der folgenden Abschnitte befassen, der zweite behandelt die neuen Entlassungsmöglichkeiten.

3.3.1 Neugruppierung der Festarbeiter: Optimierte Arbeitsgruppen

Einzelne Betriebe begannen bereits unmittelbar im Anschluß an die Beschlüsse des "Reformplenums" vom Dezember 1978, im Rahmen einer Reorganisation und Vereinfachung ihrer Betriebsstrukturen auch die "Arbeitsorganisation zu verbessern" (*zhengdun qiye laodong zuzhi*).[144]

Eine Konferenz, die das Ministerium für Arbeit und Personal und die staatliche Wirtschaftskommission im Dezember 1982 organisierten und die sich speziell mit der Frage der Arbeitsorganisation befaßte,[145] konkretisierte die Aufgabe, die betriebliche Organisationsstruktur und das Personal zu straffen: Überschüssige Arbeitskräfte im Plan sollten anderweitig untergebracht werden, ländliche und städtische Arbeiter außerhalb des Plans (*jihuawai gongren*) sollten entlassen werden, und zwar auch dann, wenn kein Arbeitskräfteüberschuß vorhanden war. Die Resonanz der Betriebe auf diese Vorschläge scheint nicht allzu groß gewesen zu sein: In sieben offiziell untersuchten Provinzen waren bis Ende 1983 die Belegschaften nur um 3,5% reduziert worden, die Zahl der Arbeitskräfte außerhalb des Plans in der staatlichen Industrie nahm nach offiziellen Angaben nur von 4,29 Mio. (1982) auf 3,97 Mio. (1984) ab.[146] Den Betriebsleitungen, so wurde beklagt, sei die Bedeutung der Reorganisation für die Steigerung der wirtschaftlichen Effizienz nicht bewußt gewesen.[147]

Um die "Verbesserung der Arbeitsorganisation" wurde es 1984 allmählich still,[148] aber der Aufschwung der Betriebsreform in den Jahren 1983/84 brachte es mit sich, daß erstmals auch die Festarbeiter in Reformversuche einbezogen wurden. Erste Versuche mit dem AVS hatten gezeigt, daß eine "Belebung" (*gaohuo*) des Arbeitssystems nicht möglich sein würde, wenn die Reform ausschließlich die neu einzustellenden Arbeitskräfte erfaßte. Ab 1984 wurde daher die "Reform des Verwaltungssystems für Festarbeiter" (*gaige gudinggong guanli zhidu*) propagiert. Experimente in einzelnen Betrieben, z.B. mit der "Neuzusammenstellung der Arbeit(sgruppen)" (*laodong zuhe*) und dem "internen Arbeitsvertragssystem" (*neibu laodong hetongzhi*), weisen bereits wesentliche Merkmale auf, die später auch für die "Optimierung durch Arbeitsneugruppierung" (*youhua laodong zuhe*) kennzeichnend sind.[149]

Die ersten Versuche mit der Reform der Festarbeit blieben jedoch beschränkt: Ende 1984 erfaßte die Reform erst 200.000 Festarbeiter.[150] Erst im Februar 1987 wurde der Reform des Festarbeitssystems auf einer Konferenz in Guilin/Guangxi ein neuer Impuls gegeben. Die dort beschlossene "Belebung der Festarbeit" erklärte eine weitere Konferenz in Qingdao/Shandong, an der auch der damalige Ministerpräsident Zhao Ziyang teilnahm, am 22./23.9.1987 zur "Hauptstoßrichtung". Es wurde betont, daß ohne eine solche "Belebung" die Reform des Arbeitssystems insgesamt behindert würde. Die Konferenz forderte deshalb die Ausweitung der Experimente, vor allem solche mit "optimierten Arbeitsgruppen"

(OAG). Alle Betriebe, die das System der vertragsgebundenen Verantwortlichkeit anwandten, sollten zukünftig auch die OAG einführen.[151]

Dieser Aufruf scheint nach den offiziellen Zahlen Erfolg gehabt zu haben: Im September 1987 nahmen nach ersten Statistiken über 5000 Betriebe mit über 2,2 Mio. Arbeitskräften in 16 Städten und Provinzen an den Versuchen teil. Bis zum Oktober 1988 waren bereits 9,6 Mio. Festarbeiter in über 26.000 Betrieben und etwa 20 Städten und Provinzen des Landes von der OAG erfaßt.[152]

Die öffentliche Berichterstattung und Diskussion über die OAG hat vor allem seit der zweiten Jahreshälfte 1988 erheblich zugenommen. Die Veröffentlichung von Erfolgsmeldungen erreichte im September/Oktober 1988 einen ersten Höhepunkt,[153] seit dem Frühjahr 1989 sind allerdings auch kritischere Töne zu vernehmen.[154] So hoben alle interviewten Abteilungsleiter vor allem die mit der Reform verbundenen Probleme hervor und betonten, sie nur in Kleinversuchen oder gar nicht durchführen zu wollen.

Offiziell wurde der "Belebung des Festarbeitssystems" allerdings immer noch ein größerer Stellenwert eingeräumt als allen vorangegangenen Reformschritten. Die Schaffung der OAG wird als Schritt auf dem Wege zum vollständigen Arbeitsvertragssystem gewertet. Die OAG selbst bedeutet zwar noch keine Einführung des Arbeitsvertragssystems, sie soll aber durch die Reform des Festarbeitssystems die Voraussetzungen für eine Generalisierung vertraglicher Arbeitsverhältnisse schaffen.[155]

Der Gedanke einer "Optimierung" der Arbeitsorganisation als Instrument zur Produktivitätssteigerung wird in der öffentlichen Berichterstattung hervorgehoben. Es wird herausgestellt, daß es sich bei den OAG um binnenbetriebliche Neugruppierungen von Arbeitskräften handelt, die für bestimmte Arbeitsaufgaben in quantitativer und qualitativer Hinsicht ausgewählt werden. Die Bildung von OAG setzt zunächst die Neubewertung der Arbeitsaufgabe voraus. In einem zweiten Schritt erfolgt dann die Neurekrutierung der Arbeitskräfte in die Arbeitsgruppen.

Die Reorganisation soll prinzipiell den gesamten Betrieb umfassen, bei der Betriebsleitung beginnen und von oben nach unten bis hin zu den Schichtgruppen durchgeführt werden. Als grundlegende Ziele dieser Reorganisation wurden die Straffung der betrieblichen Organisationsstruktur, d.h. vor allem eine Verringerung der Verwaltungsabteilungen, eine bedarfsgerechte Personalplanung, der Abbau überschüssiger Arbeitskräfte,[156] eine qualifikationsadäquate Besetzung der Arbeitsplätze und eine vertragliche Fixierung von Arbeitsaufgaben und wirtschaftlichen Verantwortlichkeiten festgelegt. Die Neudefinition der Arbeitsaufgabe soll mit Hilfe von Arbeitsnormen und Personalquoten erfolgen, die von branchenspezifischen staatlichen Organen für die einzelnen Produktionsprozesse und Verwaltungsbereiche erlassen wurden.

Bei der Besetzung der Arbeitsplätze sollen die bisherigen starren Grenzen zwischen Arbeiter- und Kaderbereich aufgehoben werden, d.h. vor allem die Verwaltungskräfte sollen nicht mehr nach Bildungsweg, Dienstalter oder Status, sondern nach ihrer tatsächlichen Leistung ausgewählt werden. Die lebenslange Einsetzung soll durch eine beendbare Ernennung (*pinrenzhi*) abgelöst werden. Die zu leistenden Aufgaben sollen ebenso wie die Ausschreibung, Bewerbung, Prüfung und Selektion vor der Betriebsöffentlichkeit erfolgen. Dabei sollen sich Arbeiter auf Kaderposten bewerben und Kader als Arbeiter eingesetzt werden können. Arbeiter wie Kader sollen ihre Eignung in Leistungstests nachweisen müssen. Regelmäßig zu wiederholende Überprüfungen ihrer Eignung sollen zudem verhindern, daß die Arbeitskräfte nach der Reorganisation ihre Arbeitsplätze erneut auf Lebenszeit einnehmen werden. Durch die Schaffung größerer Einkommensdifferenzen bzw. durch die Entlohnung nach Leistung soll der Motivierungseffekt verstärkt werden. Ein weiteres Ziel dabei ist, die 1. Linie durch materielle Anreize attraktiver zu machen und zu Lasten der beiden anderen aufzufüllen.

Nach den uns vorliegenden Erfahrungsberichten[157] läuft die "Optimierung" im wesentlichen nach folgendem Schema ab:

- Auflösung der alten Arbeitsplatzstruktur und Neuberechnung des Stellenplans;
- Wahl neuer Leiter;
- Neuzusammenstellung der Arbeitsgruppen;
- "Aussortieren" (*taotai*) nicht gewählter Arbeitskräfte: Sie müssen ihren Arbeitsplatz verlassen;
- Abschluß von Verträgen zwischen Arbeiter und Gruppe, Gruppe und Abteilung, Abteilung und Fabrik - daher auch die Bezeichnung "innerbetriebliches Arbeitsvertragssystem".

Als Hauptproblem und zugleich Schlüssel des Erfolges gilt seit Beginn der Reorganisation die Unterbringung der ausgesonderten überschüssigen Arbeitskräfte. Sie sollen im wesentlichen "innerbetrieblich verdaut" (*qiyenei xiaohua*) werden, eine Kündigung und Entlassung "in die Gesellschaft" wird abgelehnt. Es fehlt bislang eine "gesellschaftliche" Arbeitslosen- und Sozialversicherung, und die Arbeitsdienstleistungsmärkte (ADM) sind noch nicht ausreichend entwickelt, um

Arbeitsvermittlungsaufgaben in ausreichendem Umfang erfüllen zu können. Für 1989 war vorgesehen, in wenigen Städten versuchsweise überschüssige Arbeitskräfte zu entlassen bzw. deren Kündigungen (*cizhi*) zuzulassen.[158]

Obwohl bereits die Möglichkeit vorgesehen ist, daß sich ausgesonderte Festarbeiter selbst in einem anderen Betrieb einen Arbeitsplatz suchen und auch die Umverteilung von Arbeitskräften über Betriebs- und Branchengrenzen hinaus ausdrücklich als Schritt zu größerer Mobilität begrüßt wird,[159] werden vor allem drei "innerbetriebliche" Wege der Unterbringung vorgesehen: Nichterwerbstätigkeit (freiwillige Verlängerung von Schwangerschafts- und Stillzeiten, vorgezogener und regulärer Ruhestand), Requalifikation und Reallokation (Umsetzung oder Verleih zum Ausgleich inner- und zwischenbetrieblichen Mangels, Einsatz in der Herstellung neuer Produkte oder Übernahme von Dienstleistungsaufgaben).[160]

Um das Problem zu lösen, werden in den Betrieben die ADG aktiviert oder auch neue Institutionen gegründet. Wenn die Festarbeiter in diese meist kollektiven Einheiten versetzt werden oder weiterführende Schulen besuchen, ja sogar, wenn sie als Einzelgewerbetreibende zu arbeiten beginnen (*liuzhi tingxing*), bleibt ihr Status als staatlich Beschäftigte erhalten.

Werden die Arbeitskräfte weiterbeschäftigt, so sollen sie entsprechend ihren Fähigkeiten eingesetzt werden. Meist scheint es sich jedoch um Hilfsarbeiten oder Tätigkeiten im Reparatur- und Dienstleistungssektor zu handeln, z.T. um Zeitarbeiten. Die Arbeiter werden den neuen Aufgaben zugeteilt und müssen mit Lohnabzügen rechnen, wenn sie der Zuteilung nicht folgen und "innerbetrieblich arbeitslos" bleiben.[161] Detaillierte Stufenpläne über die Kürzung der Bezüge bis hin zur völligen Einstellung und Entlassung aus dem Betrieb sollen verhindern, daß sich Arbeitskräfte freiwillig in die (bezahlte) Arbeitslosigkeit begeben. Eine Rückkehr auf die ursprünglichen Arbeitsplätze - es sei denn als Zeitarbeiter - soll auch nach einer Neuqualifizierung nicht stattfinden, da es sich nicht um ein Problem der Qualifikation, sondern des Arbeitskräfteüberschusses handelt. Auch qualifizierte Arbeiter, so wird hervorgehoben, könnten "überzählig" sein.

Prinzipiell sollen bei der Reorganisation die Untätigen, Unwilligen, Undisziplinierten und Nichterziehbaren aussortiert werden, auch wenn sie qualifiziert sind.[162] Diese Prinzipien scheinen allerdings häufig verletzt zu werden, wie Presseberichte und Interviews nahelegen. Demnach wird nicht öffentlich optimiert (*youhua*), sondern "unter strenger Geheimhaltung" Cliquenwirtschaft betrieben (*paihua*); Bekannte und Verwandte werden bevorzugt (*sihua*, *qinhua*), es wird "verjüngt", "gekräftigt" und "vermännlicht" (*qinghua, shaozhuanghua, nanhua*), und Leiter entledigen sich unbequemer Arbeitskräfte.[163] Die Furcht vor innerbetrieblicher Cliquenbildung läßt einige Betriebe vor der Durchführung der "Optimierung" zurückschrecken.[164] Mit zunehmender Besorgnis wird registriert, daß vor allem die Alten, Schwachen und Frauen häufig aussortiert werden, gerade die Gruppen, die nur schwer neu unterzubringen sind. Mit der Diskriminierung dieser Gruppen befassen sich in verstärktem Maße die Gewerkschaften und der Frauenverband. Nach einer Untersuchung des Nanjinger Frauenverbandes in der Transportbranche waren 71,6% der Aussortierten Frauen.[165]

In der betrieblichen Praxis ist die angestrebte "Belebung des Festarbeitssystems" weitgehend ausgeblieben. Zwar wurde die starre und häufig lebenslange Bindung von Arbeitskräften an ihren je konkreten Arbeitsplatz gelockert, aber die Betriebe als Träger kollektiver Daseinsvorsorge bleiben in der Pflicht, die überschüssigen Arbeitskräfte zu versorgen. Die Reorganisation der Betriebe auf der Ebene von Arbeit und Produktion führt nicht zu einer Reduktion der Belegschaft.[166] Eine wirkliche "Belebung" erfolgt vor allem aus zwei Gründen nicht: Erstens wurde die Implementierung auf verschiedenen Ebenen be- bzw. verhindert, und zweitens bleiben die Institution der Festarbeit und das danwei-Konzept auch bei einer "Optimierung" der Arbeitsorganisation erhalten.

In den Betrieben bestehen erhebliche Bedenken gegen die Bildung optimierter Arbeitsgruppen. Die Betriebsleitungen befürchten, daß Gruppenleiter die Umorganisation zur Diskriminierung von bestimmten Beschäftigtengruppen und zur Cliquenbildung ausnutzen und daß Disharmonie und Unruhe unter der Belegschaft entsteht.[167] Ihre Befürchtungen werden weiter genährt durch die unübersehbaren Probleme mit der Unterbringung der Aussortierten, zumal die gesellschaftlichen Institutionen alles daran setzen, eine Entlassung "in die Gesellschaft", also offene Arbeitslosigkeit, zu verhindern. Wenn angesichts des immensen inneren und äußeren Drucks[168] nur in einzelnen Abteilungen oder Arbeitsgruppen "optimiert" wird, so widerspricht dies im Grunde der Intention einer durchgreifenden Umgestaltung "von oben nach unten". Aber auch die betrieblichen Abteilungen widersetzen sich einer Aufnahme von ausgesonderten Arbeitskräften und unterstellen ihnen pauschal Faulheit und Unfähigkeit. Die bekannten Vorurteile gegenüber Arbeitsplatzwechslern und Mobilität wurden bislang nicht abgebaut.

Die Institutionen der Festarbeit und der *danwei* bleiben somit bestehen. Die Aufhebung der Festarbeit wird sogar mit der Reform auch ausdrücklich nicht beabsichtigt, sie soll nur langfristig vorbereitet werden. Die Bindung an den Betrieb wird im allgemeinen nicht gelöst, und noch seltener verlieren die Arbeiter ihren Status als Festarbeiter. Im Gegenteil wird auf den Erhalt des Status großer Wert gelegt, um die Akzeptanz der Reform bei den Arbeitern zu erhöhen.[169] Der *danwei*-Gedanke erfährt dadurch eine zusätzliche Bekräftigung.

Die "Belebung" soll - als zweiter Schritt nach der Einführung des Arbeitsvertragssystems - langfristig den Boden bereiten für eine Transformation der Festarbeiter in AVS-Arbeiter: Durch die Androhung des Verlustes ihres angestammten Arbeitsplatzes soll ihrem "Überlegenheitsgefühl" die Basis entzogen und durch die Errichtung interner Vertragsbeziehungen diese Transformation institutionell eingeleitet werden. Allerdings lehnten Leiter der Produktionsabteilungen z.T. den Abschluß von Arbeitsverträgen mit Festarbeitern aufgrund des zusätzlichen Verwaltungsaufwands und unter Hinweis auf alte Gewohnheiten ab.[170] Die chinesische Presse warnte davor, die "Optimierung" könne eine einmalige Aktion bleiben und somit unter Erhalt der Festarbeit nur den bisherigen Beschäftigungsverhältnissen ein Segment "innerbetrieblich Arbeitsloser" dauerhaft hinzufügen.[171]

3.3.2 Beendigung von Arbeitsverhältnissen

Die entscheidende Neuerung des AVS ist die grundsätzliche Befristung der Arbeitsverträge. Die Bestimmung läßt keine Wahl zwischen einer befristeten oder unbefristeten Anstellung. Die Befristung erfolgt auf der Grundlage einer allgemeinen Floskel über die besonderen Umstände der Produktion oder Tätigkeit, leitet sich aber nicht aus der Beschaffenheit der konkreten Arbeitsaufgabe ab. Mit diesem Gebot zur generellen Befristung von Arbeitsverträgen wird die politische Absicht der Staatsführung deutlich, mit der lebenslangen Beschäftigung zu brechen. Für alle Arbeitsverträge muß also bei Vertragsabschluß ein Endtermin vereinbart werden.

Um die Mobilität der Arbeitskräfte zu erhöhen und einen Anreiz zu größerer Leistungsbereitschaft zu geben, wurden die Bestimmungen zur Vertragsbeendigung im AVS erlassen. Folgende Formen sind systematisch vorgesehen:

(1) Nach Ablauf der vereinbarten Vertragsdauer endet der Arbeitsvertrag (*zhongzhi*) (§ 9 AvsB). Nach Vertragsablauf muß über die Fortsetzung des Arbeitsverhältnisses zwischen beiden Seiten neu verhandelt werden. Ausschlaggebend für die Betriebsseite sollen bei der Entscheidung über die Fortsetzung des Arbeitsvertrags "die Erfordernisse der Produktion und der betreffenden Tätigkeit" (§ 9 AvsB) sein.

(2) Die Beendigung von Arbeitsverträgen vor Ablauf der vertraglich vereinbarten Frist (*jiechu*) ist auf verschiedene Weise möglich. Beide Vertragsparteien können unter bestimmten Bedingungen eine Beendigung des Arbeitsverhältnisses durch Vertragsaufhebung erwirken. In den Bestimmungen werden Gründe angegeben, bei deren Vorliegen der Betrieb den Vertrag aufheben *kann*, und solche, bei denen er den Vertrag aufheben *muß*.

Die Aufhebung des Arbeitsvertrags kann von seiten der Vertragsarbeiter unter vier Bedingungen erwirkt werden: ernste Gefährdung der Gesundheit, Nichtzahlung des Lohns seitens des Betriebs, Aufnahme eines Studiums mit Einverständnis des Betriebs, Nichterfüllung von Pflichten seitens des Betriebs, Verstoß gegen Rechtsnormen durch den Betrieb (§15 AvsB).

Von seiten des Betriebs kann die Aufhebung ebenfalls unter vier Bedingungen vorgenommen werden (§ 12, 1-4 AvsB): wenn sich während der Probezeit herausstellt, daß der Vertragsarbeiter nicht den Einstellungsbedingungen entspricht; wenn die Arbeitskraft an einer nicht berufsbedingten Krankheit erkrankt und nicht wieder an ihren Arbeitsplatz zurückkehren kann; wenn der Arbeitskraft gekündigt (§ 12, 3 AvsB)[172] wurde und schließlich, wenn das Unternehmen in Konkurs gerät.

Für beide Seiten gelten Fristen bzgl. der Mitteilung über die Aufhebung und der Einleitung des Aufhebungsverfahrens bei der vorgesetzten Arbeitsverwaltung (§ 16 AvsB); die Aufhebung von seiten des Betriebes bedarf der "Meinung" der Betriebsgewerkschaft.

Könnte man die genannte Aufhebung von Arbeitsverträgen als eine Form der "ordentlichen" Beendigung verstehen, so ist nach §13 auch eine einseitige und automatische Aufhebung des Arbeitsvertrags vor Ablauf der Vertragsfrist vorgesehen. "Der Arbeitsvertrag (wird) automatisch aufgehoben" durch den Betrieb, also quasi "außerordentlich" aufgehoben, wenn folgende Gründe vorliegen: Streichung des Namens, Entlassung, Verhängung einer Erziehungsmaßnahme oder Verurteilung zu einer Kriminalstrafe.

Die Streichung des Namens (*chuming*) aus der Beschäftigtenliste ist eine Regelung älteren Datums. Sie ist eine Maßnahme bei häufiger unentschuldigter Absenz vom Arbeitsplatz und bereits in einer älteren Bestimmung, den "Regeln für Belohnungen und Strafen der Beschäftigten von Unternehmen" vom 10.4.1982,[173] enthalten. Diese wurden mit Erlaß der AvsB und KüB nicht außer Kraft gesetzt, sondern erneut erwähnt. Eine Streichung des Namens hat zur Folge, daß der Betreffende seinen Arbeitsplatz verliert.

Eine ebenfalls aus den "Regeln" von 1982 stammende Form der Vertragsbeendigung ist die Entlassung (*kaichu*), in den alten Regeln die schärfste Sanktion. Entlassungsgründe werden dort in einem Katalog von Disziplinarverfehlungen genannt, der in § 2 KüB - geringfügig erweitert - erneut enthalten ist.

Weiterhin sind strafrechtliche Verfehlungen Grundlage einer automatischen Aufhebung des Arbeitsvertrags durch den Betrieb.

Die Umsetzung der neuen rechtlichen Möglichkeiten in die betriebliche Praxis zeigt jedoch, daß die Betriebe das AVS nur bedingt im Sinne einer flexibleren Arbeitskräfteplanung instrumentalisieren können. Sehen sich viele Betriebe bereits angesichts neu entstandener Rekrutierungsprobleme (vor allem in der Textilindustrie und für die 1. Produktionslinie) veranlaßt, mehr Gewicht auf stabilitäts- statt auf mobilitätsfördernde Maßnahmen zu legen, so wird diese Neigung durch die tatsächlichen Möglichkeiten einer Vertragsbeendigung noch verstärkt. Hier zeichnen sich deutlich zwei Tendenzen ab: Auf der einen Seite erweisen sich, wenn die Statistiken auch im Vergleich zu Festarbeitern etwas höhere Zahlen nennen,[174] für die meisten Betriebe Vertragsbeendigungen als kaum durchsetzbar, weder wenn sie aus der Situation des Betriebes heraus noch wenn sie mit der Person der Arbeitskraft (Krankheit, Unfähigkeit) begründet werden. Auch bei verhaltensbedingten Beendigungen (Disziplinverstöße u.a.) stellt sich die Situation nur geringfügig anders dar. Auf der anderen Seite können Arbeitskräfte, die den Betrieb verlassen wollen, dies neuerdings selbst vor Ablauf des Vertrages ohne Angst vor Sanktionen tun.

Weder die notwendige Anpassung der Arbeitskräftestruktur an veränderte Produktionsbedingungen noch die offensichtliche Nichterfüllung von im Vertrag festgelegten Arbeitsanforderungen durch die Arbeitskraft können gegenwärtig von den Betrieben als hinreichende Gründe für Vertragsbeendigungen geltend gemacht werden. Mit Ausnahme zweier großer staatlicher Werkzeugmaschinenfabriken gaben bei Interviews alle anderen Betriebe an, Arbeitsverträge gegen den Willen der Arbeitskräfte nur schwer beenden zu können. Dabei spielt es keine Rolle, ob der Betrieb den Vertrag vor oder nach Ablauf der Vertragsfrist beenden will. Auch Aufhebungen gemäß der neuen Kündigungsbestimmungen werden von den Betrieben vermieden bzw. erst dann ausgesprochen, wenn ausreichend geklärt ist, daß die Schlichtungs- bzw. vor allem die Schiedskommissionen nicht eingeschaltet werden, da durch offene Arbeitsstreitigkeiten die Position des Betriebes in seiner Umwelt geschwächt würde. Automatische Vertragsaufhebungen nach einer strafrechtlichen Verurteilung scheinen dagegen kein Problem zu sein, kommen allerdings äußerst selten vor.

Doch selbst Betriebe, die nach eigenen Angaben keine Probleme haben, Disziplinarmaßnahmen gegenüber den vorgesetzten Stellen zu vertreten, machen von ihrem Recht zur Aufhebung von Verträgen keinen Gebrauch, um Unruhe unter den Arbeitern zu vermeiden. Wenn sich die betroffenen Arbeitskräfte unter Hinweis auf die unkündbaren Festarbeiter oder auf die angeblich verletzten sozialistischen Werte zur Wehr setzen, finden sie nicht nur bei ihren Arbeitskollegen Verständnis, sondern können auch mit der Zustimmung der Arbeitsbürokratie oder selbst ihrer Personalleiter rechnen. Darüber hinaus sind die AVS-Arbeiter häufig gerade in den Produktionsabteilungen der "1. Linie" tätig, für die vor allem Textilbetriebe nur schwer Arbeitskräfte finden.[175]

Bevor es zur Aussprache einer Kündigung durch die Abteilung für Arbeit und Lohn kommt, durchläuft ein solches Ersuchen zahlreiche Instanzen, die es prüfen und befürworten müssen: die Leitung der Produktionsabteilung, die Abteilung für Arbeit und Lohn, die Betriebsleitung und schließlich den Arbeiterdelegiertenkongreß. Bei der Durchsetzung der Kündigung muß der Betrieb damit rechnen, daß gesellschaftliche Institutionen wie die Polizei, das Amt für öffentliche Sicherheit, die Arbeitsbüros oder Branchenabteilungen Druck auf ihn auszuüben. Unter Hinweis auf fehlende soziale Auffang- und Absicherungsmechanismen wirken sie darauf hin, daß niemand "in die Gesellschaft entlassen" wird - auch wenn die Betriebe strikt nach den Bestimmungen des AVS vorgegangen sind.[176]

Doch es sind nicht unbedingt administrativer Zwang oder Drohungen mit der Einstellung von Leistungen, die die Betriebe von der Wahrnehmung ihrer vertraglichen Rechte abhalten. Kennzeichnend für die Situation ist, daß die Verantwortlichen in den Betrieben im allgemeinen die Argumente teilen, die prinzipiell gegen Vertragsbeendigungen ins Feld geführt werden. Können Arbeitskräfte ihre Tätigkeit nicht mehr ausüben, werden ihnen neue Arbeitsplätze zugewiesen; arbeiten sie schlecht oder gar nicht, dann wird versucht, sie in Gesprächen sowie mit Hilfe erzieherischer Maßnahmen und Sanktionen umzustimmen. Erst wenn diese Maßnahmen nichts fruchten oder eine Umsetzung von der Arbeitskraft abgelehnt wird, scheint für den Betrieb Aussicht zu bestehen, eine Vertragsbeendigung durchsetzen zu können.[177]

Die Abteilungsleiter teilen die Argumente nicht zuletzt deshalb, weil sie sich der sozialen Konsequenzen einer Vertragsbeendigung bewußt sind. Sie selbst geben normalerweise nur selten einem Betriebswechsler einen neuen Arbeitsplatz. Zwar begrüßen sie die höhere Flexibilität, die das AVS mit der Berufswahlfreiheit bietet, wenn sie damit bisweilen qualifizierte Arbeitskräfte leichter aus anderen Betrieben abwerben können. Im allgemeinen aber bevorzugen sie junge

Berufsanfänger, die entsprechend den konkreten Anforderungen auszubilden und zu formen sind. Für die Zukunft werden daher bereits jetzt erhebliche Probleme für die Beschäftigung älterer, d.h. im allgemeinen über 40jähriger Arbeitskräfte prognostiziert.

Die Kehrseite dieser Zwänge, denen die Betriebe unterworfen sind, ist ein z.T. ungezwungenes "Kündigungsverhalten" der Arbeitskräfte. Betriebe und Arbeitsbüros machen dafür u.a. deren kurzfristiges materielles Denken, ihr fehlendes Rechtsverständnis, die Nichtbeachtung der Verträge sowie mangelhafte Verträge und eine fehlende Verbindlichkeit gerade von Verträgen mit Bauern-AVS-Arbeitern verantwortlich.[178] Grundsätzlich ist allerdings zu unterscheiden zwischen dem Antrag auf bzw. der Ablehnung von Vertragsverlängerungen und Vertragsaufhebungen (beide im Rahmen des AVS) sowie "wilden" Kündigungen bzw. der Verharrung im Betrieb trotz Kündigung (beides gestützt auf geltende Verhaltensnormen).

Nach der Erfüllung seines Vertrages ist es für einen AVS-Arbeiter ohne weiteres möglich, auf dessen Verlängerung zu verzichten. Die Interessenlage von Beschäftigten und Betriebsleitungen läßt sich zwar nicht eindeutig bestimmen, der Gesetzgeber ging allerdings davon aus, daß die Arbeitskräfte im Betrieb bleiben wollen. Faktisch scheint die Situation z.T. diametral entgegengesetzt zu sein: Die Betriebe versuchen fachlich qualifizierte Arbeiter zu binden, die ihrerseits mehr Wert auf persönliche Dispositionsfreiheit legen, während vor allem unqualifizierte nach Sicherheit streben.

Lehnt ein Arbeiter die Vertragsverlängerung ab, hat der Betrieb keine rechtlichen Möglichkeiten, ihn zur Weiterarbeit zu zwingen. Er kann nur versuchen, ihn in zahlreichen Gesprächen, an denen sich von der Arbeits-und- Lohn-Abteilung über die Produktionsabteilung bis zur Schichtgruppe alle Ebenen im Betrieb beteiligen und die z.T. auch unter Einbeziehung des Familienvorstandes stattfinden, zu "überreden".

Die Gegenstrategie der Betriebe setzt bei der Vertragsdauer an. Um die Dispositionsfreiheit der Arbeitskräfte zumindest einzuschränken und eine gewisse Stabilität qualifizierter Arbeitskräfte zu gewährleisten, bevorzugen die Betriebe längere Vertragszeiten. Staatliche Vorgaben gibt es hierfür nicht.[179]

In der Experimentierphase vor 1986 haben viele Betriebe zunächst nur kurzfristige Verträge (1-2 Jahre) abgeschlossen, um einen möglichst großen Spielraum für die Entlassung von Arbeitskräften zu haben. Nach ersten Erfahrungen mit allzu großer Fluktuation erhielten dann stabilitätsorientierte Gesichtspunkte mehr

Gewicht, 5- bis 10-Jahres-Verträge scheinen für qualifizierte Arbeiter die Regel zu werden; denn 1. soll sich, vor allem bei Facharbeitern, die Ausbildung rentieren, die Vertragsdauer muß also deutlich die Zeit der Ausbildung überschreiten. Und 2. soll der Stamm an Facharbeitern stabil gehalten werden; vor allem bei harten Arbeitsbedingungen sind also lange Laufzeiten erforderlich.[180]

Nur selten scheinen Bewerber bei den Vertragsverhandlungen kürzere Vertragsfristen zu beantragen und durchzusetzen. Die auf mehrere Jahre abgeschlossenen Verträge haben zur Folge, daß Arbeitskräfte, die sich beruflich verbessern wollen, vor Ablauf der Laufzeit die Aufhebung des Vertrages beantragen müssen. Die Möglichkeit für einen Antrag auf vorfristige Vertragsaufhebung seitens der Arbeitskraft ist aber in den AvsB nicht vorgesehen; § 15 AvsB erlaubt eine Aufhebung lediglich dann, wenn der Betrieb die Vertragsbedingungen verletzt oder einem weiterqualifizierenden Studium zugestimmt hat.

Einem Antrag des Beschäftigten auf vorfristige Aufhebung des Vertrages muß der Betrieb zustimmen, um ihm Gültigkeit zu verleihen. Hierbei handelt es sich im Grund genommen um eine Art "Aufhebungsvertrag", der in den Bestimmungen zum AVS nicht vorgesehen ist. Die auf Stabilität bedachten Betriebe machen ihre Zustimmung häufig von der Qualifikation der jeweiligen Arbeitskraft abhängig. Eine zunehmend verbreitete Methode, Anträge von vornherein zu unterbinden, ist die Rückforderung der vom Betrieb aufgewandten Ausbildungskosten, teilweise mehrere hundert Yuan. Diese "Ablösesumme" kann von der Arbeitskraft oder von der neuen Einheit gezahlt werden, in die ein AVS-Arbeiter wechselt. Die Rückerstattung wird im allgemeinen bereits im Arbeitsvertrag geregelt. Dieser Versuch, die Vertragsfreiheit der Arbeitskräfte einzuschränken, wenn nicht sogar aufzuheben, ist - wie im Arbeitsministerium versichert wurde - rechtlich nicht abgesichert, aber auch nicht verboten.

Die Verweigerung der Zustimmung, so beklagen viele Betriebe, führt allerdings nicht unbedingt zum Erfolg. Z.T. verlassen die Arbeitskräfte den Betrieb ohne Kündigung. In diesem Fall haben die Betriebe praktisch kaum Möglichkeiten, ihren Verbleib zu erreichen. Andere Arbeitskräfte bleiben der Arbeit fern, um eine Kündigung zu erzwingen. Nach § 18 der "Regeln" müßte der Betrieb ihren "Namen streichen", wenn sie an 15 aufeinanderfolgenden Tagen oder an insgesamt 30 Tagen im Jahr unentschuldigt gefehlt haben. Die Betriebe verweigern jedoch auch dann die Kündigung oder zögern sie zumindest hinaus und versuchen zunächst, die Arbeitskraft durch anderweitige Sanktionen zur Rückkehr zu bewegen. Sie befürchten das Umsichgreifen dieses Verhaltens. Um der Arbeitskraft ihre Entscheidung zumindest zu erschweren, stellen sie in "Bleibeverhandlungen" eindeutig fest, daß eine Rückkehr in den Betrieb im Falle eines Scheiterns "draußen in der Gesellschaft" verwehrt ist.

Eine Möglichkeit, die Kündigung ohne Zustimmung unattraktiv zu machen, sehen manche Betriebe in der Einbehaltung der Arbeitsdokumente. Ohne sie ist eine Registrierung beim ADM und damit auch die Arbeitsuche nicht möglich. Durch die Aufbewahrung der Arbeitsbücher, deren Rückgabe an den ADM die Voraussetzung für den Bezug des seit Einführung des AVS gezahlten Arbeitslosengeldes (AlvB) ist, bietet sich ihnen noch ein zusätzliches Druckmittel. Sie begründen diese Selbsthilfe damit, daß die rechtlichen Bestimmungen häufig umgangen werden, nach denen AVS-Arbeiter, die während der Vertragszeit ihren Vertrag haben aufheben lassen, bis zum offiziellen Vertragsende in keine neue Arbeit vermittelt werden dürfen.[181]

Für andere Maßnahmen sind dagegen keine Bestimmungen heranzuziehen. So nimmt ein Nanjinger Seidenbetrieb den Arbeitskräften sogar ihre Rentenansprüche, und ein staatlicher Maschinenbaubetrieb fordert von den AVS-Arbeitern vom Zeitpunkt des Vertragsschlusses an die Zahlung einer Bürgschaft (*hetong danbaojin*), die nur bei regelgerechter Beendigung des Vertrages zurückgezahlt wird.

Das Zusammenwirken der beiden beschriebenen Tendenzen ist für die Betriebe äußerst problematisch, weil sie nicht benötigte Arbeitskräfte nur schwer wieder loswerden und umgekehrt gerade diejenigen nicht halten können, die sie besonders benötigen: qualifizierte, z.T. von ihnen selbst ausgebildete Arbeitskräfte und Arbeitskräfte, die Schwerstarbeiten verrichten (vor allem Bauern-AVS-Arbeiter). Mit anderen Worten können die Betriebe die durch die Reformen gewonnenen Flexibilisierungsspielräume kaum nutzen, während sie andererseits Schwierigkeiten haben, ihre Stabilitätsinteressen zu verwirklichen. Dementsprechend haben sie, wie geschildert, neue Abschließungsmechanismen entwickelt, die in Verbindung mit dem Interesse von AVS-Arbeitern, ihren Arbeitsplatz nicht zu verlieren, zu einer Erscheinung beitragen, die als "Verfestigung" (*gudinghua*) von AVS-Arbeitern bezeichnet wird. Die Parallelität von Fest- und Arbeitsvertragsarbeit in den Betrieben führt dazu, daß sich zwar z.T. die Arbeitsleistung der AVS-Arbeiter unter dem Druck einer möglichen Nichtverlängerung ihres Vertrages verbessert, es im allgemeinen aber zu einer Angleichung der Arbeitsbedingungen und damit des Arbeitsverhaltens von AVS-Arbeitern und Festarbeitern kommt. Zu dieser "Verfestigung" trägt bei, daß die Betriebe, um Konflikte zwischen den beiden Arbeitskräftegruppen zu vermeiden, die AVS-Arbeiter wie Festarbeiter behandeln.[182] AVS-Arbeiter pochen auf die gleichen ungeschriebenen Rechte wie Festarbeiter und können damit auf allgemeines Verständnis rechnen. Ein Verstoß gegen diese Rechte seitens der Betriebsleitung kann die Arbeitsbeziehungen und damit die Produktion nachhaltig stören.

4 Dezentralisierte Planung und Marktelemente

Im Verlauf der wissenschaftlichen Diskussion um die bestmögliche Reform des Arbeitssystems, die zeitgleich mit den Wirtschaftsreformen an Schwung gewann, fielen allmählich alle ideologischen Tabus. So wurde spätestens ab 1985 in theoretischen Auseinandersetzungen darum gestritten, ob nicht auch der Sozialismus eine Arbeitslosen-Reservearmee brauche und ob nicht die Schaffung eines Arbeitsmarktes der beste Weg zur Steigerung der wirtschaftlichen Effizienz sein könne. Der Gedanke eines Arbeitsmarktes fand, wie erwähnt, sogar Eingang in Parteitagsdokumente.

Daß diese Debatte in der Hauptsache zunächst um die Frage einer adäquaten Begrifflichkeit kreiste, ist keine akademische Spielerei, sondern offenbart die grundlegende Problematik, Märkte zuzulassen, ohne die Rahmenbedingungen der ZVW aufgeben zu wollen. In der Diskussion spielten vor allem drei Begriffe eine Rolle: Arbeitsmarkt (*laodong shichang*), Arbeitskräftemarkt (*laodongli shichang*) und Arbeitsdienstleistungsmarkt (*laowu shichang*).[183] Es sollen hier nicht die Argumente für oder gegen die einzelnen Begriffe referiert werden, da es den Diskutanten vor allem darum geht, zu klären, welche Ware auf dem Markt zu handeln ist bzw. im Sozialismus gehandelt werden kann.[184] Entscheidend für die praktische Umsetzung der geäußerten Vorstellungen sind vielmehr Unterschiede bezüglich der begrifflichen Abstraktionsebene und der Konzepte: Während die meisten Wissenschaftler vom Markt als einem Instrument des Ausgleichs von Angebot und Nachfrage sprechen und der Markt (längerfristig) an Stelle der Planung regulieren solle, herrscht in Partei und Regierung - bis hinunter auf die lokale Ebene - ein eher institutionelles Verständnis vor. Das Plansystem soll danach erhalten bleiben, aber durch Marktelemente funktionsfähiger gestaltet werden. Gebräuchlich ist daher hier der Begriff "Arbeitsdienstleistungsmarkt", und gemeint sind die konkreten Institutionen gleichen Namens.[185]

Auch unter Berücksichtigung des theoretischen Verständnisses ist daher erklärlich, daß staatliche Institutionen - zumindest was den staatlichen und städtischen kollektiven Sektor betrifft - vor allem darauf abzielen, Planungs- und Lenkungskompetenzen zu dezentralisieren, ohne sie letztlich aufzugeben. Unsere Interviewpartner vom Arbeitsbüro der Provinz Jiangsu erklärten dazu: "Durch die

1978 begonnene Reform soll das System der Arbeitsplanung flexibilisiert werden, ohne seine Einheitlichkeit zu verlieren."[186] Dezentralisierung aber bedeutet nicht zwangsläufig den Wechsel von einer administrativen zu einer Marktsteuerung, denn auch auf der lokalen Ebene können die alten Kommandomechanismen weiter funktionieren.[187] Die Pläne auf lokaler Ebene sind allerdings weniger vollständig und präzise, was seitens der Betriebe nicht unbedingt als Vorteil gesehen werden muß. Die Betriebe stehen vor einem doppelten Problem, einerseits den Arbeitskräfteüberschuß verwalten und andererseits reale und künstliche Knappheit von (bestimmten) Arbeitskräften verkraften zu müssen. Bislang "labour takers" (White) im Rahmen der Arbeitsplanung, müssen sie jetzt selbst aktiv werden, um ihren Arbeitskräftebedarf sicherzustellen.

Die Betriebe sind im Zuge der Reformen gefordert, ihre Effizienz zu steigern und haben neue Rechte im Umgang mit den Arbeitskräften erhalten. Diese neuen Rechte können sie allerdings fast nur dazu nutzen, bei der Einstellung von Arbeitskräften auszuwählen und ihnen ungeeignet erscheinende Arbeitskräfte zurückzuweisen. Ihre Flexibilität im Umgang mit den einmal eingestellten Arbeitskräften hat sich dagegen nicht grundsätzlich verbessert. AVS und OAG sind nur begrenzt wirksame Instrumente zur Flexibilisierung. Die Entlassung von Arbeitskräften stößt allenthalben auf Widerstand, und die Administration wälzt auch weiterhin die potentiell offene Arbeitslosigkeit auf die Betriebe über.[188] Zugeteilte und regulär nach dem AVS eingestellte Arbeitskräfte werden Teil der *danwei*-Mitgliedschaft mit allen ihren Rechten.

Die Rekrutierung von Arbeitskräften wird durch die Reformen aber auch komplizierter, insbesondere weil auch die Arbeitsuchenden Rechte erhalten haben und nicht mehr widerspruchslos der staatlichen Zuteilung folgen müssen. Die Betriebe begegnen dem auf zwei Wegen: Zum einen nutzen sie verstärkt die Methode des "bargaining", zum anderen setzen sie ansatzweise den Lohn als Anreiz ein. Da der Staat seine direkten Kontrollrechte zurückgenommen hat und nur noch die strategischen Gruppen zentral zuteilt, hat sich die Ebene des "bargaining" verlagert und seine Form verändert. Wurde vor den Reformen eher auf zentraler Ebene zwischen Ministerien (Branchensystemen) und Regionen verhandelt, sind jetzt die Betriebe selbst und die lokalen Verwaltungen stärker beteiligt. Und ging es vor den Reformen direkt um Rekrutierungsziffern, so steht jetzt die Lohngesamtsumme zur Disposition. Den zentralen Institutionen kommen weniger direkte Kontroll- als indirekte Vermittlerfunktionen zu.[189]

Der Lohn wird in gewisser Weise zu einem Steuerungsinstrument, bleibt aber in seiner Wirkung äußerst begrenzt. Erstens besteht ständig eine Tendenz zur Nivellierung, zweitens können zumindest die staatlichen Betriebe nur in dem ihnen durch die Verträge mit dem Staat vorgegebenen Rahmen agieren, und drittens ist die Ausgangsbasis immer der Ist-Stand und die Lohnsumme häufig nicht den wirtschaftlichen Bedingungen des Betriebs entsprechend festgelegt.[190] Das schließt allerdings nicht neue Möglichkeiten für die einzelne Arbeitskraft aus, durch individuelle Leistung Einkommenssteigerungen zu erzielen.[191]

Nicht zuletzt spielen bei der Deckung des Arbeitskräftebedarfs die neuen betrieblichen ADG und das System der Zweigwerke eine wichtige Rolle. Sie stellen betriebliche Instrumente dar, um flexibler notwendiges Personal gewinnen und einsetzen, aber auch um Versorgungsverpflichtungen nachkommen zu können.[192]

Die Frage nach einem neuen Verhältnis von Staat und Betrieben läßt sich nach den Ergebnissen unserer Untersuchung mit Einschränkungen bejahen. Der Staat hat sich zwar teilweise aus der Arbeitskräftelenkung zurückgezogen, aber die Prinzipien umfassender Arbeitsplanung sind nach wie vor präsent, nur eben weniger strikt. Diese Aussage gilt für den Teil der regulären städtischen Arbeitskräfte, die in den Plan einbezogen sind. Obwohl die Betriebe damit graduell an Flexibilität im Umgang mit dem Faktor Arbeit gewonnen haben, sind sie nicht deutlich handlungsfähiger geworden, da sie sich neuen Schwierigkeiten gegenübersehen. In der Bewältigung dieser Schwierigkeiten hat die unstete Beschäftigung für sie relativ an Bedeutung gewonnen. Die Betriebe weichen, wie gezeigt wurde, bei Bedarf weiterhin und z.T. verstärkt auf die Rekrutierung von Zeitarbeitern aus, vorwiegend aus dem ländlichen Bereich.

Die intendierte Verknüpfung von Plan und Marktelementen führte das chinesische Arbeitssystem bis 1989 in eine Umbruchsituation. Das immer ungezwungenere Hineinströmen ländlicher Arbeitskräfte in die Städte, die Aufwertung der Zeitarbeit für städtische arbeitslose Jugendliche und schließlich der anwachsende Individual- und Privatsektor ließen sich als Indizien für das Aufkommen von Marktelementen werten, wenigstens in Teilbereichen des chinesischen Arbeitssystems. Aus ökonomischer Sicht wäre allerdings eher eine vorsichtige Wertung geboten, denn das meßbare Gewicht des unsteten Sektors sowie des Individual- und Privatsektors ist noch immer gering.

Aus sozialer und psychologischer Sicht haben sich dagegen deutlich Wandlungsprozesse vollzogen. Im Gegensatz zur Situation vor der Reform eröffnen sich für die jüngeren Arbeitskräfte neue Möglichkeiten einer eigenständigen Lebensplanung. Anstelle von staatlicher Zuteilung und lebenslanger Beschäftigung zeichnen sich Alternativen ab, die ggf. die Initiative und Risikobereitschaft des einzelnen fordern, aber auch bislang ungekannte Chancen eröffnen. Diese Wandlungsprozesse lösen beim überwiegenden Teil der Bevölkerung allerdings nicht unbedingt Zustimmung zu den Veränderungen aus. Veränderungen wirken auf sie eher angstauslösend und führen dazu, daß Sicherheiten gesucht werden. Die "alten" Strukturen des chinesischen Beschäftigungssystems, insbesondere die *danwei* und die Festarbeit, bieten diese Sicherheit.

Dieses Verhalten findet seine Parallele auf der betrieblichen Ebene: Angesichts von neuen Unsicherheiten, z.B. privater Konkurrenz oder Rekrutierungsproblemen, werden die alten Planstrukturen aufgewertet. So tragen letzten Endes nicht nur das Stabilitätsinteresse der politischen Führung und gewisse Halbherzigkeiten der Reformen, sondern auch die psychologische Befindlichkeit der Bevölkerung dazu bei, daß der Reformschwung gebremst wurde und dem "Arbeitsmarkt" derzeit geringe Chancen gegeben werden. Die gegenwärtige Situation könnte als eine charakterisiert werden, in der Betriebe und Personen mit relativer Privilegierung die alten Strukturen stützen, während die Benachteiligten die neuen Chancen des Marktes eher zu nutzen suchen.

V Arbeitssystem zwischen Plan und Markt

1 Neustrukturierung des chinesischen Arbeitssystems

Die seit 1978 eingeleiteten Wirtschaftsreformen haben das Arbeitssystem zwar nicht unverändert gelassen, sie haben dieses "System" aber auch nicht zu einem "Markt" hin verändert. Angesichts der vorsichtigen Nutzung marktähnlicher Elemente in den Bereichen staatlicher und kollektiver Beschäftigung und angesichts der Erweiterung um den Bereich individueller und privater Beschäftigung ließe sich davon sprechen, daß sich das Arbeitssystem gewissermaßen auf dem Weg zwischen Plan und Markt befindet, wenn auch nur am Beginn dieses Weges. Allerdings scheint es nach dem Juni 1989 dort zu verharren; denn die Reformen sind zwar nicht rückgängig gemacht worden - so werden neue Arbeiter auch weiterhin im Rahmen des AVS rekrutiert[1] -, sie werden jedoch auch nicht mehr weiter vorangetrieben.

Die in Teil IV beschriebenen Reformen haben partiell neue Möglichkeiten und neue Wege zur Lösung der Anpassungs- und Verteilungsproblematik eröffnet und damit auch Veränderungen in der Struktur des Arbeitssystems hervorgerufen.[2] Dies muß nicht bedeuten, daß sich die Ungleichheit im Arbeitsplatz- und Arbeitskräftepotential generell vermindert hat, es bedeutet aber, daß sich Trennlinien verschieben, Zugangswege verändern und Abschließungsmechanismen abschwächen oder verstärken bzw. neue entstehen.

Für das Arbeitssystem der VR China stellt sich damit die Frage, ob und inwieweit die "strukturierenden Grundelemente" von diesen Wandlungsprozessen betroffen sind. Dabei ist allerdings zu bedenken, daß diese Elemente keine bloße Addition einzelner Bestimmungen und Regeln darstellen und sich mit der Veränderung der Summanden nicht unbedingt auch die Summe verändert. Wie bereits beschrieben, haben sich zu den Grundelementen bzw. Institutionen gesellschaftlich akzeptierte Werte verdichtet, die den Rahmen für das Handeln der Akteure im Arbeitssystem bilden.

Einen deutlichen Wandel hat das System der Arbeitsplanung erfahren, der Staat hat sich vor allem aus den Allokationsprozessen zurückgezogen. Dennoch stellt dieses System auch weiterhin das Raster dar, in dem sich Anpassung und Verteilung vollziehen. Weder wurde die Trennung zwischen Stadt und Land aufgehoben, d.h. städtisches und ländliches Arbeitssystem integriert, noch wurde die

Grenze zwischen dem vom Plan erfaßten und dem nicht erfaßten Potential an Arbeitsplätzen und Arbeitskräften eingeebnet.

Die staatliche Zuteilung wurde auf die sog. strategischen Gruppen beschränkt, sie stellt somit nicht länger die alleinige Eintrittspforte ins feste Segment dar. Geblieben sind allerdings zwei Bedingungen für eine reguläre Anstellung: Bewerber müssen über einen städtischen *hukou* verfügen und "auf Arbeit warten". Für die Anstellung ländlicher Arbeitskräfte ist die Genehmigung der jeweiligen Lokalregierung einzuholen (§§ 12,13 AnstB). Wer bereits eine Anstellung hat, kann nicht mit Arbeitsuchenden in Konkurrenz treten (§ 4 AnstB). Mit diesen in das AVS aufgenommenen Beschränkungen ist nicht nur "für die Entwicklung eines freien Arbeitsmarktes ... ein unüberwindliches Hindernis geschaffen",[3] sondern auch bekräftigt worden, daß an den Grundlagen des Arbeitssystems nicht gerüttelt werden soll.[4]

Die Rekrutierung durch die Betriebe hat weiterhin in dem von den staatlichen Gesetzen, Richtlinien und Plänen gestalteten Umfang zu erfolgen, auch in Kollektivbetrieben.[5] Daß in diesem "Rahmen" staatlicherseits auch die Begründung von Zeitarbeitsverhältnissen gefördert wird, hat dabei nicht die "Zerstörung der Strukturen des Systems der festen Arbeitsbeziehungen" zum Ziel.[6] Zeitarbeit im Plan gilt nach wie vor als relativ flexible und kostengünstige Möglichkeit, Produktionsengpässe jeglicher Art zu beheben und die Arbeitslosenrate zu senken. Allerdings ist nicht vorgesehen, die Grenze zwischen zeitweiliger und regulärer Beschäftigung einzureißen. Auf Arbeit wartende Jugendliche in den Städten werden z.B. nur vorübergehend oder zur Ausbildung in Zeitarbeitsverhältnissen untergebracht; und für ländliche Arbeitskräfte haben sich zwar mehr Lücken aufgetan, in Städten eine Anstellung zu finden, an ihre Übernahme in feste Beschäftigung ist aber nicht gedacht.

Die Dezentralisierung des Plansystems hat demgegenüber sogar die Tendenz zur Zellularisierung und damit einen wesentlichen Mechanismus der Abschließung verstärkt, auch innerhalb der Betriebe. Parallel zur regionalen Autonomie hat sich das Streben nach regionaler Autarkie vergrößert: Investbauprojekte mit dem Ziel, die regionalen Einnahmen zu steigern und Arbeitsplätze zu schaffen, sind dafür ein ebenso beredtes Beispiel wie die politisch-ökonomische Teilabkopplung einiger Provinzen von der Zentrale.[7] Da regionales Expansionsstreben nur bei ausreichenden Ressourcen zu verwirklichen ist, fördert es die Abschottung, um deren Abfluß zu verhindern. Gegen die Konkurrenz von außen schützt Protektionismus; das "Eigentums"-Gefühl wird verstärkt. Das Gleiche gilt für die zwischenbetrieblichen Beziehungen und die Beziehungen zwischen den betrieblichen Abteilungen. Je mehr z.B. die Qualifikation von Arbeitskräften zur Ressource wird, desto stärker widersetzen sich die Betriebe oder Abteilungen deren

Umsetzung.[8] Das "Einheitseigentum" (*danwei suoyouzhi*) bzw. "Abteilungseigentum" (*bumen suoyouzhi*) an Arbeitskräften wird bekräftigt.

Die Eigentumsordnung ist zwar durch die Reformen dramatisch verändert worden, indem die Schaffung von Individual- und Privatbetrieben, von Joint Ventures und sogar von rein ausländischen Betrieben ermöglicht wurde, die Dichotomie von Staats- und Kollektivbetrieben mit all ihren Aspekten der Ungleichheit (Unterstellungsverhältnis, Ressourcenzuteilung, Größe u.a.) aber ist geblieben. Mehr noch, durch die Dezentralisierung der Arbeitsplanung ist es für Staatsbetriebe möglich geworden, nach regionalen Planziffern "kollektive Arbeitskräfte" (*jiti zhigong*) zu rekrutieren, d.h. die Dichotomie ist bis in den Staatsbetrieb hinein verlängert worden.[9]

Mit dem AVS, so wird von chinesischen und ausländischen Wissenschaftlern argumentiert, sei das System der Festarbeit quasi beendet.[10] Aus juristischer Sicht kann in der Tat die Masse der Arbeitskräfte nicht mehr "beim ersten Mal lebenslang angestellt werden" (*yici fenpei ding zhongshen*). In unserer Untersuchung konnte jedoch gezeigt werden, daß das Institut der Festarbeit auch weiterhin das Handeln aller Beteiligten bestimmt: AVS-Arbeiter "verfestigen" (*gudinghua*). Die Mitgliedschaft hat zwar nicht mehr den administrativen Akt der Zuteilung zur Voraussetzung, bleibt aber beschränkt auf reguläre Arbeitskräfte und schließt AVS-Arbeiter ein. Auch für diese gilt somit, daß ihre Position im Vergleich zu anderen regulären Arbeitskräften weniger individuell als vielmehr über den Status des Betriebes definiert wird.

Die betriebliche Organisationsform bleibt die *danwei*. Die ambivalente Stellung der Betriebe gegenüber dem Staat wurde z.B. ebensowenig aufgehoben, wie sie sich bisher ihrer Funktion als Träger kollektiver Daseinsvorsorge entledigen konnten. Zwar wurden rechtliche Voraussetzungen für eine Sozialversicherung geschaffen, um hier einen Wandel einzuleiten, der Erwartungsdruck der Beschäftigten lastet aber nach wie vor auf den Betrieben.[11] Diese nutzen ihre neugewonnenen Freiheiten, um den "impliziten Sozialkontrakt" mit ihren Beschäftigten nicht zu gefährden: Deren Kinder werden in ADG untergebracht, sie selbst erhalten hohe Prämien.[12] Eine Möglichkeit zur Verweigerung von Leistungen bieten gerade nicht die neuen Autonomiespielräume, sondern bietet vor allem der Verweis auf staatliche Reglementierung.[13] Obwohl seitens der Betriebe einerseits durchaus Interesse vorhanden ist, Versorgungsaufgaben abzugeben und dem proklamierten Ziel "Effizienz" näherzukommen, bleibt die umfassende Versorgung andererseits das Faustpfand gegenüber den neuen Eigentumsformen, wo z.T. höhere Löhne gezahlt werden.

Innerhalb der Betriebe ist die Trennlinie zwischen Arbeitern und Kadern weiterhin existent, das AVS hat sie sogar schärfer gezogen, da Kader weiterhin zugeteilt werden. Allerdings gibt es auch gegenläufige Tendenzen, zu denen vor allem erste Ansätze einer Kaderreform und die Neugruppierung der Arbeitsgruppen zu rechnen wären. In beiden Fällen haben sich für Arbeiter neue Wege aufgetan, auf Kaderpositionen zu gelangen, sei es über eine externe Rekrutierung[14] oder sei es über eine interne Auswahl.[15] Die Neugruppierung hat darüber hinaus die Umsetzung von Kadern auf Arbeiterpositionen zumindest theoretisch ermöglicht. Zwar steckt die Kaderreform - offenbar ein hochsensibler Punkt - noch in den Anfängen, doch scheint sie im Grunde nicht darauf abzuheben, den Kadern ihren Status zu nehmen. So gibt es zwar Versuche, das AVS auf Kader zu übertragen, allerdings wurde dafür eine spezielle Form des Arbeitsvertrags entwikkelt, der Anstellungsvertrag (*pinyong hetong*).[16]

Die fünf Grundelemente, so lautet unser Fazit, haben ihre normative Wirkung bislang nicht eingebüßt. Das Handeln aller Akteure im Arbeitssystem ist auch weiterhin von ihnen geprägt. So sind z.B. Inkonsistenzen im AVS[17] oder auch das Streben nach betrieblicher Harmonie Ausdruck des traditionellen Musters sozialen und wirtschaftlichen Handelns.

Die Geltung dieser Grundelemente oder Institutionen zeigt sich besonders dann, wenn in neu auftretenden Konfliktsituationen und angesichts von Unsicherheiten verstärkt auf die "Überlegenheit des Sozialismus" oder auf die "Arbeiter als Herren des Betriebs" als Legitimationsgrundlage verwiesen wird, um alte Sicherheiten einzufordern. Alle Akteure stimmen letzten Endes darin überein, daß die sozialen Folgen einer wirklichen Lockerung und Veränderung der alten Strukturen unerwünscht seien. Wie sich an den von uns geschilderten Reformmaßnahmen, insbesondere den Vertragsbeendigungen im Rahmen des AVS oder der Reorganisation der Arbeit in Form der OAG, zeigt, werden zwar Gesetze und Bestimmungen erlassen, diese erlangen aber in der Praxis keine tatsächliche Geltung. Sanktioniert werden nicht diejenigen, die die neuen Rechtsbestimmungen verletzen, sondern diejenigen, die gegen die herkömmlichen Normen verstoßen und Besitzstände antasten wollen. Die Resistenzbedingungen für Veränderungen werden aus chinesischer Sicht mit dem Begriff des "gesellschaftlichen Klimas" (*shehui daqihou*) umschrieben, welches gegenwärtig strukturverändernde Umbrüche nicht erlaube. Die Neustrukturierung des Arbeitssystems läßt sich daher nur additiv beschreiben: Die vorhandenen Strukturen bleiben erhalten und werden nur durch weitere Differenzierungen ergänzt (zusätzliche neue Kategorien von Beschäftigten) oder aufgefächert (kollektiv Beschäftigte in Staatsbetrieben).

2 Segmentstruktur des chinesischen Arbeitssystems am Ende der 80er Jahre

Die Darstellung der Reformmaßnahmen in Teil IV hat deutlich gemacht, daß die Prozesse der Differenzierung und Abschirmung im Arbeitssystem durch die Reform weiter vorangetrieben wurden. Zu den alten Trennlinien sind neue Grenzziehungen hinzugekommen, die neue Beschäftigtenkategorien, wie die AVS-Arbeiter, die Bauern-AVS-Arbeiter oder Neue-Kollektivbeschäftigte, haben entstehen lassen. Die neuen Kategorien von Beschäftigten sollen zunächst unter Kriterien zusammengestellt werden, die für die Schneidung der Segmente maßgeblich sind: das betrieblichen Eigentums, der Planbezug, das Anstellungsverhältnis und die Herkunft (*hukou*) der Arbeitskräfte.

In bezug auf zwei dieser Kriterien haben die Reformen Neuerungen hervorgebracht: Zum einen wurden von Staatsbetrieben "Neue (Kleine) Kollektivbetriebe" (*xinban jiti*) gegründet,[18] zum anderen werden neue Arbeiter nur noch auf vertraglicher Basis angestellt. Diese Neuerungen betreffen allerdings nur die im Plan erfaßten Arbeitskräfte. Werden nun die neuen Beschäftigungskategorien den verschiedenen Kriterien zugeordnet, so läßt sich das Ergebnis in einer Übersicht (14) wie folgt darstellen:

Übersicht 14:
Neue Beschäftigtenkategorien

	Im Plan:				
	Festarbeiter städt. hukou	AVS-Arbeiter städt. hukou	ländl. hukou	Zeitarbeiter städt. hukou	ländl. hukou
Staatsbetrieb		staatlicher AVS-Arbeiter	staatlicher Bauern-AVS-Arbeiter		
Kollektivbetrieb (groß u. klein)		kollektiver AVS-Arbeiter	kollektiver Bauern-AVS-Arbeiter		
Neuer Kollektivbetrieb (u.a. ADG)	(delegierte) Festarbeiter	neuer kollektiver AVS-Arbeiter		Zeitarbeiter	Zeitarbeiter

Segmente sind, wie eingangs erläutert, die dauerhafte Kombination von ungleichen Beschäftigungsbedingungen und ungleichen Zugangschancen auf die differenzierten Arbeitsplätze. Damit erhebt sich die Frage, ob durch die im Zuge der Reform erfolgten weiteren Differenzierungsprozesse hinsichtlich der Arbeitsplätze und Beschäftigungsbedingungen eine Veränderung in der Segmentstruktur eingetreten ist. Da die Neuen Kollektivbetriebe (nach Status oder Versorgungsleistungen) keine wirklich neue Eigentumsform darstellen, sondern den "alten" Kleinen Kollektivbetrieben vergleichbar sind, sofern sie nicht sogar als "staatlich geführte" besser dastehen, scheint ihr Erscheinen keine weitere Untergliederung der Segmente notwendig zu machen. Die in diese Betriebe bzw. Betriebsteile delegierten Festarbeiter gehören ohnehin weiter zum festen Betriebssegment, während sich die Zeitarbeiter in diesen Betrieben nicht wesentlich von anderen unstet Beschäftigten unterscheiden.

Es bleiben somit 5 Kategorien von Beschäftigten, deren gemeinsames Merkmal ein Arbeitsvertrag ist. Angesichts einer Tendenz zur "Verfestigung" ihrer Beschäftigungssituation ließe sich argumentieren, daß sie alle zum staatlichen oder kollektiven festen Segment gehören. Wir gehen jedoch davon aus, daß sich mit den AVS-Arbeitern nicht nur eine neue Kategorie von Beschäftigten, sondern ein neues festes Teilsegment herausgebildet hat bzw. herausbildet. Dieses neue Segment unterscheidet sich nach den Zugangsregeln, nach der Gestaltung der Arbeitsverhältnisse und der Durchlässigkeit von den anderen Segmenten. Wir wollen dies im folgenden anhand einer Abgrenzung gegenüber dem unsteten und dem festen Segment begründen.

Das unstete Segment hat sich im Grunde nur quantitativ verändert.[19] Obwohl die Zahl der unstet Beschäftigten, zumindest soweit sie vom Lande kommen, in mehrmaligen Anläufen reduziert werden sollte, hat sie sich absolut sogar leicht erhöht und ist nur relativ gesunken. Die Zahl der registrierten Außerplan-Arbeiter im staatlichen Sektor bewegte sich von 1978 bis 1989 zwischen 9 und 10,7 Millionen, die der Zeitarbeiter im Plan um 3 Millionen; relativ sank ihr gemeinsamer Anteil auf 12,6 %.[20] Bemerkenswert ist der steigende Anteil auf Arbeit wartender Jugendlicher, die meist vorübergehend als Zeitarbeiter Beschäftigung finden.

Obwohl viele der unstet Beschäftigten Arbeitsverträge erhalten und dementsprechend sogar in den AVS-Bestimmungen aufgeführt werden (§ 2 AvsB), können sie doch nicht mit AVS-Arbeitern auf eine Stufe gestellt werden.[21] Denn erstens erhalten jene vollkommen anders gestaltete, wesentlich einfachere Verträge und werden auch anders "verwaltet", und zweitens werden sie vor allem in der betrieblichen Praxis in keiner Weise mit dem AVS in Verbindung gebracht und nicht als Mitglieder der *danwei* behandelt. Für sie haben sich keine neuen Wege eröffnet, ins feste Segment überzuwechseln. Die Eintrittspforte in dieses Segment bleibt die reguläre Anstellung, d.h. auch der städtische *hukou*.[22]

Im festen Segment sind auch weiterhin ein staatliches und ein kollektives Teilsegment zu unterscheiden. Unter Ausschluß der AVS-Arbeiter machen die staatlich Beschäftigten 1989 knapp 57 % und die kollektiv Beschäftigten knapp 20% an der Gesamtzahl der Arbeiter und Angestellten aus. Die markanteste Veränderung erscheint hier das Wachstum der Kleinen Kollektive, das allerdings kaum quantifiziert werden kann.[23] Speziell für die Beschäftigten in "von Staatsbetrieben geführten" Kollektivbetrieben scheinen sich darüber hinaus die Übergangschancen in den Staatssektor leicht verbessert zu haben. Dies gilt zunächst für die Kinder von Beschäftigten. Auf das Problem der Übergänge vom Kader- in den Arbeiterbereich und umgekehrt wurde bereits im 1. Kapitel dieses Teils eingegangen. Die Kader stellen schätzungsweise[24] 15 % der Beschäftigten in Staatsbetrieben und 11 % in Kollektivbetrieben.[25]

Die AVS-Arbeiter gehören als *danwei*-Mitglieder ebenfalls dem festen Segment an, können aber trotz "Verfestigung" nicht mit den Festarbeitern zusammen einem Teilsegment zugerechnet werden. Denn obwohl sie diesen in der Behandlung (Löhne, Sozialleistungen[26]) gleichgestellt sind, unterscheiden sich Festarbeiter und AVS-Arbeiter zumindest in zwei Punkten: Erstens können Festarbeiter zu AVS-Arbeitern werden (freiwillig im selben Betrieb oder durch Kündigung[27] und Neuanstellung auf Vertragbasis), dagegen können AVS-Arbeiter nicht Festarbeiter werden. Zweitens können AVS-Arbeiter aus eigenem Antrieb den Betrieb verlassen. Wenn ihnen dabei auch die Suche eines besseren Arbeitsplatzes verwehrt wird, solange sie beschäftigt sind, so eröffnet das AVS doch erste Wege zu einer Art Karrieremobilität, dies auch deshalb, weil es AVS-Arbeitern dem Gesetz nach durchaus möglich ist, im Anschluß an eine Beschäftigung im Kollektivsektor in den Staatssektor zu wechseln. In der Phase des Experimentierens mit Arbeitsverträgen war z.T. sogar daran gedacht worden, AVS-Arbeiter gänzlich vom Status eines staatlich oder kollektiv Beschäftigten zu befreien. Ursprünglich sollte das AVS in Staats- und Kollektivbetrieben gleichermaßen gelten,[28] die Bestimmung von 1986 schränkte es dann auf den staatlichen Sektor ein. Trotzdem werden auch in Kollektivbetrieben Arbeitsverträge nach dem AVS abgeschlossen. 1989 wurden 11,9 Mio. AVS-Arbeiter in staatlichen und 2,8 Mio. in kollektiven Betrieben gezählt, insgesamt ein Anteil von 10,8 % an den registrierten Arbeitern und Angestellten.[29] Auch in der chinesischen Diskussion sind AVS-Arbeiter als eine Kategorie neben den staatlichen und kollektiven Festarbeitern definiert worden.

Das feste, interne Segment spaltet sich dementsprechend in die drei Teile: staatlich Beschäftigte, kollektiv Beschäftigte, AVS-Arbeiter. Während im staatlichen und kollektiven Bereich Arbeiter von Kadern zu trennen sind, ist die Existenz von sogenannten Vertragskadern (*pinyong ganbu*) noch zum Vernachlässigen klein. Die Segmentstruktur läßt sich schematisch wie folgt darstellen:

Schaubild 12:
Segmente im Arbeitssystem der VR China nach der Reform

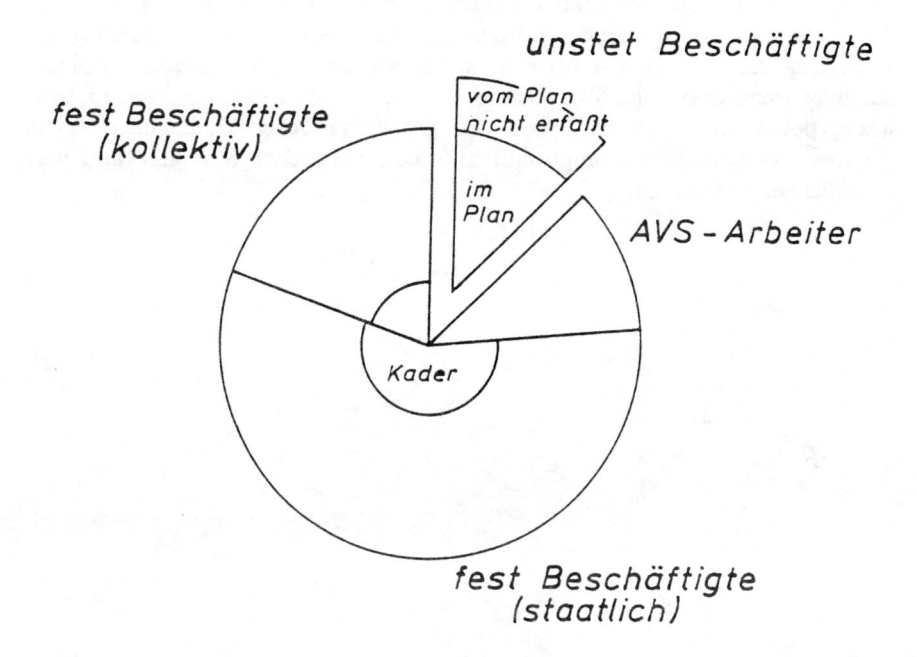

unstet Beschäftigte

fest Beschäftigte (kollektiv)

vom Plan nicht erfaßt

im Plan

AVS - Arbeiter

Kader

fest Beschäftigte (staatlich)

Ein berufsfachliches Segment von Arbeitskräften, die aufgrund überbetrieblich standardisierter und nutzbarer Qualifikationen ohne ausgiebige betriebsspezifische Einarbeitung auf relativ hoher Position zwischen den Betrieben wechseln können, hat sich bisher in China nicht entwickelt. Die Versuche, "vorberufliche Ausbildung" zu formalisieren[30] und "Talentmobilität" zu fördern, könnten ggf. hier einen zaghaften Beginn darstellen.

Die Reformen der letzten 12 Jahre haben somit zwar die Steuerungskapazität des chinesischen Arbeitssystems erweitert und dieses in gewisser Weise neustrukturiert. Diese Neustrukturierung vollzog sich allerdings nicht als "Zerstörung" alter Strukturen, wie vielfach angenommen wird ("Zerstörung der Eisernen

Reisschale"), sondern als ein Prozeß zusätzlicher Differenzierung und vor allem als Ergänzung alter Muster. Oder anders gesagt, die Reformen des Arbeitssystems waren nur in dem Maße erfolgreich, als sie sich mit den hergebrachten Strukturen und mit den traditionellen Handlungskonzepten verbinden ließen.

Unter dem Einfluß der von uns als strukturierende Grundelemente herausgearbeiteten Institutionen hat sich in China eine besondere Variante des planwirtschaftlich administrierten Arbeitssystems herausgebildet. Dieses Arbeitssystem ist segmentiert, weil - und das durchaus in Analogie zu Arbeitsmärkten - die Segmentierung eine effiziente Lösung für die Probleme von Anpassung und Verteilung darstellt. Das Arbeitssystem ist, wie gezeigt, in gewissem Rahmen durchaus wandlungsfähig. Vor allem aber stellt es unter den gegebenen historischen, politischen, wirtschaftlichen und gesellschaftlichen Bedingungen einen spezifisch chinesischen Kompromiß zwischen politischer Stabilität und wirtschaftlichem Aufbau dar.

Anmerkungen

Anmerkungen zu Teil I:

1) Vgl. *Handelsblatt* 15.3.89.
2) Vgl. *Asian Wall Street Journal*, Hongkong 26.1.1989.
3) 3/Zhao.
4) Vgl. z.B. Hankel, W./Fischer, P. in einem Artikel der *Frankfurter Rundschau* v. 3.5.1989, S.9.
5) Vgl. Sengenberger 1987: 52.
6) Im engeren Sinne wird der Begriff "Arbeitssystem" im Unterschied zu "Personalsystem" gebraucht und betrifft hier nur die Arbeiter. Die Angelegenheiten der Kader, d.h. des Verwaltungs- und Führungspersonals, werden vom Personalsystem (*renshi zhidu*) geregelt.
7) Vgl. LRGC 1987: 234.
8) Vgl. Neuendorff 1982: 186.
9) Sengenberger geht ausführlich auf die beiden Funktionen des Arbeitsmarktes ein. Vgl. Sengenberger 1987: 31-49.
10) Für die Angebotsseite: Grenznutzentheorem, für die Nachfrageseite: Grenzproduktivitätstheorem.
11) "Die Lohnhöhe bewirkt stets beides: Eine Lohnveränderung induziert eine Anpassungsleistung von Angebot und Nachfrage (in Richtung Gleichgewicht) und zugleich eine Verteilungswirkung im Sinne der Veränderung der Verteilungsposition des betroffenen Arbeiters oder der Arbeitskräftegruppe." Sengenberger 1987: 31.
12) Neuere Ansätze beziehen auch die Segmentierung des Arbeitsmarktes mit ein, aber nicht unter der Fragestellung, warum Segmente bestehen und erhalten bleiben, sondern unter dem Gesichtspunkt ihrer Wirkung für den Marktmechanismus. Vgl. Wachter 1978.
13) Freiburghaus 1979: 169.
14) Vgl. zu den Segmentationsansätzen u.a. die Übersichten: Sengenberger 1978; Brinkmann u.a. 1979; Biehler/Brandes 1981; neuerdings Scheuer 1987.
15) Sengenberger 1987: 32.
16) Sengenberger 1987: 207.
17) Sengenberger 1987: 207.
18) Während die Positionen und Aussagen zu diesen beiden Komplexen vielfältig sind, bleibt die Frage nach den sozialstrukturellen Wirkungen des Arbeitsmarktprozesses ein Randthema. Die Bedeutung der ökonomischen Dimension für die Genese von Ungleichheit und der Stellenwert von Erwerbsarbeit und Lohn für die relative Position der Individuen im System

sozialer Ungleichheit ist Gegenstand der neueren Sozialstrukturdiskussion. Vgl. dazu u.a. Hradil 1987; vgl. als neuere wichtige Arbeit, u.a. Berger/Hradil 1990.
19) Neuendorff 1982: 195.
20) Vgl. die zusammenfassende Darstellung von Biehler/Brandes 1981: 40-68.
21) Vgl. Biehler/Brandes 1981: 92-95.
22) Vgl. Buttler/Gerlach 1982: 693.
23) Während im internen Segment die Arbeitskräfteallokation und die Entlohnung nach institutionellen Regeln verschiedenster Art erfolgen, gilt im externen Segment das Lohnwettbewerbsmodell. Vgl. Doeringer/Piore 1980: 1 f. Ein interner Arbeitsmarkt als "an administrative unit, such as a manufacturing plant, within which the pricing and allocation of labor is governed by administrative rules, is to be distinguished from the extended labor market of conventional economic theory where pricing, allocating, and training decisions are controlled directly by economic variables."
24) Vgl. Lutz 1987; Sengenberger 1987.
25) Vgl. Sengenberger 1987: 117.
26) Vgl. dazu und zum folgenden Klenner 1979: 21 ff.
27) Vgl. z.B. Li Zhenzhong 1985: 1-21 (Kap.1: "Planwirtschaft und ihre Überlegenheit").
28) In China wird die Einheit von Arbeits- und Lohnplanung durch einen einzigen Begriff *laodong gongzi jihua* zum Ausdruck gebracht. Vgl. Chen/An 1987: 437. Während in anderen planverwalteten Ländern, in denen es eine relativ freie Wahl des Berufs und des Arbeitsplatzes gibt/gab, der Lohnplanung durchaus auch allokative Funktion zukommt bzw. zukam, erfolgt in China die Arbeits- und Lohnplanung einheitlich über den Staat.
29) Vgl. zu den einzelnen Teilaufgaben der Arbeitsplanung Li Zhenzhong 1985: 382 ff. oder auch Planung 1987: 55 f.
30) Vgl. Li Zhenzhong 1985: 482 ff. oder auch Planung 1987: 29.
31) Vgl. Kornai 1980c: 100 f.: "In the behavior of the socialist firm as buyer there is a hoarding tendency: the firm tries to accumulate as large an input stock as possible"; vgl. Nove 1977; Galasi/Sziráczki 1985a.
32) Da Arbeitslosigkeit im Sozialismus nicht vorkommen durfte, wurde sie lange Zeit entsprechend umdefiniert oder verschleiert ("auf Arbeit warten"). Sie besteht faktisch auch in Form von verdeckter Arbeitslosigkeit. Vgl. Teil 2.
33) Unter Lohnzwang wird ein System verstanden, in dem nicht nach erbrachter Leistung entlohnt wird, sondern die ausgewiesene Leistung willkürlich von einem im vorhinein bekannten Lohnniveau diktiert wird. Vgl. Saslawskaja 1989: 173 f. und Nove 1983: 83.

34) Eine interessante Perspektive der hier zur Debatte stehenden Problematik eröffnet die Position ungarischer Autoren (Galasi/Sziráczki 1985b, 1985c; Gábor/Galasi 1981, 1985.). Danach wären die sozialistischen Länder nur nominell nach einem zentralen Plansystem verfahren, während in Wirklichkeit bereits Marktbeziehungen in wesentliche Bereiche des wirtschaftlichen Austausches Eingang gefunden hätten. Das gelte in besonderem Maße für den Arbeitsmarkt: "We argue that the labour allocation institutions of socialism should also be considered a labour market. ... We argue that in socialism there is a labour market operating on the basis of state ownership of the means of production: labour is remunerated in the form of wages and salaries, employees are free in both aspects stressed by Marx, and the relationship between the sellers and buyers is transactive." (Gábor /Galasi 1985: 28.)

Wenn aber faktisch ein Markt steuernd wirkt, dann stellt sich die Frage, welche Strukturen und, gegebenenfalls, welche Spaltungen sich in diesem Markt herausbilden können. Gabor/Galasi machen deutlich, daß es in Ungarn eine duale Wirtschaftsstruktur gebe, und zwar einen primären staatlichen und einen sekundären privaten Sektor. Diese duale Wirtschaftsstruktur wirke sich auf die Beschäftigungsstrukturen und die Arbeitskräfteallokation aus. Der dualen Wirtschaftsstruktur entspreche ein gespaltener Arbeitsmarkt. Der Arbeitsmarkt weise Segmente auf, die sich durch unterschiedliche Allokations- und Entlohnungsformen unterscheiden (Gábor/ Galasi 1981: 41-53).

Auch Nove hat in seinen Arbeiten zur Wirtschaft der Sowjetunion verschiedentlich auf die faktische Existenz eines Arbeitsmarktes hingewiesen. Vgl. z.B. Nove 1980: 58 f.

35) Vgl. Kosta 1984: 58 ff.
36) Im Falle der Arbeitsplanung z.B. Konflikte zwischen Industrieministerien und Arbeitsministerium.
37) Vgl. Kosta 1984: 66.
38) Vgl. Kornai 1980c: 101 f.: "Given the uncertainties of production and trade the firm not bound by an effective budget constraint, living in an atmosphere of quantitative drive, will never say: I have enough material..."
39) Vgl. Sengenberger 1987: 77-83 ff.
40) Vgl. Leontief 1989: 112: "Da die Menschen in einer sozialistischen Planwirtschaft genauso eigennützig sind wie in einer freien Marktwirtschaft, trifft der sozialistische Manager oftmals Entscheidungen, um seine Karriere zu fördern, nicht aber unbedingt um die Leistung seines Betriebes zu erhöhen."
41) Vgl. z.B. Li Zhenzhong 1985: 1 ff.
42) Vgl. Chen/An 1987: 438 f.

43) Vgl. Li Zhenzhong 1985: 5.
44) Vor allem amerikanische Untersuchungen haben diese Methode angewandt, z.B. Walder in einer Arbeit, die erst 1986 erschienen ist. Um den Aussagewert der auf dieser Grundlage erarbeiteten Ergebnisse ist viel diskutiert worden. Vgl. Thurston/Pasternak: 1983.
45) Vgl. dazu und zu anderen zentralen Begriffen der Beschäftigungsproblematik Schucher/Hebel 1990.
46) Das Ansehen einer Universität, bildet eine wesentliche Voraussetzung für das Gelingen oder Mißlingen der Arbeit. Die soziale Stellung, die Gutwilligkeit und Initiative von Personen, die die konkrete Organisation übernehmen, ist darüber hinaus entscheidend.
47) Angesichts des personalisierten Charakters der Beziehungen und der schlechten Infrastruktur in den Kommunikations- und Transportmöglichkeiten ist jede Terminvereinbarung mit hohem Zeitaufwand verbunden. Gründliche Untersuchungen können daher in einer vertretbaren Zeit kaum über große Distanzen realisiert werden.
48) Alle Angaben bezogen auf 1985. Quellen: NJ 1986: 93, 283 ff., 306 ff., 313 ff.; JJN 1988: III-144 ff.; ZTN 1988: 25.
49) Angaben für 1985. Quellen: NJ 1986: 313 ff., 339 ff., 392 ff.; ZJN 1988: VI-79 ff.
50) Nicht zuletzt ging es auch um die Entwicklung von Formen der deutsch-chinesischen Zusammenarbeit mit den beiden von der Universität Nanjing benannten Kollegen.
51) Vgl. zu den untersuchten Institutionen und den Gesprächspartnern die Übersicht im Anhang.
52) Ganz generell läßt sich sagen, daß die Gespräche durchweg in einer sehr freundlichen und offenen Atmosphäre stattfanden und nicht durch das Vortragen irgendwelcher (politischer) Erklärungen geprägt waren. Unsere Gesprächspartner waren bemüht, unsere Fragen konkret und detailliert zu beantworten. Dieser guten Atmosphäre war sicherlich der Umstand dienlich, daß wir die Gesprächssituation verfremdende Übersetzungen ins Deutsche weitgehend vermieden haben und unsere chinesischen Kollegen stark in die Befragung eingeschaltet waren. Aus diesem Umstand hat sich ganz offenkundig eine höhere Vertrautheit für unsere Gesprächspartner ergeben.
53) Die Interviews liegen in transkribierter Form vor, die Interviews des ersten Forschungsaufenthaltes in einer maschinenschriftlichen Vervielfältigung: Hebel/Schucher 1988.

Anmerkungen zu Teil II:

1) Nach 1959 wurden praktisch keine offiziellen Daten mehr veröffentlicht, erst ab 1976 und vor allem seit einem Staatsratsbeschluß vom Oktober 1979 werden große Anstrengungen zur besseren Erfassung, Aufbereitung und Veröffentlichung von Wirtschaftsdaten unternommen. Vgl. Hagemann 1987 und Naughton 1987.
2) Vgl. Hagemann 1987: 337.
3) Vgl. RMRB 29.8.1989.
4) Vgl. Liu Xingran 1988a: 775-777.
5) Vgl. LT 1988: 16-18.
6) Vgl. Hagemann 1987: 336 f.
7) Alle zu einem bestimmten Zeitpunkt in der VR China mit einem ständigen hukou (Wohnsitzregistrierung) Ansässigen einschließlich derjenigen, die noch keinen erhalten haben, und derjenigen, deren hukou während einer Haftzeit oder Arbeitslagerzeit eingezogen wurde. Nicht eingeschlossen sind die Bewohner Taiwans, Hongkongs und Macaos sowie Überseechinesen und Auslandsstudenten. Vgl. ZSTZ 1987: 286.
8) Vgl. Feng Litian 1985: 220.
9) Vgl. Li Zhenzhong 1985: 385; Zhang Shaozong 1988: 453.
10) "Gesellschaftliche Arbeit" (*shehui laodong*) bezeichnet Arbeit von gesellschaftlichem Charakter, das Gegenteil von "privater Arbeit" (*siren laodong*), d.h. Arbeit für einen Privateigentümer. Vgl. LJC 1985: 464 f.
11) Nicht eingeschlossen sind Militärdienstleistende und diejenigen im erwerbsfähigen Alter, die aufgrund einer Haftstrafe oder Invalidität keine Erwerbsfähigkeit besitzen. Vgl. ZLGTZ 1987, S. 267; ZSTZ 1987, S. 288.
12) Vgl. Li Kejian (Hrsg.), Laodong tongjixue (Arbeitsstatistik), Beijing 1982: 70, Zit. nach Taylor 1986: 224, Anm. 4. Auch ZRN 1985: 166 rechnet zur "wirtschaftlich aktiven Bevölkerung" die Erwerbstätigen und Erwerbslosen und schließt die "auf Arbeit wartenden" ein. Dieser Begriff der internationalen Arbeitsstatistik sei aber bei der Volkszählung von 1982 nicht verwendet worden. Liu Xingran (1988a): 780) schränkt den Begriff der "wirtschaftlich aktiven Bevölkerung" auf die "gesellschaftlich Arbeitenden" ein und bezeichnet die Gruppe der Erwerbstätigen und auf Arbeit wartenden als "Gesamtheit der Arbeitskräfte" (*laodongli zongshu*) (ebd.: 776). Im Gegensatz dazu definiert LT (1988: 45) "Arbeitskräfte" als Erwerbsfähige bzw. "Arbeitskräfteaufkommen".
13) Vgl. ZTN 1985: 657; Liu Qingtang 1986: 23; Feng Litian 1985: 221.
14) Vgl. RPZ 1982: 606 f.; ZRN 1985: 293 setzt *zaiye renkou* mit *jiuye renkou* und *shehui laodongzhe* gleich.
15) Es sei denn, sie haben vorübergehend Arbeit zugewiesen bekommen.

16) Vgl. RPZ 1982: 373 und ZTN 1988: 153. Die Zahlen sind nicht exakt vergleichbar, da sie sich auf unterschiedliche Stichtage beziehen.
17) Vgl. Taylor 1986: 230; RPZ 1982: 606 f.
18) LS 1988: 45.
19) Vgl. ZRN 1985: 294. Eine zusätzliche mögliche Erklärung erschließt sich über den Begriff der "gesellschaftlichen Arbeit", der die "private Arbeit" für eine Privatperson nicht einbezieht. Zu den "gesellschaftlich Arbeitenden" zählen demnach nicht die in Privatbetrieben beschäftigten Arbeitskräfte, die 1982 allerdings kaum eine nennenswerte Größe darstellten. Vgl. Liu Xingran 1988a: 639 f. In der Tat listet die Definition im ZTN (1988:206) Privatbetriebe nicht auf.
20) Das bundesrepublikanische Erwerbskonzept faßt den Begriff der Erwerbslosen weiter als den der Arbeitslosen: eingeschlossen sind alle Personen ohne Arbeitsverhältnis, die sich um eine Arbeitsstelle bemühen, unabhängig davon, ob sie beim Arbeitsamt gemeldet sind. Vgl. *Statistisches Jahrbuch 1987*: 97.
21) Die Bevölkerungsstatistik setzt auch in diesem Fall die untere Grenze bei 15 Jahren.
22) Vgl. ZSTZ 1987: 288.
23) Vgl. Taylor 1986: 224, Anm. 4. Sie werden jedoch z.T. auch von chinesischen Autoren als registrierte Arbeitslose zu den Erwerbspersonen gerechnet.
24) Vgl. Chen Ping 1988: 406, 404. Hier wird deutlich, daß die Spezifika der chinesischen Arbeitskräfteallokation bereits zur Inkompatibilität des Begriffs "Arbeitssuche" führen. Die "auf Zuteilung wartenden" sind nicht arbeitssuchend, da ihnen ein Arbeitsplatz sicher ist.
25) Vgl. RPZ 1982: 610.
26) Eine Stadt ist dabei jede zur "Stadt" (*shi*) erklärte Stadt (*chengshi*). Eine Landstadt ist jede von einer Provinz, einem autonomen Gebiet oder einer regierungsunmittelbaren Stadt genehmigte Ortschaft. Als Kriterien galten:
- vor 1963: i. allg. eine ansässige Bevölkerung von 2000 und mehr Personen, darunter 50% und mehr nichtlandwirtschaftliche Bevölkerung (*feinongye renkou*).
- ab 1964: entweder eine ansässige Bevölkerung von 3000 u.m. Personen, darunter mindestens 70% nichtlandwirtschaftliche Bevölkerung oder 2500-2999 Personen, darunter mindestens 85% nichtlandwirtschaftliche Bevölkerung.
- ab 1984: Gemeinden (*xiang*) mit einer Gesamtbevölkerung von 20000 u.m. können Ortschaften werden, wenn am Sitz der Gemeinderegierung (*xiangzhengfu zhudi*) mehr als 2000 Personen zur nichtlandwirtschaftlichen

Bevölkerung gehören bzw. wenn diese nichtlandwirtschaftliche Bevölkerung am Sitz der Gemeinderegierung mindestens 10% der Gemeindebevölkerung ausmacht.
Vgl. ZTN 1985, S. 657.
27) Dabei soll es sich um ca. 5-10 % der Stadtbevölkerung handeln. Vgl. Heberer 1989a: 36.
28) Nicht eingeschlossen sind:
- Arbeiter und Angestellte im Ruhestand,
- Beschäftigte der ländlichen Gemeinden (Kommunen), Verwaltungsorgane sowie der ländlichen (*xiangzhen*) Betriebe und Institutionen,
- städtische und ländliche (*chengxiang*) Einzelgewerbetreibende.
Vgl. ZTN 1985, S. 657 f.
29) Soweit nicht anders angegeben, beziehen sich die Daten jeweils auf das Jahresende.
30) Die sinkende Tendenz hielt bis Mitte der 80er Jahre an, seitdem gibt es Anzeichen dafür, daß die Geburtenpolitik nicht mehr uneingeschränkt greift.
31) Vgl. zur Neudefinierung der Ortschaften Teil 2, Kapitel 2.
32) Vgl. Li Jianli 1988: 11.
33) Vgl. Feng Lanrui 1988: 16.
34) Vgl. Duan Xingmin 1989.
35) Vgl. Kosta 1985a: 107.
36) Vgl. BR (1990) 43: 29.
37) Vgl. ZLGTZ 1987: 3.
38) Ausgehend vom Zensus, ermittelt Taylor (Taylor 1986: 223-227) für Mitte 1982 547,2 Mio. Erwerbspersonen, davon sind 306,1 Mio. Männer und 241,1 Mio. Frauen. Von diesen waren 521,5 Mio. (293,7 Mio. : 227,8 Mio.) erwerbstätig und ca. 25,7 Mio. erwerbslos (0,1 Mio. warteten auf Zuteilung, 3,4 Mio. auf Arbeit und 22,2 Mio. gehörten zur Kategorie der "anderen"). Vgl. RPZ 1982: 34, 36 f. Entsprechend lag die Erwerbsquote (Anteil der Erwerbstätigen an der Bevölkerung im Arbeitsalter) Mitte 1982 bei insgesamt 82,1% (bei den Männern betrug sie 89,6%, bei den Frauen 74,1%). Vgl. RPZ 1982: 272 ff.
39) Vgl. Taylor 1986: 226 f.
40) Vgl. RPZ 1982: 440 ff. Ein Vergleich der Zahlen mit ZGJTN 1988: 10 legt nahe, daß es sich um die Industrie einschließlich der Dorfebene handelt.
41) Da das Rentenalter in der Textilindustrie noch niedriger liegt, sind hier 78,4% der Frauen unter 35 und nur 2,4% über 50.
42) Vgl. RPZ 1982: 440-443; ZGJTN 1988: 28. (Altersstruktur von Fest- und AVS-Arbeitern in unabhängig bilanzierenden Industriebetrieben im Jahr 1985). Diese Angaben sind unvollständig, da sie das unterschiedliche

Rentenalter für Männer und Frauen nicht berücksichtigen und nur die über 56jährigen (1,9%) bzw. über 60jährigen (0,4%) zählen.
43) Vgl. ZGPZ 1985a: 272 f.
44) Vgl. Liaowang, (1987) 3: 15 f., nach Liu u.a. 1988: 231 f.
45) Vgl. Hu 1988: 13. Der Autor fragt besorgt, wo sich das Viertel der 6-14 jährigen aufhält, das nach Angaben des Staatlichen Statistikbüros keine Schule besucht. Ebd: 15. Vgl. ZLK, (1989) 2: 46 f.
46) Zu den städtischen Erwerbstätigen werden hier alle Erwerbstätigen mit Ausnahme der im ländlichen Kollektiv- und Individualsektor tätigen gezählt, d.h. die Beschäftigten in staatlichen Betrieben, Institutionen und Behörden, in städtisch-kollektiven Betrieben und in "Einheiten aller anderen Eigentumsformen" in den Städten sowie die städtischen Einzelgewerbetreibenden. Die Summe dieser Kategorien gibt die tatsächliche Anzahl der städtischen Erwerbstätigen allerdings nur näherungsweise an, da die Arbeitsstätten in staatlichem Eigentum nicht auf die Städte beschränkt sind.

Arbeiter und Angestellte in Einheiten staatlichen Eigentums (*quanmin suoyouzhi danwei zhigong*) sind alle, die in staatlichen Behörden und Volksorganisationen aller Stufen und den zugehörigen staatlichen Betrieben und Institutionen arbeiten und von diesen Lohn erhalten. Eingeschlossen sind Festarbeiter, AVS-Arbeiter, Zeitarbeiter und Arbeitskräfte außerhalb des Plans.

Arbeiter und Angestellte in Einheiten städtisch-kollektiven Eigentums (*chengzhen jiti suoyouzhi danwei zhigong*) sind alle, die in städtischen Betrieben und Institutionen des kollektiven Eigentums und deren Verwaltungsabteilungen arbeiten und von diesen entlohnt werden, einschließlich Fest-, Zeit-, Saison-, Wechselarbeiter u.a.

Städtische Einzelgewerbetreibende (*chengzhen geti laodongzhe*) sind alle Arbeitenden, die als einzelne an der Produktionsarbeit teilnehmen, denen als Individuen Produktionsmittel und Waren (oder Einnahmen) gehören, die die Erlaubnis der Verwaltungsabteilungen der Industrie- und Handelsadministration und eine Lizenz als Einzelgewerbetreibende (*geti yingye zhizhao*) besitzen. Vgl. ZTN 1988: 206; ZLGTZ 1987: 267 f.
47) Der Primärsektor bezeichnet die Landwirtschaft, der Sekundärsektor die Industrie und das Bauwesen und der Tertiärsektor umfaßt alle übrigen Branchen der Volkswirtschaft.
48) Der Sektor Industrie umfaßt:
1. Bergbau, Salzgewinnung, Holzwirtschaft, aber nicht Fischerei und Jagd,
2. Verarbeitung landwirtschaftlicher Produkte und Nebenprodukte,
3. Bearbeitung industrieller Güter,

4. Reparatur industrieller Güter,
5. Energie- und Wasserwirtschaft.
Vgl. ZTN 1985: 665.
49) Eingeschlossen ist hier die Industrie auf Dorfebene. Diese wurde in den meisten Statistiken bis 1984 zur Landwirtschaft gezählt.
50) Die Zahlen für 1978 beziehen im Unterschied zu 1987 die Dorfebene nicht mit ein.
51) Vgl. Heberer 1989a: 93 ff.
52) *Hangye* bezeichnet die Branche nach dem Endprodukt, *xitong* das einem Ministerium unterstehende Branchensystem. 1985 wurde die 1972 festgelegte Brancheneinteilung (*hangye fenlei* statt *bumen fenlei*) geändert. Vgl. ZGJTN 1988: 380 ff., ZLGTZ 1987: 276 ff.
53) Ausgehend von der Frage, ob ein Betrieb administrativ und finanziell unabhängig ist, werden die Industriebetriebe in unabhängig bilanzierende Industriebetriebe (*duli hesuan gongye qiye*) und nichtunabhängig bilanzierende Industriebetriebe (*feiduli hesuan shengchan qiye*) eingeteilt. Für die Qualifizierung als unabhängig bilanzierend sind drei Voraussetzungen erforderlich:
1. eine administrativ unabhängige Organisationsform; 2. unabhängige ökonomische Bilanzierung, Eigenverantwortung für Gewinn und Verlust, Erstellung eines unabhängigen Geldmittelausgleichs; 3. Berechtigung mit anderen Einheiten Verträge abzuschließen sowie eigene Bankkonten zu führen. Abhängige Betriebe besitzen diese Voraussetzungen nicht, erfüllen jedoch andere: 1. feste Produktionsstätte und Produktionsausrüstung; 2. mindestens 10 Festbeschäftigte und Auszubildende; 3. ganzjährige Produktion, bzw. bei saisonaler Produktion mindestens 3 Monate pro Jahr. Vgl. ZGJTN 1988: 365.
54) I.d.R. werden die Kategorien staatlich, städtisch kollektiv, städtisch andere, städtisch selbstbeschäftigt und ländlich kollektiv und selbstbeschäftigt getrennt aufgeführt. Z.T. umfassen die Kategorien kollektiv, selbstbeschäftigt und andere aber auch alle Betriebe dieser Eigentumsform.
55) Wie bereits erwähnt, wurde die Dorfindustrie bis 1984 statistisch der Landwirtschaft zugerechnet. Die Industrie auf Dorfebene umfaßt Industrie, kooperative Industrie und industriell Selbstbeschäftigte. Vgl. ZGJTN 1988: 365.
56) Die Schwierigkeiten und Unsicherheiten quantitativer Aussagen verdeutlicht die Tabelle A11: In ZGJTN 1988: 86 ff. entspricht die Anzahl der Industriebetriebe den Angaben in ZGJTN 1988: 293, wo ausdrücklich von unabhängig bilanzierenden Betrieben die Rede ist. Die Zahl der Beschäftigten wird mit 72,9802 Mio. angegeben und zwar unter der Bezeichnung Arbeiter und Angestellte. Da es im Bezugsjahr (1987) aber nur 59,71 Mio.

Arbeiter und Angestellte in der gesamten Industrie gab, ist davon auszugehen, daß es sich um Erwerbstätige handelt.
57) Nicht berücksichtigt sind die "anderen Eigentumsformen", die ab 1984 als gesonderte Kategorie gezählt werden. Die Addition der Prozentzahlen für 1987 ist daher ungleich 100. Arbeiter und Angestellte in Einheiten aller anderen Eigentumsformen (*qita gezhong suoyouzhi danwei zhigong*) sind alle, die in Betrieben und Institutionen der folgenden Arten arbeiten und von diesen entlohnt werden:
- staatlich-kollektiv gemeinsam bewirtschaftet,
- staatlich-privat gemeinsam bewirtschaftet,
- kollektiv-privat gemeinsam bewirtschaftet,
- chinesisch-ausländisch gemeinsam bewirtschaftet,
- von Huaqiao, oder Hongkong/Macao-Kaufleuten bewirtschaftet,
- im ausländischen Besitz.

Staatlich-kollektiv gemeinsam bewirtschaftete Einheiten schließen gemeinsam mit ländlichen Kollektiven bewirtschaftete ein, d.h. statistisch beinhaltet "Arbeiter und Angestellte" hier auch die an der Arbeit teilnehmenden ländlichen Arbeitskräfte.

In den mit oder von Ausländern etc. bewirtschafteten Einheiten sind die Arbeitskräfte ausländischer Nationalität bzw. aus Hongkong/Macao nicht eingeschlossen .Vgl. ZTN 1988: 206.

58) Vgl. Liu u.a. 1988: 74 f. Von über 22 Mio. auf Arbeit Wartenden werden in der Zeit des 6. Fünfjahresplans 28 % von Staatsbetrieben als Festarbeiter eingestellt und 72 % von Kollektivbetrieben, der Individualwirtschaft oder als Zeitarbeiter rekrutiert. 1978 war das Verhältnis noch umgekehrt 72 % : 28 %.
59) Vgl. ZJN 1988: V-44.
60) Die Einteilung erfolgt zunächst nach der jährlichen Produktionskapazität, z.B. bei Baumwollspinnereien nach der Anzahl der Spindeln (mehr als 100.000 Großbetrieb, 50.000-100.000 Mittelbetrieb, unter 50.000 Kleinbetrieb). Ist eine derartige Einteilung nicht möglich, erfolgt sie entsprechend der Höhe des Anlagevermögens (*guding zichan yuanzhi*). Vgl. ZTN 1985: 666. Eine detaillierte Auflistung der Kriterien in ZGJTN 1988: 368 ff.
61) Vgl. ZGPZ 1985a: 204 f.; ZGPZ 1985b: 126, eigene Berechnung.
62) Vgl. LRGC 1987: 235.
63) Unterschieden werden muß zwischen dem Rentenalter von Frauen (50 Jahre) und der oberen Grenze für die Bevölkerung im arbeitsfähigen Alter (55 Jahre).
64) Vgl. LRFGWH 1987: 1688-1699 [2.6.1978]; zur Textilindustrie vgl. LRFGWH 1987: 940-945, zum Maschinenbau vgl. ebd: 946-951.

Anmerkungen zu Teil II 237

65) Bestimmte Gruppen erhalten einen halben Tag zusätzlich (Frauen, Jugendliche, Kinder, Armeeangehörige) und auch nationale Minderheiten erhalten an ihren spezifischen Feiertagen Urlaub.
66) Vgl. LRFGWH 1987: 828, *Shijie Jingji Daobao* 1.4.1988. Für die 5-Tage-Woche argumentiert z.b. Shang De in der JJRB vom 19.2. und 26.2.1989, F 102, (1989) 3: 31-34.
67) Absolventen der UMS sind ca. 15-16 Jahre alt, die der OMS, FMS, tFAS und BS 18-19 Jahre, die der HS 22 Jahre, wenn sie ins Erwerbsleben treten.
68) Vgl. ZRN 1985: 294 f. Vergleichszahlen werden z.b. für Frankreich (18,2 %), Japan (18,9 %) oder auch Kanada (46,6 %) und Australien (60,3 %) genannt, wobei es sich dort jeweils um den Anteil an der wirtschaftlich aktiven Bevölkerung im entsprechenden Alter handelt.
69) Vgl. die detaillierte Auswertung Henze 1990: 196-201.
70) GS - UMS 1978 = 87,7 %, 1987 = 69,1 %; UMS - OMS 1978 = 40,9 %, 1987 = 35,7 %. Vgl. ZTN 1988: 889.
71) Auf die zunehmende Ungleichheit im Bildungswesen zuungunsten des ländlichen Bereiches verweist auch Davis 1989.
72) Vgl. ZTN 1988: 890.
73) Vgl. ZTN 1988: 889; RMRB 16.9.1989.
74) Vgl. RPZ 1982: 272; ZTN 1988: 105.
75) Vgl. RMRB 13.11.1990; nach C.a. (1990) 11: 822.
76) Bei der Beurteilung des Bildungsstandes in der VR China muß in Rechnung gestellt werden, daß Schul- und Hochschulabschlüsse, die während der Kulturrevolution gemacht wurden, auch aus chinesischer Sicht als minderwertig gelten.
77) Die Besonderheit der chinesischen Schriftsprache setzt andere Kriterien für die Beurteilung der Alphabetisierung voraus. Gewähltes Kriterium ist die Anzahl der erlernten (nicht der auf Dauer beherrschten!) Schriftzeichen (1500).
78) Eigene Berechnungen nach RPZ 1982: 354 f., 362 f.
79) "Höhere Schule" schließt alle ein, die eine Hochschule (mit und ohne Examen) abgeschlossen haben oder eine Schule über dem Niveau der Oberen Mittelschule besuchen.
80) Vgl. ZTN 1988: 116.
81) Vgl. Staiger 1990: 838 f.
82) Die Zahl wird mit 180 Mio. angegeben, entsprechend 15,88 %. Die Bezugsgröße ist allerdings eine andere: Personen ab 15 Jahren. Vgl. ZTN 1988: 116; Staiger 1990: 838 f.
83) Vgl. RMRB 21.8.1990, nach C.a. 1990/8: 615.
84) Berechnung nach RPZ 1982: 460 f.

85) Vgl. ZLGTZ 1987: 89.
86) Zu den berufsfachlichen Arbeitsmärkten vgl. Sengenberger 1987.
87) Vgl. dazu im Teil 3, Kapitel 3.1.
88) Kadertätigkeit setzt keine akademische Ausbildung voraus. 1979 hatten nur 18% der Kader einen Hochschulabschluß vorzuweisen. Vgl. Risler 1989: 306.
89) Dem Absolventen eines Computerstudiengangs wird z.B. ein Arbeitsplatz als Sozialforscher in der Akademie für Sozialwissenschaften zugeteilt und umgekehrt.
90) Vgl. Fujiansheng renshiju 1989: 45.
91) Erwachsenenbildung auf Hochschul- und Fachhochschulebene: Freizeit-Hochschulen (*yeyu daxue*), Abend-Hochschulen (*ye daxue*), Korrespondenz-Hochschulen (*hanshou daxue*), Fernseh-Universitäten (*dianshi daxue*), Arbeiter- und Angestellten-Hochschulen (*zhigong daxue*); Erwachsenenbildung auf Sekundarschul-Ebene: Freizeit-Schulen (*yeyu xuexiao*), Arbeiter- und Angestellten-Schulen sowie Fachmittelschulen für Arbeiter und Angestellte (*zhigong xuexiao, zhigong zhong zhuan*).
Für die Teilnahme an Erwachsenenbildungsmaßnahmen ist in der Regel die Zustimmung der Arbeitseinheit erforderlich. Während der Fortbildungsmaßnahmen bleibt die Zugehörigkeit zur Einheit bestehen, sie zahlt den Lohn weiter. Nach erfolgreicher Absolvierung der Kurse kehren die Arbeitskräfte (zunächst) an ihre alte Arbeitsstelle zurück. Vgl. Kilgus u.a. 1986: 34.
92) Diese Aussage ist abgeleitet aus der folgenden Tabelle und ZLGTZ 1987: 89. Zum gleichen Ergebnis kommt eine Übersicht über das Qualifikationsniveau der Arbeiter in 10.000 Unternehmen, die der Maschinenbaukommission in Beijing unterstehen:

Qualifikationsniveau	Lohnstufe	Anzahl	%
Hochqualif. Arbeiter	7, 8	214000	6.0
Mittelqualif. Arbeiter	4, 5, 6	1.600000	45.0
Niedrig qualif. Arbeiter	1, 2, 3	1.800000	49.0

Quelle: Daten der Erziehungssektion des Maschinenbaukommission, Zit. nach: Claus u.a. 1988: 110.

93) Vgl. RMRB 7.7. 1986, zit. nach C.a. (1986) 7: 415.
94) Vgl. Risler 1989: 305.
95) Eine Aufschlüsselung nach Fachtiteln (*jishu zhicheng*) ergibt ein noch ungünstigeres Bild. Dabei ist zu berücksichtigen, daß Arbeitskräfte ihre Berufstitel im wesentlichen entsprechend ihrem formalen Bildungsabschluß und unabhängig von ihrer tatsächlich ausgeübten Tätigkeit erhalten. Zu den Fachgraden (*jishu dengji*) ist anzumerken, daß die Eingrup-

pierung in Fach- und Lohngrade in der Praxis nicht synchron und weder entsprechend der realen Qualifikationsentwicklung, noch unter Berücksichtigung der Tätigkeit erfolgt. Ausschlaggebend sind vielmehr staatliche Vorgaben und andere nicht-qualifikationsgebundene Faktoren. Vgl. ZGJTN 1988: 28.

96) Vgl. Fujiansheng renshiju 1989: 43.
97) Vgl. ZGPZ 1985a: 546 f.
98) Vgl. RMRB 7.7.1986, nach C.a. (1986) 7: 415 f.
99) Berechnet nach ZGPZ 1985a: 546 f. Erwerbstätige, d.h. inkl. ländlicher Industrie, allerdings nur selbständig bilanzierende Einheiten.
Eine weitere Aufschlüsselung für die Provinz Fujian zeigt darüber hinaus, daß die Fachkräfte in den der Zentrale und den Provinzen unterstellten Einheiten weit höher qualifiziert sind als die übrigen. Vgl. Fujiansheng renshiju 1989: 44.
100) Vgl. ZGPZ 1985a: 512 f. Betrifft staatliche selbstrechnende Industriebetriebe.
101) Vgl. Hoffmann 1981: 152.
102) Umgekehrt bedeutet ein städtischer *hukou* nicht per se die Ausübung einer nichtlandwirtschaftlichen Tätigkeit, da Bewohner der Kernstädte ihn quasi automatisch erhalten, Bewohner der städtischen Außenbezirke aber nicht.
103) Vgl. Heberer 1989a: 270 f.
104) Vgl. Heberer 1989a: 270.
105) Vgl. Taylor 1986: 224, 250; RPZ 1982: 610.
106) Vgl. Heberer 1989a: 280 f.
107) Verschiedene Autoren betrauern, daß den chinesischen Arbeitskräften aus systemischen Gründen ihr traditioneller Fleiß abhanden gekommen sei.
108) Untersuchung in 447 Betrieben mit 210.000 Beschäftigten, in 10 Branchen und 17 Städten, April bis September 1988. Vgl. Zhonghua quanguo zonggonghui 1987.
109) Den Verfassern wurde ein Beurteilungsbogen gezeigt, auf dem Spalten wie "schläft", "spielt Karten", "plaudert" breiten Raum einnehmen.
110) Vgl. Zhonghua quanguo zonggonghui 1987: 21; vgl. Fujiansheng renshiju 1989: 45.
111) Vgl. Fujiansheng renshiju 1989: 45.
112) Von 1978 bis 1985 sind nach offiziellen Angaben in den Städten 59,969 Mio. Arbeitskräfte neubeschäftigt (*xin anzhi*) worden, davon 65,5 % in staatlichen Einheiten (diese schließen 1984-85 auch die gemischtbetriebenen Einheiten ein), 30,3% in städtischen Kollektiven und 7,3% im

individuellen Sektor. Diese Zahl ist jedoch nicht gleichzusetzen mit der Summe der neugeschaffenen Arbeitsplätze, wie Kosta (1985c: 131 f.) es tut. Im gleichen Zeitraum sind zahlreiche Arbeitskräfte aus dem Erwerbsleben ausgeschieden. Wenn damit angesichts der Überbeschäftigung in den chinesischen Betrieben auch nicht unbedingt ein Arbeitsplatz "frei" wurde, so würde man durch Subtraktion der Ausgeschiedenen von der Zahl der Neubeschäftigten der tatsächlichen Summe der neugeschaffenen Arbeitsplätze doch wesentlich näher kommen. Entsprechende Zahlen liegen aber nicht vor.

Die folgende Berechnung erfolgt daher auf der Grundlage der Zahlen über die Entwicklung der städtischen Erwerbstätigkeit. Danach sind in den Städten im genannten Zeitraum 32,94 Mio. neue Arbeitsplätze hinzugekommen, davon 46,7% im staatlichen, 38,8% im kollektiven und 13,2% im individuellen Sektor. Berechnungsgrundlage vgl. Tab. 7.

113) Vgl. Duan Xingmin 1989: 29.
114) Ergebnis der Volkszählung von 1982, Vgl. RPZ 1982: 470 f.
115) Vgl. dazu ausführlich Teil 3, Kapitel 2.
116) Berechnet anhand der Volkszählungsdaten unter Anwendung von Taylors Konzept, "auf Arbeit wartende", "auf Zuteilung wartende" und die "anderen" zusammen als Erwerbslose zu rechnen. Vgl. RPZ 1982: 36 ff., 384.
117) Vgl. Heberer 1989a: 338.
118) Vgl. ZSTZ 1987: 36.
119) Berechnung nach RPZ 1982: 36 ff. 384.
120) Vgl. z.B. Li Jianli 1988: 11; Zhang Xuehu 1988: 19; RMRB 13.6.1988.
121) Vgl. zu den Komponenten verdeckter Arbeitslosigkeit Vogler-Ludwig 1990: 4.
122) Vgl. Wang/Li 1988; Wang Haibo 1989: 37.

Anmerkungen zu Teil III:

1) Vgl.zur Ausgangssituation nach 1949 die sehr detaillierten Darstellungen z.B. in Kraus 1979: 5-88; Kosta/Meyer 1976: 15-108.
2) Vgl. dazu Klenner 1979: 66-70.
3) Art. 33 des Gemeinsamen Programms vom 30.9.49. Vgl. Selden 1979: 186-193, 191.
4) Die Staatliche Plankommission wurde im November 1952 gegründet.
5) Vgl. Howe 1971: 138-140.
6) Vgl. als globalen Maßstab: Das chinesische Pro-Kopf-Einkommen betrug 1933 nur rund ein Viertel des russischen Pro-Kopf-Einkommens im Jahre 1917. Kosta/Meyer 1976:15.
7) Vgl. Kraus 1979: 109.

Anmerkungen zu Teil III 241

8) Zwischen 1953 und 1957 wuchs die städtische Bevölkerung von 77,7 auf 91,0 Mio. Vgl. Menzel 1978a: 94.
9) In den Städten waren 1949 47,42 Mio. Menschen arbeitslos (Arbeitslosenrate 23,6 %). Diese Zahl sank im Zuge des wirtschaftlichen Aufbaus und aufgrund von Arbeitsbeschäftigungs- und Rücksiedlungsmaßnahmen auf 37,66 Mio. im Jahr 1952 (13,2 %) und schließlich 20,04 Mio. (5,9 %) am Ende des 1. Fünfjahresplans 1957. ZLGTZ 1987: 109.
10) 1949 waren nur 7,5 % der Industriearbeiter sozialversichert, bis 1952 erhöhte sich ihr Anteil auf 21 %, bis 1957 auf 47%. Der Anteil derjenigen, die freie ärztliche Versorgung genossen, betrug 1952 25 % und stieg bis 1957 nur leicht auf 27 %. Chen 1967: 472 f.
11) Vgl. zum Spannungsverhältnis zwischen Politik und Ressourcen Brugger 1976.
12) Offizielle Grundlagen ihrer Tätigkeit wurden durch die "Vorläufigen Organisationsprinzipien" vom Mai 1950 gelegt. Xinhuashe 18.5.1950 (nach *Xinhua Yuebao* 2/2, 15.6.1950, S. 313 f.)
13) Howe 1971: 89.
14) Ein zweiter Schwerpunkt war die Vermittlungstätigkeit in "Arbeit-Kapital-Konflikten" in Privatbetrieben. Vgl. Schucher 1988.
   Zum folgenden vgl. How 1971: 91-117.
15) Vgl. Liu u.a. 1988: 5. Die ambitiösen Ziele für den 1. Fünfjahresplan zeigen, daß spätestens seit 1952 die Vorstellung dominierte, durch Planung und Sozialisierung seien hohe Wachstumsraten (wie in der Wiederherstellungsperiode) zu perpetuieren.
16) Vgl. Liu u.a. 1988: 6-8. In einer Entscheidung des Arbeitsministeriums vom Januar 1954 wurde der Schwerpunkt der Arbeitskräfteverwaltung auf die Staatsbetriebe festgelegt, und im April 1954 wurde durch Entscheidung des ZK der KPCh die Gründung einer Arbeitseinkommenskommission vereinbart.
17) Vgl. GMRB 14.7.1954 und Laodong (1955) 7: 3-4, nach Howe 1971: 112, Anm. 1.
18) Zweiter Kongreß der Vorsitzenden aller Arbeitsbüros (27.5.55), einberufen durch das Arbeitsministerium. Vgl. Liu u.a. 1988: 9.
19) Vgl. Howe 1971: 119.
20) Eine erste Kampagne wurde im Sommer 1955 durchgeführt, eine zweite folgte 1957. Vgl. Howe 1971: 116, 130 ff.
21) Die derzeit gültige Handhabung der Haushaltsregistrierung beruht auf einer "Regelung" vom Januar 1958 (ZRN 1985: 83-85). Ursprünge des Systems gehen auf Registrierungsregeln vom Juli 1951 (ZRN 1985: 79 f.) und die Schaffung von Haushaltsregistern während der Volkszählung von 1953 (ZRN 1985: 114-119) zurück. Im Detail aktualisiert wurden die

Regeln im Juni 1985 (ZRN 1985: 81 f.). Ab Mitte der 50er Jahre wurde das *hukou*-System immer stärker als Mittel zur Migrationskontrolle betrachtet (vgl. die Erklärungen des Ministers für öffentliche Sicherheit, Luo Ruiqing, zum Entwurf der *hukou*-Regelung vom 1.9.1958 in ZRN 1985: 86-89). Vgl. auch Christiansen 1990a.

22) 1955 wurde die Kollektivierung beschleunigt. Vgl. Tang/Ma 1985: 625 f.
23) Die diesbezüglichen Zahlenangaben sind zwar nicht deckungsgleich, stimmen aber in der Tendenz überein. Laut RMRB vom 28.1.1982 waren 1958 85% (4,25 Mio.) der ca. 5 Mio. Handwerker in Kooperativen betroffen. Ca. 48% von ihnen wurden in Staatsbetriebe transferiert, 22% in kooperative Fabriken (*hezuo gongchang*) und 30% (kleine und wenig effiziente Kooperativen) wurden ländlichen Kommunebetrieben zugeordnet. Nach Tang/Ma 1985: 627. Vgl. zu anderen Angaben Hong/Wen 1982: 81 oder Chengzhen jiti 1981: 122.
24) 1958-60 entstanden die Nachbarschaftskollektive, 1966-78 wurden die "7. Mai-Betriebe" und, mit Hilfe staatlicher Einheiten, diesen unterstehende Kollektive gegründet. Vgl. Tang/Ma 1985.
25) Gemessen am Produktionswert, machten sie in der Industrie 1957 31,7% aus. Vgl. Kosta/Meyer 1976: 39.
26) Vgl. Schucher 1988.
27) Vgl. Howe 1971: 94.
28) RMRB 4.8.1952.
29) Als weitere Stationen gelten der "Grundriß der Arbeitsregeln in Staatsbetrieben", am 6.5.1954 vom RVR verabschiedet, der verbot, "grundlos Arbeitern zu kündigen", sowie eine "Mitteilung des Staatsrates zu einigen Fragen des Ausgleiches der Arbeitskräfte" vom 4.4.1957. Vgl. ZJGD 1986: 55 f.
30) Die Bezeichnung "Festarbeiter" (*gudinggong*) soll erstmals am 1.8.1964 von Liu Shaoqi benutzt worden sein, der damit die regulären Arbeiter (*zhengshigong*) deutlicher gegenüber den Zeitarbeitern abgrenzen wollte. Vgl. JSLD (1988) 2: 36.
31) Vgl. Lauffs 1990: 82.
32) Ausgenommen waren "Kriegsverbrecher", "bürokratische Kapitalisten" und andere "Reaktionäre". "Bekanntmachung der chinesischen Volksbefreiungsarmee" vom 25.4.1949, unterzeichnet von Mao Zedong und Zhu De, in: MAW IV: 423 f.
33) Vgl. Liu u.a. 1988: 73 f.
34) Vgl. Lauffs 1990: 110 f.
35) Die gebräuchliche Bezeichnung ist "Staatskader" (*guojia ganbu*), die juristisch korrekte "Staatsbedienstete" (*guojia gongzuo renyuan*). Während "Staatskader" i.d.R. nicht nur eine entsprechende Position einnehmen,

sondern vor allem auch vom Staat regulär ernannt sein müssen, wird im allgemeinen Sprachgebrauch jede Leitungsperson als "Kader" bezeichnet. Vgl. Zhang Quanjing 1988: 3 und LRGC 1987: 115 ff.

36) Zu nennen wären hier u.a. die Abneigung gegenüber körperlicher Arbeit und - bezogen auf Unternehmen - die unscharfe Trennung von Verwaltung und Management.

37) Militärische Prinzipien wurden auch auf andere Bereiche übertragen, z.b. auf die Produktion (Produktionsschlacht) und die Produktionsorganisation (Linienkonzept).

38) Vgl. Steiner 1950. Zum folgenden vgl. Kau 1971 und Gransow 1983b: 314-323.

39) Dieser Mangel erklärt sich aus dem historischen Hintergrund der kommunistischen Bewegung, deren Mitglieder zum überwiegenden Teil vom Lande kamen und zum Guerillakampf ausgebildet wurden.

40) Vgl. Emerson 1971.

41) Wichtigstes Kriterium war der Zeitpunkt, zu dem die aktive Unterstützung der Revolution begann. Vgl. Gransow 1983b: 319321. Verloren die im einzelnen zugrundegelegten Zeitabschnitte auch im Laufe der Zeit an Trennschärfe, so ist doch die Scheidelinie "1949" bis heute z.B. in der Unterscheidung von *lixiu* und *tuixiu* für die Pensionierung von Kadern wirksam, die vor bzw. nach 1949 "der Revolution beitraten".

42) Vgl. Manion 1985: 205.

43) Vgl. Schurmann 1973: 377.

44) Beschluß des Ständigen Ausschusses des NVK v. 31.11.54. Vgl. Schurman 1973:377.

45) Laut Liu u.a. (1988: 10-13) waren bis 1955 die Grundlinien eines einheitlichen Arbeitssystems festgelegt. Sie nennen insgesamt elf Punkte, u.a. eine auf Beschäftigungssicherung und -schaffung ausgerichtete Politik, eine vom Staat einheitlich organisierte Arbeitskräfterekrutierung und -lenkung, Kündigungsbeschränkungen und -verbote, die staatliche Verpflichtung zur Beschäftigung demobilisierter Soldaten, Möglichkeiten zur Rekrutierung von Zeit- und Außerplan-Arbeitern, Möglichkeiten zur Vererbung von Arbeitsplätzen, Einführung von Arbeits- und Personalnormen und die Facharbeiterausbildung.

46) In der Periode des 1. Fünfjahresplans (1953-1957) galt das "sowjetrussische Entwicklungsmodell", während die Phase der Konsolidierung (1961-1965) der "liuistischen Linie" folgte. Die maoistische Konzeption war während des "Großen Sprungs nach vorn" (1958-1960) und der Kulturrevolution (1966-1976) dominant. Diese schematische Einteilung ist bisweilen problematisch, u.a. weil eingeleitete politische oder wirtschaftliche Maßnahmen, z.B. Investitionsentscheidungen, nur langfristig greifen und

damit erst in einer nachfolgenden Phase wirksam werden können oder weil zwischen Politikrhetorik und politischer Praxis Diskrepanzen vorliegen. Da dieser Abschnitt aber lediglich eine kurze Übersicht geben soll, werden die üblichen Einteilungen zugrundegelegt.

47) Vgl. zur Synopse Weggel 1973: 398-403; Shirk 1981; Unger 1987.
48) Dies zeigen z.B. die häufig verwendeten Schlagworte "Zentralisierung vs. Dezentralisierung". Bei jedweder Dezentralisierung wäre z.B. zu fragen, bis auf welche Ebene dezentralisiert wird: auf die Ebene der Lokalregierungen oder die der Betriebe. Die Dezentralisierung der Arbeitskräfteplanung auf die Lokalebene kann durchaus einer stärkeren staatlichen Kontrolle von Rekrutierungsprozessen dienen.
49) Das Arbeits- und das Personalministerium machten eine wechselhafte Entwicklung durch, in deren Verlauf sie zeitweilig aufgelöst wurden oder in andere Verwaltungseinheiten integriert waren bzw. z.T. getrennt, z.T. vereint agierten. Unabhängig von der organisatorischen Form galt dabei stets die getrennte Verantwortung für den Arbeiter- und Angestelltenbereich - eine Trennung, die sich bis hinunter zu den betrieblichen Verwaltungsabteilungen fortsetzte. Das Personalministerium wurde bereits im November 1954 zum Personalbüro des Staatsrates umorganisiert. Das 1959 erneut umstrukturierte Büro wurde schließlich 1969 ganz aufgelöst und erst 1978 reaktiviert. Das Arbeitsministerium wurde 1970 zunächst in ein Arbeitsbüro der staatlichen Planungskommission abgestuft und fünf Jahre später in das staatliche Gesamtbüro für Arbeit umgewandelt. Dieses unterstand dem Staatsrat, wurde aber von der staatlichen Planungskommission verwaltet. Im Mai 1982 legte man das Arbeitsbüro mit dem Personalbüro und anderen für die Allokation zuständigen Institutionen zum Arbeits- und Personalministerium (*laodong renshibu*) zusammen. Seit April 1988 sind beide Institutionen wieder getrennt. Vgl. LS 1988: 316 und LRGC 1987: 115.
50) Die Arbeits- und Personalbüros blieben nicht von Umstrukturierungen verschont. Nach ihrer weitgehenden Auflösung während der Kulturrevolution wurden sie ab 1972 auf allen Ebenen (Provinz, Stadt, Kreis/Bezirk) reorganisiert.
51) Vgl. zum folgenden Liu u.a. 1988: 10 f. und 14-27.
52) Bereits Mitte der 50er Jahre zeichnete sich ab, daß die "garantierte Weiterbeschäftigung" (*baoxialai*) eine der Hauptursachen eines wachsenden Arbeitskräfteüberschusses war.
53) In der Arbeitskräfteallokation erfolgte der Wechsel zwischen Dezentralisierung und Rezentralisierung in den 50er Jahren in kurzen Abständen. 1956 wurden zur Deckung des im Zuge des Aufbaus wachsenden Arbeitskräftebedarfs Rekrutierungsrechte an Betriebe und lokale Arbeitsbüros

abgegeben. Anfang 1957 zog die Zentrale die Rekrutierungsrechte wieder an sich, um ausufernde Rekrutierung zu unterbinden. Und in dem ZK-Beschluß vom 29.6.1958, der die "breite Nutzung" von Vertragsarbeitern forderte, wurde die Planverwaltung wieder der Provinz- und Stadtebene übertragen, da sich 1957 die Situation entspannt hatte. Vgl. Liu u.a. 1988: 15-18; ZJGD 1986: 113. Ab Januar 1959 wurde abermals versucht, eine zentrale Kontrolle durchzusetzen. Diese Bestimmungen wurden 1965 dahingehend gelockert, daß die Kontrolle nur noch indirekt über die Gesamtlohnsumme erfolgen sollte. Die Arbeitskräftezahl war nur noch für die staatliche Statistik zu melden. Vgl. LRFGWH (1949-83) 1987: 406-409 [10.3.65].

54) Ursprünglich sollte die Anstellung von Zeitarbeitern nur für befristete Tätigkeiten erlaubt sein, so ein Brief des Arbeitsministeriums an das Arbeitsbüro der Provinz Gansu von 1953 (Tan Guozhang 1985: 85). Ihre Umwandlung in Festarbeiter hatte innerhalb der Planziffern zu erfolgen und war genehmigungspflichtig.

55) Liu Shaoqi sprach von einem "zweifachen" Allokationssystem. Vor allem befristete Beschäftigungsverhältnisse zu nutzen und Entlassungen zu erleichtern wurde erstmals Anfang 1957 von einer Delegation der Arbeitsministeriums, die die Verhältnisse in der Sowjeunion studiert hatte, vorgeschlagen. Ein zweiter Vorstoß wurde 1962 unternommen. Vgl. Liu Ruifu 1988: 222. LRFGWH (1949-83) 1987: 424 [4.6.79].

56) Das Kadersystem wurde seit 1972 wieder aufgebaut und die ehemaligen Kader rehabilitiert. Ungebrochen setzte sich der Trend des Kaderwachstums fort. Vgl. Blecher 1989: 94.

57) Walder (1986a: 194 ff.) weist auf das Absinken des Reallohns und den Rückgang im Wohnungsbau hin. Damit wurden die Arbeiterfamilien z.T. aber noch enger an ihre Einheiten gebunden: Ehepartner und Kinder strebten eine - wenn auch unstete - Beschäftigung im Betrieb an, um den Lebensstandard zu sichern, und Kinder blieben bei den Eltern wohnen.

58) Vgl.LRGC 1987: 459.

59) Klenner (1979: 22) weist darauf hin, daß zum Bedarf auch die Sicherstellung der erweiterten Reproduktion zählt, wirtschaftstheoretisch also grundsätzlich eine wachsende Wirtschaft unterstellt und ein Ex-ante-Gleichgewicht angestrebt wird.

60) "Der Verwaltungsbereich des Personalbüros umfaßt die staatlichen Behörden, die Institutionen und wissenschaftliche Organe. Der Verwaltungsbereich des Arbeitsbüros umfaßt die Betriebe und betriebsartige Gesellschaften. Vom Gegenstand her verwaltet das Personalbüro die Kader und das Arbeitsbüro die Arbeiter. Auch bei den Aufgaben gibt es Unterschiede. Die Aufgabenbereiche der Arbeitsbüros sind die drei gro-

ßen Systeme (sanda): Arbeitssystem, Lohnsystem, Soziales Sicherungssystem. Die Aufgaben der Personalbüros sind: Personalsystem, Ausstattung staatlicher Organe, Sollstärke, Zuteilung von Fachpersonal, Talentaustausch. Personal- und Arbeitsbüros gibt es auf der Provinz, Stadt und Bezirksebene. In Jiangsu gibt es nur zwei Städte, in denen Arbeits- und Personalbüro zusammengelegt sind: Nantong und Lianyungang. Auf Betriebsebene ist die Trennung vorherrschend, z.T. sind die Abteilungen aber auch zusammengelegt, wobei wegen des Arbeitsaufwandes auch dann beide Arten von Arbeitskräften getrennt verwaltet werden." 27/PAB.

61) *Tiaotiao* (Streifen) bezeichnet das vertikale System, auch *bumen xitong* (Abteilungssystem) oder *zhuguan xitong* (Verwaltungssystem). *Kuaikuai* (Flächen), auch *diqu xitong* (Regionalsystem), bezeichnet das horizontale System. Diese zweigleisige Organisationsstruktur wurde bereits Anfang 1949 bei der Einrichtung erster Planungsorgane geschaffen. Das vertikale System wurde nach dem Vorbild der sowjetischen Industrieverwaltung geschaffen. Ausgangspunkt dessen war die Auffassung, Zentralisierung sei so weit wie möglich voranzutreiben. Vgl. Li Zhenzhong 1985: 43-46; Klenner 1979: 101 ff., 166ff.; Unger 1988.

62) Vgl. Li Zhenzhong 1985: 43; Kosta/Meyer 1976: 235.

63) 1987 bestanden in 15 Provinzen, autonomen Regionen und regierungsunmittelbaren Städten sowohl Arbeitsbüros als auch Personalbüros, in den übrigen 13 waren beide zusammengeschlossen. Vgl. *Laodongfa shouce* 1987: 317 f.

64) Unger (1989) macht deutlich, daß der Provinzebene in den Jahren vor der Reform entsprechend der Dominanz der "area" (*kuaikuai*) besonderes Gewicht zukam.

65) Vgl. Chen/An 1987: 442.

66) Vgl. White 1987a: 135 f.

67) "Früher waren die wichtigsten Funktionen des Arbeitsbüros - den Anforderungen der hochzentralisierten Planwirtschaft entsprechend - die umfassende Verwaltung der Arbeit sowie die Aufsicht und Kontrolle, mit anderen Worten die Festlegung der entsprechenden Politik und die Aufsicht und Kontrolle über ihre Durchführung seitens der untergeordneten Einheiten. Die Verwaltungs- und Managementaufgaben des Arbeitsbüros betreffen im großen und ganzen die folgenden Bereiche: 1. Arbeitskräfte, 2. Lohndistribution, 3. Arbeitsschutz, 4. Arbeitsplanung, 5. Ausbildung und Bildung. Hinsichtlich dieser Bereiche hat sich durch die Reform nichts geändert, geändert haben sich aber die Methoden und der Umfang des Managements.

Die Organisationsstruktur des Arbeitsbüro entspricht den genannten Aufgabenbereichen:
1. Verwaltung der Arbeitskräfte im Nanjinger Stadtgebiet, konkret die Verwaltung der Arbeitskräfte innerhalb des Betriebs (einschließlich Reallokation) und die Verwaltung der auf Arbeit Wartenden in der Gesellschaft (einschließlich ihrer Beschäftigung); 2. Verwaltung von Löhnen, Sozialleistungen und Versicherung, d.h. für den Bereich Lohn: Löhne, Prämien und lohnartige Zuschläge; für den Bereich Sozialleistungen: Geldleistungen und Naturalleistungen, mit Ausnahme der lohnartigen Zuschläge; für den Bereich Versicherungen: Renten-, Kranken- und Unfall- und Invalidenversicherung; 3. Verwaltung der Facharbeiterausbildung, konkret die vorberufliche Ausbildung und die Fachausbildung während der Berufsausübung; 4. Produktionssicherheit und Arbeitsschutz, d.h. vor allem den Erhalt der Gesundheit der Arbeiter im Produktionsprozeß." 23/SAB.

68) 25/PAB; White 1987a: 135.
69) Vgl. Chen/An 1987: 435 ff.
70) Vgl. Feng Litian 1985: 51.
71) Vgl. Feng Litian 1985: 49-56.
72) Zum folgenden Chen/An 1987: 175-199; Zhang Shaozong 1988: 113-120.
73) Auch der Anteil der Frauen wird nach dieser Methode bestimmt. Er soll im Maschinenbau bei 20-30%, in der Textilbranche bei mindestens 70% liegen. Vgl. Chen/An 1987: 183.
74) Vgl. Chen/Yuan 1982: 69-72; Zhang Shaozong 1988: 40 f.
75) Vgl. Li Zhenzhong 1985: 390-395, Zahlen ebd.
76) Zum folgenden vgl. Li Zhenzhong 1985: 385-390, 395-400; Chen/An 1987: 444 ff.
77) Bei dem Plan für die Staatsbetriebe handelt es sich um einen zentralen, bei dem für die Kollektivbetriebe um einen regionalen Plan. Die Kaderpläne werden erst seit 1987 getrennt verfaßt.
78) Vgl. LRGC 1987: 462 f.; Chen/An 1987: 444 ff.; White 1987a: 134.
79) Die lokalen Pläne erfuhren vielmehr während der Dezentralisierungsphasen immer wieder eine Aufwertung.
80) Vgl. Feng Litian 1985: 45. Kosta/Meyer (1976: 238 f.) und Unger (1987) konstatieren für die 1. Hälfte der 70er Jahre aus unterschiedlichem Blickwinkel übereinstimmend eine gewisse Dezentralisierung, die Unger explizit auf die Dominanz der Partei (rot) und des "area"-Konzepts zurückführt. Die Arbeitsplanung blieb allerdings stark zentralisiert.
81) Vgl. Lu Feng u.a. 1987: 12 f.
82) Vgl. Hsu 1986: 384.
83) Vgl. Zheng Jianzhi 1982: 207.

84) Zum folgenden vgl. Zheng Jiazhi 1982: 202-206.
85) Ende 1978 stand die Frage der Personalnormen und Arbeitsnormen wieder auf der Tagesordnung einer Nationalen Arbeitskonferenz des damaligen Staatlichen Gesamtbüros für Arbeit. Im Mai 1979 erließen die Staatliche Planungs- und die Wirtschaftskommission eine Mitteilung, die die Betriebe zur Festlegung entsprechender Normen aufforderte.
86) Vgl. Zheng Jiazhi 1982: 205.
87) Vgl. Zheng Jiazhi 1982: 208.
88) Vgl. Zhang Shaozong 1988: 125. Es kann sich dabei um eine nicht unbedeutende Zahl von Arbeitskräften handeln, zumal auch staatliche Behörden (Polizei, Wohnungsverwaltung, Feuerwehr u.a.) häufig Arbeitskräfte aus den Betrieben abrufen. Für Kollektivbetriebe bis zur Bezirksebene aufwärts in Shanghai wird von Hong/Wen (1982: 27) eine Zahl von durchschnittlich 10% der Beschäftigten genannt (ohne Zeitangabe), die von Behörden "entliehen" (*jiediao*) sind.
89) Dies ist z.T. sogar schon bei kürzeren Ausfallzeiten möglich. 22/TS.
90) Vgl. Zhang Shaozong 1988: 117.
91) Vgl. Liu u.a.1988: 32. "Obwohl diese Kennziffern mit Hilfe verschiedener Formeln und Tabellen errechnet werden, haben sie keine wissenschaftliche Grundlage, der Einfluß subjektiver Faktoren auf die Verteilung dieser Kennziffern ist sehr groß und führt dazu, daß in gewissen Zeiträumen Betriebe, die keine Arbeitskräfte brauchen, Rekrutierungsziffern erhalten, während die Betriebe, bei denen Bedarf besteht, keine Ziffern zugeteilt bekommen." 23/SAB.
92) Vgl. Chen/An 1987: 467.
93) "Vor der Reform richtete sich die Beschäftigungspolitik nicht nach den tatsächlichen Verhältnissen in den Betrieben, sondern nach den gesellschaftlichen Umständen und dem Prinzip: jeder erhält Arbeit, alle bekommen zu essen. Die Zahl der zugeteilten Arbeitskräfte richtete sich nach der Zahl derjenigen, die auf Arbeit warteten." 11/MK.
94) Das Personalbüro der Stadt Nanjing (29/SPB) gibt an, bei der Bedarfsberechnung u.a. "die Anzahl der uns zugeteilten Absolventen und militärischen Fachkader" zu berücksichtigen.
95) Vgl. Zhao/Yang 1988: 101 ff.
96) Seit der Gründung des 2. Leichtindustrieministeriums 1965 werden die Kollektivbetriebe nicht mehr von speziellen Verwaltungsorganen geleitet, wenn sie auch den Großteil der dem Ministerium unterstellten Betriebe ausmachen. Vgl. Hong/Wen 1982: 81 f.
97) Vgl. zum folgenden Wong 1986a: 582-587.
98) Lt. Hong/Wen (1982: 86) sind es 57,75% der Betriebe.
99) Vgl. Lu Feng u.a. 1987: 21 f.

Anmerkungen zu Teil III

100) Vgl. Wong 1986a: 586 f.
101) Vgl. Lardy 1978b: 4.
102) Die unterschiedlichen Systeme wurden für Arbeiter in der Industrie und für Kader in der Verwaltung geschaffen. Angaben über Kader in der Industrie sind nur vereinzelt zu finden.
103) Z.T. auch ein 7-Stufen-System (z.B. Bauarbeiter), ein Arbeitsplatz-Lohnsystem (z.B. Schichtarbeit in der Textilindustrie) oder ein Aufgaben-Lohnsystem (Post und Telekommunikation).
104) 1956 wurden für die staatlichen Behörden, Institutionen und die Betriebe, die keinem Industrieministerium unterstehen, 11 Zonen festgelegt und die durchschnittliche Differenz zwischen jeweils 2 Zonen auf 3% begrenzt. Die Gesamtspanne betrug demnach 30%. Durch Anhebung der unteren Zonen in den Jahren 1963 und 1979 gibt es gegenwärtig nur noch 8 Zonen. Für die Betriebe, die von diesem System nicht erfaßt werden, werden die Lohnzonen vom jeweils zuständigen Ministerium bestimmt. Vgl. LS 1988: 425 f.; Chen/Yuan 1982: 118-126.
105) Vgl. zum folgenden LRGC 1987: 249 f., 469 f.; LS 1988: 397-399.
106) Die Gesamtlohnsumme umfaßt jede Art Lohn, der der Gesamtheit der Beschäftigten in Geldform ausgezahlt wird, also auch Prämien und zum Lohn zählende Zuschläge, und zwar unabhängig von dem Fonds, dem er entnommen wird. Nicht dazu zählen z.B. Beihilfen zur Familienplanung, Fahrtkostenzuschüsse, Renten u.a. Dazu gerechnet werden andererseits die Lohnfortzahlung für Langzeitkranke oder die Löhne von Beschäftigten in Wohlfahrtseinrichtungen. Vgl. LRGC 1987: 249 f.
107) Vgl. Zhao/Yang 1988: 104 f.
108) Zhao Lükuan (1983) faßt die Merkmale zusammen als "niedrig" (*di*), "chaotisch" (*luan*). "erstarrt" (*si*) und "egalitär" (*ping*).
109) White (1987a: 137) übernimmt Nove's für die Sowjetunion geprägten Begriff vom "centralized pluralism" und erläutert: "Viewed from below, from the enterprise, the labour system takes on more the appearance of a multiheaded hydra than that of a Weberian bureaucracy."
110) Vgl. Lu Feng u.a. 1987: 24 ff.; Wong 1986a: 591 ff.; Lyons 1986.
111) Vgl. White 1987a: 149.
112) Der Kreis der staatlich erfaßten und zugeteilten Arbeitskräfte wurde vor allem während der Periode des 1. Fünfjahresplans schrittweise von den Hochschul- und Fachhochschulabsolventen auf die Absolventen von Fachmittelschulen und technischen Facharbeiterschulen, auf demobilisierte Soldaten (mit städtischem Wohnsitz) und militärische Fachkader sowie schließlich auf die Abgänger aller Mittelschulen und andere potentielle, "unbeschäftigte und (in der Gesellschaft) verstreute" (*xiansan*) Arbeitskräfte ausgedehnt. Vgl. Howe 1971: 88-117.

113) Vgl. Chen/An 1987: 59; Lu Feng u.a. 1987: 16.
114) Vgl. Howe 1971: 88; Hoffmann 1981: 150.
115) Vgl. Howe 1971: 88-117.
116) Für die Zuteilung entscheidend bleibt, von wem die "Rekrutierungsziffer" (*zhaogong zhibiao*) vergeben wird. Direkt einem Ministerium unterstellten Betrieben teilt die Zentrale zwar in Abstimmung mit dem jeweiligen Ministerium die Ziffern direkt zu (bei anderen Betrieben im funktionalen System erfolgt dies in Abstimmung mit den Fachbüros der jeweiligen Ebene), aber auch diesen Unternehmen gegenüber üben die regionalen Arbeitsbüros eine Kontroll- und Vermittlerfunktion aus und können ihnen Arbeitskräfte im Rahmen der Quoten zuweisen. "Konkret heißt das, daß das Nanjinger Stadt-Arbeitsbüro nicht alle Betriebe und Einheiten im Stadtgebiet verwalten oder organisieren kann. Die Betriebe, die den zentralen Ministerien oder der Provinz unterstehen, erhalten ihre Rekrutierungsziffern direkt vom Ministerium oder der Provinz, aber nicht von der Stadt. Das Stadt-Arbeitsbüro hilft nur in Vertretung der Regierung, die konkrete Rekrutierungsarbeit von Kadern und Arbeitern abzuwickeln." 23/SAB.
117) Der Komparativ verweist auf die grundsätzlichen Schwächen des Plansystems.
118) Vgl. Liu u.a. 1988: 64; Lockett 1986: 46, 56, 59.
119) Vgl. ZGJTN 1988: 25-27.
120) Sowohl für Staats- als auch für Kollektivbetriebe gilt eine Entsprechung zwischen ihrer Größe und der Ebene der Unterstellung. Vgl. ZGPZ 1985b: 88 f., 126 f.
121) Vgl. Lauffs 1990: 93.
122) 14/MS.
123) Vgl. dazu die Daten in ZGPZ 1985a: 204 f., 254 f.; ZGPZ 1985b: 77, 126, 514 f., 546 f.; ZLGTZ 1987: 30, 54.
124) 1987 betrug der Anteil von Frauen an den Beschäftigten staatlicher Einheiten 33,2 %, in städtischen Kollektivbetrieben lag dagegen bei 46,8 %. Vgl. ZTN 1988: 174.
125) Zahlreiche Betriebe beklagen heute, daß ihre geschlechtsspezifischen Anforderungen bei der Zuteilung nicht beachtet und daß z.B. auch Maschinenbaubetrieben viele Frauen zugeteilt wurden. Auch die Praxis, Arbeitsplätze zu vererben, führte zu diesem Ergebnis. 15/MS; 39/SFB.
126) Vgl. ZGPZ 1985b: 514 f.
127) Lauffs (1990: 93) weist auf die terminologische Unterscheidung von "einheitlicher Zuteilung" (*tongyi fenpei*) und "einheitlicher Verteilung" (*tongyi diaopei*) hin.
128) 14/MS und 37/Wang.

129) Vgl. Lauffs 1990: 99 f.
130) Dies gilt auch für Kollektivbetriebe, deren Leitungspersonal ursprünglich der kollektiven Idee nach von den Arbeitern gewählt wurde. Für die Zuteilung gilt die gleiche Kompetenzenvielfalt wie für die Arbeitsplanung bzw. die Arbeitsverwaltung generell. "Die gegenseitige Überlappung ist eine äußerst komplizierte Angelegenheit. Nehmen wir z.B. eine staatliche Behörde, hier wird der Lohn vom Personalbüro verwaltet, aber z.B. die Versetzung von Arbeitern in dieser Behörde (u.a. Fahrer) erfolgt über das Arbeitsbüro. Umgekehrt wird der Lohn von Kadern in Betrieben vom Arbeitsbüro verwaltet, aber die Versetzung erfolgt über das Personalbüro.

    Das bringt natürlich für die Verwaltung von Lohn- und Versetzungsfragen einige Probleme mit sich. Es wird praktiziert, aber es ist von Fachleuten nicht eindeutig zu beschreiben und von Laien nicht zu verstehen (*neihang shuobuqing, waihang tingbudong*)." 28/SAB.
131) Vgl. zum folgenden Manion 1985: 207-219.
132) Dazu gehören auch bisher im Haushalt oder der häuslichen Nebenwirtschaft Tätige, die eine Anstellung anstreben, und demobilisierte Soldaten mit städtischer Wohnberechtigung. Vgl. Zhang Shaozong 1988: 41.
133) Vgl. Kilgus u.a. 1986: 31.
134) Ausgangspunkt dieser Auseinanderentwicklung von Tätigkeit und Status soll die Kulturrevolution gewesen sein, als abgesehen von militärischen Kadern und Absolventen höherer Schulen keine Kader mehr ernannt wurden. 28/SAB. Vgl. LRGC 1987: 115 f.
135) Laut Manion (1985: 227) steht an erster Stelle *de* , also der politische Standpunkt und Charakter.
136) Ab 1976 kehrte man wieder zum vorkulturrevolutionären Bildungssystem zurück. Vgl. Risler 1989: 291 ff.
137) Vgl. Gransow 1983b: 323.
138) 18/TS.
139) Nanjing werden pro Jahr ca. 4000 Absolventen zugewiesen. 29/SPB.
140) 29/SPB. Vgl. Zhang Quanjing 1988: 126 f.
141) Zeitarbeiter sind alle zeitweilig angestellten und nach Ablauf der Frist kündbaren Arbeitskräfte. Saisonarbeiter werden für saisonbedingte Arbeiten, vor allem in der Salz-, Tee-, Tabak- und Baumwollbranche, angestellt; sie kommen im allgemeinen vom Lande und müssen wieder entlassen werden. Wechselarbeiter, oder auch Bauern-Kontraktarbeiter (*nongmin xieyigong*), sind vor allem im Bergbau eingesetzte Zeitarbeiter vom Lande, die turnusmäßig ausgetauscht werden. Bauernarbeiter (*mingong*) sind für öffentliche Bauprojekte verpflichtete Bauern. Auswärtige Kontraktarbeiter (*waibaogong*) werden auf der Grundlage einer vertraglichen Verpflich-

tung mit der nächstgelegenen Produktionsbrigade für zeitweilige öffentliche, schwere Bauarbeiten angestellt. Arbeiter-Bauern (*yi gong yi nong*) arbeiten in ländlichen Betrieben und nur in der Saison auf dem Lande. Vgl. LRGC 1987 und LJC 1985.Statistisch werden alle diese Arbeitskräfte als Zeitarbeiter erfaßt, da die befristete Zeitdauer ihrer Anstellung zum Kriterium genommen wird. Entsprechend der einfachen Verträge, die mit ihnen abgeschlossen werden sollen, gelten sie auch als Vertragsarbeiter (*hetonggong*).

142) Auf dem Lande stehen prinzipiell alle überschüssigen Landarbeiter für zeitweilige Tätigkeiten in der Industrie zur Verfügung, sie behalten ihren Status als Mitglied der Volkskommune und ihren ländlichen *hukou* und alle damit verbundenen Verpflichtungen. "... Entscheidend für die Einstellung der Bauernarbeiter ist vor allem, daß es auf dem Land überschüssige Arbeitskräfte gibt. Dies, nämlich daß er überschüssig ist, muß dem einzelnen auch von seiner Gemeinde bestätigt werden, damit er eingestellt werden kann... Gruppenweise werden Bauernarbeiter nur von großen Betrieben, aber nicht von uns angeworben... Die Rekrutierung über sogenannte *gongtou* ist nicht erlaubt und wird von uns nicht praktiziert. Das wäre Ausbeutung... Das heißt aber nicht, daß wir nicht unter ihnen einen, der etwas gebildeter ist, zum verantwortlichen Gruppenleiter bestimmen. Große Betriebe haben Vermittler auf dem Lande, z.B. in den Kreisregierungen, die durch die Vermittlung natürlich auch Geld verdienen". 38/SK. Auch nicht überschüssige werden angeworben, sie "kehren in der Erntezeit aufs Land zurück..." 17/TK.

143) "Wenn wir in unserem Bereich keine Arbeitskräfte finden, versuchen wir erst in der Stadt welche anzuwerben. Erst dann werben wir Bauernarbeiter an. Da die Städter das Recht auf freie Arbeitsplatzwahl haben und z.B. schwere und schmutzige Arbeiten häufig nicht annehmen wollen, müssen wir auch Bauernarbeiter anstellen. Sie können schwerere Arbeiten übernehmen und sind dazu auch bereit. Außerdem sind sie frei, mobil, und man braucht für sie keine Sozialversicherung zu zahlen. Als wir z.B. für unsere Kinderschuhfabrik weibliche Arbeitskräfte brauchten, haben wir Bäuerinnen angestellt. Das Angebot ist jedoch saisonabhängig". 38/SK.

144) Vgl. Hong/Wen 1982: 104.

145) *Diaopei* beinhaltet im Gegensatz zu *liudong* (Mobilität) den Aspekt der Herstellung eines Gleichgewichts. Vgl. Liu Xingran 1988a: 722 f.

146) Vgl. Chen/An 1987: 322.

147) Diesem Verständnis von Allokation entspricht eine Fülle verschiedener formalisierter Prozeduren, wie sie beispielsweise die folgenden terminologischen Ausdrücke verdeutlichen: *chengtao diaodong* (komplette Versetzung: Versetzung eines Teils der Belegschaft von der Leitung bis zu den

Produktionsarbeitern), *chengpi diaodong* (Versetzung einer vollständigen Gruppe), *gebie diaodong* (individuelle Versetzung), *jiediao* (leihweise Versetzung: zeitlich befristete Versetzung unter Erhalt des ursprünglichen Arbeitsverhältnisses), *dandiao* (Einzelversetzung), *suidiao* (Folgeversetzung: Versetzung von Familienmitgliedern versetzter Militärangehöriger). Bevorzugt wird der Arbeitsplatztausch zweier Arbeitskräfte (*duidiao*). Vgl. Liu Xingran 1988a: 723; 12/MS.

Im Gegensatz zu Korzec/Whyte (1981) sind wir nicht der Ansicht, daß die Fülle der Bestimmungen ein Indiz für mobiles Verhalten ist. Sie ist vielmehr kennzeichnend für die ausschließlich administrative Regelung der Probleme.

148) "Neu errichtete Einheiten melden uns zunächst ihren Bedarf, z.B. wieviele Elektrotechniker sie brauchen und welchen Grad diese haben sollen, und dann helfen wir bei der Vermittlung und bei der Neuverteilung." (25/PAB)

149) Schwerpunkteinheiten und Personengruppen, die für die Wirtschaft (ab 1976 die "vier Modernisierungen") besonders wichtig sind, sollen bevorzugt werden: Ingenieure, Fachkader aus Buchhaltung und Statistik, für den Produktionsablauf wichtige Techniker und Fachleute, Agronomen, Oberärzte u.a.Vgl. RGWX 1986a: 70 [21.1.80].

150) Die einzelne Arbeitskraft muß in einem Antrag (*shenqing baogao*) die Umstände und Gründe ihres Versetzungswunsches erklären und Belege beifügen, damit diese von den zuständigen Leitungen und Verwaltungsstellen geprüft werden können. Vgl. Chen/An 1987: 323.

151) Bei Kollektivbetrieben sind es die entsprechenden Abteilungen auf regionaler Ebene.

152) Ehepartner sollen mitversetzt werden, andere Angehörige nur, wenn sie eine städtische Wohnberechtigung haben.

153) Im allgemeinen füllt die abgebende Einheit, wenn sie dem Antrag auf Versetzung zustimmt, ein entsprechendes Formular aus (*shangdiaohan*), und die für die Aufnahme der Arbeitskraft vorgesehene Einheit prüft es und fordert bei Interesse die Personalakte an. Wenn sie einverstanden ist, übergibt sie der Arbeitsverwaltung ein Versetzungsformular (*diaodongbiao*) und diese erläßt im Falle ihrer Zustimmung einen Versetzungbefehl (*diaoling*). Anschließend wird der Wechsel vollzogen. Wenn sich dabei die Zugehörigkeit (*lishu guanxi*) zu einer Einheit ändert, umfaßt die Prozedur auch die Übergabe eines Empfehlungsschreibens der alten an die neue Einheit, den Transfer der "Lohnbeziehungen" sowie der "*hukou*-Beziehungen" und ggfs. der Partei-, Jugendverbands- und Gewerkschafts"beziehungen". Da eine freie Planstelle im aufnehmenden Betrieb die Voraussetzung für eine Versetzung ist, muß der abgebende ggf. mit der Arbeitskraft

auch die ihm zugeteilte Planziffer abtreten. Vgl. Chen/ An 1987: 323.
154) Vom kontinuierlichen, d.h. in einem Betrieb erreichten Dienstalter hängt die Höhe des Leistungsbezugs ab, bei Sozialleistungen direkt, beim Lohn vermittelt über Auswahl von Berechtigten für Lohnhöherstufungen. Letzteres gilt auch dann, wenn staatliche Bestimmungen als Kriterium das allgemeine Dienstalter vorsehen. Vgl. Kapitel 3, Abschnitt 3.2.
155) Ausnahmen sind allerdings möglich, vor allem wenn die Familie in einem Gebiet mit höherem Lohn- und Preisniveau bleibt und weiter versorgt werden muß. In diesem Fall kann bei einer regionalen Versetzung die Differenz im Lohnniveau oder zumindest ein beträchtlicher Teil (60-70%) für höchstens ein Jahr weitergezahlt werden - es sei denn, es liegt eine anderweitige Genehmigung des Arbeitsbüros vor. Eine ähnliche Regelung gilt auch für den Wechsel von einem Staats- in einen Kollektivbetrieb. Prämien, Zuschläge und Sozialleistungen richten sich i.d.R. nach dem Niveau der neuen Einheit bzw. Region, doch auch hier sind bei Trennung der Familie Ausgleichszahlungen möglich. Vgl. LRFGWH 1987: 522; RGWX 1986b: 363-383.
156) Für die folgende Darstellung wurden herangezogen: RGWX 1986a: 33-40 [1.6.62], 41-45 [29.6.62], 52-54 [3.3.63], 68-72 [21.1.80]; LRFGWH 1987: 40-42 [1.2.80], 429-431 [17.3.80]; LZFH 1982: [30.12.81].
157) Vgl. Bestimmung von 1977, wiedergegeben in LZFH 1982: 91 [30.12.81].
158) Vom Lande stammende Arbeitskräfte sollen bei Personalkürzungen möglichst wieder auf dem Lande eingesetzt werden.
159) Vor allem für Beijing existieren zahlreiche Bestimmungen. Im Ministerium für Arbeit herrscht die Ansicht vor, daß "Mobilität ... kontrolliert werden (muß). Wenn Beijing z.B. die Bevölkerung nicht kontrolliert, platzt bald alles aus den Nähten." 8/MfA.
160) 17/TK.
161) Vgl. LRFGWH 1987: 443 [27.3.82], 426 [24.8.79]. Andererseits dienen laut Lockett Kollektivbetriebe Staatsbetrieben als Arbeitskräftepool. Die umgekehrte Rekrutierung qualifizierten Personals aus Staatsbetrieben sei gar nicht bzw. erst nach deren Pensionierung möglich. Vgl. Lockett 1986: 56.
162) Vgl. Liu u.a.1988: 65.
163) Vgl. auch die Kritik bei Luo Shouchu 1987.
164) Lag der Anteil der landwirtschaftlichen Bevölkerung an der Gesamtbevölkerung 1963 noch bei 84,3%, so betrug er 1979 73,6%. Vgl. Fan Gongsong 1984: 32. In der Provinz Jiangsu nahm der Anteil der landwirtschaftlichen Arbeitskräfte von 1952 bis 1978 pro Jahr um durchschnittlich 0,4% von 93,3% auf 83,9% ab. Absolut stieg die Zahl von 16,21Mio. auf 22,57Mio. Vgl. Wu Lizhi 1988: 20.

Anmerkungen zu Teil III   255

165) Übliche Organisationsdefinitionen, wie "Soziale Gebilde, die bewußt auf ein Ziel hinarbeiten, dabei geplant arbeitsteilig gegliedert sind und ihre Aktivitäten auf Dauer gerichtet haben" (Endruweit 1981: 14 f.) sind nicht umstandslos auf den chinesischen Betriebstyp anzuwenden. Es zeigt sich im Gegenteil, daß es sich um eine wenig spezialisierte Organisation handelt.
Ebensowenig sind übliche Betriebsdefinitionen ohne weiteres anzuwenden, da es sich nicht um selbständig im Markt stehende, entscheidende und für Gewinn und Verlust haftende Institutionen handelt.Der Begriff "Betrieb" meint hier eine im Rahmen der Planwirtschaft selbständige Produktionsstätte.Wang Zhongmin 1988a: 31 f.: "Der chinesische Betrieb entspricht nicht der [wirtschaftswissenschaftlichen - d. Verf.] Definition eines Betriebs, denn 1. bedienen sich Regierung und Partei, die für gesellschaftliche Makroziele (Vollbeschäftigung, wirtschaftliches Makrogleichgewicht, politische Stabilität, Einkommensbalance) zuständig sind, direkt der Betriebe, und 2. sind die Betriebe kleine Gesellschaften geworden, in denen die Arbeiter von der Geburt bis zum Tod umfassend versorgt werden."
166) Vgl. dazu im einzelnen Teil II.
167) Industrialisierungsprozesse in den westeuropäischen Ländern bedeuten den Übergang von der handwerklichen über die manufakturelle zur industriellen Produktionsweise. Sie schließen auf der Seite der Arbeitskräfte eine Qualifikationsentwicklung vom Handwerkswissen (handwerklich ausgerichtete ganzheitliche Produkterstellung) zum Spezialwissen industrieller Produktionsabläufe (Facharbeiter) bzw. Teilwissen (angelernte Kräfte) ein. Eine handwerksbezogene Qualifikationsorientierung fehlt in China als Bezugspunkt industrieller Entwicklung. Sie spielt gleichermaßen historisch und gegenwartsbezogen (als Ausbildungsangebot mit entsprechenden Berufschancen) keine Rolle.
Die Begriffe "Lehrling" und "Facharbeiter" werden in China verwendet. Ein Facharbeiter in China darf jedoch nicht mit einem deutschen Facharbeiter gleichgesetzt werden. Sein Qualifikationsprofil entspricht in etwa dem eines angelernten Arbeiters. Seine theoretische Qualifikation besteht in besseren Kenntnissen im Umgang mit "seiner" Maschine. Höhere Komplexität bedeutet nicht erweiterte Prozeßkenntnisse. Vgl. hierzu die Studie über die Maschinenbaubranche in Shanghai, Claus u.a. 1988.
168) Zum ingenieur-technischen Personal zählen z.B. alle Personen mit einer entsprechenden Tätigkeit und entsprechenden Fähigkeiten, unabhängig von ihrer Ausbildung, aber nicht die mit entsprechender Ausbildung ohne entsprechender Tätigkeit. Vgl. ZLGTZ 1987: 269.
169) Unsere Interviewpartner haben auf neuere, von Ministerien erlassene

Vorschriften für die Ausbildung hingewiesen, z.B. "Kriterien für theoretische und praktische Kenntnisse von Facharbeitern" des Textilministeriums.
170) Vgl. ZQGBQ 1984a: 176-183.
171) Vgl. Hu u.a. 1986: 32 ff.
172) Diese Vorstellung ist sowohl vom Marxschen Arbeitswertdenken als auch vom produktwirtschaftlichen Denken bestimmt.
173) Im Zuge der Umorientierung von der Produkt- zur Warenwirtschaft kündet sich ein Wandel in der Beurteilung der einzelnen betrieblichen Funktionen an. Beschaffung und Absatz gewinnen neben der Produktion an Gewicht.
174) Die Beschäftigungssysteme (Arbeitssystem, Personalsystem) korrespondieren weder vollständig mit den Verwaltungsebenen im Betrieb, noch mit den konkreten Tätigkeiten der betreffenden Arbeitskräfte und entsprechend auch nicht völlig mit der betrieblichen Prestigehierarchie.
175) Vgl. dazu im einzelnen den Abschnitt 3.2.1.
176) Entscheidend, aber nicht klar ausweisbar, ist der Zugang zu Privilegien, z.B. Nutzung von Autos, bevorzugter Krankenversorgung, privates Telephon, Wohnstandard und Bedienstete, Einladungen, Reisen.
177) Die wechselseitigen Abhängigkeiten hat Walder (1983a, 1987a, 1989) treffend und detailliert beschrieben.
178) So berichtete ein Arbeiter in einer Nanjinger Fabrik, daß es ihm gelungen sei, den Sprung aus der Produktion heraus in eine Verwaltungstätigkeit zu machen, weil seine Mutter die Möglichkeit hatte, dringend von der Fabrik benötigte Telephonapparate zu besorgen. Danach übernahm er die Aufsicht über die Reparatur der Geräte.
179) "Im vergangenen Jahr kamen 11 Leute in unseren Betrieb... Sie werden nicht unbedingt gebraucht, aber sie kommen über Beziehungen und können sich ihre Tätigkeit aussuchen." 17/TK.
180) "Jedes Arbeitskollektiv ist in seinem speziellen örtlichen Bereich oftmals eine relativ stabile und unabhängige 'kleine Gesellschaft'. In manchem Betrieb und Grubenrevier sind nicht nur die Arbeit und das kulturelle Leben in der Freizeit der Arbeitskräfte vom Arbeitskollektiv abhängig, sondern in ziemlich großem Ausmaß ist auch das familiäre Leben der Arbeitskräfte vom Arbeitskollektiv bestimmt, wie z.B. Wohnen, Umwelt und Hygiene im Wohngebiet, Wasser- und Wärmeversorgung, Krankenbehandlung und Gesundheitserhaltung, Kindergarten, Schulen, bis hin zur Versorgung mit lebensnotwendigen Gütern; ja sogar Hochzeit und Trauer bzw. andere glückliche und traurige Anlässe, alles ist in unterschiedlichem Ausmaß vom Arbeitskollektiv abhängig. Daher sprechen auch viele vom 'Betrieb als Gesellschaft'." Zhao/Wang 1984: 120.

181) "Auch in unserem Betrieb existiert dieses Problem. Grundsätzlich gibt es eben in der Gesellschaft zu wenig Wohlfahrtseinrichtungen. Aber die Sorgen um die Familienangelegenheiten der Beschäftigten müssen gelöst werden. Wenn es auf Straßenbüroebene keinen Kindergarten gibt, dann müssen wir eben einen einrichten, zumal es bei uns sehr viele werktätige Ehepaare gibt, wo die Großmutter noch nicht pensioniert ist. Sie müssen ihre Kinder irgendwo lassen. Bei uns gibt es eine Krippe, in die die Kinder ab drei Monaten aufgenommen werden. Aber es gibt noch einen Punkt. Außerhalb des Betriebes ist es nicht leicht, eine gute Schule oder einen guten Kindergarten zu finden. Für eine Hochschule braucht man Fähigkeiten, aber für einen Kindergarten gute Eltern, d.h. die Eltern müssen in einer guten Einheit arbeiten." 22/TS.

182) "Die Einrichtungen sind nötig, weil es sie in der Gesellschaft nicht gibt, vor allem nicht hier in unserem Bezirk. Und wir versorgen nicht nur den Betrieb, sondern auch die Gesellschaft." 15/MS.
Anders dagegen: "Unser Betrieb ist nur 10 Minuten mit dem Rad vom Einkaufszentrum entfernt, warum sollten wir Läden eröffnen? Früher hatten wir einen Friseurladen, aber wir brauchen ihn nicht mehr, denn die Bedingungen in der Gesellschaft sind gut genug." 14/MS.

183) "Eine Schule haben wir auch nicht, aber hinter dem Betrieb gibt es eine Grundschule, mit der wir verbunden sind. Unser Betrieb hat für diese Schule Ventilatoren gekauft und hilft ihnen beim Erhalt der Gebäude, beim Tünchen der Wände, denn nur so kann die Schulfrage für die Kinder unserer Beschäftigten gelöst werden." 22/TS.

184) Wong (1989: 142) beschreibt das Beispiel eines Shanghaier Elektronikbetriebs mit einem außerordentlich hohen Versorgungsniveau, der allerdings keine Wohnungen zur Verfügung stellt und die Registrierung als Shanghaier Einwohner zu einer Einstellungsvoraussetzung macht.

185) Vgl. dazu ausführlich Huang 1990.

186) Während des "Großen Sprungs nach vorn" und der Kulturrevolution wurde das System gänzlich abgeschafft.

187) In der Beijinger "engineering"-Industrie erhielt z.B. ein Arbeiter auf der 3. Stufe 1980 im Großen Kollektivbetrieb 40,5 Y, im Staatsbetrieb 43,0 Y. Vgl. RMRB 21.8.1980, nach Lockett 1986: 57.

188) Vgl. Lockett 1986: 57 f.

189) Die einzigen Änderungen erfolgten 1. durch die Absenkung der Lohnsätze für besser verdienende Kader (1956, 1957, 1959, 1960), 2. durch die Zusammenfassung der oberen 3 Lohnstufen für staatliche Kader, die Mitglieder der KP sind (1959), und 3. durch Abschaffung der unteren 4 Lohnzonen (1963, 1979). Vgl. RGWX 1986b: 44-61, 123.

190) Veränderungen ergaben sich z.B. durch die Höherstufung einer jeweils

festgelegten Zahl von Beschäftigten (1958, 1959, 1961, 1963, 1971, 1977, 1979). Vgl. Liu Xingran 1988a: 96f., 279 ff.
191) Wie bereits in Abschnitt 2.1.2 dargestellt, gelten die staatlichen Lohnzonen (seit 1963 Zone 3-11) nur für Behörden, Institutionen und Betriebe, die keinem Branchensystem angehören, während die Industrieministerien eigene, voneinander abweichende Zoneneinteilungen treffen. Vgl. LS 1988: 425 f. Die Angaben für die Betriebsarbeiter sollen laut Cai (1983: 57) den von den einzelnen Branchensystemen gezahlten Standardlohn wiedergeben, und zwar für die erste von 11 Lohnzonen. Dabei bleibt unklar, ob es sich tatsächlich um nichtstaatliche Lohnzonen handelt oder ab Cai fälschlicherweise die vor 1963 bestehende Einteilung auf die Betriebe überträgt. Für die staatlichen Behörden wurde die bis 1979 niedrigste Lohnzone 3 gewählt. In chinesischen Quellen wird meist auf die Zone 6 Bezug genommen, der Beijing zugehört.
192) Auf Abweichungen wurde in Abschnitt 2.1.2 hingewiesen. Zu prinzipiellen Erläuterungen vgl. Chen/Yuan 1982: 118-123.
193) Für die einzelne Arbeitskraft können die Differenzen durchaus bedeutsam sein. Nach den verfügbaren Angaben beträgt die Differenz im Spitzenlohn (Stufe 8) zwischen den am besten (Metall) und am schlechtesten (Pharmazie) verdienenden Betriebsarbeitern 21,9 Yuan monatlich. Vgl. Cai Mingqing 1983: 56 f.
194) Vgl. ZLGTZ 1987: 171. Laut Statistik lag der Durchschnittslohn der Festarbeiter 1985 mit 1218 Y über dem aller Beschäftigten (1166 Y).
195) Vgl. Walder 1987: 53-55.
196) Vgl. Blecher 1984: 113-115. Die Angaben gelten für die Zeit vor 1979, da sich dann der Entlohnungsmodus änderte. Die Spanne ergibt sich aus der unterschiedlichen Leistungsfähigkeit der ländlichen Brigaden, über die ein Teil der Entlohnung erfolgt.
197) Die Angaben gelten zunächst für alle zentralen und regionalen staatlichen Behörden (*guojia jiguan*). In den entsprechenden Dokumenten wird allerdings verschiedentlich darauf hingewiesen, daß sich auch Institutionen und Betriebe danach richten.
198) Das Verhältnis beträgt im günstigsten Fall 94,5 Y zu 82,5 Y. Dabei ist allerdings zu beachten, daß auch nicht alle Facharbeiter den Spitzensatz in Anspruch nehmen können.
199) Generell gelten 30 Lohnstufen; für den Vorsitzenden des NVK gilt z.B. die Stufe 1, für den SR-Vorsitzenden 1-3, für Minister 4-8, für Provinzgouverneure 5-9. Am unteren Ende der Skala stehen die Hilfskräfte (25-30).Parteikader meint hier alle staatlichen Kader, die Mitglieder der KP sind. Ihre Lohnsätze sind niedriger, um die "Einheit" mit den Nichtpartei-Kadern zu sichern. Vgl. Yang u.a. 1988: 450; RGWX 1986b: 60f.

200)

	Arbeiter	Kader
11/MK	37-111 Y	61-132 Y
13/MS	52-169 Y	90-210,5 Y
17/TK	37-118 Y	37-271 Y
18/TS	37-111 Y	40-154 Y
19/TK	52-118 Y	61-154 Y
21/TS	39-117 Y	39-186,5 Y.

201) Vgl. Cai Mingqing 1983: 54. Diese Angaben werden durch neuere Untersuchungen bestätigt, die sich - geht man von der durchschnittlichen Beschäftigtenzahl der untersuchten Betriebe aus - auf bessergestellte Großbetriebe beziehen: 1985 erhielten 72 % der Beschäftigten bzw. 55,4 % der Kader nicht mehr 100 Yuan im Monat. 1987 waren es noch 43,6 % bzw. 30,8 %. Vgl. ZLGTZ 1987: 175; ZTN 1988: 197.

202) Betriebsleiter und Parteisekretäre von Teilwerken des Shougang-Stahlwerkes in Beijing haben vor der Lohnreform mit z.t. knapp 57 Y bis 65 Y im Monat nur soviel Lohn erhalten wie ein Arbeiter der 4. Stufe. Gruppenführer mit über 13 Dienstjahren waren in Stufe 3 eingestuft. Vgl. Shoudu gangtie gongsi 1985: 308 f.

203) Grundsätzlich ist auch die politische Einstellung ein wichtiger Faktor. Vgl. Korzec/Whyte 1981: 252.

204) Vgl. Liu Xingran 1988a: 279 ff.

205) Es sei darauf hingewiesen, daß Kader im Durchschnitt ein höheres Dienstalter vorweisen. Vgl. ZTN 1988: 197.

206) Vgl. Hu u.a. 1988: 80-91.

207) 11/MK. Vgl. 18/TS; 12/MS.

208) Vgl. Cai Mingqing 1983:54.

209) Richtlinien und Ausführungsbestimmungen in LRFGWH 1987: 1554-1586.

210) Vor allem Richtlinien für Kollektivbetriebe sind meist regionaler Art. Vgl. LRFGWH 1987: 1698, 1740, 1823, 1851.

211) Vgl. Ge/Zhao 1987: 46 f., 122 f.

212) Vgl. Burger 1983-84: 153.

213) Ein Beispiel nennt Davis 1989: 589.

214) Vgl. Liu Xingran 1988a: 333.

215) Die Dienstzeit von Kadern und Angestellten in Behörden, Organisationen und Institutionen wird "Anzahl der Dienstjahre" (*gongzuo nianxian*) genannt. Die Funktion beider Begriffe ist gleich. Zum betroffenen Personenkreis vgl. LRFGWH 1987: 1587 f., 1763 f. Zeitarbeiter können nur dann ein kontinuierliches Dienstalter im selben Betrieb geltend machen, wenn sie von diesem in reguläre Arbeiter umgewandelt werden. Eine

Ausnahme bilden Dauer-Zeitarbeiter. Vgl. LRFGWH 1987: 1686 f., ebd. 44 AB.
216) Vgl. LRFGWH 1987: 1685.
217) Vgl. Liu Xingran 1988a: 403.
218) Vgl. Ge/Zhao 1987: 46 ff.
219) Betrug das Verhältnis zu Beginn der Kulturrevolution noch 2000 Beschäftigte : 1 Rentner, so hat es sich lt. Davis bis 1978 auf 33 : 1, bis Ende 1985 auf 13 : 1 verschlechtert. Vgl. Davis 1988: 227, 230. ZTN (1988: 203) zeigt ein noch ungünstigeres Bild. Danach kamen auf einen Rentner 1978 30,3 Beschäftigte, 1985 7,5 und 1987 6,7.
220) Vgl. ZLGTZ 1987: 191. Die Angaben gelten für staatliche Einheiten.
221) Teilnehmer am antijapanischen Krieg erhalten seit 1978 90% ihres vorherigen Standardlohns, Teilnehmer am Bürgerkrieg 80 % und die übrigen Beschäftigten 60% (Dienstalter 10-15 Jahre), 70 % (15-20 Jahre) oder 75 % (ab 20 Jahre). Seit 1983 erhalten die ersten beiden Gruppen 100 %. Vgl. LRFGWH 1987: 1688 1699 [2.6.1978], 1734 [15.1.1983].
222) Vgl. Lee 1988: 397-399.
223) Vgl. ZGPZ 1985a: 592 f.
224) Vgl. Zhonghua quanguo zonggonghui 1987: 180. In Kollektivbetrieben verfügten danach unterdurchschnittlich nur knapp 40 % über mindestens 5 m^2 Wohnraum.
225) Vgl. ZLGTZ 1987: 146, 185, 189; eigene Berechnung.
226) Immer wieder geäußertes Motiv für betriebliche Sozialleistungen ist, den Arbeitskräften die "Sorge um die Familie" (*hou gu zhi you*) abzunehmen.
227) Bereits die AVR von 1951 z.B. schränken den Kreis der Berechtigten auf alle regulären Arbeiter, d.h. alle Festarbeiter, ein.
228) Die Mitgliedschaft ist nicht im Sinne der bundesrepublikanischen Sozialgesetzgebung familienbezogen, d.h. sie erstreckt sich nicht automatisch auf eine nicht berufstätige Hausfrau. Zumal Frauen überwiegend selbst berufstätig und damit selbst Mitglied einer Einheit sind, besteht ihnen gegenüber seitens der Einheit des Ehemannes keine direkte soziale Verpflichtung.
229) Ein entscheidender Unterschied ergibt sich daraus, ob die Arbeitskräfte im Rahmen des Plans oder außerhalb des Plans in den Betrieb kommen. "Der eigentliche Unterschied besteht zwischen Arbeitskräften innerhalb des Plans und solchen außerhalb des Plans. Die meisten außerhalb des Plans sind Bauernarbeiter, wenige arbeitslose Jugendliche, die vom Straßenkomitee vermittelt wurden. Diese Leute arbeiten gut, da sie sonst jederzeit entlassen werden können. Eine irgendwie geartete Beziehung gibt es nicht zwischen dem Betrieb und ihnen." 13/MS.
230) Vgl. Lu Feng 1989: 74; Lauffs 1990: 110-112.

231) Das Gefühl der Sicherheit (*anquangan*) und der Grad sozialer Sicherheit im Betrieb gehören zu den Hauptkriterien, die von regulär Beschäftigten zur Bewertung ihrer Lebenslage herangezogen werden. Vgl. Herrmann-Pillath 1990a: 21-34.
Schutz bietet die *danwei* u.U. auch in politischer Hinsicht: Zwar reicht die Kontrolle der Partei bis in alle Gliederungen der *danwei* hinein. Ob und wie jedoch der politische Einfluß der Partei umgesetzt wird, ob er gegen die Mitglieder der *danwei* gerichtet wird oder ob umgekehrt die *danwei* ihre Mitglieder nach "außen" schützt, ist nicht immer eindeutig. In der politischen Situation nach dem 4. Juni 1989 scheint, nach persönlichen Informationen, die *danwei* - wenigstens in einigen Fällen - ihre Mitglieder vor der von oben angeordneten Selbstkritik geschützt zu haben, der die aktiven und sympathisierenden Teilnehmer an der Reformbewegung unterworfen wurden.

232) Vgl. die Äußerungen des Leiters der Arbeits- und Lohnabteilung einer Werkzeugmaschinenfabrik: "Wir haben andere Bedingungen als die Fabrik für drehzahlregulierende Elektromaschinen. Wir befinden uns in der Stadt, sie im Vorort, und außerdem geben wir Lohnprivilegien. ... Jugendliche in diesen kleinen Straßenbetrieben können oft nicht einmal einen Partner finden, da diese Betriebe schlecht angesehen sind. Dies sind natürlich traditionelle Anschauungen. Sie suchen einen großen Betrieb, dessen Ansehen gut ist. Wir bieten ihnen darüber hinaus höhere Löhne." 14/MS.

233) "Früher haben die oberen zuständigen Stellen für unseren Betrieb die Personalstärke festgelegt". 11/MK.

234) Ein Beispiel für eine fehlerhafte Berechnung schildert 15/MS: "Die Zahl unserer Arbeitskräfte ist größer als im Ausgangsjahr: Sie beträgt statt über 5000 jetzt über 6000. Die Gründe sind:
1. Die Projektion wurde damals von entsprechendem Personal durchgeführt, das direkt dem 1. Maschinenbauministerium untersteht. Die Projektion wurde nach deren Bestimmungen vorgenommen, die entsprechend der Technologie etc. für die Sollstärke anleitenden Charakter haben; aber das erstellte Programm legte praktisch keine Obergrenze fest.
2. Die Planung erfolgte nach dem Produkt "Gasturbine"; aber diese sind nicht unser Hauptprodukt. Mit der Veränderung der Produktstruktur stimmte auch die Arbeitskräftestruktur nicht mehr."

235) Vgl. dazu Teil III, Kapitel 2.1.2.

236) "Rechtlich können wir uns dem widersetzen, aber praktisch nicht, denn dann hätten wir Pech, wir könnten den Betrieb nicht mehr führen. Denn wir sind von den übergeordneten Stellen abhängig." 14/MS.

237) Einem kollektiven Textilbetrieb wurden z.B. Beschäftigte eines liquidier-

ten städtischen Schwefeleisen-Bergwerks zugeteilt. 19/TK.
238) "Je höher die Effizienz, desto mehr Beschäftigte werden dem Betrieb von oben zugeteilt." 11/MK.
239) "Als es noch die Zwangszuteilung gab, konnte man sich um die Einsatzmöglichkeit (der Zugeteilten) nicht kümmern..." 18/TS.
240) Vgl. Wang Lingling 1988: 49 f.
241) Die Kulturrevolutionäre z.B. griffen unstete Arbeitsverhältnisse als "Anschlag zur Spaltung der Arbeiterklasse" an, ein Staatsrats-Beschluß vom 30.11.1971 ermöglichte daher die Umwandlung von Zeit- in Festarbeiter (Vgl. Liu u.a. 1988: S.24.
242) "Die Betriebe haben bereits seit langem Maßnahmen gegen die Mißstände dieser Direktivpläne ergriffen: Da die Pläne ein Überschreiten der Planziffer für die Gesamtzahl der Arbeiter und Angestellten nicht zulassen, haben etliche Betriebe Arbeitskräfte außerhalb des Plans rekrutiert; diese Betriebe beschäftigen also mehr Arbeiter, als laut Plan vorgesehen ist und entziehen sich so der Kontrolle durch die übergeordneten Planebenen." 25/PAB.
243) Die jüngste Kampagne begann 1978, vgl. Teil IV.
244) Ein ZK-Beschluß vom 29.6.1958, der die "breite Nutzung" von Vertragsarbeitern forderte, bestimmte ausdrücklich, daß nicht vom Lande rekrutiert, sondern vielmehr das Potential städtischer, vor allem weiblicher Arbeitskräfte ausgeschöpft werden sollte.
245) Ein Weg zur Rekrutierung von ländlichen Arbeitskräften sind z.B. Bau-, Transport- oder Verladetrupps, für die ein Abkommen mit der jeweiligen Produktionsbrigade geschlossen wird.
246) Aus zahlreichen Dokumenten geht hervor, daß die Betriebe Zeitarbeiter vom Lande ohne Genehmigung oder Meldung bei den lokalen Behörden anstellen, sie z.T. auch in reguläre Arbeiter umwandeln und ihnen einen städtischen *hukou* verschaffen. Vgl. z.B. LZFH 1982: 89-92 [30.12.81], 142 [11.12.81]; LZFH 1984: 110-112 [23.8.82].
247) Vgl. LRFGWH 1987: 416 [11.10.73], 424 (4.6.79], 1592 [1.9.79].
"Die Vertragsarbeiter sind, wie gesagt, Zeitarbeiter, ihre Anstellungsdauer ist sehr kurz, z.T. beträgt sie nur einen Monat.
In Jiangsu beträgt der Anteil der Zeitarbeiter an der Gesamtarbeiterschaft 2-3%, also ungefähr einige 10.000 Beschäftigte. Darunter gibt es einige wenige sog. "Dauer-Zeitarbeiter". Sie werden so genannt, weil sie auf Dauer in einem Betrieb arbeiten, z.B. jedes Jahr 3 Monate Saisonarbeit leisten, und sich zwischen ihnen und dem Betrieb bereits eine engere Verbindung entwickelt hat: D.h., sie sind inzwischen gut eingearbeitet und die Betriebe trennen sich nicht gern von ihnen. Die meisten dieser Arbei-

ter arbeiten in Kreisstädten mit relativ engen Beziehungen zum Dorf." 25/PAB.
248) Vgl. LZFH 1984: 110 f. [23.8.82].
249) Vgl. LZFH 1982: 89 [30.12.81].
250) Das Arbeitsbüro der Provinz Jiangsu gibt an: "Der Anteil der Arbeitskräfte außerhalb des Plans beträgt in Jiangsu 18%, im Stadtgebiet von Nanjing ist er mit 14% etwas niedriger. Die Einstellung von Außerplan-Arbeitern in so großer Zahl macht deutlich, daß das Planverwaltungssystem nicht wissenschaftlich ist und den Erfordernissen der Produktion nicht entspricht. Damit wird außerdem deutlich gemacht, daß Arbeitsplanung und Produktionsplanung voneinander getrennt sind." 25/PAB.
251) Der von den gesellschaftlichen Erwartungen auf Bevorzugung von Verwandten ausgeübte Druck wirkt aber auch subtiler, so daß sogar von "Inzucht" (*jinqin fanzhi*) gesprochen wird. Vgl. Wang Lingling 1988: 52.
252) Nicht in allen Betrieben, die wir untersucht haben, ist diese Trennung vorhanden. Meist wird jedoch für die Trennung plädiert, die von der Ministeriumsebene bis hinunter auf die Betriebsebene verläuft.
253) Während der Kulturrevolution waren andere Kriterien maßgebend, vor allem die politische Gesinnung.
254) "Neue Arbeitskräfte werden im allgemeinen zunächst nach ihrem Schulabschluß in bestimmten Abteilungen eingesetzt. So werden Hochschulabsolventen im allgemeinen den Planungs- und Projektierungsabteilungen zugeteilt. Fachschulabsolventen kommen in die technologischen Abteilungen und Fachmittelschulabsolventen in die produzierenden Abteilungen. Das heißt, zunächst wird nach Fachrichtung und Schulabschluß entschieden. Die Fähigkeiten kommen erst danach zum Tragen, dann werden sie entsprechend ihrer tatsächlichen Arbeitsleistung umgesetzt. Für die Vergabe der Berufsbezeichnung ist das Schulniveau entscheidend, je höher der Abschluß, desto höher die Bezeichnung.
Für einzelne Kaderebenen gibt es auch Mindestanforderungen. So müssen Kader auf der Betriebsleitungsebene das Niveau eines Hochschulabsolventen haben. Für mittlere Kader gibt es keine solche Anforderung eines Schulabschlusses, da dies bei der Anzahl der alten Kader nicht zu praktizieren ist. Es gibt aber eine Mindestanforderung hinsichtlich des kulturellen Niveaus, nur wer diese erreicht, kann mittlerer Kader sein. Mindestanforderung für allgemeine Verwaltungsposten ist gegenwärtig das Niveau der oberen Mittelschule". 15/MS.
255) 11/MK.
256) "Gegenwärtig können unsere Anforderungen an Absolventen befriedigt werden, in früheren Jahren nicht, da das Angebot entweder zu gering war oder nicht die richtigen Fächer zur Verfügung standen." 11/MK.

257) Unterschiedliche Angaben existieren zur Länge von Praktika späterer Kader in Produktionsabteilungen. Während ein Textilbetrieb von einem Jahr spricht und angibt, die Praktikumsleistung bei der Arbeitsplatzverteilung zu berücksichtigen, berichtet ein Beschäftigter, bereits nach 3 Monaten in die Verwaltung versetzt worden zu sein, praktisch ohne Einblick in konkrete Produktionsvorgänge. 22/TS, 36/Yang.
258) 13/MS, 14/MS.
259) Wang Lingling (1988: 50) führt als Beispiel die Beijinger Werkzeugfabrik Nr. 1 an.
260) "Unsere Arbeitskräfte werden für spezielle Tätigkeiten ausgebildet (*dingxiang peiyang*). Sie werden nach den entsprechenden Kriterien für die einzelnen Fachgrade ausgebildet. Diese Kriterien gelten für die Bekleidungsindustrie. Die Ausbildung zerfällt in zwei Teile, einen theoretischen und einen praktischen. Der theoretische umfaßt das theoretische und praktische Wissen (*yingzhi yinghui*). Bei der Handhabung geht es um das Beherrschen der grundlegenden Arbeitsprozesse. Man lernt z.B. nicht nur Kragen zu nähen. Man lernt die Nähmaschine zu bedienen und kann dann entsprechend eingesetzt werden. Veränderung ist also möglich, wenn sie auch nicht sehr groß ist. Man lernt also alle Arbeitsprozesse einer Näherin, man wird aber nicht als Zuschneider oder als Bügler ausgebildet. Man lernt nur alle Arbeitsprozesse, die zu einer Tätigkeit gehören." 20/TK.
261) Vgl. zu den Bedingungen in der metallverarbeitenden Industrie in Shanghai: Claus u.a. 1988: 11 "To summarize, the technology currently used and the organization of production and work call for a 'one-machine-operator', who must be highly skilled in all activities relating to his machine."
262) Diese Form der Arbeitskräfteallokation, die zwar den formalen Bildungsgrad, nicht aber die Bildungsinhalte berücksichtigt, ist vor allem aus deutscher Sicht ungewöhnlich, findet sich aber in zahlreichen Ländern (z.B. in Japan). Bei dieser Form der Anstellung werden die notwendigen Qualifikationen i.d.R. durch eine breite betriebliche Ausbildung erworben. In China sind derartige betriebliche Ausbildungsmöglichkeiten jedoch nicht entwickelt. Gravierend ist ferner, daß z.B. die universitäre Ausbildung nicht auf den Erwerb von generalisierbaren Qualifikationen, sondern im Gegenteil auf konkretes und eng begrenztes Tatsachenwissen ausgerichtet ist.
263) Über diese Problematik klagt nahezu jeder Betrieb. 13/MS, 14/MS, 15/MS, 17/TK, 19/TK, 21/TS. Auch der ACGB (Zhonghua quanguo zonggonghui 1987: 168-170) sieht darin ein dringendes Problem.
264) Beim Wechsel in die zweite oder dritte Linie entfallen zwar die Prämien, aber der Lohn bleibt, und auf seiner Grundlage wird später die Rente berechnet. 21/TS.

Anmerkungen zu Teil III 265

265) Laut ACGB-Angaben sind 46,4 % der Beschäftigten in der 1. Linie der Werkzeugmaschinenfabrik Hangzhou Zeitarbeiter.
266) Vgl. Huadong 1988.
267) "Freie Arbeitsplätze werden durch die jährliche Personalvermehrung besetzt". 14/MS.
268) "Wenn wir einen Facharbeiter brauchen, stellen wir am liebsten einen arbeitslosen Jungendlichen mit vorberuflicher Ausbildung an, da wir ihn nach seinem Verhalten auswählen und auch weiterbilden können... Bei einem Facharbeiter aus einem anderen Betrieb können wir zwar seine fachlichen Kenntnisse feststellen, aber nicht seine Arbeitshaltung..." 19/TK.
269) Innerbetriebliche Mobilität hat "organisiert und angeleitet und nicht nach Belieben" zu erfolgen. 13/MS. "Die innerbetriebliche Mobilität erfolgt nicht über öffentliche Stellenausschreibung. In solchem Fall könnten sich auf einen Posten 30 Leute bewerben, die Auswahlarbeit wäre dann sehr schwer, sie würde viel Staub aufwirbeln und könnte die Arbeit beeinträchtigen. Da wir in der Maschinenbaubranche viele harte Tätigkeiten haben, würden alle versuchen, eine Tätigkeit mit einem höheren Automatisierungsgrad zu erlangen. Außerdem könnten wir bei einer öffentlichen Ausschreibung und anschließender Prüfung nicht die tatsächliche praktische Arbeit des Bewerbers erkennen". 14/MS.
"Wir haben also im Betrieb rekrutiert, sehr viele haben sich beworben. Aber die Einheiten der ersten Linie haben nicht zugelassen, daß sich gute Arbeiter bewerben. Niemand kann sich beliebig selbst bewerben, er braucht die Zustimmung der Abteilung". 21/TS.
270) 18/TS.
271) "Langfristiger Wechsel betrifft vor allem die Festarbeiter. Sie können ihre Tätigkeit nicht frei wählen". 17/TK.
272) 21/TS; 18/TS.
273) "Die Arbeitskräfte auf den wichtigsten Posten sind von den Abteilungsleitern ausgebildet worden, und diese sind dann nicht unbedingt bereit, diese Fachkräfte gehen zu lassen, hier zeigt sich auch ein gewisser Egoismus der Abteilungen. Die Umsetzung von Arbeitskräften ist jetzt relativ schwer, die Abteilungen geben ungern ab und nehmen ungern auf. Alle wollen nur noch Personen, die etwas können, schlechte Arbeitskräfte will niemand haben. Wir spielen hier in etwa die Funktion eines Heiratsvermittlers". 22/TS.
274) "In diesem Jahr wurde jemand pensioniert, der neue Produkte entwickelte. Unter ihm arbeitete ein Arbeiter, der seine Entwürfe ausführte. Dieser hat die Stelle übernommen, aber dadurch ist bis jetzt, einen Monat nach der Pensionierung kein neues Produkt (Entwurf, Material) herausge-

kommen. Wir haben da keine Eile." 22/TS.
275) "Das System läßt Ernennung von außerhalb nicht zu. Wollen wir den Stamm unserer Verwaltungskräfte stärken, dann ernennen wir Leute aus dem Betrieb, da sie mit den Produktionsbedingungen vertraut sind. Aus der Gesellschaft Rekrutierte bräuchten erst eine Einarbeitungszeit...Jetzt sind die Anforderungen für Kader etwas höher, und wir kennen hier im Betrieb die Bildungsumstände unserer Beschäftigten. Sie werden uns von unten empfohlen, und wir prüfen sie, das ist relativ häufig. Öffentliche Ernennungen sind dagegen selten, kamen aber ein-, zweimal vor". 21/TS.
276) Walder (1983a; 1986a: 132-163) hat das *biaoxian*-Konzept ausführlich analysiert.
277) Lt. Walder (1986a: 210ff.) intensivierte sich die Bedeutung dieser Beziehungen in den 10 Jahren vor 1978, da es unmöglich war, durch Leistung zum Erfolg zu kommen.
278) "Früher wurden die Leute nur nach dem Dienstalter beurteilt (*lun zi pai bei*)". 22/TS.
279) Zum folgenden 28/SAB; 29/SPB.
280) Für Arbeiter-Kader ist weiterhin das Arbeitsbüro zuständig.
281) Ebenso gibt es Techniker und Ingenieure, die nicht im Besitz des Kaderstatus sind, da sie nicht als solche zugeteilt wurden, sondern sich nachträglich qualifizierten. 29/SPB.
282) 18/TS; 22/TS; 11/MK.
283) Diese Art Beurteilung ist typisch und gilt auch in Verteilungsfragen (Lohn, Prämien); sie führt über das "Vergleichen mit oben" (*panbi*) zum Egalitarismus.
284) 21/TS; 22/TS; 13/MS.
285) Vgl. White 1987a: 149.
286) Ob der Effizienzgesichtspunkt der entscheidende Beweggrund oder nur einer unter anderen ist, ist unter Segmentationstheoretikern umstritten. Vgl. z.B. Doeringer/Piore 1980; Wachter 1978. Daß alle Vertreter des Segmentationsansatzes letztlich auf die ökonomische Rationalitätspraxis rekrutieren, versucht Scheuer 1987 zu belegen.
287) Auf die Bedeutung dieser Faktoren für die Segmentierung des Arbeitsmarktes haben Doeringer/Piore (1980) hingewiesen.
288) Wer der Zuteilung nicht unmittelbar folgt (*bu fucong fenpei*), hat 90 Tage Zeit, am zugewiesenen Arbeitsplatz zu erscheinen, anderenfalls verliert er sein Zuteilungsrecht auf 5 Jahre. *China Daily* 16.7.1982, nach White 1987a: 141.
289) Lockett 1988: 124. Lockett zitiert Zhuang Qidong et. al. 1980: 43, die von einer "Pyramidenstruktur von Kontrakten, Subkontrakten und Sub-Subkontrakten" sprechen. Laut Hong/Wen (1982: 14) arbeiten 70% der Bei-

jinger Straßen-Kollektivbetriebe Staatsbetrieben zu.
290) Auf Arbeitsmärkten handelt es sich demgegenüber um die grundlegende Spaltung in einen primären stabilen und einen sekundären instabilen Teilmarkt. Vgl. Wachter 1978; Reich u.a. 1978: 57 ff.
291) Zusammenfassend sei auf die Übersicht zur Beschäftigung und zu den Einkommensunterschieden nach betrieblichen Eigentumsformen im Anhang, Tab. A16, verwiesen.
292) Vgl. Byrd/Tidrick 1984: 63 f.
293) Im Sinne des Transaktionskostenansatzes ist Immobilität aufgrund des anderenfalls erforderlichen bürokratischen Verwaltungsaufwandes und der notwendigen betriebsspezifischen Qualifizierung auch "billiger".
294) White (1987a: 131) spricht von einem systemischen "surplus labour effect".
295) "Mobil ist, wer nicht gut arbeitet." 34/NPH.
296) Unter einer anderen Fragestellung kommt Christiansen (1990c) zu dem Schluß, daß der chinesische Arbeitsmarkt in drei Teilmärkte, einen städtischen (staatlich-kollektiven), einen ländlichen und einen individuell-privaten gespalten ist.
297) Hierzu zählen wir in diesem Zusammenhang auch die ländlichen Produktionsbrigaden.
298) Vgl. Lauffs 1990: 77 f.
299) Lediglich angenäherte oder geschätzte Werte sind aus verschiedenen Gründen die Grundlage: 1. Angaben für die unstet Beschäftigten liegen nur für a) den staatlichen Sektor und b) die registrierten Zeitarbeiter vor; 2. die Gruppe der Angestellten ist nicht deckungsgleich mit der der Kader. Wir behelfen uns mit den Zahlen für ingenieur-technisches Personal und für Verwaltungspersonal, die wiederum nur für Staatsbetriebe verfügbar sind, um den Kaderanteil zu errechnen. Nach den in Teil 2, Kap. 5.2, Tab. 6 zusammengefaßten Daten ist der Anteil der Kader in Kollektivbetrieben leicht geringer. Dies wurde in unseren Interviews in Nanjing bestätigt, wo ein Durchschnittswert von ca. 10% Kadern in staatlichen und kollektiven Betrieben genannt wurde.
Alle Prozentangaben sind errechnet aus den Tabellen A4 und A18 im Anhang und ZLGTZ 1987: 39.
300) Sengenberger 1987: 87, 81 f.

Anmerkungen zu Teil IV:

1) Vgl. Ma Hong 1985: 23 f.
2) Communiqué 1978: 567-569.
3) Vgl. auch Teil 2, Kapitel 6.
4) Hier ließen sich zahlreiche Autoren aufzählen, stellvertretend seien ge-

nannt: LGLX 1982; LWYZ 1983; Yue Guangzhao 1988; Liu u.a. 1988: 29-40.
5) Chen/An (1987: 443) z.B. sprechen von "zuviel Kontrolle und Einheitlichkeit bis zur Erstarrung".
6) Communiqué 1978: 569.
7) Ma Hong 1985: 23.
8) Decision 1984: 682 f.
9) Decision 1984: 682.
10) 4/Feng.
11) Vgl. Zhao Ziyang 1987: 41.
12) Vgl die Artikelsammlung LGLX 1982.
13) Vgl. Taylor 1986: 254-259.
14) Vgl. LRFGWH 1987: 319-328 [17.8.1980]. Das Konferenzergebnis wurde vom ZK der KPCh gebilligt und am 17.10.1981 per ZK- und SR-Beschluß bekräftigt, der sich speziell mit einigen ideologischen Einwänden auseinandersetzte. LRFGWH 1987: 331-341 [17.10.1981].
15) Die in Ergänzung zur staatlichen Zuteilung erfolgte Förderung der Beschäftigung in selbstorganisierten Kollektivbetrieben und in der Individualwirtschaft erhielt aufgrund der damit offenstehenden 3 Wege zur Beschäftigung die Bezeichnung "Kurs der Dreierverbindung" (*sanjiehe fangzhen*).
16) Die Entwicklung ist in verschiedenen Publikationen ausführlich beschrieben worden und braucht deshalb hier nicht im einzelnen dargestellt zu werden. Vgl. vor allem die Arbeiten von White (1982, 1984, 1987a, 1987b).
17) Decision 1984: 678.
18) Entstaatlichung beinhaltet noch einen weiteren Aspekt, der z.T. in den folgenden Kapiteln aufgegriffen wird: wird Etatismus als die Reduzierung der Vergesellschaftung auf das Staatseigentum verstanden, dann bedeutet Entstaatlichung die Zulassung und Förderung kollektiver, individueller und privater Eigentumsformen. Vgl. dazu auch Heberer 1989a.
19) Vgl. White 1984, 1988, 1988a; Lu Feng u.a. 1987: 90-140.
20) Das Dokument vom Juli ist nicht verfügbar, es ist aber davon auszugehen, daß es im Inhalt im wesentlichen den Vorschlägen der Zentrale vom März 1979 entspricht. Vgl. LZFH 1982: 104-106 [9.3.1979]. Der Beschluß soll auf eine Rede Deng Xiaopings auf der Erziehungskonferenz 1978-79 zurückgehen.
21) Vgl. LRFGWH 1987: 319-328 [17.8.1980].
22) Vgl. ZJGD 1986: 449.
23) "Die korrekte Durchführung des Prinzips der Sicherung der führenden Stellung der Planwirtschaft und der ergänzenden Rolle der Regulierung durch den Markt ist der Schlüssel für die Reform des Wirtschaftssystems."

Hu Yaobang 1982: 40.
24) In: *Chinas Recht*, Oktober 1983.
25) Bereits die Bestimmung von 1979 schloß ausdrücklich die Kinder von Betriebsangehörigen ein. Vgl. LZFH 1982: 105. Vgl. auch ZJN 84; Shirk 1981.
26) "Vorläufige Bestimmungen des Staatsrats über einen weiteren Schritt zur Ausdehnung der Autonomie der Staatsunternehmen" (10.5.1984), in: *Chinas Recht* II.4.
27) "Einige vorläufige Bestimmungen der Staatsplankommission zur Verbesserung des Plansystems" (31.8.1984), in: *Chinas Recht* II.7.
28) Dies ist auch noch in §§ 35 und 37 des "Gesetz der VR China über die volkseigenen Industrieunternehmen" (verabschiedet von der 1. Sitzung des 7. Nationalen Volkskongresses am 13.4.1988) verankert, in: Münzel 1989: 53-73.
29) Vor der Verabschiedung dieser Bestimmungen hatten bereits in verschiedenen Städten Experimente mit der Form der Anstellung mittels Vertragsschluß stattgefunden. Diese Phase ist dokumentiert in White 1987b; Sun/Ji 1988. In Jiangsu wurden ab 1981 versuchsweise Arbeitsverträge eingeführt.
Eine "Bekanntmachung über die aktive Durchführung des Arbeitsvertragssystems" des Ministeriums für Arbeit und Personal vom 22.2.1983, das die erste konkrete gesetzgeberische Reaktion auf Landesebene darstellt, fällt in die zweite Reformphase. Bemerkenswert ist, daß diese Bekanntmachung die Großen Kollektivbetriebe einschließt, während das AVS auf Staatsbetriebe beschränkt bleibt. Vgl. Wolff 1990: 78-80.
30) Chinesische Fassung in: LZGWH 1986, S.1-20; eine deutsche Fassung der Bestimmungen liegt in der Übersetzung von Münzel vor (*Chinas Recht* IV.2, 12.7.1986/1-4). In der Provinz Jiangsu wurden zu allen vier Bestimmungen des AVS Ausführungsbestimmungen erlassen und im Dokument Nr. 141 vom 20.9.1986 verordnet. In: LZGWH 1986, S.21-34. Die Stadt Nanjing erließ Ausführungsbestimmungen im Dokument Nr. 331 der Stadtregierung vom 5.11.1986. In: ebd., S.64-70.
Eine weitere, zu diesem Komplex der vier Bestimmungen zum Arbeitsvertragssystem gehörende Bestimmung wurde ein Jahr später erlassen: "Vorläufige Bestimmung zur Regelung von Arbeitsstreitigkeiten bei Staatsunternehmen" (31.7.87), deutsch in: *Chinas Recht*, IV.2, 31.7.1987/1.
31) Dies wird auch deutlich an der Gliederung der AvsB:
1. Allgemeine Regeln (§§ 1-3 AvsB), 2. Anwerbung und Einstellung (§§ 4-6 AvsB), 3. Errichtung, Änderung, Beendigung und Aufhebung des Arbeitsvertrags (§§ 7-17 AvsB), 4. Behandlung während der Beschäftigung und während der Arbeitslosigkeit (§§ 18-25 AvsB), 5. Behandlung im

Ruhestand (§§ 26-28 AvsB), 6. Organisation der Steuerung (§§ 29-31 AvsB) und 7. Ergänzende Regeln (§§ 32-36 AvsB).
Die zeitgleich mit dem AvsB erlassenen Einzelbestimmungen sind faktisch gleichrangige Erweiterungen.

32) Eine Gesamtbeurteilung aus juristischer Sicht liefert Wolff 1990.
33) Vgl. dazu Chengzhen jiti 1981; Hong/Wen 1982; Lockett 1986.
Andererseits erheben sich unter den Reformern auch Stimmen, die eine umfassende, d.h. auch Kollektivbetriebe und vor allem das Land einschließende Planung fordern. Z.B. 5/Zhang.
34) Die Bestimmungen zur "Verbesserung des Plansystems" vom Oktober 1984 scheinen hier von ausschlaggebender Bedeutung gewesen zu sein.
35) 23/SAB; 25/PAB.
36) In der Provinz Jiangsu praktizierten Ende 1988 2/5 aller Bezirke dieses System. 25/PAB.
37) Problematisch scheint die Messung der Effizienz. Diese erfolgt z.B. über die Erfüllung des Arbeitsproduktivitätsplans oder die Summe der abgeführten Steuern. 15/MS; 25/PAB.
38) Z.B. können bei einer Übererfüllung des Arbeitsproduktivitätsplans auch der Arbeitskräfteplan und die Lohngesamtsumme "begrenzt floaten" (*xian'e fudong*): bei bis zu 3 % Übererfüllung um bis zu 5 %, bei über 3 % Übererfüllung um bis zu 10 %. Eine andere Möglichkeit der Begrenzung soll über die "Regulierungssteuer" erfolgen, die bei zu großer Steigerung der Lohngesamtsumme wirksam wird. 25/PAB.
39) Vgl. LRGC 1987: 463.
40) 11/MK.
41) 33/PGB.
42) Die Frage des Geltungsbereichs diskutiert Wolff 1990: 85-87.
43) "Von oben nach unten" bedeutet, daß die Planziffern zentral auf der Ebene des Personalministeriums verteilt werden, für die Zuteilung selbst ist dann die lokale Ebene zuständig. Vgl. 29/SPB; White 1987a: 134.
44) Für Kollektivbetriebe besteht keine Genehmigungspflicht, obwohl auch sie Staatskader erhalten, wenn auch wenige. 29/SPB.
45) Eine solche Ausnahme ist gegeben, wenn in der Einheit keine Wohnmöglichkeit vorhanden ist. 17/TK.
Kollektivbetriebe und einflußreiche Staatsbetriebe scheinen allerdings unter den Soldaten auswählen zu können, sie bevorzugen jüngere. 19/TK; 14/MS.
46) 14/MS.
47) "Rechtlich können wir uns dem widersetzen, praktisch aber nicht; denn dann hätten wir Pech und könnten den Betrieb nicht mehr führen" 14/MS. Ein Interviewpartner (15/MS) verwies zu Recht darauf, daß die Förde-

rung und Begünstigung betrieblicher Arbeitsdienstleistungsgesellschaften ebenfalls eine Methode sei, mit der der Staat die Betriebe dazu bringt, mehr Arbeitskräfte als benötigt anzustellen. Vgl. dazu Teil 4, Kapitel 3.1.

48) Ein Anhaltspunkt könnte die Zahl der Hochschulabgänger sein. 1987 verließen 532.000 Absolventen allgemeinbildende Hochschulen und 459.000 Fachmittelschulen. ZTN 1988: 874.
49) 15/MS; 22/TS.
50) LRFGWH 1987: 325 f.; 338 f.
51) Vgl. Risler 1989: 285 ff.
52) Bei der Einstellung von Arbeitskräften ist die Qualifikation der Bewerber (moralische Einstellung, Wissen, körperliche Eignung) (§ 7 AnstB) zu überprüfen. Regional schon 1983. ZJN 1984: IV-55.
53) Vgl. LRFGWH 1987: 337 [17.10.1981].
54) Vgl. zum folgenden Liu u.a. 1988: 77-98.
55) D.h. nicht nur punktuell im Falle einer bestehenden Vermittlungsmöglichkeit aktiv wurde, wie die Arbeitsbüros.
56) 25/PAB.
57) 25/PAB.
58) Z.B. 17/TK.
59) White 1987a: 138 f.
60) 29 auf Provinz-, 371 auf Stadt-, 2556 auf Bezirksebene und 6108 auf der Ebene von Straßenbüros sowie 1540 auf Gemeindeebene. Vgl. Liu u.a. 1988: 80 f.
61) Alle Angaben nach Liu u.a. 1988: 80 f., 90-93, 124 f.
62) Arbeitsbüro der Stadt Beijing, nach Heberer 1989a: 303.
63) 25/PAB; XNA 23.6.84. *The Guardian* 31.10.84; vgl. zum folgenden Liu u.a. 1988: 209-279.
64) 25/PAB. ADM sind zu unterscheiden von dem Begriff Arbeitsmarkt.
65) Dies kann auch auf dem Wege der Leihversetzung (*jiediao*) erfolgen. 27/PAB.
66) In Jiangsu werden z.B. jedes Jahr einige 100.000 Bauern zu Baubrigaden zusammengefaßt und in die Städte vermittelt. Vgl. Liu u.a. 1988: 227.
67) 24/ADM.
68) 24/ADM; 25/PAB.
69) 29/SPB.
70) 11/MK; 17/TK.
71) 1/Chen; 33/PGB.
72) 25/PAB.
Der Frauenverband organisiert z.B. Dienstmädchenmärkte (*baomu shichang*).

73) Lt. 28/SAB ist die Trennung hier nicht so strikt wie im Betrieb, die Grenze sei vielmehr vom Qualifikationsniveau gesetzt: ADM vermitteln auch Techniker und ein Arbeiter mit Hochschulniveau könnte sich ans Austauschzentrum wenden.
Die Austauschzentren sollen auch bei der Vermittlung von Absolventen regionaler Hochschulen mitwirken, die nicht mehr zugeteilt werden. 11/MK.
74) Vgl. Liu u.a. 1988: 223.
75) Vgl. Liu u.a. 1988: 230-235.
76) Vgl. XNA 15.6.1988.
77) Z.B. dürfen sich Arbeitskräfte z.T. erst nach einigen Berufsjahren bei einem Austauschbüro "selbst empfehlen" (*ziwo tuijian*). 11/MK.
78) 25/PAB.
Auf die problematische Seite dieser Reform wird in Kapitel 3.2 zurückzukommen sein.
79) Vgl. LRFGWH 1987: 322-327.
Sie werden z.T. auch *quanmin dai jiti* genannt.
80) Die Entwicklung in der Industrie verlief weniger markant, aber mit 34 % und 51 % ebenso deutlich zugunsten der Kollektivindustrie. Tab. A4, A7.
81) Vgl. Liu u.a. 1988: 91 f.
82) Vgl. Übersicht 4, die die verschiedenen Möglichkeiten betrieblichen Eigentums zusammenfaßt, u.a. die neuen "staatlich geführten Kollektive".
83) Diese 1980 verfaßten Richtlinien wurden in den folgenden Jahren verschiedentlich bekräftigt und fanden auch Eingang in die Bestimmungen für Kollektivbetriebe von 1983, die bis heute Gültigkeit haben. "Vorläufige Bestimmungen des Staatsrats zu einigen Richtlinienfragen der städtischen und kleinstädtischen kollektiven Wirtschaft" (14.4.1983), in Münzel 1989: 109-133, besonders S.121.
84) Dies kann eine ADG des Branchenbüros oder des Arbeitsbüros sein. 19/TK; 23/SAB.
85) Vgl. Liu u.a. 1988: 81, 90.
86) In zwei der untersuchten Betriebe existieren sogar "Große kollektive Zweigwerke". Dieser Status wurde - mit Genehmigung der Stadtregierung - gewählt, um die dort Beschäftigten auf die gleiche Versorgungsstufe heben zu können wie die übrigen, staatlich Beschäftigten. 12/MS; 14/MS.
87) "In unserem Betrieb gab es ursprünglich nur staatlich Beschäftigte, denn wir sind ein regionaler Staatsbetrieb und kein Kollektivbetrieb. 1976 hatten wir aber Familienarbeiter beschäftigt, die Hilfstätigkeiten ausübten. Es handelte sich um Angehörige von Familien, die in finanziellen Schwierigkeiten waren und in denen der Ehepartner keine Arbeit hatte. 1976 wurde nun beschlossen, deren Probleme - auch die Rentenfrage -

dadurch zu lösen, daß sie zu Beschäftigten Großer Kollektive heraufgestuft wurden. Die Stadt genehmigte dies, und wir errichteten ein großes kollektives Zweigwerk auf Stadtebene. Wenn diese Arbeitskräfte in den Ruhestand traten, rekrutierten wir junge Arbeiter, die nun allerdings nicht auf der gleichen Basis wie die alten arbeiten konnten. Wir vermischten daraufhin die Arbeitsplätze (*hungang*) und schufen auf staatliche Anregung hin einen "staatlich geführten Kollektivbetrieb". So erhielten wir kollektiv Beschäftigte. 1981 ging ein Teil der alten Genossen in Rente, und wir rekrutierten über 200 kollektiv Beschäftigte. Durch die Vermischung der Arbeitsplätze haben wir jetzt staatlich und kollektiv Beschäftigte." 14/MS.
88) Prinzipielle Unterschiede in der Art der Rechnungsführung konnten nicht verifiziert werden.
89) "Vor 1978 gab es in unserem Betrieb nur staatliche Arbeiter. 1978 gründeten wir ein Zweigwerk... Damals durften die Staatsbetriebe nicht selbst Arbeitskräfte rekrutieren. Unser Betrieb brauchte Arbeitskräfte; die verantwortlichen Stellen in der Stadt wollten ihrerseits das Problem der auf Arbeit Wartenden Jugendlichen lösen und verteilten sie auf die städtischen Betriebe, die sie als kollektiv beschäftigt anstellen sollten... Der Unterschied besteht darin, daß die Zahl der staatlichen Arbeitskräfte von der staatlichen Kennziffer, die Zahl der kollektiven Arbeitskräfte dagegen von der städtischen Rekrutierungsziffer erfaßt wird." 12/MS.
90) Vgl Kapitel 3.3.1.
91) "Würden sie Verluste machen, würden wir Zuschüsse geben, zumindest Geld leihen." 14/MS.
92) 14/MS.
93) Dies geschieht sowohl offiziell in Form von Leiharbeit als auch inoffiziell, indem die ADG nur formal rekrutiert, die Arbeitskraft aber im Stammbetrieb tätig ist. 15/MS.
94) 19/TK; 14/MS.
95) In den ADG-Betrieben staatlicher Unternehmen kann es staatliche und kollektive Festarbeiter, staatliche und kollektive AVS-Arbeiter, Zeitarbeiter und sog. "neue Kollektivbeschäftigte" geben. Die Funktion der letzten Kategorie ist unklar, Arbeitskräfte werden als "neue Kollektivbeschäftigte" angestellt, wenn der Betrieb als "neuer Kollektivbetrieb" (*xinban jiti*) gilt. Sie sind anders als die übrigen bei einer Versicherungsgesellschaft sozialversichert. 14/MS.
96) "Bei den Leistungen gibt es keinen Unterschied. Dieser besteht in der Buchführung, in der Statistik und in der Ebene, auf der die Planziffern vergeben werden. Für die staatlich beschäftigten Arbeiter ist der Staat, d.h. die Provinz zuständig, für die kollektiv beschäftigten die Stadt. Der

Staat fordert von uns eine sorgfältige Trennung der Kategorien. Vermischung der Arbeitsplätze heißt nicht Vermischung der Buchführung (*hungang bu hunzhang*)." 14/MS.
97) Der Ökonom Chen Naixing nennt sie daher den "Sicherheitsgurt der Reform" (*gaige de anquandai*). 1/Chen.
98) 15/MS; 19/TK; 21/TS.
Sollte die ADG erfolgreich sein und sogar höhere Löhne als der Hauptbetrieb zahlen, ist die Übernahme nicht erwünscht; dann versuchen sogar die "Arbeiter der 1. Linie", in die ADG versetzt zu werden.
99) 19/TK; 13/MS; 15/MS.
100) 14/MS.
101) Die Rekrutierung in ADG "ist als eine Erweiterung des Personals außerhalb des Plans zu verstehen". 2/Cheng.
102) Z.B. Li Guangsheng 1985: 538; Tab. A18.
103) Das Anstellungsverfahren und den Abschluß eines Arbeitsvertrags nach den AvsB und AnstB beschreibt ausführlich Wolff 1990: 88-101.
104) Die Auskünfte zur Notwendigkeit der Genehmigung sind uneinheitlich. Während sich Staatsbetriebe an die Arbeitsbüros wenden, scheint für Kollektivbetriebe die städtische ADG zuständig zu sein, soweit sie ihre Pläne überhaupt genehmigen lassen müssen und die Zahlen nicht nur zu statistischen Zwecken melden. 17/TK; 18/TS; 11/MK; 20/TK.
Berichtet wird auch von vereinfachten Verfahren durch Prüfung "vor Ort". 19/TK.
105) Während in § 2 AnstB betont wird, daß "Einzustellende gegenüber der gesamten Gesellschaft öffentlich anzuwerben sind", werden an späterer Stelle deutliche Einschränkungen vorgegeben, wer (nach Entscheidung der Administration) aus welchen geographischen Gebieten eingestellt werden darf (§ 10 AnstB). Neben dem Mindestalter für die Einstellung von Arbeitskräften (16 Jahre) gibt es als zusätzliche Beschäftigungsgebote bzw. -verbote vor allem regionale Einschränkungen, durch die die Land-Stadt-Migration eingedämmt werden soll.
106) 32/SEF.
107) Dazu zählen vor allem die "5 Hochschulen". Vgl. Teil 2, Kap. 5.5.
108) "Nicht-Zuteilung heißt Auswahl der Besten." 32/SEF. Vgl. 18/TS; 12/MS; 14/MS. 109) 29/SPB.
110) Vgl. dazu auch Kapitel 2.1.2.
111) 39/SFB.
112) Als Ziel wurde anvisiert, "unter der Voraussetzung, daß die erung der großen und mittleren Städte kontrolliert wird, ädtischen Arbeitskräften schrittweise zu erlauben, innerhalb bestimmten Bereichs mobil zu sein". LRFGWH 1987: 321.

Anmerkungen zu Teil IV 275

113) 11/MK; 17/TK.
114) 14/MS.
115) Die Ausbildung findet z.B. außer in Berufsschulen auch in den ADG statt.
116) Die Ausbildungszeit beträgt i.d.R. 1 Jahr, die Lehrzeit aber betrug 3 Jahre, denen noch 1 Jahr Anpassungszeit (*shiyingqi*) folgte. 12/MS. "Manche Betriebe zahlen den Arbeitern in dieser Zeit, wenn sie gleichzeitig in den Produktionsabteilungen arbeiten, einen Lohn..., aber keine Prämien u.ä. Der Arbeiter muß selbst einen Teil der Ausbildungskosten tragen." 11/MK.
117) 11/MK.
118) RMRB (*haiwaiban*) 1.3.91.
119) Vgl. ZJN 1988: IV-46.
120) Vgl. *Renshi* (1988) 8: 26-28; *Zhongguo Qingnian Bao* 2.1.1988, in F 102, (1988) 1: 42.
121) RMRB (*haiwaiban*) 30.4.1990, 25.6.1990.
C.a., (1990) 1: 10 f.
122) Die Arbeiter selbst haben höchstens 3 % ihres Standardlohns abzuführen. Sie haben einen Rentenanspruch nach mindestens 15jähriger Beitragsdauer, erhalten aber auch bei geringerer Beitragszeit Unterstützungsgelder.
123) Rentenzahlungen aus überbetrieblichen Rentenkassen gleichen die Unterschiede in der Belastung auf Grund der Altersstruktur aus; sie entlasten besonders die "alten" Betriebe der 50er Jahre mit hohem Rentneranteil. 27/PAB; 28/SAB.
124) In der Provinz Jiangsu haben sich Anfang 1989 alle Staatsbetriebe und 76 % der Kollektivbetriebe dem reformierten Rentenversicherungssystem angeschlossen, in Nanjing alle Betriebe ab Bezirksebene aufwärts. 27/PAB; 28/SAB.
125) 4/Feng.
126) Dies spiegeln auch offizielle Zahlen, obwohl sie nur Zeitarbeiter im Plan, i.d.R. städtische, berücksichtigen. Vgl. Liu u.a. 1988: 91, 134.
127) Vgl. Min/Chen 1989: 16.
128) "Diesen Prozeß des Abflusses ländlicher Arbeitskräfte in die Stadt im Zuge der Industrialisierung hat es in allen Ländern gegeben. In China nimmt dies aufgrund der Bedeutung des Plans die Form der Außerplan-Anstellung an." 28/SAB.
129) 11/MK.
Die Behörden kritisieren dieses Verhalten, solange es noch städtische Arbeitslosigkeit gibt. 21/TS.
130) 12/MS.
131) Das oben konstatierte Wachstum der Erwerbstätigkeit im kollektiven

Sektor ist nicht unbedingt einem Umschwung in der Beurteilung seitens der Jugendlichen zuzuschreiben, sondern eher einem Mangel an Alternativen. Dies wird auch von den Berufsschulen bestätigt. 30/BSM; 31/BST.
132) Ausgeklammert sind hier Betriebe mit ausländischer Beteiligung, die in der Bewertung durch die Jugendlichen eine unangefochtene Spitzenposition einnehmen.
133) Dies gilt nicht nur für die Lohnpläne. Staatsbetriebe sind z.b. auch stärker an Staatspreise gebunden und haben daher geringere Gewinnspannen. Vgl. Wong 1985: 271 f.
134) 22/TS.
135) 13/MS, 14/MS, 20/TK.
136) 15/MS.
137) 39/SFB.
138) 21/TS.
139) 22/TS.
140) Entsprechende Aussagen finden sich in allen vier Bestimmungen (§ 1).
141) Vgl. zur rechtlichen Würdigung des AVS. Wolff 1990.
142) Vgl. Hu Qili 1986.
143) Einige Betriebe berichten sogar, daß es leichter ist, Festarbeiter auf Verordnung der Betriebsleitung hin umzusetzen, als mit AVS-Arbeitern eine Umsetzung auszuhandeln.
144) Vgl. Wang/Li 1983.
145) "Guojia jingji weiyuanhui, laodong renshibu guanyu zhuanfa 'Quanguo zhengdun qiye laodong zuzhi gongzuo zuotanhui jiyao' de tongzhi". 8.4.1983. In: LRFGWH 1987: 474-484.
146) Vgl. ZJN 1984: IV-44; ZLGTZ 1987: 35.
147) Vgl. LRFGWH 1987: 474-484; ZJGD 1986: 509.
148) Die "Reorganisation der Betriebe" wurde 1985 für beendet erklärt. Vgl. ZQGBQ 1984a: 199.
149) Vgl. ZJN 1985: II-17; Zhao Zhongheng 1985; 5/Zhang.
150) Siehe Anhang, Tab. A17.
151) Vgl. RMRB 9.7.1988. "Laodong renshibu: Guanyu yinfa 'Quanguo gaohuo gudinggong zhidu shidian gongzuo huiyi jiyao' de tongzhi", 1987. In: JSLD, (1988) 1: 34-36.
152) Siehe Anhang, Tab. A17.
153) Berichtet wurde fast nur über Beijinger Betriebe, ein Reflex auf die kurz zuvor erfolgte Ankündigung, in Beijing eine vollständige Reorganisation der betrieblichen Abteilungen innerhalb von 2 Jahren durchzuführen und das Arbeitsvertragssystem innerhalb von 5 Jahren zu verwirklichen. Mitte 1988 sollen hier bereits 43% der Industriebetriebe mit 64% der Beschäf-

tigten von der Reorganisation erfaßt worden sein. Vgl. RMRB 13.8.1988, 23.6.1988.
154) Z.B. GMRB 27.10.1988.
155) 5/Zhang.
156) Der Arbeitsminister Luo Gan schätzte selbst nach den augenblicklichen Kriterien - bei niedriger Auslastung der Arbeitszeit und schlechter Arbeitsorganisation - die überschüssigen Arbeitskräfte in staatlichen Betrieben auf ca. 15 Mio. (8-15% der Gesamtbelegschaften) und betont, daß diese Zahl "nach einer weiteren Rationalisierung" auf 20 Mio. (15-20%) steigen könnte. BR (1988) 51: 22. Andere Schätzungen sprechen sogar von 30 Mio. RMRB 13.6.1988.
157) Z.B. der schriftliche Bericht der Werkzeugmaschinenfabrik Nr.1: "Nanjing Jichuangchang: Dadan shijian yongyu tansuo shixing youhua laodong zuhe", 9/1988.
158) Vgl. RMRB 10.12.1988.
159) Vgl. Shenyangshi laodongju 1988.
160) 12/MS; 17/TK; 19/TK; Hu/Jin 1988: 19 f.; XNA 21.10.1988.
161) Vgl. auch JSLD, (1988) 1: 27 f.
162) Vgl. Hu/Jin 1988: 19 f.
163) Vgl. RMRB 11.9.1988, 30.11.1988, 2.12.1988; 10/ACGB.
164) Z.B. 13/MS; 16/MS.
165) Vgl. 39/SFB; 33/PGB; YZWB 22.2.1989.
Arbeitsminister Luo Gan nennt folgende Zahlen: ca. 20 % Kranke, Alte, Schwache; 63 % Unqualifizierte, 5 % Undisziplinierte, 12 % Übrige. BR (1988) 51: 22.
166) Hauptargument für die Verpflichtung der Betriebe, Arbeit und Daseinsvorsorge für die überschüssigen Arbeitskräfte zu gewährleisten, war in unseren Interviews, daß die Arbeitskräfte keine persönliche Schuld daran treffe, überschüssig zu sein.
167) Tatsächlich soll es auf Grund der Reorganisation zu Streiks und Arbeitsniederlegungen gekommen sein. Vgl. XNA 15.8.1988.
168) Indiz dafür könnte auch sein, daß weit weniger Beschäftigte aussortiert wurden, als nach den oben genannten Schätzungen überschüssig sind. In Beijing nur 6% der von der OAG Erfassten. Vgl. GMRB 26.10.1988.
169) 5/Zhang.
170) 14/MS.
171) Vgl. RMRB 26.12.1988.
172) Die Kündigung ist an gewisse Regeln (Einholen der Meinung der Gewerkschaft im Unternehmen und der vorgesetzten Abteilung des Unternehmens sowie Berichterstattung an die örtliche Arbeits- und Personalabteilung (§ 3 KüB) und an die schriftliche Form (Kündigungsnachweis § 4

KüB) gebunden, sie sieht Beschwerdemöglichkeiten (binnen 15 Tagen) für den Betreffenden bei der örtlichen Arbeitsstreits-Schiedskommission vor (§ 5 KüB). Die KüB legen ferner fest, in wessen Zuständigkeit der Betreffende nach der Kündigung fällt: für seine weitere berufliche Existenz, seinen Lebensunterhalt und für eventuell anfallende Krankheitskosten gelten die Bestimmungen der Arbeitslosenversicherung (§ 2, 4 AlvB); verhält sich der Gekündigte renitent, so greifen Regeln der öffentlichen Sicherheit: "Wenn der gekündigte Bechäftigte grundlos Krawalle anzettelt oder die Vorgesetzen belästigt und so die Produktion, die Tätigkeit anderer Beschäftigter oder die gesellschaftliche Ordnung beeinträchtigt, wird das von den Abteilungen für öffentliche Sicherheit (der Polizei) nach den einschlägigen Vorschriften der 'Regeln für Bußen zur Steuerung und Erhaltung des Friedens' geregelt" (§ 6 KüB).
173) Vgl. LZFH 1984: 535-540.
174) 1986 nahm die Zahl der AVS-Arbeiter in den Nanjinger Staatsbetrieben um 2415 ab, nicht eingerechnet die Beschäftigten, die in andere Provinzen, Städte oder in die Kreise wechselten. Von diesen wurden 189 entlassen (7,8%) und 282 gekündigt (11,7%). Für Festarbeiter lauten die Vergleichszahlen: 11.950 und 391 (3,3%) bzw. 197 (1,7%). Vgl. NJSTN 1987: 70.
175) Ein typisches Beispiel dafür, wie empfindlich die Betriebe gegenüber möglichen Friktionen im sozialen Beziehungsgefüge reagieren, schildert ein Abteilungsleiter:
"Z.B. arbeitete ein Arbeiter nicht, wir wollten ihn schließlich entlassen. Er kam mit seinem kleinen Kind zu meiner Wohnung und sagte: 'Ich selbst komme ohne Essen aus, aber für das Kind mußt Du jetzt aufkommen'. Wir haben ihn wieder eingestellt. Das gesellschaftliche Klima erlaubt einfach keine Entlassungen." 13/MS.
176) Der betreffende Abteilungsleiter berichtete von zwei AVS-Arbeitern, die aufgrund schwerer Krankheiten ihre Aufgaben nicht mehr erfüllen konnten und nach den AvsB hätten entlassen werden können:
"Aber das Denken der Kader an der Arbeits- und Lohnfront ist noch nicht befreit, sie trauen sich nicht, so vorzugehen. Wir haben die Arbeiter nicht entlassen, da das gesellschaftliche Klima dies nicht erlaubte. Es heißt, 'wie soll sich ein Kranker denn sonst ernähren?' Die Polizei, das Maschinenbaubüro, die übergeordneten Leitungen, alle redeten mit uns und fragten, wie bei der Größe der Fabrik 2 Arbeiter ein Problem darstellen könnten?. Wir sagten uns dann: Solange sie etwas tun können, sollen sie das tun. Offiziell heißt es: 'Wie zeigt sich denn sonst die Überlegenheit des Sozialismus?'" 13/MS.

177) Dies muß selbst dann nicht der Fall sein:
"Das grundlegende Problem liegt darin, daß einerseits mehr Leute als Arbeit vorhanden sind und es andererseits Arbeit gibt, die keiner machen will. Solange der Betrieb nicht mit der Entlassung drohen kann, ist es unmöglich, jemanden zu einer bestimmten Arbeit zu zwingen. Vor allem Jugendliche wollen nicht arbeiten, und einigen ist sogar egal, ob sie Lohn oder Prämien erhalten. Sie kommen nicht zur Arbeit, sondern arbeiten 'draußen' und verdienen dort ihr Geld. Sie wollen allein [wegen der Rentenansprüche] Beschäftigte des Betriebes sein und nicht gekündigt werden. Doch dazu hat der Betrieb eben auch keine Möglichkeit." 13/MS.
178) Die Verträge für Bauern-AVS-Arbeiter werden z.T. nicht mit der Arbeitskraft selbst, sondern mit Arbeitsdienstleistungsgesellschaften, Regierungen oder anderen Institutionen der ländlichen Kreise abgeschlossen.
179) § 5 der Ausführungsbestimmungen zu den AvsB der Provinz Jiangsu befürwortet ausdrücklich längere Vertragszeiten für fachliche Tätigkeiten.
180) Bei der Gewichtung der Kriterien setzen die Betriebe je nach Branchensituation unterschiedliche Schwerpunkte: Maschinenbaubetriebe tendieren zu kürzeren Fristen; die Laufzeit ihrer Verträge liegt bei 3-5 Jahren, Facharbeitern werden z.T. längere Verträge angeboten. Im Textilbereich sind dagegen langfristige Verträge die Regel. Häufig werden sie auf 10 Jahre, manchmal noch länger abgeschlossen. Vordringlich ist hier das Bestreben, einmal gewonnene Arbeitskräfte im Betrieb zu halten. Informationen aus unseren Interviews.
181) § 7 der Ausführungsbestimmungen zu den AvsB der Provinz Jiangsu.
182) 34/NPH; vgl. XNA 5.1.1988.
183) Weitere Begriffe sind *renli shichang, rencai shichang, zhiye shichang, laodongli ziyuan shichang*. 28/SAB.
Vgl. Liu u.a. 1988: 211 ff.; Zhao/Yang 1988: 59 ff.
184) "Nicht welcher Begriff welchen einschließt, sondern das Verständnis von Arbeit als Produktionsfaktor ist die Hauptfrage." 3/Zhao.
185) "Die Begriffe 'Arbeitsmarkt' und 'Arbeitskräftemarkt' bezeichnen einen Mechanismus, nicht einen Ort. Der ADM ist etwas Konkretes." 4/Feng.
186) 25/PAB.
187) Vgl. Kornai/Dániel 1985: 343.
188) Hierfür findet sie auch das Verständnis der Gewerkschaften. "Das Arbeitslosenproblem muß vor allem mit administrativen Mitteln geregelt werden." 33/PGB.
189) Vgl. dazu allgemein Shirk 1985: 216 f.
190) 11/MK.
191) Die neuen Lohnmodelle, wie z.B. der Strukturlohn (*jiegou gongzi*) berück-

sichtigen alle mehr oder weniger die individuelle Leistung und Verantwortung.
192) "Die Regierung hofft, daß die Betriebe erst optimieren und selbst verdauen, bevor sie den Arbeitsmarkt schafft." 15/MS.

Anmerkungen zu Teil V:

1) RMRB (*haiwaiban*) 1.3.1991.
2) Strukturierung, so Sengenberger, ist die "massenhafte, gleichartige und relativ dauerhafte Lösung" der Grundprobleme Anpassung und Verteilung. Sengenberger 1987: 71.
3) Wolff 1990: 151.
4) "Von 1982 bis 1987 haben in Nanjing 24.000 Schüler die Fachmittelschule und Berufsschule absolviert, darunter auch solche mit ländlichem *hukou*. Was die Beschäftigung betrifft, muß man wissen, daß diese Frage überhaupt nur für die Schüler mit städtischem *hukou* existiert." 32/SEF.
5) Vgl. Münzel 1989: 112.
6) Wolff 1990: 101.
7) Vgl. Wong 1985; Shirk 1985. Besonders nach dem Juni 1989 wurde von westlichen Wissenschaftlern ein zunehmender "Lokalismus" verzeichnet. Vgl. Hermann-Pillath 1990b.
8) Z.B. 22/TS.
9) Statistisch werden diese Arbeitskräfte als "kollektive" geführt, in der Entlohnung u.ä. sollen sie den anderen "staatlichen" gleichgestellt sein. Vgl. LT 1988: 50, 52.
10) So jüngst Wolff 1990: z.B. 153.
11) Das Motto der Beschäftigungspolitik lautete bis in jüngste Zeit "die *danwei* ist für alles verantwortlich" (*danwei baogan*). Vgl. ZLRB 15.4.1989.
12) Die "Prämienflut" 1984 ist so zu erklären. Wong (1985: 202) sieht in der Nutzung der neuen Betriebsrechte (Prämien, Wohnungsbau, Anstellung von Angehörigen) zu Recht kein Indiz für eine "bargaining"-Macht der Arbeiter.
13) "Vor allem erfolgt die Rekrutierung jetzt über den Bezirks-ADM. Auf diese Weise halten wir uns den Rückzug offen: Nicht wir, der ADM stellt die Bedingungen. Wer diesen entspricht, kann in den Betrieb kommen." 19/TK.
14) 29/SPB; 14/MS.
15) Z.B. 11/MK.
16) Der entsprechende Kader gilt als *pinyong ganbu*. 31/BST.
17) Vgl. Hebel/Schucher 1990: 68 ff.
18) Vgl. dazu auch die Übersicht 4 in Teil III, Kapitel 2.2.1.

19) Vgl. zu allen Zahlenangaben die prinzipiellen Anmerkungen in Teil III, Kapitel 4.2. Alle Zahlen für 1989, soweit nicht anders angegeben.
20) Siehe Anhang, Tab. A18.
21) Vgl. dazu auch Wolff 1990: 84.
22) Hier ist allerdings in der begleitenden "Bekanntmachung des Staatsrates über den Erlaß der vier Bestimmungen zur Reform des Arbeitssystems" eine Ausnahme vorgesehen: Arbeitskräfte mit ländlichem *hukou*, die Kinder von Arbeitern sind, die am Aufbau der Volksrepublik mitgewirkt haben, können sich auf reguläre Stellen in Staats- und Kollektivbetrieben bewerben. Vgl. LZGWH 1986: 4.
23) Nimmt man das Unterstellungsverhältnis zum Kriterium (ab Kreis aufwärts = Groß), ergibt sich für 1985 hinsichtlich der Zahl der Beschäftigten in Kollektivbetrieben folgendes Verhältnis: 15 % in Kleinen und 85 % in Großen Kollektivbetrieben. Tab. A12.
24) Vgl. Teil III, Kapitel 4.2.
25) Angaben für 1985. Siehe Tab. 4.
26) Ob sie tatsächlich in allen Punkten gleichbehandelt werden, ist derzeit noch schwer zu prüfen. Wohnungen z.B. erhalten sie i.d.R. deshalb (noch?) nicht, weil sie relativ junge Arbeitskräfte sind.
27) Die KüB gelten auch für Festarbeiter.
28) Vgl. Wolff 1990: 83 f., 201.
29) BR (1990) 27: 25.
30) Vgl. z.B. C.a. (1991) 1: 11 f.

Summary

Since the beginning of economic reforms in the PRC the official Chinese media has frequently disclosed serious problems of open and hidden unemployment, although, according to Marxist theory, these problems should not come into existence in a planned economy.

In examining the employment system, Chinese as well as Western scientists focused on labor allocation effected by the overall central plan. They all agreed proposing a switch to the competitive labor market, either instead of a centrally planned labor system or, at least, in combination with it. Both the results of economic transformation processes in East European countries and problems of the previous reforms in China, reveal that the confrontation of plan and market is too simple and that a more comprehensive approach is needed.

Analysing the structure of the Chinese labor system, the authors assume that all economies, market as well as planned economies, have to cope with two main and interconnected problems: they all have to match supply and demand of labor force and they have to distribute income and social chances among the work force.

In western market economies the labor market is the principle institution supposed to solve these problems. Considering market imperfections, such as unvoluntary mass unemployment, social scientists tried to approach these problems with new analytical tools, pointing out non market institutions which lead to a segmentation of labor markets. Their findings proved that the prices regulate the labor market only to a limited degree. Of greater importance to allocation are other socio-economic factors, such as customs, laws or, e.g., skill specifities.

To solve adjustment and distribution problems centrally planned economies developed the central plan as an equivalent to the competitive labor market. We define the centrally regulated system of labor allocation and reallocation as the labor system. We aim at analysing the scope and structure of the Chinese labor system and its alleged change due to the reforms and transformation process into a market.

Similar to the function of economic variables in the labor market, the plan regulates the labor system only to a limited degree. Even though the Chinese planning system is an extremely rigid and centralistic one, there are other important variables: economical, social, traditional and political forces. Outstanding examples are the omnipresence of the Chinese Communist Party and the importance of informal bargaining.

We argue that adjustment and distribution, the two fundamental problems in the Chinese economy, are solved in a labor system, which is governed by socio-economic rules and which produces a durable structure. The labor system consists of various partial systems which can be distinguished from each other by their typical way of allocation and the classification and quality of jobs.

We systematically and historically point out five fundamental elements structuring the labor system in China: the central labor planning and guidance of labor force; the property rights of enterprises (state and collective ownership); the lifelong enterprise membership; the categorization of the labor force into workers and cadres; finally, the danwei as a particular type of enterprise organization.

In the first part of our book we will substantiate that the concept of labor market segmentation can be used to analyse the labor system of communist China. Moreover, we will describe in this part our research methodology.

Part two presents some basic information and figures in order to give an outline of population and employment problems.

Part three deals with the structure and mode of operation of the Chinese labor system prior to the reforms of 1978. We describe the labor system under three aspects: its history, its development, and its outcomes.

The first chapter presents a brief sketch on the origins of the Chinese labor system in the fifties. A synopsis gives some additional information on modifications up to the end of the seventies. From the historical point of view the significance of the five fundamental elements is evidenced for the solution of the adjustment and distribution problems. Under the influence of these elements the fundamental structure of the labor distribution appeared in the fifties and lasted up to the reform period nearly unchanged.

The following two chapters describe the process generating the structure of the labor system. According to the idea of a two step allocation and renumeration process, the description distinguishes between the state level (ch.2) and the enterprise level of structuring the labor system (ch.3).

Summary

Chapter 2 elucidates the almost exclusively command orientated character of planning, which reduces enterprises to "labor force takers" and makes reallocation between enterprises almost impossible. State planning includes both state and collective enterprises, even though with a different intensity. The state labor administration monopolizes the allocation and reallocation of the urban labor force. Without the consent of the state administration any job mobility entails the loss of both status and security rights. In contrast to other socialist countries there is not even a complementary small labor "market". The first job allocation mutually attaches enterprises and workers. The rigidity of this administrative measure is combined with a partial openness and uncertainty of planning, both of which promote a tendency towards enterprise cellularisation. The planning system is revealed as a vertically and horizontally divided system of unconnected planning units.

The process of planning leads to a categorization of both enterprises and labor force, and affects the allocation of resources to the enterprises. The two essential criteria of enterprise categorization are the type of ownership and the level of administrative subordination. Workers are categorized by the binding force of planning, their place of registration (hukou), the type of labor relation, and the worker-cader-dichotomy. Due to the extremely small chances of any extra-administrative or individual reallocation, state allocation means lifelong allotment of privileges and deprivation.

Chapter three deals with the structering of the labor system on the enterprise level. Enterprises act under two conditions: a highly indefinite and dependent position in the economic system and their organization as danwei. Because of their ambiguous economic position, labor allocation within the enterprises is considerably restricted by bureaucratical regulations and interventions. On the other hand, enterprises are able to make use of different blanks in society or economy to strive for enterprise egoistic aims. Organized as danwei, enterprises are production units as well as welfare units. On one hand they have to solve their internal job adjustment to fulfill their obligation in production. On the other hand, besides paying wages and bonusses, they are in charge of almost all welfare services a worker might need (e.g., insurance, housing). The provision of these services is deficient outside the enterprises. Therefore, the standard of living of a worker depends on the facilities his danwei provides him. According to the status of enterprises, that means, according to the type of ownership, the extent and quality of services varies considerably.

Summary

The lifelong and encompassing membership in a danwei is the outcome of state allocation. But only the permanent worker is a regular member of a danwei and participates in its privileges. Progress in personal income cannot be achieved by job mobility or further training. In contrary, stable affiliation to an enterprise (seniority) is decisive.

In the fourth and concluding chapter of part three, we examine more closely the structure of the labor system. The Chinese solution for the fundamental problems of adjustment and distribution reveals certain similarities to labor market segmentation. First, the dual splitting according to ownership is superposed by additional differentiations. Second, several socio-economic factors enforce segmentation, and there is evidence for the existence of several partial labor systems. There is a fundamental splitting into an unsteady, external segment and a steady, internal segment. Within the unsteady segment we can discern jobs "within planning", from jobs "out of planning" and jobs which are even "not registered by the plan". The steady segment can be subdivided into a state and a collective one; within both segments we have to differentiate between cadres and workers jobs.

The internal segment is above all structured by the state regulations and it is closed with clearly administrered job entry ports. That means there is no way for enterprises to enlarge or reduce this part of their work force without state permission. To fulfill their production plans and to lift up their position in the economy system, enterprises are therefore compelled to switch over to the external segment.

Part four deals with the labor reforms which were started in 1978. The official policy up to 1989 aimed to gradually introduce market regulation into the centrally planned labor system in order to solve employment problems more effectively. One of the main objects was to strengthen enterprise efficiency. Therefore, we start our analysis with the question whether there occured any modification in the relation between state and enterprises. We treat in particular the intended diversification and the discharge of the state from labor allocation and the modification of labor relations. The two most important reform measures, the labor contract system and the optimizing reorganization of work groups, are analyzed more closely.

The state administration partly retreated from allocation and reallocation functions. Enterprises gained more autonomy to manage their work force. But, nevertheless, the principles of labor planning remained valid. New problems resulted from the reforms which produced new limits to the freedom of action. To cope with these new problems the employment of unsteady workers gained weight.

The structure of the actual urban labor system, a system "between plan and market", is elucidated in part five. The labor reforms smoothed new ways to solve the problems of adjustment and distribution. Although the five fundamental elements of the labor system did not loose their normative impact, changes occured in the labor system.

The new structure of the labor system differs in respect to the old one by an even greater subdivision. The unsteady segment of labor changed only quantitatively. Within the steady segment of labor an additional segment came into being: besides the state and collective workers there is now a segment of labor contract workers. We argue that the reforms of labor system so far did not abolish its pre-reform structure, but that they subdivided and added a new segment to it. Under the present social, political and economic conditions, segmentation seems to be an efficient solution of the fundamental problems of the Chinese labor system. The Chinese type of a segmented labor system is a specific Chinese compromise between the choice of political stability and economic efficiency.

Anhang, 1. Tabellen

Tabelle A1:
VR China: Bevölkerungswachstum, natürliche Zuwachsraten, Geburtenraten, Sterberaten, 1950-1990

Jahr	Bevölkerung am Jahresende (in Mio.)	Natürliche Zuwachsrate (in Promille)	Geburtenrate (in Promille)	Sterberate (in Prom.)
1950	551,96	19,00	37,00	18,00
1951	563,00	20,00	37,80	17,80
1952	574,82	20,00	37,00	17,00
1953	587,96	23,00	37,00	14,00
1954	602,66	24,79	37,97	13,18
1955	614,65	20,32	32,60	12,28
1956	628,28	20,50	31,90	11,40
1957	646,53	23,23	34,03	10,80
1958	659,94	17,24	29,22	11,98
1959	672,07	10,19	24,78	14,59
1960	662,07	-4,57	20,86	25,43
1961	658,59	3,78	18,02	14,24
1962	672,95	26,99	37,01	10,02
1963	691,72	33,33	43,37	10,04
1964	704,99	27,64	39,14	11,50
1965	725,38	28,38	37,88	9,50
1966	745,42	26,22	35,05	8,83
1967	763,68	25,53	33,96	8,43
1968	785,34	27,38	35,59	8,21
1969	806,71	26,08	34,11	8,03
1970	829,92	25,83	33,43	7,60
1971	852,29	23,33	30,65	7,32
1972	871,77	22,16	29,77	7,61
1973	892,11	20,89	27,93	7,04
1974	908,59	17,48	24,82	7,34
1975	924,20	15,69	23,01	7,32
1976	937,17	12,66	19,91	7,25
1977	949,74	12,06	18,93	6,87
1978	962,59	12,00	18,25	6,25
1979	975,42	11,61	17,82	6,21
1980	987,05	11,87	18,21	6,34
1981	1000,72	14,55	20,91	6,36
1982	1015,90	14,49	21,09	6,60
1983	1027,64	11,54	18,62	7,08
1984	1038,76	10,81	17,50	6,69
1985	1050,44	11,23	17,80	6,57
1986	1065,29	14,08	20,77	6,69
1987	1080,73	14,39	21,04	6,65
07/1990	1133,68	14,70	20,98	6,28

Quellen: ZTN 1988 f.; BR, (1990) 51: 32.

Tabelle A2:
VR China: Alters- und Geschlechtsstruktur der Bevölkerung,
ausgewählte Jahre: 1953, 1964, 1982, 1985 (%)

Bevölkerung nach Altersgruppen	1953 Insg.	m	w	1964 Insg.	m	w	1982 Insg.	m	w	1985 Insg.	m	w
Insgesamt	100,0	51,5	48,5	100,0	51,3	48,7	100,0	51,3	48,7	100,0		
Altersstruktur:												
0 - 14 Jahre	38,0	20,0	18,0	42,4	22,0	20,4	33,6	17,3	16,3	29,9	15,5	14,3
15 - 54 Jahre	51,8	26,7	25,1	48,3	25,0	23,3	55,4	28,7	26,7			
55 - 59 Jahre	3,6	1,8	1,8	3,1	1,5	1,6	3,4	1,7	1,6			
ab 60 Jahre	6,6	3,0	3,6	6,2	2,8	3,4	7,6	3,5	4,1	8,2	3,8	4,4
15 - 64 Jahre	59,3			55,7			61,5			64,8		
ab 65 Jahre	4,4			3,6			4,9			5,3	2,4	2,9

Anm.: Alle Angaben zum 1.7.
Quellen: ZTN 1985: 192, 193, 198; ZSTZ 1987: 23, 24.

Tabelle A3:
VR China: Bevölkerung im arbeitsfähigen Alter,
ausgewählte Jahre: 1953,1964,1982,1985 (in Mio./%)

	Volkszählung 01.07.1953 Absolut	Anteil	Volkszählung 01.07.1964 Absolut	Anteil	Volkszählung 01.07.1982 Absolut	Anteil	Mikrozensus 01.07.1985 Absolut	Anteil
Insgesamt	567,45	100,00%	689,71	100,00%	1003,91	100,00%	1045,45	100,00%
Kinder, Jugendliche:								
(0 - 16 Jahre)	215,92	38,05%	294,15	42,65%	360,00	35,86%		
Bev. im Arbeitsalter:								
Insgesamt	299,83	52,84%	341,49	49,51%	550,87	54,87%	600,85	57,47%
Männlich (16 - 59)	159,37	28,09%	183,04	26,54%	294,14	29,30%	314,06	30,04%
Weiblich (16 - 54)	140,46	24,75%	158,45	22,97%	256,73	25,57%	286,79	27,43%
Städt. Erwerbspers.			47,95	6,95%	129,73	12,92%		
Personen über 60 J.								
Insgesamt	41,54	7,32%					86,12	8,24%
Männlich	18,68	3,29%					40,03	3,83%
Weiblich	22,86	4,03%					46,09	4,41%
Rentner: (m > 60; w > 55)	51,70	9,11%	54,07	7,84%	93,04	9,27%		

Quellen: ZSTZ 1987: 23; ZTN 1985: 191; ZLGTZ 1987: 4.

Tabelle A4:
VR China: Erwerbstätige und Arbeiter/Angestellte, 1952, 1978-1987 (in Mio.)

Jahr	Erwerbstätige		Arbeiter und Angestellte				Einzel-	ländlich	Industrie
	insg.	städt.	Insg.	staatl. Einheiten	kollekt. Einheiten	andere Einheiten	gewerbe	insg.	
1952	207,29	24,86	16,03	11,87	0,23	3,93		8,83	182,43	12,46
1978	401,52	95,14	94,99	74,51	20,48			0,15	306,38	60,91
1979	410,24	99,99	99,67	76,93	22,74			0,32	310,25	62,98
1980	423,61	105,25	104,44	80,19	24,25			0,81	318,36	67,24
1981	437,25	110,53	109,40	83,72	25,68			1,13	326,72	69,75
1982	452,95	114,28	112,81	86,30	26,51			1,47	338,67	72,04
1983	464,36	117,46	115,15	87,71	27,44			2,31	356,90	73,97
1984	481,97	122,29	118,90	86,37	32,16	0,37		3,39	359,68	79,30
1985	498,73	128,08	123,58	89,90	33,24	0,44		4,50	370,65	83,49
1986	512,82	132,92	128,09	93,33	34,21	0,55		4,83	379,90	89,80
1987	527,83	137,83	132,14	96,54	34,88	0,72		5,69	390,00	93,43

Anm.: Erwerbstätige in der Industrie 1978-84 nach der ab 1985 geltenden Brancheneinteilung.
Quellen: ZTN 1988: 153; ZSTZ 1987: 37 f.; ZLGTZ 1987: 6; ZGJTN 1988: 10; eigene Berechnung.

Tabelle A5:
VR China: Erwerbstätige nach Wirtschaftssektoren, 1952, 1978-1987 (in Mio./%)

Jahr	Erwerbstätige insg.	Sektoren			Anteil der Sektoren (%)		
		Primär	Sekundär	Tertiär	Primär	Sekundär	Tertiär
1952	207,29	173,17	15,31	18,81	83,5%	7,4%	9,1%
1978	401,52	283,73	69,70	48,09	70,7%	17,4%	12,0%
1979	410,24	286,92	72,41	50,91	69,9%	17,7%	12,4%
1980	423,61	291,81	77,36	54,44	68,9%	18,3%	12,9%
1981	437,25	298,36	80,33	58,56	68,2%	18,4%	13,4%
1982	452,95	309,17	83,77	60,01	68,3%	18,5%	13,2%
1983	464,36	312,09	87,11	65,16	67,2%	18,8%	14,0%
1984	481,97	309,27	96,22	76,48	64,2%	20,0%	15,9%
1985	498,73	311,87	104,18	82,68	62,5%	20,9%	16,6%
1986	512,82	313,11	112,51	87,20	61,1%	21,9%	17,0%
1987	527,83	317,20	117,62	93,01	60,1%	22,3%	17,6%

Quellen: ZTN 1988: 157.

Tabelle A6:
VR China: Erwerbstätige nach Wirschaftszweigen und Eigentumsformen, 1987 (in Mio.)

	Erwerbstätige: insg.	Arbeiter und Angestellte				städt. Selbst- besch.	ländl. A+A koll. u. selbstb.
		insg.	staatl. Einheiten	städt. koll. Einheiten	städt. andere		
1. Insg.	527,83	132,14	96,54	34,88	0,72	5,69	390,00
2. Land-, Forst-, Wasserwirtschaft	317,20	8,48	8,01	0,47		0,02	308,70
3. Industrie (prod. Gewerbe)	93,43	59,72	40,86	18,28	0,58	0,74	32,97
4. Geologische Erkundung	1,07	1,07	1,07				
5. Bauwirtschaft	24,19	9,82	6,02	3,79	0,01	0,06	14,31
6. Transport, Verkehr, Telekommunikation	13,73	7,80	5,75	2,04	0,01	0,31	5,62
7. Handel, Gastgewerbe, mat. techn. Versorgung	26,55	16,57	8,94	7,59	0,04	3,91	6,07
8. öffentl. Dienstleistungen, Eigentumsverwaltung	5,40	3,43	2,37	0,98	0,08	0,59	1,38
9. Gesundheits- u. Sozialwesen, Sport	4,96	3,65	2,96	0,69		0,04	1,27
10. Bildungswesen, Kunst, Kultur, Medien	13,75	10,59	10,25	0,34		0,02	3,14
11. wissenschaftl. Forschung, techn. Dienst	1,58	1,42	1,40	0,02			0,16
12. Kredit- u. Versicherungswesen	1,70	1,54	1,13	0,41			0,16
13. öffentl. Verwaltung, Polizei, ges. Org.	9,25	8,05	7,78	0,27			1,20
14. andere	15,02						15,02

Quellen: ZTN 1988: 155; eigene Berechnung.

Tabelle A7:
VR China: Arbeiter und Angestellte in der Industrie nach Eigentumsformen und
Beschäftigtenkategorien, 1952, 1978-1987 (in Mio.)

Jahr	Gesamt-wirtschaft	Industrie insges.	staatl. Einheiten	: Außerplan-Festarb. Arbeiter	städt. koll. Einheiten	städt. andere
1952	16,03	5,33	5,10 :		0,23	
1978	94,99	43,54	31,39 : 25,60	3,75	12,15	
1979	99,67	45,36	32,08 : 26,37	3,70	13,28	
1980	104,44	47,62	33,34 : 27,73	3,96	14,28	
1981	109,40	49,83	34,88 : 29,11	4,19	14,95	
1982	112,81	51,15	35,82 : 29,84	4,29	15,33	
1983	115,15	52,05	36,32 : 30,31	4,03	15,73	0,01
1984	118,90	53,43	36,69 : 30,10	3,97	16,41	0,33
1985	123,58	55,57	38,15 : 30,52		17,05	0,37
1986	128,09	57,81	39,55 :		17,81	0,46
1987	132,14	59,71	40,86 :		18,28	0,58

Quellen: ZLGTZ 1987: 16, 26, 33, 35, 54; ZTN 1988: 153, 160, 163, 166, 169, 170; eigene Berechnung

Tabelle A8:
VR China: Erwerbstätige in der Industrie, Leicht- und Schwerindustrie,
1952, 1978-1985 (in Mio./%)

Jahr	Industrie insg.	Leichtindustrie absolut	Anteil	Schwerindustrie absolut	Anteil
1952	12,46	8,74	70,14%	3,72	29,86%
1978	50,09	18,26	36,45%	31,83	63,55%
1979	53,40	20,04	37,53%	33,36	62,47%
1980	56,00	22,62	40,39%	33,38	59,61%
1981	57,96	24,53	42,32%	33,43	57,68%
1982	59,30	25,27	42,61%	34,03	57,39%
1983	60,23	25,37	42,12%	34,86	57,88%
1984	63,38	27,16	42,85%	36,22	57,15%
1985	83,49	37,39	44,78%	46,10	55,22%

Quellen: ZLGTZ 1987: 9.

Tabelle A9:
VR China: Arbeiter und Angestellte in der Industrie, der Leicht- und Schwerindustrie (staatlicher Sektor), 1952, 1978-1985 (Mio./%)

Jahr	Arb. u. Angest. Industrie insg.	Leichtindustrie absolut	Anteil	Schwerindustrie absolut	Anteil
1952	5,10	2,33	45,60%	2,78	54,40%
1978	30,41	8,10	26,64%	22,31	73,36%
1979	31,09	8,63	27,76%	22,46	72,24%
1980	32,46	9,51	29,30%	22,95	70,70%
1981	34,07	10,58	31,06%	23,49	68,94%
1982	35,03	11,18	31,91%	23,85	68,09%
1983	35,53	11,40	32,10%	24,12	67,90%
1984	35,92	11,38	31,67%	24,54	68,33%
1985	38,15	12,32	32,29%	25,83	67,71%

Quellen: ZLGTZ 1987: 36; eigene Berechnung.

Tabelle A10:
VR China: Arbeiter und Angestellte in der Industrie, Leicht- und Schwerindustrie (städtischer kollektiver Sektor), 1978-1985 (in Mio./%)

Jahr	Industrie insg.	Leichtindustrie absolut	%	Schwerindustrie absolut	%
1978	12,15	7,42	61,06%	4,73	38,94%
1979	13,28	8,11	61,11%	5,16	38,89%
1980	14,28	8,77	61,40%	5,51	38,60%
1981	14,95	9,49	63,46%	5,46	36,54%
1982	15,33	9,61	62,73%	5,71	37,27%
1983	15,74	9,68	61,53%	6,05	38,47%
1984	16,41	10,10	61,53%	6,31	38,47%
1985	17,05	10,23	60,01%	6,82	39,99%

Quellen: ZLGTZ 1987: 70

Tabelle A11:
VR China: Industrie nach ausgewählten Branchen (unabhängig bilanzierende Betriebe), 1987 (in Mio./%)

	Betriebe	Erwerbstätige (in Mio.)	Anteil an Gesamtzahl der Erwerbstätigen	Lohnsumme (Mrd. Yuan)	Anteil an Gesamtlohnsumme
Insgesamt	417.904	72,9802	100,00%	74,780	100,00%
Textilindustrie	23.026	8,5286	11,69%	8,323	11,13%
Maschinenbau	42.412	9,5553	13,09%	19,329	25,85%
Bergbau (Kohle)	94.580	5,5330	7,58%	7,609	10,18%
Lebensmittelind.	43.664	3,4529	4,73%	4,665	6,24%
Metallindustrie	30.460	2,8887	3,96%	1,987	2,66%
Elektromaschinenind.	14.013	2,5287	3,46%		

Quelle: ZGJTN 1988: 86 ff., 293.

Tabelle A12:
VR China: Arbeiter und Angestellte in zentral- und regionalverwalteten Betrieben, Institutionen und Behörden, 1985 (in Mio./%/Stück)

	staatliche Einheiten insg. (Mio.)	%	%	davon: weiblich (Mio.)	Festarb. (Mio.)	Industriebetriebe (unabh. bilanzierend) staatl. Einheiten (Stück)	Besch. (Mio.)	koll. Einheiten (Stück)	Besch. (Mio.)
Insgesamt	89,895	100,00%		29,100	74,364	70.342	38,5819	286.570	26,8926
Zentral	19,712	21,93%		5,488	18,077	3.825	8,6898		
Regional	70,183	78,07%	100,00%	23,612		66.517	29,8921		
davon:									
Provinzebene	19,378	21,56%	27,61%	6,467	16,990				
Stadtebene	23,891	26,58%	34,04%	9,135	19,087				
bezirksunm. Stadt	2,997	3,33%	4,27%	1,138	2,248				
Kreisebene u.d.[1]	23,917	26,61%	34,08%	6,872	17,962				
Kreisebene						35.263	6,6087	33.548	3,9849
Straßenebene								30.518	2,2488
ländl. Gebiete								170.364	11,3465

Anm.: 1) u.d. = und darunter
Quellen: ZLGTZ 1987: 30, 54; ZGPZ 1985b: 88f., 126 f.

Tabelle A13:
VR China: Arbeiter und Angestellte in zentral- und regionalverwalteten staatlichen Betrieben, 1978-1985 (in Mio./%)

Jahr	insg.	Zentral absolut	in %	Regional absolut	in %
1978	74,514	7,968	10,69%	66,546	89,31%
1979	76,698	8,787	11,46%	68,141	88,84%
1980	80,193	11,494	14,33%	68,699	85,67%
1981	83,722	12,552	14,99%	71,170	85,01%
1982	86,300	14,825	17,18%	71,475	82,82%
1983	87,771	15,656	17,84%	72,058	82,10%
1984	86,371	18,019	20,86%	68,352	79,14%
1985	89,895	19,712	21,93%	70,183	78,07%

Quelle: ZLGTZ 1987: 30.

Tabelle A14:
VR China: Industriebetriebe nach der Betriebsgröße, 1980-1986 (%)

Jahr	Anzahl der Betriebe			Anzahl der Beschäft.	
	Groß- betriebe	Mittel- betriebe	Klein- betriebe	Groß- u. Mittelbetr.	Klein- betriebe
1980	0,4%	0,9%	98,7%	37,9%	62,1%
1981	0,4%	0,9%	98,7%		
1982	0,4%	1,0%	98,6%		
1983	0,4%	1,1%	98,5%		
1984	0,4%	1,0%	98,6%	34,7%	65,3%
1985	0,5%	1,2%	98,3%	33,4%	66,6%
1986	0,5%	1,2%	98,3%		

Quellen: ZGJTZ 1987: 37; ZGPZ 1985a: 204 f.; ZGPZ 1985b: 126; eigene Berechnung.

Tabelle A15:
VR China: Unabhängig bilanzierende Industriebetriebe, Betriebe der Textil- und Maschinenbaubranche, nach der Zahl der Arbeiter und Angestellten, 1987 (in Mio./%/Stück)

Anzahl der Beschäftigten	Insgesamt				Textilindustrie				Maschinenbau			
	Betriebe (Stück)	%	Arb. u. Angest. (Mio.)	%	Betriebe (Stück)	%	Arb. u. Angest. (Mio.)	%	Betriebe	%	Arb. u. Angest. (Mio.)	%
Insgesamt	417.904	100,0%	70,964	100,0%	23.026	100,0%	8,076	100,0%	42.412	100,0%	9,351	100,0%
10.000 u. mehr	302	0,1%	7,926	11,2%	24	0,1%	0,209	2,6%	28	0,1%	0,373	4,0%
5.000 - 10.000	583	0,1%	3,995	5,6%	128	0,6%	0,839	10,4%	122	0,3%	0,787	8,4%
3.000 - 5.000	903	0,2%	3,421	4,8%	207	0,9%	0,762	9,4%	154	0,4%	0,571	6,1%
1.000 - 3.000	7.717	1,9%	12,149	17,1%	1.366	5,9%	2,163	26,8%	1.383	3,3%	2,208	23,6%
500 - 1.000	15.157	3,6%	10,415	14,7%	2.144	9,3%	1,493	18,5%	2.218	5,2%	1,536	16,4%
100 - 500	107.078	25,6%	23,143	32,6%	8.862	38,5%	2,103	26,0%	12.767	30,1%	2,894	31,0%
50 - 100	73.310	17,5%	5,329	7,5%	4.151	18,0%	0,305	3,8%	6.858	16,2%	0,507	5,4%
10 - 50	155.236	37,2%	4,239	6,0%	5.016	21,8%	0,155	1,9%	13.051	30,8%	0,365	3,9%
weniger als 10	57.618	13,8%	0,349	0,5%	1.128	4,9%	0,048	0,6%	5.831	13,8%	0,112	1,2%

Anm.: Angaben für Arbeiter und Angestellte gelten für den Jahresdurchschnitt.
Quellen: ZGJTN 1988: 293-299.

Tabelle A16:
Staatsbetriebe und städtische Kollektivbetriebe:
Betriebe, Arbeiter und Angestellte, Einkommen, 1987

	Betriebe insges.	Staatliche Betriebe	%	Städtische kollektive Betriebe	%
Arbeiter + Angestellte (Mio.)	132,14	96,54	73,06	34,88	26,4
Industrie:					
Arbeiter u. Angestellte (Mio.)	59,71	40,86	68,43	18,28	30,61
Betriebe (Stück)	255.700 (1)	97.598	38,17	154.200 (1)	60,31
Ind.BPW (Mrd.) (a/b)	1012,86 (1)	799,68	78,95	189,05 (1)	18,67
Anlagevermögen (Mrd.) (a/b)	915,82 (2)	767,79	83,84	137,19 (2)	14,98
Gewinne (Mrd.)(a/b)	100,50 (2)	78,70	78,31		
Steuern u. Abgaben (Mrd.)(a/b)	189,34 (2)	151,41	79,97		
Arbeiter u. Angestellte in der Schwerindustrie (Mio.)		25,83 (c)		6,82 (c)	
Arbeiter u. Angestellte in der Leichtindustrie (Mio.)		12,32 (c)		10,23 (c)	
Einkommen					
Durchschn. Lohn (Y) (d)	1459	1546		1207	
Durchschn. Lohn in der Industrie (Y) (d)	1479	1601		1195	
Prämien und Akkordzuschläge	245	261		196	
Ausgaben pro Rentner	1263	1470		718	
Weibliche A + A (Mio.)	48,69	32,03	65,78	16,31	33,50
Weibliche A + A in der Industrie (Mio.) (c)	22,46	11,97	53,30	9,36	41,67

Anm:
(1) Kollektivbetriebe ab xiang-Ebene abzüglich xiang-Betriebe
(2) Keine Angaben zu den erfaßten Ebenen
(a) Betriebe mit unabhängiger Rechnungsführung
(b) nach laufenden Preisen
(c) 1985
(d) einschließlich Preiszuschläge

Quellen: ZTN 1988: 153, 155, 161, 173f., 177, 191, 194, 301, 104, 312, 318, 326, 377f.; ZGJTN 1988: 25, 28; ZJN 1988: XI-47; ZLGTZ 1987: 32, 36, 70, 72; eigene Berechnungen.

Tabelle A17:
Festarbeiter und AVS-Arbeiter im staatlichen Sektor, 1978-1990 (in Mio.)

Jahr	Arbeiter/ Angestellte insges.	Festarbeiter	davon in OAG	AVS-Arbeiter
1978	74,51	62,78		
1979	76,93	65,23		
1980	80,19	68,41		
1981	83,72	71,77		
1982	86,30	74,12		0,16
1983	87,71	75,52		0,58
1984	86,37	73,70	0,20[a]	1,72
1985	89,90	74,36		3,32
6.1986				3,65
1986	93,33	75,00		5,18
1987	96,54	74,73[b]	2,2[c]	7,35
4.1988			6	7,51
10.1988			9,6	8,05
1988	99,84	75,98		10,08
1989	101,08	76,45		11,90
1990				13,52

Anm.: (a) 9.1984 (b) 6.1987 (c) 9.1987
Quellen: ZJN 1987: V-41; ZJN 1988: IV-46; RMRB 12.8.1988, 10.12.1988, 4.3.1989; RMRB (haiwaiban) 1.3.1991; XNA 5.8.1987, 23.5.1988; ZJN 1985: II-17; ZLGTZ 1987: 33, 54, 65; JSLD 1/1988: 34-36; BR (1990) 27: 25; ZTN 1988: 153; eigene Berechnungen.

Tabelle A18:
Fest und unstet Beschäftigte im staatlichen Sektor, 1978-1989 (in Mio.)

Jahr	Arbeiter u. Angestellte insgesamt	Festarbeiter	Zeitarbeiter	[Zeitarb. von ADG verwaltet]	Außerplan- Arbeiter	Zeit- und Vertrags- arbeiter vom Lande
1978	74,51	62,78			9,04	
1979	76,93	65,23			9,12	
1980	80,19	68,41		1,16	9,69	
1981	83,72	71,77		1,62	9,97	4,46
1982	86,30	74,12		1,43	10,02	4,17
1983	87,71	75,52	2,74	1,30	9,47	4,32
1984	86,37	73,70		1,32	8,76	6,00
1985	89,90	74,36	2,30[a]		9,70[b]	
1986	93,33	75,00			10,58	
1987	96,54	74,73				
1988	99,84	75,98	3,13[c]		10,65	
1989	101,08	76,45	3,25[c]		9,48	

Anm.: (a) nicht Jahresende; (b) ohne Jiangxi; (c) als Saisonarbeiter ausgewiesen.
Quellen: ZLGTZ 1987: 33, 35, 54, 65; ZTN 1988: 153; BR, (1990) 27: 25; Liu u.a. 1988: 91, 196; Li Guangsheng 1985: 538; Yuan/Ostrovsky 1990: 103; Christiansen 1990: 35.

Anhang, 2. Materialien

A. Arbeitsverträge
A.1 Arbeitsverträge für AVS-Arbeiter in staatl. und koll. Betrieben: 5seitiges Standardformular

集体劳动合同制合同书

编号：_____

甲方：

乙方：

甲方根据_____批准，招收乙方为集体劳动合同制工人，现经双方商定，签订本合同。

一、甲方安排乙方为_____工。合同

全民劳动合同制合同书

编号：_____

甲方：

乙方：

甲方根据_____批准，招收乙方为全民劳动合同制工人，现经双方商定，签定本合同。

一、甲方安排乙方为_____工。合同期自一九____年____月____日起至____年____月____日止。合同期满即自行终止。经双方同意，可以续订。

合同期内关于培训期和试用期的规定：

1. 培训期自一九____年____月____日起至一九____年____月____日止。培训期满考核合格后，实行见习期一年；如不合格，延长培训期____月。延长期满考核合格即实行见习期；考核不合格，本合同不再履行。

2. 试用期自一九____年____月____日起至一九____年____月____日止。试用期满，考核合格，则继续履行合同；不合格即解除合同。

二、甲方对乙方的生产、工作要求：

A.2 Arbeitsvertrag für Außerplan-Arbeiter: 1 ½seitiges Formular

计 划 外 用 工 合 同 书

甲方：

乙方：

　　甲方因生产需要，使用乙方　　　　工　　　名．经双方协商签订本合同。

　　一．合同限期，本合同自　　　年　　　月　　　日至　　　年　　　月　　　日止。在此期间，甲、乙双方都应共同遵守执行本合同，任何一方不得违反本合同，若需解除合同，应征得对方同意，经过双方商定，方可解除合同，并报区劳务市场备案。合同期满后．经双方同意可续订。

　　二、工资待遇：

　　1．根据乙方担任的工作，确定乙方日工资标准。普通工为：　　元，粗壮工为：　　元，专业对口的技术工人．经考核可按招用单位同工种、同等级的工资标准执行。

　　2．乙方人员在甲方工作中享受同岗位职工的保健津贴和夜班费。

　　3．乙方在甲方工作期间，享受上、下班交通费或自行车保养费　　元．劳保用品和本单位同工种同样享受。

　　4．乙方在生产工作期间．如因工伤．残、死亡等，由甲方暂按劳动保险条例的有关条款处理。

　　三、有关事项：

　　1．甲方按签证的合同期限及合同人数的工资总额．一次性缴纳　　%管理费由　　　劳务市场收取。

　　2．乙方按甲方提出的招收条件，推荐人员．经甲方考核体检合格者招收进厂。中途如有不符合要求的，甲方可以辞退、更换。由乙方按期补充．

　　3．在合同期间，甲乙双方共同做好临时工的政治思想工作，甲方负责对乙方人员进行安全教育、生产技术培训等．乙方人员在工作期间要

B. Stellenausschreibung
Aushang bei einem Arbeitsdienstleistungsmarkt

南京长江无线器材制造厂电器分厂
招收培训生简章

根据工厂生产需要，经上级批准，招收就业前培训生38名（男26名，女12名）。招收区域：玄武区下关区（宝带东老区），白区（小市线）。其中各培训工种名额为：车工12名（男），铣工4名（男），注塑工6名（男2名，女4名），无心磨工4名（男1名，女3名），浅配工5名（男2名，女3名），铬炉工3名（男），钳工2名（女），热处理工2名（男）。培训期：车工、铣工、磨工、初中二年博中一年，其它工种均为一年。培训期同待工厂集体合同制工人待遇，由厂部门有关规定支给生活费，合格者录用来用工厂集体合同制工人并按劳动部门有关规定办理录用手续。

一、条件：
1、87、88届高、初中毕业生，年龄在16～22周岁。
2、作风正派，思想品质好，热爱工作，服从分配。
3、身体健康，视力（不合格矫正视力）反眼探视，规定0.6以上。

二、报名手续：
凭待业证、近期半身一寸免冠照片两张报名并关照认识各1元。

三、报名时间：10月25日～10月25日
四、报名地点：儿童影剧院说广场
五、厂址：中央门外正塘村97号～1
（中央门乘15路车至北面山招待所下车）

南京长江无线器材制造厂电器分厂
一九八八年十月二十九日

C. Arbeitslosenausweis

登记证号码

姓名

性别

出生年月

文化程度

[一寸照片]

何校何届毕(肄)业

家庭住址

所属街(镇)

发证日期 198 年 月 日

毕 业 考 试 成 绩						
语文	政治	数学	物理	化学	历史	
地理	生物	外语			总分	

就业前培训情况

培训单位

培训专业　　　　　成绩

结业证号

须　知

一、待业人员凭此证报名参加培训或招工。

二、此证遗失须登报声明作废后方可补发。

三、此证由市劳动服务公司印制，任何单位、个人不得涂改、伪造、冒领。

D. Ankündigung einer "Arbeitskräfte-Mobilitätsversammlung"

南京市劳务市场管理办公室通告

为深化劳动制度改革，推动企、事业单位搞好优化劳动组合，本月十四、十五日（遇雨顺延）上午八时半至下午四时半，由雨花台、秦淮、下关、栖霞四区劳务市场在雨花台烈士陵园原陈列馆广场共同举办劳动力交流大会。届时将为技术工人（富余职工）流动、借用、聘用等牵线搭桥，并有部分单位招收就业前培训生。中山集团、市机械系统劳务市场及部分大专院校，将为企业提供新产品开发、技术咨询、技术转让、技术承包等项服务。欢迎单位、职工及待业青年踊跃参加。

电　话：625880　　　　　联系人：王瑞富

E. Betriebswechsel-Formulare
E.1 Formular für Festarbeiter

职 工 商 调 登 记 表

被调动人姓名		年龄		性别		籍贯			文化程度	
家庭出身		本人成份				是否党团员			有何疾病	
现任工种		工资级别		级		工资			是固定职工还是临时工	
单位名称			全民企业还是集体企业						编制（工人或干部）	
调动理由										
要求调往何单位									能否服从分配	
爱人姓名		年龄		工作单位					参加工作时间	
家庭主要成员及子女情况	姓名		性别	年龄	关系	工作单位或住址			备注	
调出单位意见		主管局意见			调入单位意见			主管局意见		备注

E.2 Formular für AVS-Arbeiter

劳动合同制工人转移情况表

年　　月　　日

被转人姓名		性别		年龄		籍贯		文化程度	
是否党团员		参加工作时间		参加社会保险时间			保险标准		
现任工种			工资等级			每月工资			
单位名称		企业性质（全民或集体）				劳动手册编号			
本人简历					转移原因				
要求转入何单位				能否服从分配					
爱人姓名		年龄		工作单位		参加工作时间		现任职务	
家庭主要成员及子女情况	姓名	性别	年龄	关系	住址			户粮关系在何处	
转出单位意见		转出单位主管部门意见		转入单位意见		转入单位主管部门意见			

注：本表由转出单位如实逐项填写，如转移后发现与实际情况不符者，退回转出单位。

Anhang,
3. Übersicht über die Interviews in Institutionen und Betrieben

3.1 Gespräche in Beijing:

Wissenschaftler

1 / CHEN   Chinesische Akademie für Sozialwissenschaften, Institut für Industriewirtschaft: Prof. Chen Naixing; 10.9.1988

2 / CHENG Beijing Universität, Fakultät für Soziologie: Cheng Weimin (w); 12.9.1988

3 / ZHAO   Renmin Universität, Institut für Arbeit und Personal: Prof. Zhao Lükuan und Vizeprof. Yang Tiren; 13.9.1988

4 / FENG   Akademie für Sozialwissenschaften: Institut für Marxismus-Leninismus: Prof. Feng Lanrui (w); 13.9.1988

5 / ZHANG Ministerium für Arbeit, Institut für Arbeitswissenschaft: Zhang Demin und Deng Baoshan; 14.9.1988 / 25.10.1988

Ministerium

6 / MfA   Ministerium für Arbeit: Referat für Gesamtplanung; 14.9.1988

7 / MfA   Ministerium für Arbeit: Abteilung für Personal, Arbeit und Lohn; 5.10.1988

8 / MfA   Ministerium für Arbeit, Lohnreferat; 24.10.1988

9 / MfA   Ministerium für Arbeit, Referat für Arbeitskräfteverwaltung; 24.10.1988

Gewerkschaft

10 / ACGB Allgemeiner Chinesischer Gewerkschaftsbund, Hauptabteilung für Arbeit und soziale Sicherheit und Hauptabteilung für internationale Beziehungen; 27.10.1988

3.2 Gespräche in Nanjing:

Betriebe

a) Maschinenbauindustrie

11 / MK   Nanjinger Fabrik für elektrische Kontrollausrüstungen; 24.9.1988

12 / MS   Nanjinger Werkzeugmaschinenfabrik; 26.9.1988

13 / MS   Nanjinger Fabrik für Drehzahlregulierende Elektromaschinen; 28.2.1989

14 / MS   Nanjinger Werkzeugmaschinenfabrik Nr. 2; 1.3.1989

15 / MS   Nanjinger Dampfturbinen- und Generatorenfabrik; 2.3.1989

16 / MS   Nanjinger Fabrik für Drehzahlregulierende Elektromaschinen; 16.3.1989

b) Textilindustrie

17 / TK   Nanjinger Seidendruckerei und -färberei; 20.9.1988

18 / TS   Nanjinger Strumpffabrik; 21.9.1988

19 / TK   Nanjinger Seidenspinnerei; 27.9.1988

20 / TK   Nanjinger Bekleidungsfabrik Nr. 1; 3.3.1989

21 / TS   Nanjinger Baumwollspinnerei und -weberei Nr. 1; 4.3.1989

22 / TS   Nanjinger Baumwollspinnerei; 6.3.1989

Arbeitsadministration

23 / SAB   Arbeitsbüro der Stadt Nanjing und Stadt-Arbeitsdienstleistungsgesellschaft; 6.10.1988

24 / AM   Arbeitsmarkt des Bezirks Gulou; 7.10.1988

Interviews 305

25 / PAB Arbeitsbüro der Provinz Jiangsu; Planungsabteilung und Berufsausbildungsabteilung; 8.10.1988

26 / ASK Schiedskomitee für Arbeitskonflikte im Gulou-Bezirk; 15.3.1989

27 / PAB Arbeitsbüro der Provinz Jiangsu; 17.3.1989

28 / SAB Arbeitsbüro der Stadt Nanjing; 17.3.1989

29 / SPB Personalbüro der Stadt Nanjing; 31.3.1989

Schulverwaltung/Schulen

30 / BSM Berufsmittelschule Nr. 15, 1. Leichtindustriebüro/Maschinenbau; 7.10.1988

31 / BST Berufsschule der Textilgesellschaft Nanjing; 10.10.1988

32 / SEF Erziehungswissenschaftliches Forschungsinstitut der Stadt Nanjing; 8.3.1989

Gewerkschaft

33 / PGB Gewerkschaftsbund der Provinz Jiangsu; 14.3.1989

Wissenschaftler

34 / NPH Nanjing Pädagogische Hochschule, Fakultät für politische Bildung, Fu Kangsheng; 5.10.1988

35 / NU Nanjing Universität, Fakultät für Soziologie, Song Linfei; 22.3.1989

Sonstige Institutionen und Personen

36 / YANG Ehemaliger Arbeiter, jetzt Privatbeschäftigter; 9.3.1989

37 / WANG Ehemaliger Arbeiter, jetzt Privatbeschäftigter; 9.3.1989

38 / SK   Straßenkomitee Danfeng im Xuanwu-Bezirk; 11.3.1989

39 / SFB   Frauenbund der Stadt Nanjing; 15.3.1989

40 / PSB   Statistikbüro der Provinz Jiangsu: Untersuchungsgruppe für städt. Sozio-Ökonomie, Abt. für Haushaltsuntersuchungen, Stat. Informations- und Beratungszentrum der Provinz Jiangsu; 30.3.1989

Literaturverzeichnis

Adam, Jan (1982b): "Similiarities and Differences in the Treatment of Labour Shortages". In: Adam 1982a, S.123-14

Adam, Jan (Hrsg.) (1982a): *Employment Policies in the Soviet Union and Eastern Europe.* London, Basingstoke 1982

Albrecht, Dietmar (1977): "Kommunistische Partei und Bauernbewegung". In: Lorenz 1977, S.351-404

"An Employment Service Company and How It Works". In: *China Reconstructs*, (1986) 2, S.14-16

Andors, Stephan (1977): *China's Industrial Revolution. Politics, Planning, and Management, 1949 to the Present.* New York 1977

Berger, Peter A. / Hradil, Stefan (Hrsg.) (1990): *Lebenslagen, Lebensläufe, Lebensstile.* Göttingen 1990 (Soziale Welt: Sonderband, 7)

Beschluß 1984. *Beschluß des Zentralkomitees der Kommunistischen Partei Chinas über die Reform des Wirtschaftssystems.* Beijing: Verlag für die fremdsprachige Literatur, 1984

Biehler, Herrmann / Brandes, Wolfgang (1981): *Arbeitsmarktsegmentation in der Bundesrepublik Deutschland.* Frankfurt/M., New York 1981

Blecher, Marc (1984): "Peasant Labour for Urban Industry. Temporary Contract Labour, Urban-Rural Balance and Class Relations in a Chinese County". In: Maxwell/McFarlain 1984, S.109-123

Blecher, Marc (1989): "State Administration and Economic Reform. Old Dog Snubs Master, but Learns New Tricks". In: *The Pacific Review*, 2 (1989) 2, S.94-106

Bohnet, Armin / Jaehne, Günter (1985): "Reformen des Planungs- und Leitungssystems in der Industrie der VR China. Grundprinzipien, aktueller Stand und Perspektiven". In: Schüller 1985, S.63-104

Boisot, Max H. (1987): "Industrial Feudalism and Enterprise Reform - Could the Chinese Use Some More Bureaucracy?" In: Warner 1987, S.217-237

BR - *Beijing Rundschau*

Braumann, Freddy u.a. (1983): *Wirtschaftsreformen in der VR China 1978-1982.* Frankfurt/M., New York 1983

Brinkmann, Christian u.a. (Hrsg.) (1979): *Arbeitsmarktsegmentation - Theorie und Therapie im Lichte der empirischen Befunde.* Nürnberg: Institut für Arbeitsmarkt- und Berufsforschung der Bundesanstalt für Arbeit 1979 (Beiträge zur Arbeitsmarkt- und Berufsforschung. 33)

Brugger, William (1976): *Democracy and Organization of the Chinese Industrial Enterprise (1948-1953).* Cambridge usw. 1976

Brus, Wlodzimierz (1972): *The Market in a Socialist Economy.* London, Boston 1972

Brus, Wlodzimierz (1973): *The Economics and Politics of Socialism. Collected essays*. London, Boston 1973
Burger, Susanne (1983-84): "Arbeitsrecht und Frauenarbeit in der VR China (mit englischem Summary)". In: *Jahrbuch für Ostrecht*, 24-25 (1983-1984), S.149-165
Buttler, Friedrich / Gerlach, Knut (1982): "Arbeitsmarkttheorien". In: *Handwörterbuch der Wirtschaftswissenschaften*. Stuttgart usw. 1982, Bd. 9, Nachtrag, S.686-696
Byrd, William / Tidrick, Gene u.a. (1984): *Recent Chinese Economic Reform. Studies of Two Industial Enterprises*. Washington, D.C. 1984 (World Bank Staff Working Papers. 652)
C.a. - *China aktuell*
Cabestan, Jean-Pierre (1986): "La réforme de l'administration chinoise et ses limites". In: *Revue Tiers Monde*, 27 (1988) 108, S.877-895
Cai Mingqing (1983): "Zhonggong gaige gongzi zhidu pingxi" [Analyse der Reform des Lohnsystems der KPCh]. In: *Studies on Chinese Communism*, Taipei (1983) 4, S.53-64
Campbell, Nigel (1987): "Enterprise Autonomy in the Beijing Municipality". In: Warner 1987, S.53-70
Cao Shengde / Wang Yuejin (1986): "Shixing laodong hetongzhi haochu henduo, wenti bushao" [Die Vorteile einer Verwirklichung des AVS sind zahlreich, die Probleme nicht gering]. In: *Jingji guanli* [Wirtschaftsverwaltung], (1986) 12, S.24-27 (Auch in: F 102, (1987) 1, S.21-24)
Chen Guoding (1989): "Guanyu woguo qiye wenhua de sikao" [Überlegungen zur Unternehmenskultur in unserem Land]. In: *Jingji guanli* [Wirtschaftsverwaltung], (1989) 5, S.51-54, 63
Chen Nai-Ruenn (1967): *Chinese Economic Statistics. A Handbook for Mainland China*. Chicago 1967
Chen Ping (Hrsg.) (1988): *Laodong renshi guanli jianming cidian* [Kurzes Wörterbuch zur Arbeits- und Personalverwaltung]. Taiyuan: Shanxi renmin chubanshe, 1988
Chen Ping / An Hongzhang (1987): *Laodong jingji yu guanli* [Arbeitsökonomie und -verwaltung]. Guangxi: Renmin chubanshe, 1987
Chen Ping / Yuan Lunqu (1982): *Laodong gongzuo jiben zhishi* [Grundwissen der Personalverwaltung]. Beijing: Laodong chubanshe, 1982
Chen Xiuping (1988): "Qianxi qiyezhongde feizhengshi qunti" [Ansätze einer Analyse informeller Gruppen in den Betrieben]. In: *Shehui* [Gesellschaft], (1988) 2, S.30f
Cheng An / Zhang Wanfu (1989): "Qiye jingshen - qiye fazhan de qudongli" [Unternehmensgeist - die treibende Kraft der Unternehmensentwicklung]. In: *Shehui kexue zhanxian* [Front der Sozialwissenschaft], (1989) 1, S.48-52

Chengzhen jiti (1981). *Chengzhen jiti jingji yanjiu* [Forschungen zur städtischen Kollektivwirtschaft]. Beijing: Renmin chubanshe, 1981
China (1985). *Issues and Prospects in Education, Annex 1 to China, longterm development issues and options. A World Bank country study.* Washington 1985
China's Economy (1986). *China's Economy Looks Forward to the Year 2000. Vol.I: The Four Modernizations.* Selected Papers submitted to the Joint Economic Committee Congress of the United States. Washington 1986
Chinas Recht (Hamburg). Loseblattsammlung
Christiansen, Flemming (1990a): "Social Division and Peasant Mobility in Mainland China. The Implications of the Hu-k'ou System". In: *Issues and Studies*, 26 (1990) 4, S.23-42
Christiansen, Flemming (1990b): *The De-Rustification of the Chinese Peasant? Peasant Household Reactions to the Rural Reforms in China Since 1978.* Dissertation. Universität Leiden 1990
Christiansen, Flemming (1990c): *Some Deliberations on 'Market Transition' in China: The Case of the Jiangsu Labour Market 1978-1990.* Paper presented at Seminar in Los Angeles, 17.Nov. 1990
Claus, Burghard u.a. (1988): *Training and Upgrading of Skilled Workers in Shanghai. The Case of the Metal-cutting Trades in the Machine Tool Industry, Shanghai.* Berlin 1988
Communiqué 1986. "Communiqué of the Third Plenary Session of the 11th Central Committee of the Communist Party of China (Adopted on December 22.1978)". In: Liu/Wu 1986, S.564-577
Dai Senlin (1989): "Qiye wenhua jianshe chutan" [Erste Bemerkungen zur Schaffung einer Unternehmenskultur]. In: *Jingji wenti tansuo* [Erforschung der Wirtschaftsprobleme], (1989) 9, S.54-56
Davis, Deborah (1988): "Unequal Chances, Unequal Outcomes: Pension Reform and Urban Inequality". In: *The China Quarterly*, (1988) 114, S.223-242
Davis, Deborah (1989): "Chinese Social Welfare: Policies and Outcomes". In: *The China Quarterly*, (1989) 119, S.577-597
Declercq, D. (1987): "Management in China". In: *Tijdschrift voor Economie en Management*, 32 (1987) 3, S.321-335
Deng Xiaoping (1988): *Die grundlegenden Fragen im heutigen China.* Beijing: Verlag für fremdsprachige Literatur 1988
Deutschmann, Christoph (1987): "Der "Betriebsclan". Der japanische Organisationstypus als Herausforderung an die soziologische Modernisierungstheorie". In: *Soziale Welt*, 38 (1987) 2, S.133-146
"Di liu jie zhongguoshi qiye guanli yantaohui jiyao" (1988) [Protokoll der 6. Konferenz zur Betriebsverwaltung chinesischer Art]. In: *Zhongguo gongye jingji yanjiu* [Forschungen zur chinesischen Industrie und Wirtschaft], (1988) 2, S.65-68

Doeringer, Peter B. / Piore, Michael J. (1980): *Internal Labor Markets and Manpower Analysis*. 7. Aufl., Lexington 1980
Donnithorne, Audrey (1967): *China's Economic System*. New York 1967
Duan Xingmin (1989): "Jizao juece, yinjie disici jiuye gaofeng de tiaozhan" [Entscheidungen rechtzeitig treffen, um der Herauforderung der 4. Beschäftigungsspitzenwelle zu begegnen]. In: ZLK, (1989) 1, S.29-31
DZFG (1984). "Dangdai zhongguo" congshu bianji weiyuanhui (Hrsg.): *Dangdai zhongguo de fangzhi gongye* [Die Textilindustrie im heutigen China]. Beijing: Zhongguo shehui kexue chubanshe, 1984
Emerson, John Philip (1971): "Manpower Training and Utilization of Spezialized Cadres 1949-68". In: Lewis 1971, S.183-214
Emerson, John Philip (1983): "Urban schoolleavers and unemployment in China". In: *The China Quarterly*, (1983) 93, S.1-16
Endruweit, Günter (1981): *Organisationssoziologie*. Berlin usw. 1981
Ernst, Angelika (1986): *Japans langer Abschied von der Vollbeschäftigung*. Hamburg 1986
F 102 - Zhongguo renmin daxue shubao ziliao zhongxin (Hrsg.): *Laodong jingji yu renshi guanli* [Arbeitsökonomie und Personalverwaltung]. Beijing (Fuyin baokan ziliao. F 102)
Falkenheim, Victor (Hrsg.) (1987): *Citizens and Groups in Contemporary China*, Ann Arbor 1987 (Michigan Monographs in Chinese Studies, No. 56)
Fan Gongsong (1984): "Guanyu laodongli liudong wenti tansuo" [Forschungen zur Mobilität der Arbeitskräfte]. In: *Jingji wenti tansuo* [Erforschung der Wirtschaftsprobleme], (1984) 10, S.29-34
Fan Limin (1988): "Peking's Measures for Relieving the Strain on Human Resources". In: *Issues and Studies*, 24 (1988) 12, S.98-114
Feng Lanrui (1988): "Zhongguo qingnian de jiuye wenti" [Beschäftigungsprobleme der städtischen Jugendlichen]. In: *Makesizhuyi Yanjiu* [Marxistische Studien], (1988) 2, S.142-158. (Auch in: F 102, (1988) 8, S.15-26)
Feng Lanrui / Zhao Lükuan (1982): "Urban Unemployment in China". In: *Social Sciences in China*, (1982) 3, S.123-139
Feng Litian (Hrsg.) (1985): *Jihua jingjixue* [Planökonomie]. Beijing 1985
Feuchtwang, Stephan u.a. (Hrsg.) (1988): *Transforming China's Economy in the Eighties. Vol.II: Management, Industry and the Urban Economy*. Boulder, London 1988
Fink, G.(Hrsg.) (1985): *Socialist Economy and Economic Policy*. Wien, New York 1985
Freedman, Maurice (1979): "The Family in China, Past and Present". In: Skinner 1979, S.240-254
Freiburghaus, Dieter (1979): "Arbeitsmarktsegmentation - Wissenschaftliche Modeerscheinung oder arbeitsmarkttheoretische Revolution?" In: Brinkmann u.a. 1979, S.159-183

Fujiansheng renshiju ketizu (1989): "Gaige rencai guanli tizhi, jinyibu diaodong zhuanye jishu renyuan jijixing, wei zhenxing Fujian jingji fuwu duice yanjiu keti zongbaogao" [Abschlußbericht des Forschungsprojekts über die Reform des Talentverwaltungssystems und die Förderung der Aktivierung des fachlich-technischen Personals, zum Nutzen der Wirtschaft Fujians]. In: *Fazhan yanjiu* [Entwicklungsforschung], (1989) 3, S.34-41 (Auch in: F 102, (1989) 6, S.43-50)

Fujimoto Akira (1987): "Progress in China's Enterprise Reform". In: *China Newsletter*, (1987) 68, S.2-6

Gábor, Istvan R. / Galasi, Péter (1981): "The Labour Market in Hungary since 1968". In: Hare u.a. (Hrsg.) 1981, S.41-53

Gábor, Istvan R. / Galasi, Péter (1985): "Labour Market". In: Galasi / Sziráczki 1985a, S.26-41

Galasi, Péter / Sziráczki, György (1985c): "State regulation, enterprise behaviour and the labour market in Hungary, 1968-83". In: *Cambridge Journal of Economics*, (1985) 9, S.203-219

Galasi, Péter / Sziráczki, György (Hrsg.) (1985a): *Labour Market and Second Economy in Hungary*. Frankfurt/M., New York 1985

Galasi, Péter / Sziráczki, György (Hrsg.) (1985b): "Introduction: Development Tendencies, Labour Market and Second Economy". In: Galasi / Sziráczki 1985a, S.9-24

Ge Shouchang / Zhao Changyin (1987): *Shehui baoxian yu fuli* [Sozialversicherung und Wohlfahrt]. Beijing: Laodong renshi chubanshe, 1987 (Laodong jingji guanli ganbu zhongdeng zhuanye shiyong jiaocai)

Gey, Peter u.a. (Hrsg.) (1985): *Sozialismus und Industrialisierung. Die Wirtschaftssysteme Polens, Jugoslawiens, Chinas und Kubas im Vergleich*. Frankfurt/M., New York 1985

Ginneken, W. van (1988b): "Employment and Labour Income Trends in China (1978-86)". In: Ginneken 1988a, S.133-162

Ginneken, W. van (Hrsg.) (1988a): *Trends in Employment and Labour Incomes*. Case Studies on Developing Countries (ILO). Geneva 1988

GMRB - *Guangming Ribao* [Licht-Zeitung]

Gold, Thomas B. (1980): "Back to the City. The Return of Shanghai's Educated Youth". In: *The China Quarterly*, (1980) 84, S.755-770

Gransow, Bettina (1983a): "Probleme städtischer Beschäftigung und Arbeitslosigkeit". In: Braumann 1983, S.193-225

Gransow, Bettina (1983b): *Soziale Klassen und Schichten in der Volksrepublik China. Theoretische Transformationskonzepte und reale Entwicklungsreformen von 1949-1979 unter besonderer Berücksichtigung der städtischen Arbeiterklasse*. München 1983

GRRB - *Gongren Ribao* [Arbeiter-Zeitung]

Guan Huai (Verantw. Hrsg.) (1987): *Faxue gailun yu laodongfa* [Grundriß der Rechtswissenschaft und Arbeitsrecht]. Hrsg. von: Laodong renshibu renshi jiaoyu zuzhi. Beijing: Laodong renshi chubanshe, 1987/II (Laodong renshi ganbu zhuanxiuke shiyong jiaocai [Lehrmaterial für den Fachkurs von Kadern im Arbeits- und Personalwesen])

Guan Huai u.a. (1985): *Laodongfa jiben zhishi* [Grundwissen zum Arbeitsrecht]. Beijing: Gongren chubanshe, 1985

Guojia jingwei jingji ganbu peixun zhongxin, zhongguo qiye guanli xiehui (Hrsg.) (1984): *Gongye qiye jingji xiaoyi* [Wirtschaftliche Effizienz der Industriebetriebe]. Beijing: Jingji kexue chubanshe, 1984

Guojia laodong zongju 1982. Guojia laodong zongju (Hrsg.) (1982): *Woguo laodong gongzi wenti jianggao*. Beijing: Laodong chubanshe, 1982

Gutman, Gernot: "Zentralgeleitete Wirtschaft". In: *Handwörterbuch der Wirtschaftswissenschaften*. Stuttgart usw. 1982, Bd.9, S.599-616

Hagemann, Ernst (1987): "Chinesische Statistik - Dokumentation zur Berichterstattung über die wirtschaftliche und soziale Entwicklung in der Volksrepublik". In: *Vierteljahreshefte zur Wirtschaftsforschung*, DIW Berlin, (1987) 1, S.321-339

Hare, Paul G. u.a. (Hrsg.): *Hungary: A Decade of Economic Reform*. London 1981

Hebel, Jutta (1990): "Der Betrieb als kleine Gesellschaft. Die Bedeutung des chinesischen Betriebstyps für den Prozeß der Reform des Arbeitssystems". In: *Soziale Welt*, (1990) 2, S.222-242

Hebel, Jutta / Schucher, Günter (1988): *Forschungsprojekt "Arbeitssystem in der VR China". Expertengespräche in Beijing und Nanjing*. Göttingen (Maschinenschriftl. Vervielf.) 1988

Hebel, Jutta / Schucher, Günter (1990): "Das Arbeitsvertragssystem in der VR China - ein Beitrag zur Verrechtlichung der Arbeitsbeziehungen?" In: *Osteuropa Recht*, (1990) 1, S.53-72

Heberer, Thomas / Taubmann, Wolfgang (1988): "Die städtische Privatwirtschaft in der VR China - 'Second Economy' zwischen Markt und Plan". In: *Bremer Beiträge zur Geographie und Raumplanung*, (1988) 14, S.233-261

Heberer, Thomas / Weigelin, Rüdiger (1989): *China auf dem Weg ins Jahr 2000. Politische, wirtschaftliche und soziale Indikatoren der Modernisierungspolitik*. o.O. [Bonn] 1989

Heberer, Thomas (1989a): *Die Rolle des Individualsektors für Arbeitsmarkt und Stadtwirtschaft in der VR China*. Bremen 1989 (Bremer Beiträge zur Geographie und Raumplanung, 18)

Heberer, Thomas / Weigelin, Rüdiger (Hrsg.) (1990): *Xiandaihua - Versuch einer Modernisierung. Entwicklungsprobleme der VR China*. Unkel/Rh., Bad Honnef 1990

Henderson, Gail / Cohen, Myron (1984): *The Chinese Hospital. A Socialist Work Unit*. New Haven 1984

Henze, Jürgen (1983): *Bildung und Wissenschaft in der Volksrepublik China zu Beginn der achtziger Jahre*. Hamburg 1983 (Mitteilungen des Instituts für Asienkunde. 132)

Henze, Jürgen (1990): "Die wirtschaftlich-technische Modernisierung in der VR China und die Folgen für das Bildungswesen". In: Heberer / Weigelin 1990: S.185-222

Hermann-Pillath, Carsten (1990a): *Lebensrisiken, soziale Sicherung und Krise der Reformpolitik der VR China*. Köln 1990 (Berichte des BIOSt, 28-1990)

Hermann-Pillath, Carsten (1990b): "Struktur und Prozeß in der chinesischen Wirtschaftspolitik, oder: Warum China doch anders ist". In: *Aus Politik und Zeitgeschichte*, (1990) 48, S.18-30

Hoffmann, Charles (1974): *The Chinese Worker*. Albany 1974

Hoffmann, Charles (1981): "Urban Labor Allocation under Mao". In: Wilson / Wilson / Greenblatt 1981, S.134-161

Höhmann, Hans-Hermann (Hrsg.) (1977): *Arbeitsmarkt und Wirtschaftsplanung. Beiträge zur Beschäftigungsstruktur und Arbeitskräftepolitik in Osteuropa*, Frankfurt/M., Köln 1977

Hong Yuanpeng / Wen Qiquan (1982): *Chengzhen jiti gongye gailun* [Grundriß der städtischen kollektiven Industrie]. Beijing: Qinggongye chubanshe, 1982

Hopf, Christel / Weingarten, Elmar (Hrsg.) (1979): *Qualitative Sozialforschung*. Stuttgart 1979

Howe, Christopher (1971): *Employment and Economic Growth in Urban China 1949-1957*. London 1971

Hradil, Stefan (1987): *Sozialstrukturanalyse in einer fortgeschrittenen Gesellschaft. Von Klassen und Schichten zu Lagen und Milieus*. Opladen 1987

Hsu, Robert C. (1986): "The Political Economy of Guidance Planning in Post-Mao China". In: *Weltwirtschaftsarchiv*, 122 (1986), S.382-394

Hsu, Robert C. (1988): "Economics and Economists in Post-Mao China. Some Observations". In: *Asian Survey*, (1988) 28, S.1211-1228

Hsu, Robert C. (1989): "Changing Conceptions of the Socialist Enterprise in China, 1979-1988". In: *Modern China*, 15 (1989) 4, S.499-524

Hu Guocheng / Jin Yanlin (1988): "Dangqian gaohuo gudinggong zhidu nandu he duice tantao" [Diskussion der Schwierigkeiten und Gegenmaßnahmen bei der gegenwärtigen Belebung des Festarbeitssystems]. In: JSLD, (1988) 1, S.19f

Hu Maoyuan u.a. (1986): "Dazhong qiye guanli tizhi de gaige yu "sanzongshi" de peizhi" [Die Reform des Managementsystems der Groß- und Mittelbetriebe und die Aufstellung der "Drei Chefs"]. In: *Shehui kexue* [Sozialwissenschaft], (1986) 1, S.32-34.

Hu Qili (1986): "Zhengque renshi laodong zhidu de gaige" [Die Reform des Arbeitssystems richtig verstehen]. In: *Hongqi* [Rote Fahne], (1986) 19, S.10-15

Hu Teh-wei u.a. (1988): "Analysis of Wages and Bonus Payments among Tianjin Urban Workers". In: *The China Quarterly*, (1988) 113, S.77-93
Hu Wenbin (1988): "Tonggong wenti chutan" [Das Problem der Kinderarbeit]. In: *Jiaoyu yanjiu*, (1988) 10, S.57-59,81 (Auch in F 102, (1988) 11, S.13-16)
Hu Yaobang (1982): "Eine neue Situation für die sozialistische Modernisierung auf allen Gebieten schaffen. Bericht auf dem XII. Parteitag der Kommunistischen Partei Chinas". In: *Der XII. Parteitag der Kommunistischen Partei Chinas*. Dokumente. Beijing: Verlag für fremdsprachige Literatur, 1982, S.11-106
Huadong 1988. Huadong huagong xueyuan jingji fazhan yanjiusuo: "'Jiuye xianjing': qiye laodong jiuye xianzhuang de jiben geju" ["Die Beschäftigungsfalle": Die grundlegende Struktur der Arbeits- und Beschäftigungssituation in den Betrieben]. In: *Zhongguo: Fazhan Yu Gaige* [China: Entwicklung und Reform], (1988) 7, S.54-59 (Auch in: F 102, (1988) 8, S.27-32)
Huang Yasheng (1990): "Web of Interests and Patterns of Behaviour of Chinese Local Economic Bureaucracies and Enterprises during Reforms". In: *The China Quarterly*, (1990) 123, S.431-458
Jiang Yiwei (1980): "The Theory of an Enterprise-Based Economy". In: *Social Sciences in China*, 1 (1980) 1, S.48-70
Jiang Yiwei (1985): *Jingji tizhi gaige he qiye guanli ruogan wenti de tantao* [Diskussion einiger Probleme des Betriebsmanagements und der Reform des Wirtschaftssystems]. Shanghai: Shanghai renmin chubanshe, 1985
JJN 1988. Jiangsu jingji nianjian bianji weiyuanhui (Hrsg.): *Jiangsu jingji nianjian 1988* [Wirtschaftsjahrbuch der Provinz Jiangsu 1988]. Nanjing: Nanjing daxue chubanshe, 1988
JJRB - *Jingji Ribao* [Wirtschafts-Zeitung]
JSLD - *Jiangsu Laodong* [Arbeit in Jiangsu]
Kau, Ying-mao (1971): "Patterns of Recruitment and Mobility of Urban Cadres". In: Lewis 1971, S.97-123
Kilgus, Roland u.a. (1986): *Aus- und Fortbildung mittlerer betrieblicher Führungskräfte in der Volksrepublik China*. Gutachten erstellt im Auftrag der Deutschen Gesellschaft für Technische Zusammenarbeit (GTZ). Metzingen 1986
Klenner, Wolfgang (1979): *Ordnungsprinzipien im Industrialisierungsprozeß der VR China. Planung-Organisation-Unternehmenskonzept*. Hamburg 1979
Klenner, Wolfgang (Hrsg.) (1989): *Trends of Economic Development in East Asia. Essays in Honour of Willy Kraus*. Berlin usw. 1989
Kneißel, Jutta (1978): *Gesellschaftsstrukturen und Unternehmensformen in China. Zur Analyse der wirtschaftlichen Entwicklung einer traditionellen Gesellschaft*. Frankfurt/M., New York 1978
Komiya, R. (1987): "Japanese Firms, Chinese Firms. Problems for Economic Reforms in China". In: *Journal of the Japanese and International Economics*, (März 1987) 1(1), S.31-61, und (Juni 1987) 1(2), S.229-247

Kornai, Janos (1980a): "The dilemmas of a socialist economy: the Hungarian experience". In: *Cambridge Journal of Economics*, (1980) 4, S.147-157

Kornai, Janos (1980b): "'Hard' and 'Soft' Budget Constraint". In: *Acta Oeconomica*, 25 (1980) 3-4, S.231-246

Kornai, János (1980c): *Economics of Shortage*, Vol.A, Amsterdam usw. 1980

Korzec, Michel (1988): *Labour and the Economy of Solidarity in the People's Republic of China*. Diss., Universität Amsterdam 1988

Korzec, Michel / Whyte, Martin King (1981): "Reading Notes. The Chinese Wage System". In: *The China Quarterly*, (1981) 86, S.248-273

Kosta, Jiri (1974): *Sozialistische Planwirtschaft. Theorie und Praxis*. Opladen 1974 (Studienbücher zur Sozialwissenschaft. 17)

Kosta, Jiri (1984): *Wirtschaftssysteme des realen Sozialismus. Probleme und Alternativen*. Köln 1984

Kosta, Jiri (1985a): "Die chinesische Volkswirtschaft vom 'Großen Sprung nach vorne' bis zur gegenwärtigen Wirtschaftsreform. Ein Kampf zwischen zwei Konzepten". In: Gey u.a. 1985, S. 229-247

Kosta, Jiri (1985b): "Beschäftigungsprobleme in Entwicklungsländern. Das Beispiel Chinas". In: Fink 1985, S.123-135

Kosta, Jiri (1985c): "Beschäftigungsprobleme und Beschäftigungspolitik in China". In: Schüller 1985, S.105-140

Kosta, Jiri / Meyer, Jan (1976): *Volksrepublik China. Ökonomisches System und wirtschaftliche Entwicklung*. Frankfurt/M., Köln 1976

Kraus, Willy (1979): *Wirtschaftliche Entwicklung und sozialer Wandel in der Volksrepublik China*. Berlin usw. 1979

Lansbury, R.D. u.a. (1984): "Management at the enterprise level in China". In: *Industrial Relations Journal*, 15 (1984) 4, S.56-63

Laodong [Arbeit]

Laodong renshibu ganbu jiaoyuju (Hrsg.) (1985): *Laodong, gongzi, renshi zhidu gaige de yanjiu yu tantao* [Untersuchungen und Diskussionsbeiträge zur Reform des Arbeits-, Lohn- und Personalsystems]. Beijing: Laodong renshi chubanshe, 1985

Laodong renshibu gongziju (Hrsg.) (1986): *Guojia jiguan he shiye danwei gongzi zhidu gaige wenjian huibian* [Kompendium von Dokumenten zur Lohnreform in staatlichen Behörden und Institutionen], Bd. 2. Beijing: Laodong renshi chubanshe, 1986

Laodong renshibu laodong kexue yanjiusuo (Hrsg.) (1985): *Laodong zhidu gaige xueshu taolunhui lunwen xuanji* [Ausgewählte Beiträge des Symposiums zur Reform des Arbeitssystems]. Beijing: Laodong renshi chubanshe, 1985

Lardy, Nicolas R. (Hrsg.) (1978a): *Chinese Economic Planning*. White Plains, New York 1978

Lardy, Nicolas R. (1978b): *Economic growth and distribution in China*. Cambridge 1978

Lauffs, Andreas (1990): *Das Arbeitsrecht der Volksrepublik China. Entwicklung und Schwerpunkte.* Hamburg 1990 (Mitteilungen des Instituts für Asienkunde. 188)

Lee, Yok-shiu F. (1988): "The Urban Housing Problem in China". In: *The China Quarterly,* (1988) 115, S.387-407

Leinweber, Rolf (1981): "Recht auf Arbeit und Arbeitskräftepolitik in der DDR". In: Brokmeier, Peter / Rilling, Reiner (Hrsg.) (1981): *Beiträge zur Sozialismusanalyse III.* Köln 1981, S.137-166

Leontief, Wassily (1989): "Perestroika. Die Wirtschaft entscheidet". In: *Bild der Wissenschaft,* (1989) 10, S.108-118

Lewis, John W. (Hrsg.) (1971): *The City in Communist China.* Stanford, Ca. 1971

LGLX 1982. Laodong renshibu laodong kexue yanjiusuo bangongshi (Hrsg.): *Laodong gongzi lunwen xuan* [Gesammelte Aufsätze zu Arbeit und Lohn]. Beijing: Laodong renshi chubanshe, 1982

Li Guansheng (1988): "Gaige woguo gudinggong zhidu de jidian kanfa" [Einige Ansichten zur Reform des Festarbeitssystems in unserem Land]. In: *Laodong yu renshi* [Arbeit und Personal], (1988) 4, S.1-4

Li Guoji (1988): "Guanyu gaige gudinggong zhidu de yanjiu" [Untersuchung zur Reform des Festarbeitssystems]. In: *Jingji wenti tansuo* [Erforschung der Wirtschaftlsprobleme], (1988) 1, S.34-36

Li Jianli (1988): "Woguo laodongli jiuye de kunnan yu duice" [Schwierigkeiten bei der Beschäftigung der Arbeitskräfte in unserem Land und die Gegenmaßnahmen]. In: *Guanli shijie,* (1987) 6, S.19-24 (Auch in F 102, (1988) 2, S.11-16)

Li Kejian (Hrsg.) (1982): *Laodong tongjixue* [Arbeitsstatistik]. Beijing: Zhongguo tongji chubanshe, 1982

Li Lianjie u.a. (1988): "Jiejue laodong zhengyi de jixiang jianyi" [Einige Vorschläge zur Lösung von Arbeitsstreitigkeiten]. In: *Xiandai qiye baokan* [Zeitschrift für den modernen Betrieb] (1988) 4, S.27 (Auch in: F 102, (1988) 5, S.16)

Li Yue (Hrsg.) (1988): *Zhongguo gongye bumen jiegou* [Die Struktur der chinesischen industriellen Organe]. Beijing: Zhongguo renmin daxue chubanshe, 2. Aufl. 1988

Li Zhenzhong (Hrsg.) (1985): *Jihua jingjixue* [Planökonomie]. Beijing 1985

Liang Yong (1989): "Qiye wenhua kaichuang le guanli sixiang de xin shidai" [Unternehmenskultur eröffnete ein neues Zeitalter der Managementideen]. In: *Jingji guanli* [Wirtschaftsverwaltung], (1989) 5, S.55-57

Liaowang [Überblick]

Linck, Gudula / Wang Jian (1988): "Melonenranken. Familie und Danwei in China". In: Steckel 1988, S.32-46

Littek, Wolfgang u.a. (Hrsg.) (1982): *Einführung in die Arbeits- und Industriesoziologie.* Frankfurt/M., New York 1982

Liu Jialin u.a. (1988): *Zhongguo laodong zhidu gaige* [Reform des chinesischen Arbeitssystems]. Beijing: Jingji kexue chubanshe, 1988

Liu Jipeng (1989): "Chonggou qiye xingtai yu zaojiu qiyejia jieceng" [Neustrukturierung der Betriebsorganisation und die Anhebung des Unternehmerstatus]. In: *Zhongguo gongye jingji yanjiu* [Forschungen zur industriellen Wirtschaft Chinas], (1989) 3, S.50-56

Liu Qingtang (Hrsg.) (1986): *Laodong hetongzhi shouce* [Handbuch zum Arbeitsvertragssystem]. Beijing 1986

Liu Qingtang (Hrsg.) (1986): *Laodong jiuye gailun* [Einführung in Arbeit und Beschäftigung]. Beijing: Laodong renshi chubanshe, 1986 (laodong renshi ganbu zhuanxiuke shiyong jiaocai)

Liu Qingtang (1988): "Dui laodong fuwu gongsi xingzhi, zhineng yu fazhan fangxiang de sikao" [Gedanken über Wesen, Funktion und Entwicklungsrichtung der ADG]. In: *Laodong yu renshi* [Arbeit und Personal], (1988) 2, S.25-27, 35

Liu Ruifu (1988): *Qiyefa cidian* [Wörterbuch des Betriebsgesetzes]. o.O.: Yanbian renmin chubanshe 1988

Liu Suinian / Wu Qungan (Hrsg.) (1986): *Zhonghua renmin gongheguo jingjishi jianming jiaocheng (1949-1985),* [Vereinfachtes Lehrbuch der Wirtschaftsgeschichte der VR China 1949-1985]. Beijing: Gaodeng jiaoyu chubanshe, 1986

Liu Xingran (Hrsg.) (1988a): *Laodong renshi wenti jieda (I)* [Antworten auf Fragen zu Arbeit und Personal (I)]. Jilin: Jilin kexue jishu chubanshe, 1988

Liu Xingran (Hrsg.) (1988b): *Laodong renshi wenti jieda (II)* [Antworten auf Fragen zu Arbeit und Personal (II)]. Jilin: Jilin kexue jishu chubanshe, 1988

LJC 1985. Xia Bozhong / Zhou Baofeng (Hrsg.): *Laodong jingji cidian* [Wörterbuch der Arbeitswirtschaft]. Jilin: Jilin renmin chubanshe, 1985

Lockett, Martin (1980): "Bridging the Division of Labour? The Case of China". In: *Economic and Industrial Democracy. An International Journal*, 1 (1980), S.447-486

Lockett, Martin (1986). "Small Business and Socialism in Urban China". In: *Development and Change*, 17 (1986) 1, S.35-67

Lorenz, Richard (Hrsg.) (1977): *Umwälzung einer Gesellschaft. Zur Sozialgeschichte der chinesischen Revolution (1911-1949)*. Frankfurt/M. 1977

Louven, Erhard (1984): "Chinesische Wirtschaftsterminologie: Definitionen und Kompatibilitätsprobleme", Teil IV. In: C.a., (1984) 4, S.205-212

Louven, Erhard (1988a): "Anmerkungen zur Produktionsstruktur der VR China". In: C.a., (1988) 11, S.855-858

Louven, Erhard (1988b): "Reform und Modernisierung der chinesischen Wirtschaft seit 1976". In: Ostkolleg 1988, S.100-117

Louven, Erhard (1988c): "Anmerkungen zur Arbeitslosigkeit und zum Arbeitsmarkt in der VR China". In: C.a., (1988) 8, S.650-654

LRFGWH 1987. Laodong renshibu zhengce yanjiushi (Hrsg.): *Laodong renshi fagui guizhang wenjian huibian (1949-1983)* [Sammlung von gesetzlichen Bestimmungen, Verordnungen und Dokumenten über Arbeit und Personal, 1949-1983], Beijing 1987

LRGC 1987. Zhang Jin / Zhao Lükuan (Hrsg.): *Laodong renshi guanli cidian* [Wörterbuch der Arbeits- und Personalverwaltung]. Chengdu: Sichuan kexue jishu chubanshe, 1987

LS 1988. Laodong renshibu laodong kexue yanjiusuo / Zhongguo laodong faxue yanjiuhui (Hrsg.): *Laodongfa Shouce* [Handbuch zum Arbeitsrecht]. Beijing: Jingji guanli chubanshe, 1988

LT 1988. Beijing jingji xueyuan "laodong tongjixue" bianxiezu: *Laodong tongjixue* [Arbeitsstatistik]. 2. Aufl., Beijing: Zhongguo renmin daxue chubanshe, 1988

Lu Feng (1989): "Danwei: Yizhong teshu de shehui zuzhi xingshi" [Die Einheit: eine besondere soziale Organisationsform]. In: *Zhongguo Shehui Kexue* [Sozialwissenschaft Chinas], (1989) 1, S.71-88; engl. : "Danwei - A Special Form of Social Organization". In: *Social Sciences in China*, (1989) 3, 100-122

Lu Feng u.a. (1987): *Woguo jingji tizhi gaige de huigu he zhanwang* [Rückblick und Ausblick zur Reform des Wirtschaftssystems in unserem Land]. Beijing: Zhongguo zhengfa daxue chubanshe, 1987

Luo Lianshuang (1989): "Goujian juyou zhongguo tese de qiye wenhua" [Eine Unternehmenskultur mit chinesischen Merkmalen konstruieren]. In: *Qiushi* [Die Wahrheit suchen], (1989) 16, S.42-43

Luo Shouchu (1987): "Labour Mobility and Reform of the Labour System". In: *Social Sciences in China*, (1987) 3, S.119-132

Lutz, Burkhart (1987): *Arbeitsmarktstruktur und betriebliche Arbeitskräftestrategie. Eine theoretisch-historische Skizze zur Entstehung betriebszentrierter Arbeitsmarktsegmentation.* Frankfurt/M., New York 1987

LWYZ 1983. Laodong renshibu laodong kexue yanjiusuo bangongshi (Hrsg.): *Laodong wenti yanjiu ziliao* [Forschungsmaterial zur Arbeitsproblematik], Bd. 2. Beijing: Laodong renshi chubanshe, 1983

Lyons, Thomas P. (1986): "Explaining Economic Fragmentation in China. A System Approach". In: *Journal of Comparative Economics*, (1986) 10, S.209-236

Lyons, Thomas P. (1990): "Planning and Interprovincial Coordination in Maoist China". In: *The China Quarterly*, (1990) 121, S.36-60

LZFH 1982. Laodong renshibu zhengce yanjiushi (Hrsg.): *Laodong zhengce fagui huibian 1981* [Kompendium rechtlicher Bestimmungen zur Arbeitspolitik]. Beijing: Laodong renshi chubanshe, 1982

LZFH 1984. Laodong renshibu zhengce yanjiushi (Hrsg.): *Laodong zhengce fagui huibian 1982* [Kompendium rechtlicher Bestimmungen zur Arbeitspolitik]. Beijing: Laodong renshi chubanshe, 1984

LZFH 1985. Laodong renshibu zhengce yanjiushi (Hrsg.): *Laodong zhengce fagui huibian (1983-1984)* [Kompendium rechtlicher Bestimmungen zur Arbeitspolitik (1983-1984)]. Beijing: Laodong renshi chubanshe, 1985

LZFH 1986. Laodong renshibu zhengce yanjiushi (Hrsg.): *Laodong zhengce fagui huibian (1985)* [Kompendium rechtlicher Bestimmungen zur Arbeitspolitik (1985)]. Beijing: Laodong renshi chubanshe, 1986

LZGWH 1986. Jiangsusheng laodongju (Hrsg.) (1986): *Laodong zhidu gaige wenjian huibian* [Kompendium von Dokumenten zur Reform des Arbeitssystems], o.O. o.Z.[Nanjing 1986]

Ma Hong (1985): *Neue Strategie für Chinas Wirtschaft.* Beijing: Verlag für fremdsprachige Literatur 1985

Manion, Melanie (1985): "The Cadre Management System, Post-Mao: The Appointment, Promotion, Transfer and Removal of Party and State Cadres". In: *The China Quarterly*, (1985) 102, S.203-233

MAW - Mao Tse-tung: *Ausgewählte Werke*. Bd. I-IV, Beijing: Verlag für fremdsprachige Literatur 1968-69

Maxwell / McFarlain (1984): *China's Changed Road to Development*. Oxford u.a. 1984

Menzel, Ulrich (1978a): *Wirtschaft und Politik im modernen China*. Opladen 1978

Menzel, Ulrich (1978b): *Theorie und Praxis des chinesischen Entwicklungsmodells. Ein Beitrag zum Konzept autozentrierter Entwicklung*. Opladen 1978

Min Gongli / Chen Kui (1989): "Jihuawai yonggong chuyi" [Meine Meinung zur Außerplan-Arbeit]. In: JSLD, (1989) 10, S.16-17

Morse, Ronald A. (Hrsg.) (1983): *The Limits of Reform in China*. Boulder 1983

Münzel, Frank (1989): *Unternehmens- und Gesellschaftsrecht der VR China*. Ausgew., übers. und komm. v. Frank Münzel. Hamburg 1989 (Mitteilungen des Instituts für Asienkunde. 176)

Naughton, Barry (1987): "Chinese Economy: New Sources and Data". In: *China Exchange News*, (1987) 4, S.8-10

Neuendorff, Hartmut (1982): "Arbeitsmarktstrukturen und Tendenzen der Arbeitsmarktentwicklung". In: Littek u.a. 1982, S.186-207

NJ 1986. Nanjingshi difangzhi bianzuan weiyuanhui bangongshi (Hrsg.): *Nanjing jianzhi* [Kurze Annalen Nanjings]. Nanjing: Jiangsu guji chubanshe, 1986

NJRB - *Nanjing Ribao* [Nanjing-Zeitung]

NJSTN 1987. Nanjingshi tongjiju (Hrsg.): *Nanjing jingji shehui tongji nianjian 1987* [Statistisches Jahrbuch für Wirtschaft und Soziales in Nanjing]. Nanjing 1987

Nove, Alec (1977): *The Soviet Economic System*. London 1977

Nove, Alec (1979): *Political Economy and Soviet Socialism*. London 1979

Nove, Alec (1980): "The labour market in the Soviet Union". In: *New Society*, (10.4.1980), S.58f.

Nove, Alec (1983): *The Economics of Feasible Socialism*. London usw. 1983

Ostkolleg der Bundeszentrale für politische Bildung (Hrsg.) (1988): *VR China im Wandel*. 2. überarb. und erweiterte Auflage, Bonn 1988

Perkins, Dwight D. (Hrsg.) (1975): *China's Modern Economy in Historical Perspective*. Stanford 1975

Perry, Elizabeth J. / Wong, Christine (Hrsg.) (1985): *The Political Economy of Reform in Post-Mao China*. Cambridge, London 1985

Planung 1987. Autorenkollektiv unter Leitung v. H. Grabley (1987): *Planung und Bilanzierung der Arbeitskräfte*. Berlin (Ost) 1987

Qinghua daxue shehui kexuexi zhengzhi jingjixue jiaoyanshi (Hrsg.) (1987): *Shehuizhuyi jingji shisi ti* [Vierzehn Fragen zur sozialistischen Wirtschaft]. Beijing: Qinghua daxue chubanshe, 1987

Reich, Michael u.a. (1978): "Arbeitsmarktsegmentation und Herrschaft". In: Sengenberger 1978, S.55-66

RGWX (1984a). Guojia renshiju (Hrsg.): *Renshi gongzuo wenjian xuanbian (IV)* [Ausgewählte Dokumente über die Personalarbeit (IV)]. Beijing: Laodong renshi chubanshe 1984

RGWX (1984b). Guojia renshiju (Hrsg.): *Renshi gongzuo wenjian xuanbian (V)* [Ausgewählte Dokumente über die Personalarbeit (V)]. Beijing: Laodong renshi chubanshe 1984

RGWX (1986a). Guojia renshiju (Hrsg.): *Renshi gongzuo wenjian xuanbian (I)* [Ausgewählte Dokumente über die Personalarbeit (I)]. Beijing: Laodong renshi chubanshe 1986

RGWX (1986b). Guojia renshiju (Hrsg.): *Renshi gongzuo wenjian xuanbian (II)* [Ausgewählte Dokumente über die Personalarbeit (II)]. Beijing: Laodong renshi chubanshe 1986

RGWX (1986c). Guojia renshiju (Hrsg.): *Renshi gongzuo wenjian xuanbian (III)* [Ausgewählte Dokumente über die Personalarbeit (III)]. Beijing: Laodong renshi chubanshe 1986

Richman, Barry M. (1972): *Industrial Society in Communist China. A Firsthand Study of Chinese Economic Development and Management - with Significant Comparisons with Industry in India, the USSR, Japan and the United States*. New York 1972

Risler, Matthias (1989): *Berufsbildung in China. Rot und Experte*. Hamburg 1989 (Mitteilungen des Instituts für Asienkunde. 179)

RMRB - *Renmin Ribao* [Volks-Zeitung]

RPZ 1982. Guowuyuan renkou pucha bangongshi / Guojia tongjiju renkou tongjisi (Hrsg.): *Zhongguo 1982 nian renkou pucha ziliao* [Information über die Volkszählung im Jahre 1982 in China]. Beijing: Zhongguo tongji chubanshe, 1985

Saslawskaja, Tatjana (1989): *Die Gorbatschow-Strategie. Wirtschafts- und Sozialpolitik in der UdSSR*. Wien 1989

Schanz, Günther (1982): *Organisationsgestaltung. Struktur und Verhalten*. München 1982

Scheuer, Markus (1987): *Zur Leistungsfähigkeit neoklassischer Arbeitsmarkttheorien*. Bonn 1987

Schran, Peter (1975): "On the Yen'an Origins of Current Economic Policies". In: Perkins 1975, S.279-302, 335-337

Schucher, Günter (1988): *Politik zwischen Arbeit und Kapital. Zur Haltung der Kommunistischen Partei Chinas gegenüber Arbeiterklasse und Privatunternehmern von 1949 bis 1952/53.* Köln 1988

Schucher, Günter (1989): "Überschüssig-aussortiert-arbeitslos? Zur Reform der Arbeitsorganisation in der VR China". In: *Internationales Asienforum,* (1989) 3/4, S.325-347

Schucher, Günter / Hebel, Jutta (1990): *Kommentiertes Deutsch-Chinesisches Fachglossar zu Arbeit und Beschäftigung.* Mit einem chinesischen Index. Wiesbaden 1990

Schüller, A. (Hrsg.) (1985): *China im Konflikt zwischen verschiedenen Ordnungsprinzipien.* Berlin 1985

Schurmann, Franz (1973): *Ideology and Organization in Communist China.* Sec. Ed., Enl. Berkeley usw. 1973

Scott, W. Richard (1986): *Grundlagen der Organisationstheorie.* Frankfurt/M., New York 1986

Selden, Mark (1979): *The People's Republic of China. A Documentary History of Revolutionary Change.* Ed. and with an Introduction by Mark Selden, New York, London 1979

Sengenberger, Werner (Hrsg.) (1978): *Der gespaltene Arbeitsmarkt. Probleme der Arbeitsmarktsegmentation.* Frankfurt/New York 1978

Sengenberger, Werner (1987): *Struktur und Funktionsweise von Arbeitsmärkten. Die Bundesrepublik Deutschland im internationalen Vergleich.* Frankfurt/M., New York 1987

Shenyangshi Laodongju (1988): "Zuohao qiye fuyu renyuan de jingjian anzhi gongzuo" [Die Reduzierung und Unterbringung des überschüssigen Personals in den Betrieben durchführen]. In: *Zhongguo jingji tizhi gaige* [Reform des Wirtschaftssystems in China]. (1988) 9, S.34f.

Shijie Jingji Daobao [Weltwirtschaftsbote]

Shirk, Susan (1981): "Recent Chinese Labour Policies and the Transformation of Industrial Organization". In: *The China Quarterly,* (1981) 88, S.575-593

Shirk, Susan (1985): "The Politics of Industrial Reform". In: Perry / Wong 1985, S.196-221

Shoudu gangtie gongsi (1985): "Gaige laodong, gongzi he renshi zhidu, tuijin qiye guanli xiandaihua" [Der Arbeits-, Lohn- und Personalsystem reformieren, die Modernisierung der Betriebsmanagement fördern]. In: Laodong renshibu ganbu jiaoyuju 1985, S.297-319

Shougang 1988. Shougang gaigehou zhigong duiwu bianhua zhuangkuang diaochazu: "Shougang gaigehou zhigong duiwu bianhua zhuangkuang" [Die veränderte Lage der Belegschaft im Hauptstadt-Stahl-und-Eisenwerk nach der Reform]. In: *Shehuixue Yanjiu* [Soziologische Forschung], (1988) 2, S.7-16 (Auch in: F 102, (1988) 5, S.17-26)

Sichuansheng jixie gongye guanli xiehui / jihua shengchan guanli yanjiuhui (Hrsg.) (1988): *Gongye qiye quanmian jihua guanli guicheng* [Bestimmungen über die komplexe planmäßige Verwaltung der industriellen Betriebe]. Beijing: Jixie gongye chubanshe, 1988
Sik, Ota (1985): "Theoretische Ursachen sozialistischer Wirtschaftsmängel". In: Fink 1985, S.31-38
Skinner, G. W. (1979): *The Study of Chinese Society*. Essays by Maurice Freedman. Selected and introduced by G.W. Skinner, Stanford 1979
Snow, Edgar (1978): *Roter Stern über China*. Frankfurt/M 1978
Staiger, Brunhild (1985): "Probleme der Berufsbildung". In: Weggel 1985b, S.141-156
Staiger, Brunhild (1989): "Für und wider den aufklärerischen Geist. Zur geistigen Situation Chinas vor und nach dem 4. Juni". In: C.a., (1989) 11, S.870-878
Staiger, Brunhild (1990): "Erste Ereignisse der Vierten Volkszählung der VR China vom 1. Juli 1990". In: C.a., (1990) 11, S.837-843
Statistisches Bundesamt (Hrsg.) (1987): *Länderbericht China 1987*. Wiesbaden 1987
Statistisches Jahrbuch 1987. Statistisches Bundesamt (Hrsg.): *Statistisches Jahrbuch 1987 für die Bundesrepublik Deutschland*. Stuttgart usw. 1987
Steckel, Helmut (Hrsg.) (1988): *China im Widerspruch. Mit Konfuzius ins 21. Jahrhundert?* Reinbek b. Hamburg 1988
Steiner, H. Arthur (1950): "Chinese Communist Urban Policy". In: *American Political Sciences Review*, 44 (1950) 1, S.47-63
Sun Jun / Ji Shoufa (1988): "Jiangsusheng gaige laodong zhidu de xianzhuang yu fazhan" [Situation und Perspektive der Reform des Arbeitssystems in der Provinz Jiangsu]. In: JSLD, (1988) 8, S.12-15
SYC 1984. State Statistical Bureau, PRC (Hrsg.): *Statistical Yearbook of China 1984*. (Engl. Ed.). Hongkong 1984
Tan Guozhang (1985): "Dui woguo laodong zhidu de jidian kanfa ji gaige qiye yonggong zhidu de shexiang" [Einige Ansichten zum chinesischen Arbeitssystem und Vorschläge zur Reform des betrieblichen Anstellungssystems]. In: Laodong renshibu 1985, S.84-97
Tang, Jianzhong / Ma, Laurence J.C. (1985): "Evolution of Urban Collective Enterprises in China". In: *The China Quarterly*, (Dec. 1985), S.614-640
Taylor, Jeffrey R. (1986): "Labor Force Developments in the People's Republic of China, 1952-83". In: China's Economy 1986, S.222-262
Thurston, Anne F. / Pasternak, Burton (Hrsg.) (1983): *The Social Sciences and Fieldwork in China. Views from the Field*. Boulder / Colorado 1983
Unger, Jonathan (1987): "The Struggle to Dictate China's Administration: The Conflict of Branches vs. Areas vs. Reform". In: *The Australian Journal of Chinese Affairs*, (1987) 18, S.15-45

Vermeer, E. B. (1987): "China's Labour Policies and the New Labour Contract Law". In: *China Information*, (Winter 1986-87) 7, S.9-19

Vogler-Ludwig, K. (1990): "Verdeckte Arbeitslosigkeit in der DDR". In: *ifo-schnelldienst*, (1990) 24, S.3-10

Wachter, Michael L. (1978): "Das Konzept des dualen Arbeitsmarktes aus neoklassischer Sicht". In: Sengenberger 1978, S.139-184

Walder, Andrew G. (1983a): "Organized Dependency and Cultures of Authority in Chinese Industry". In: *Journal of Asian Studies*, 43 (1983) 1, S.51-76

Walder, Andrew G. (1983b): "Industrial Reform in China: The Human Dimension". In: Morse 1983, S.40-63

Walder, Andrew G. (1984): "The Remaking of the Chinese Working Class, 1949-1981". In: *Modern China*, 10 (1984) 4, S.3-48

Walder, Andrew G. (1986a): *Communist Neo-traditionalism. Work and Authority in Chinese Industry*. Berkeley usw. 1986

Walder, Andrew G. (1986b): "The Informal Dimension of Enterprise Financial Reforms". In: China's Economy 1986, S.630-645

Walder, Andrew G. (1987a): "Wage Reform and the Web of Factory Interests". In: *The China Quarterly*, (1987) 109, S.22-41

Walder, Andrew G. (1987b): "Communist Social Structure and Workers' Politics in China". In: Falkenheim 1987, S.45-89

Walder, Andrew G. (1989): "Factory and Manager in an Era of Reform". In: *The China Quarterly*, (1989) 118, S.242-264

Wang Haibo (1989): "Dangqian woguo chengzhen shiyelü chuyi" [Über die derzeitige städtische Arbeitslosigkeit in unserem Land]. In: *Jingji guanli*, (1989) 5, S.12-14,34 (Auch in F 102, (1989) 8, S.35-38)

Wang Lingling (1988): "Tizhi - qiye 'neihao' - duice" [System - "interne Kosten" der Betriebe - Gegenmaßnahmen]. In: *Zhongguo Gongye Jingji Yanjiu* [Forschungen zur industriellen Wirtschaft in China], (1988) 4, S.49-54

Wang Liu Hui-Wen (1959): *The Traditional Chinese Clan Rules*. New York 1959

Wang Mingshu / Li Xishan (1983): "Xinggang zhengdun laodong zuzhi gan pengying" [Der Xinggang-Betrieb tritt bei der Reorganisation der Arbeitsorganisation kühn dem Widerstand entgegen]. In: *Jingji Lilun Yu Jingji Guanli* [Wirtschaftstheorie und -verwaltung], (1983) 3, S.46-49

Wang Qi / Zhuang Zhiyi (1989): "Lun qiye de shehui zeren yu qiye wenhua de suzao" [Über die soziale Verantwortung der Betriebe und die Schaffung einer Betriebskultur]. In: *Zhongguo Gongye Jingji Yanjiu* [Forschungen zur industriellen Wirtschaft Chinas], (1989) 1, S.38-44

Wang Wenjie / Li Weiping (1988): "Zai sange '1500 wan' de beihou" [Der Hintergrund der drei "15 Millionen"]. In: *Liaowang*, (1988) 7, S.22-24 (Auch in F 102, (1988) 3, S.14-16)

Wang Zhongmin (1988a): "Xiao shehui: woguo qiye zuzhi zhong de yi da bibing" [Die kleine Gesellschaft: ein großer Nachteil in der Organisation der chinesischen Betriebe]. In: *Shehui* [Gesellschaft], (1988) 11, 31-32

Wang Zhongmin (1988b): "Qiye chengdan shehui baozheng zhineng de bibing ji qi gaige" [Nachteile der Übernahme der Funktion der sozialen Absicherung durch die Betriebe und ihre Reform]. In: *Zhongguo Gongye Jingji Yanjiu* [Forschungen zur industriellen Wirtschaft Chinas], (1988) 5, S.56-61 (Auch in: F 102, (1988) 10, S.57-62)

Warner, Malcolm (Hrsg.) (1987): *Management Reform in China*. London 1987

Weggel, Oskar (Hrsg.) (1973): *Die Alternative China. Politik, Gesellschaft, Wirtschaft der Volksrepublik China*. Hamburg 1973

Weggel, Oskar (1981): *China. Zwischen Revolution und Etikette*. Eine Landeskunde. München 1981 (Beck'sche Schwarze Reihe. 239)

Weggel, Oskar (1985a): "Sozialismus - oder was sonst? Eine Vorausschau auf das Jahr 2000" (2. Teil). In: C.a., (1985) 8, S.510-533

Weggel, Oskar (1985b): *Wissenschaft in China. Der neue Mythos und die Probleme der Berufsbildung*. Berlin 1985

Weggel, Oskar (1989): "Der Konfuzianismus des kleinen Mannes". In: *das neue china*, (1989) 5-6, S.35-37

White, Gordon (1982): "Urban Employment and Labour Allocation Policies in Post-Mao China". In: *World Development*, 10 (1982) 8, S.613-632

White, Gordon (1984): "Changing Relations Between State and Enterprise in Contemporary China. Expanding Enterprise Autonomy". In: Maxwell/McFarlane 1984, S.43-60

White, Gordon (1987a): "The Changing Role of the Chinese State in Labour Allocation. Towards the Market?" In: *Journal of Communist Studies*, 3 (1987) 2, S.129-153

White, Gordon (1987b): "The Politics of Economic Reform in Chinese Industry. The Introduction of the Labour Contract System". In: *The China Quarterly*, (1987) 111, S.365-389

White, Gordon (1987c): "Labour Market Reform in Chinese Industry". In: Warner 1987, S.113-126

White, Gordon (1988): "State and Market in China's Labour Reforms". In: *The Journal of Development Studies*. Special Issue on Markets within Planning: Socialist Economic Management in the Third World, edit. by E.V.K.Fitz-Gerald and M.Wuyts, (1988) 4, S.180-202

White, Gordon (1988a): "Evolving Relations between State and Markets in the Reform of China's Urban-Industrial Economy". In: Feuchtwang 1988, S.7-25

Whyte, Martin King / Parish, William L. (1984): *Urban Life in Contemporary China*. Chicago, London 1984

Williamson, Oliver E. (1983): *Markets and Hierarchies: Analysis and Antitrust Implications. A Study in the Economics of Internal Organization.* Callier Macmillan, Canada 1983 (1. Aufl. 1975)
Wilson, Amy Auerbacher u.a. (Hrsg.) (1981): *Organizational Behavior in Chinese Society.* New York 1981
Wolff, Lutz-Christian (1990): *Der Arbeitsvertrag in der Volksrepublik China nach dem Arbeitsvertragssystem von 1986.* Hamburg 1990 (Mitteilungen des Instituts für Asienkunde. 189)
Wong, Christine (1985): "Material Allocation and Decentralization: Impact of the Local Sector on Industrial Reform". In: Perry/Wong 1985, S.253-278
Wong, Christine P.W. (1986a): "Ownership and Control in Chinese Industry: The Maoist Legacy and Prospects for the 1980's". In: China's Economy 1986, S.571-603
Wong, Christine P.W. (1986b): "The Economy of Shortage and Problems of Reform in Chinese Industry". In: *Journal of Comparative Economics*, (1986) 10, S.363-387
Wong, Thomas T. (1989): "The Salary Structure, Allowances and Benefits of a Shanghai Electronics Factory". In: *The China Quarterly*, (1989) 117, S.135-144
Wu Lizhi (1988): "Wosheng nongcun laodongli zhuanyi de tedian ji qi zhanlüe mubiao" [Die Besonderheiten und die strategischen Ziele der ländlichen Arbeitskräfte in unserer Provinz]. In: *Jiangsu tongji* [Statistik von Jiangsu], (1988) 6, S.20-21, 27
Wu Zhiliang (1987): "Gongye qiye de shehuixing" [Der soziale Charakter der Industriebetriebe]. In: *Zhongguo Gongye Jingji Yanjiu* [Forschungen zur industriellen Wirtschaft Chinas], (1987) 6, S.67-68, 78
Xing Guojun (1988): "Qiye zuzhi tizhi de pingjia biaozhun he gaige mubiao" [Bewertungskriterien und Reformziele des betrieblichen Organisationssystems]. In: *Zhongguo Gongye Jingji Yanjiu* [Forschungen zur industriellen Wirtschaft Chinas], (1988) 3, S.74-76
Xinhua yuebao (Monatszeitschrift Neues China)
XNA - Xinhua News Agency
Xu Shangli (1988): "Tantan laodong zuhe 'youhua' de xiangduixing" [Über die Relativität der "Optimierung" bei der Reorganisation der Arbeitsgruppen]. In: JSLD, (1988) 3, S.25
Xu Xinchang (Hrsg.) (1988): *Jingji huodong shiyong falü shouce* [Nützliches Gesetzeshandbuch für wirtschaftliche Aktivitäten]. Changsha: Hunan renmin chubanshe, 1988
Xue Muqiao (Hrsg.) (1982): *Almanac of China's Economy in 1981.* With Economic Statistics for 1949-1980. Hongkong 1982
Yang Heqing u.a. (Hrsg.) (1988): *Renshi guanlixue cidian* [Wörterbuch des Personalmanagements]. Beijing jingji xueyuan chubanshe, 1988

Yang Shaohong (1988): "Laodong zuhe chuyi" [Erste Gedanken zur Reorganisation der Arbeitsgruppen]. In: *Jingji wenti tansuo* [Erforschung der Wirtschaftsprobleme], (1988) 8, S.3-6

Yang, Mayfair Mei-hui (1989a): "Between State and Society. The Construction of Corporateness in a Chinese Socialist Factory". In: *The Australian Journal of Chinese Affairs*, (1989) 22, S.31-60

Yang, Mayfair Mei-hui (1989b): "The Gift Economy and State Power in China". In: *Comparative Studies in Society and History*, 31 (1989) 1, S.25.54

Yi Changtai / Chen Qiang (1986): "Lun xiandai qiyejia" [Über den modernen Unternehmer]. In: *Shehui kexue zhanxian* [Front der Sozialwissenschaft], (1986) 2, S.18-23

Yuan Lunqu / A. Ostrovsky (1990): "Reform, Work, Salaries and Wages". In: *Far Eastern Affairs*, (1990) 2, S.93-104

Yue Guangzhao (1988): *Laodong gongzi gaige wenti yanjiu* [Untersuchungen zu Problemen der Arbeits- und Lohnreform]. Beijing: Laodong renshi chubanshe, 1988

YZWB - *Yangzi Wanbao* [Yangzi-Abendzeitung]

ZGJTN 1988. Guojia tongjiju tongjisi (Hrsg.): *Zhongguo gongye jingji tongji nianjian 1988* [Statistisches Jahrbuch der industriellen Wirtschaft Chinas], Beijing: Zhongguo tongji chubanshe, 1989

ZGJTZ 1986. Guojia tongjiju gongye jiaotong wuzi tongjisi (Hrsg.): *Zhongguo gongye jingji tongji ziliao 1986* [Statistisches Material zur industriellen Wirtschaft Chinas 1986], Beijing: Zhongguo tongji chubanshe, 1987

ZGJTZ 1987. Guojia tongjiju gongye jiaotong wuzi tongjisi (Hrsg.): *Zhongguo gongye jingji tongji ziliao 1987* [Statistisches Material zur industriellen Wirtschaft Chinas 1987], Beijing: Zhongguo tongji chubanshe, 1987

ZGPZ 1985a. Guowuyuan quanguo gongye pucha ziliao xiaozu bangongshi (Hrsg.): *Zhonghua renmin gongheguo 1985 nian gongye pucha ziliao*, Bd.I [Material der Industrieuntersuchung in der VR China 1985]. Beijing: Zhongguo tongji chubanshe, 1988

ZGPZ 1985b. Guowuyuan quanguo gongye pucha ziliao xiaozu bangongshi (Hrsg.): *Zhonghua renmin gongheguo 1985 nian gongye pucha ziliao*, Bd.III (quanbu gongye qiye) [Material der Industrieuntersuchung in der VR China 1985]. Beijing: Zhongguo tongji chubanshe, 1988

Zhang Quanjing (Hrsg.) (1988): *Ganbu renshi gongzuo gaishu* [Über die Kader- und Personalarbeit]. Jinan: Shandong renmin chubanshe, 1988

Zhang Shaozong (Hrsg.) (1988): *Laodong jingji yu guanli wenda 250 ti* [250 Fragen und Antworten zur Arbeitswirtschaft und -verwaltung]. Shenyang: Liaoning renmin chubanshe, 1988

Zhang Xuehu (1988): "Mingyun de qiaomensheng - zhongguo shiye xianxiang tanxi" [Klopfzeichen des Schicksals - eine Analyse der Erscheinung Arbeitslosigkeit in China]. In: GRRB 28.9.1988 (Auch in F 102, (1988) 10, S.19-20)

Zhao Jing (1989): "Kongzi de guanli sixiang he xiandai jingying guanli" [Konfuzius' Ideen zum Management und das moderne Betriebsmanagement]. In: *Kongzi Yanjiu* [Forschung über Konfuzius], (1989) 1, S.26-37

Zhao Lükuan (1983): "Woguo gongzi zhidu de gaige wenti" [Probleme bei der Reform des Lohnsystems in unserem Land]. In: *Jingji yanjiu* [Wirtschaftsforschung], (1983) 2, S.44-50

Zhao Lükuan / Wang Zipin (1984): *Laodong shehuixue* [Arbeitssoziologie]. Shanghai: Renmin chubanshe, 1984

Zhao Lükuan / Yang Tiren (1988): *Zhongguo laodong jingji tizhi gaige - lilun, mubiao, duice* [Reform des Arbeitswirtschaftssystems in China - Theorie, Ziele, Maßnahmen]. Chengdu: Sichuan kexue jishu chubanshe, 1988

Zhao Zhongheng (1985): "Gaohuo gudinggong zhidu de youyi changshi" [Nützliche Versuche mit der Belebung des Festarbeitssystems]. In: *Zhongguo laodong* [Chinas Arbeit], (1985) 6, S.8-10

Zhao Ziyang (1987): "Auf dem Weg des Sozialismus chinesischer Prägung vorwärts. Bericht auf dem XIII. Parteitag der Kommunistischen Partei Chinas". In: *Dokumente des XIII. Parteitags der Kommunistischen Partei Chinas*. Beijing: Verlag für fremdsprachige Literatur, 1987, S.3-90

Zheng Jiazhi (1982): "Qiye bianzhi dingyuan gongzuo" [Die Arbeit der Betriebe mit Arbeits- und Personalnormen]. In: Guojia laodong zongju 1982, S.191-212.

Zhonghua quanguo zonggonghui (1987): *Zhongguo zhigong duiwu zhuangkuang yanjiu 1986* [Untersuchung zur Lage der chinesischen Arbeiterschaft 1986]. Beijing: Gongren chubanshe, 1987

Zhou Shulian (1988): "Zhongshi youhua laodong zuhe wenti de yanjiu" [Der Erforschung der Probleme der OAG Aufmerksamkeit schenken]. In: *Shijie jingji daobao* [Weltwirtschaftsbote], (10.10.1988)

ZJGD 1986. "Dangdai zhongguo de jingji guanli" bianjibu (Hrsg.): *Zhonghua renmin gongheguo jingji guanli dashiji* [Chronik wichtiger Ereignisse in Wirtschaft und Verwaltung der Volksrepublik China]. Beijing: Zhongguo jingji chubanshe 1986

ZJGN 1988. Zhongguo jixie gongye nianjian bianji weiyuanhui (Hrsg.): *Zhongguo jixie gongye nianjian 1988* [Chinesisches Jahrbuch für die Maschinenbauindustrie 1988]. Beijing: Jixie gongye chubanshe, 1988

ZJN 1983. Guowuyuan jingji jishu shehui fazhan yanjiu zhongxin / Zhongguo jingji nianjian bianji weiyuanhui (Hrsg.): *Zhongguo jingji nianjian 1983* [Chinesisches Wirtschaftsjahrbuch 1983]. Beijing: Jingji guanli chubanshe, 1983

ZJN 1987. Guowuyuan jingji jishu shehui fazhan yanjiu zhongxin / Zhongguo jingji nianjian bianji weiyuanhui (Hrsg.): *Zhongguo jingji nianjian 1987* [Chinesisches Wirtschaftsjahrbuch 1987]. Beijing: Jingji guanli chubanshe, 1987

ZJN 1988. Guowuyuan jingji jishu shehui fazhan yanjiu zhongxin / Zhongguo jingji nianjian bianji weiyuanhui (Hrsg.): *Zhongguo jingji nianjian 1988* [Chinesisches Wirtschaftsjahrbuch 1988]. Beijing: Jingji guanli chubanshe, 1988

ZLGTZ 1987. Guojia tongjiju shehui tongjisi (Hrsg.): *Zhongguo laodong gongzi tongji ziliao, 1949-1985* [Statistisches Material über Arbeit und Lohn in China, 1949-1985]. Beijing: Zhongguo tongji chubanshe, 1987
ZLK - *Zhongguo Laodong Kexue* [Chinesische Arbeitswissenschaft]
ZLRB - *Zhongguo laodong renshi bao*
ZQGBQ 1984a. Zhongguo qiye guanli baike quanshu bianji weiyuanhui (Hrsg.): *Zhongguo qiye guanli baike quanshu* [Enzyklopädie des Betriebsmanagements in China]. Bd.1, Beijing: Qiye guanli chubanshe 1984
ZQGBQ 1984b. Zhongguo qiye guanli baike quanshu bianji weiyuanhui (Hrsg.): *Zhongguo qiye guanli baike quanshu* [Enzyklopädie des Betriebsmanagements in China]. Bd.2, Beijing: Qiye guanli chubanshe 1984
ZRN 1985. Zhongguo shehui kexueyuan renkou yanjiu zhongxin "Zhongguo renkou nianjian" bianjibu (Hrsg.): *Zhongguo renkou nianjian 1985* [Chinesisches Bevölkerungsjahrbuch 1985]. Beijing: Zhongguo shehui kexue chubanshe, 1986
ZSTZ 1987. Guojia tongjiju shehui tongjisi (Hrsg.): *Zhongguo shehui tongji ziliao 1987* [Statistische gesellschaftliche Information Chinas 1987]. Beijing: Zhongguo tongji chubanshe, 1987
ZTN 1985. Guojia tongjiju (Hrsg.): *Zhongguo tongji nianjian 1985* [Statistisches Jahrbuch für China 1985]. Beijing: Zhongguo tongji chubanshe, 1985
ZTN 1988. Guojia tongjiju (Hrsg.): *Zhongguo tongji nianjian 1988* [Statistisches Jahrbuch für China 1988]. Beijing: Zhongguo tongji chubanshe, 1988

Register

Abschließung	213
Abwärtsmobilität	154, 168
ADG-Beschäftigter	193
Allokation	66, 73, 94, 95, 97, 98, 112, 155, 178, 186, 191, 194, 218
Alphabetisierung	48
Angestellter	33, 40
Anpassung	4, 7, 56, 78, 105, 112, 151, 155, 157, 165, 173, 218, 226
Anstellung	73, 90, 178, 180, 196
Arbeit	94
Arbeitender, gesellschaftlich	30
Arbeiter	12, 33, 40, 45, 50, 55, 56, 100, 117, 127, 151, 152, 153, 163, 169, 204, 221, 224
Arbeitsbeziehung	119
Arbeitsbüro	66, 79, 80, 81, 100, 117, 187
Arbeitsdienstleistungsgesellschaft	186
Arbeitsdienstleistungsgesellschaft, administrative	187
Arbeitsdienstleistungsgesellschaft, betriebliche	188, 192
Arbeitsdienstleistungsmarkt	186, 188, 192
Arbeitsgruppe, optimierte	201
Arbeitskräfteaufkommen	29, 32, 86
Arbeitskräftelenkung	86, 94, 95, 105, 177, 182, 194
Arbeitskräfteüberschuß	35, 57, 149, 202, 204
Arbeitsloser	30, 31, 32
Arbeitslosigkeit	8, 57, 59, 67
Arbeitslosigkeit, offene	60
Arbeitslosigkeit, verdeckte	61, 205
Arbeitsmarkt	2, 4, 9, 14, 73, 159, 174, 189, 214, 216, 218
Arbeitsministerium	66, 79, 80, 107
Arbeitsmobilität	110

Arbeitsmoral	58
Arbeitsnorm	85, 89, 204
Arbeitsorganisation	203
Arbeitsplan	66, 73, 81, 83, 90, 102, 167
Arbeitsplanung	7, 9, 11, 27, 66, 75, 78, 79, 80, 82, 87, 158, 172, 177, 187, 215, 216, 218
Arbeitsplatzstruktur	27
Arbeitssystem	3, 9, 14, 62, 73, 100, 112, 120, 173, 175, 177, 178, 180, 200, 216, 221, 226
Arbeitsteilung	113, 156
Arbeitsvertrag	178, 180, 181, 200, 207, 211, 221
Arbeitsvertrag, Beendigung	208
Arbeitsvertragssystem	179, 203, 220, 224
Arbeitsverwaltung	66, 67, 78, 99, 182
Arbeitswechsel	193
Arbeitszeit	45
auf Arbeit Wartender	31
Aufwärtsmobilität	152, 161, 168
Ausbildung	115, 185, 188, 194, 196
Außerplan-Arbeit	167
Außerplan-Arbeiter	102, 198, 223
AVS-Arbeiter	181, 192, 194, 197, 207, 213, 220, 222, 223, 224
bargaining	9, 122, 172, 215
Basisversorgung	70
Bauern-AVS-Arbeiter	213
Befehlsplan	73, 82, 174
Beförderung	151, 152
Befristung	207
Belegschaft	119
Beruf	115
Berufsausbildung	52
Berufsschule	52, 195

Register

Beschäftigtenkategorie	99, 104, 117, 126, 194, 222
Beschäftigung	35, 57, 94, 96
Beschäftigungskategorie	76
Beschäftigungssicherheit	11, 76, 165, 217
Beschäftigungsstruktur	27, 41, 164
Betrieb	10, 73, 75, 79, 95, 96, 112, 113, 115, 121, 155, 203, 215
Betriebsarbeiter	126, 127
Betriebsbindung	110, 165
Betriebsgröße	45, 95
Betriebskader	117, 153, 163
Betriebsleitung	56, 73, 119, 150, 155
Betrieb, Status	121
Betriebswechsel	107, 109, 151, 189, 196
Bevölkerung	29, 32, 34, 35
Bevölkerungsdruck	36
Bevölkerungsentwicklung	34
Bevölkerung, städtische	34, 35
Bildung	50
Bildungssystem	46
Bildungsweg	52
Branche	40, 95, 123, 124
danwei	11, 70, 76, 112, 122, 161, 206, 217, 220, 224
Daseinsvorsorge, kollektive	121, 157, 220
Dezentralisierung	177, 182, 215, 219
Dienstalter	107, 127, 128, 152, 153
dingti	100, 179
Direktivplan	82
Durchschnittslohn	123, 124
Effizienz	183
Egalitarismus	93, 123, 127, 123, 128
Eigentum, betriebliches	12

Eigentumsordnung	11, 41, 42, 64, 67, 73, 75, 95, 98, 123, 126, 123, 125, 157, 159, 220
Eintrittspforte	162, 168, 194, 219, 224
Entlohnung	73, 122, 198
Erwerbsbeteiligung	36, 37, 38
Erwerbsfähiger	29, 36, 37
Erwerbsfähigkeit	29
Erwerbskonzept	29, 30, 32, 33
Erwerbsperson	30
Erwerbsquote	45
Erwerbstätiger	30, 32, 37, 41, 56
Erwerbstätigkeit	29
Erwerbstätigkeit, ländliche	39
Erwerbstätigkeit, regionale	39
Erwerbstätigkeit, sektorale	39
Erwerbstätigkeit, städtische	39, 43, 49
Facharbeiter	51
Fachgrad	54, 128
Fachkader	70, 101
Fehlallokation	8, 57, 58
Festarbeit	68, 156, 157, 206, 217, 220
Festarbeiter	102, 104, 106, 109, 111, 126, 127, 129, 162, 194, 197, 202, 207, 213, 222, 224
Flexibilität	182, 209, 213, 215, 216
Geburtenrate	34
Gesamtlohnsumme	92, 125, 126, 183
Geschlechtsstruktur	36
Grundelemente, strukturierende	66, 158, 166, 174, 218, 221, 226
guanxi	120, 153, 154, 163, 205
Haushaltszwänge, weiche	112, 114
Horten	115, 164

hukou	33, 57, 67, 70, 99, 101, 108, 110, 166, 219, 222
Indikativplan	82
Individualsektor	199
Individualwirtschaft	185
Industrialisierungsmodell	63, 64, 114
Industrie	40, 63
Industriebetrieb	64
Infrastruktur	114, 156
Internalisierung	155
Jugendlicher, arbeitsloser	60, 103, 186, 223
Kader	12, 33, 56, 69, 73, 76, 97, 98, 100, 101, 104, 106, 117, 127, 129, 127, 129, 151, 152, 153, 169, 184, 185, 204, 221, 224
Kader, allgemeiner	117
Kaderplanung	70, 184
Kader, politischer	117
Karrieremobilität	107, 109, 224
Kinderarbeit	38
Kollektivbetrieb	41, 50, 68, 90, 97, 108, 111, 115, 121, 123, 159, 169, 182, 187, 191, 193, 199, 220, 222, 224
Kündigung	205, 208, 211, 213
Landarbeiter	103
Landverschickung	100
Landwirtschaft	63
Lehrlingsausbildung	51
Leiharbeit	166
Leiharbeiter	110
Leitplan	73, 82, 88
Leitungskader	117, 179
Leitungsstruktur	11, 116
Linienkonzept	185
Lohn	199, 215
Lohndifferenz	123

Lohnerhöhung	127, 128, 152
Lohnplan	81
Lohnplanung	91, 92
Lohnreform	92, 126, 126, 199, 215
Lohnsatz	92, 126, 129, 126, 129
Lohnskala	119
Lohnstufe	92, 126, 128, 129, 126, 128, 129
Lohnsystem	119, 122, 126, 126
Lohnzone	92, 126
Migration	70, 110
Mitgliedschaft	156, 161, 215, 220
Mobilität	106, 107, 108, 109, 111, 188, 201, 207, 211
Neuverteilung	106
Neuzuteilung	150
Organisationsstruktur	115
Personalbüro	79, 80, 100, 117
Personalisierung	119
Personalministerium	66, 79, 80, 107
Personalnorm	28, 82, 88, 89, 182
Personalsystem	69, 100, 120
Plansystem	9, 11
Planungsapparat	64
Planungssystem	93
Planziffer	73, 88, 90, 179, 182, 185, 190
Politkader	70, 101
Prämien	119, 125, 199
Privatsektor	199
Produktionslinie	70, 117, 120, 149, 150
Produktwirtschaft	114
Qualifikation	51, 52, 73, 109, 128, 128, 153, 156, 185, 196, 219
Qualifikation, berufliche	50, 55
Qualifikationsniveau	48, 49, 50, 54, 55, 114, 128, 127
Qualifikationsstruktur	46

Reallokation	105, 112, 150, 151, 154, 182, 186, 205
Reform	175, 178, 180, 200
Regionalmobilität	108, 110
Rekrutierung, betriebliche	178, 179, 182, 195, 198, 219
Rente	45, 198
Rentner	31, 38
Ressortdenken	93, 113, 115, 220
rot vs. Experte	99
Sanktion	150
Schülerzahl	47
Schulabbruch	47
Schulbesuch	46
Segment	164, 223
Segmentationstheorie	5, 159
Segment, AVS-Arbeiter	223, 225
Segment, berufsfachliches	225
Segment, externes	6, 170
Segment, festes	168, 169, 171, 223, 224
Segmentierung	5, 157, 165, 226
Segmentierung, Genese	2, 5
Segment, internes	6, 170
Segment, primäres	6, 160, 169
Segment, sekundäres	6, 160, 169
Segmentstruktur	166, 169, 222, 225
Segment, Trennlinie	163
Segment, unstetes	167, 171, 169, 223
Sozialkontrakt, impliziter	165, 200, 220
Sozialleistung	199
Sozialleistung, betriebliche	121
Staatsbetrieb	41, 43, 50, 68, 90, 96, 108, 111, 115, 121, 123, 129, 123, 129, 169, 220, 222, 224
Staatskader	117, 153, 163
Stabilität	154, 175, 209, 213, 217
Stab-Linien-System	116
Standardlohn	92
Statistik	28

Status, sozialer	193
Stellenausschreibung	195
Sterberate	34
Talent-Austausch-Zentrum	186, 189
Übertrittsquote	46
Umsetzung	103, 151
Ungleichheit, soziale	161
Unterstellungsverhältnis	44, 91, 94, 95, 98, 124, 125, 123, 124, 159
Urbanisierung	34
Verfestigung	213
Versetzung	106, 107
Verteilung	4, 7, 78, 112, 155, 157, 159, 165, 218, 226
Vertragsaufhebung	211
Vertragsbeziehung	119
Vertragsdauer	211
Vertragsverlängerung	211
Verwaltungsebene	9, 116
Verwaltungskader	117
Warenwirtschaft	114, 174, 185
Wirtschaftssektor	39, 41, 125
Wohnbevölkerung	33
Wohnung	122
Zeitarbeit	69, 129, 219
Zeitarbeiter	102, 104, 110, 111, 126, 127, 150, 162, 188, 194, 198, 200, 216, 222
Zellularisierung	93, 113, 152, 156, 161, 219
Zentralverwaltungswirtschaft	27, 115
Zuteilung	31, 69, 95, 96, 98, 99, 101, 183, 196, 219
Zweigwerk, kollektives	192

Andreas Lauffs

Das Arbeitsrecht der Volksrepublik China

Entwicklung und Schwerpunkte

Mitteilungen des Instituts für Asienkunde Hamburg, Nr. 188,
Hamburg 1990, 269 S., DM 32,-

Die 1978 eingeleitete Politik der "Öffnung nach außen und Belebung nach innen" hat zu Veränderungen des Beschäftigungssystems geführt. Es sind vier "Klassen" von Arbeitnehmern entstanden, für die jeweils unterschiedliche arbeitsrechtliche Bestimmungen gelten. Das Arbeitsrecht für chinesische Arbeitnehmer in Unternehmen mit ausländischer Kapitalbeteiligung hat sich seit 1979 in der Form zahlreicher nationaler und lokaler Rechtsvorschriften entwickelt. Arbeiter in chinesischen Industrieunternehmen werden seit 1986 nur mit zeitlich befristeten Arbeitsverträgen eingestellt. Ein Arbeitsrecht für private Unternehmen ist seit 1988 im Entstehen begriffen. Die überwiegende Mehrheit der chinesischen Arbeiter und Angestellten genießt jedoch weiterhin einen beamtenähnlichen Status. Die Unzufriedenheit der Vertragsarbeiter und wirtschaftliche Zwänge haben jedoch auch in diesem Bereich zu ersten zaghaften Reformen geführt.

Die vorliegende Arbeit untersucht die Entwicklung des chinesischen Arbeitsrechts in seinen Ursprüngen in der Kaiserzeit bis zum Jahre 1989. Neben der Darstellung des Individualarbeitsrechts - dem Schwerpunkt dieser Studie - werden verschiedene Aspekte des kollektiven Arbeitsrechts behandelt. Soweit für das Verständnis notwendig, werden die gesellschaftlichen, politischen und rechtlichen Rahmenbedingungen des Arbeitsrechts erörtert.

Zu beziehen durch:

Institut für Asienkunde
Rothenbaumchaussee 32
D-2000 Hamburg 13
Tel.: (040) 44 30 01-03
Fax: (040) 410 79 45

Lutz-Christian Wolff

Der Arbeitsvertrag in der Volksrepublik China nach dem Arbeitsvertragssystem von 1986

Mitteilungen des Instituts für Asienkunde, Nr. 189
Hamburg 1990, 344 S., DM 36,-

Die vorliegende Studie befaßt sich mit einem besonders brisanten Bereich der chinesischen Wirtschaftsreformen, nämlich der Neugliederung des chinesischen Beschäftigungssystems. Das 1986 eingeführte Arbeitsvertragssystem stellt traditionelle sozialistische Grundsätze wie das Recht auf Arbeit und die umfassende soziale Fürsorge durch den Staat in Frage und rüttelt damit an den Grundwerten der chinesischen Revolution.

Nach einer umfassenden Darstellung des traditionellen Arbeitsrechts der VR China erläutert der Verfasser die Entwicklungen in neuerer Zeit und verdeutlicht den Zusammenhang zu den gesellschafts- und wirtschaftspolitischen Entwicklungen. Ausgehend von der Untersuchung des Arbeitsvertrages und seiner Funktion in dem neuen Arbeitsvertragssystem von 1986, erörtert er ausführlich die Probleme, die sich mit der Einführung des neuen Systems ergeben haben. Eindrücklich wird aufgezeigt, wie sich die fast kapitalistisch anmutenden Strukturen des neuen Systems aus dem Spannungsfeld zwischen sozialistischem Anspruch einerseits und den wirtschaftspolitischen Notwendigkeiten andererseits entwickelt haben. Bezüglich der Funktion des Arbeitsvertrages innerhalb des neuen Systems folgt daraus ein im Vergleich zu deutschen arbeitsrechtlichen Vorstellungen überraschendes Ergebnis.

Neben einer umfassenden Aufarbeitung chinesischer Literatur zeichnet sich die Studie vor allem dadurch aus, daß neben den im Mittelpunkt stehenden juristischen Erörterungen in großem Rahmen auch die Auswirkungen der neuen Entwicklungen auf wirtschaftlichem, ideologischem und gesellschaftspolitischem Gebiet aufgezeigt werden. Ergänzend werden umfangreiches Zahlenmaterial sowie eine sorgfältig ausgearbeitete Liste von Arbeitsrechtsbestimmungen der VR China seit 1949 (mit Fundstellen) präsentiert, die für nachfolgende Forschungsarbeiten hilfreich sein werden.

Zu beziehen durch:

Institut für Asienkunde
Rothenbaumchaussee 32
D-2000 Hamburg 13
Tel.: (040) 44 30 01-03
Fax: (040) 410 79 45